Ernst Klussmann

**Briefe**

Ernst Klussmann

**Briefe**

ISBN/EAN: 9783744719230

Hergestellt in Europa, USA, Kanada, Australien, Japan

Cover: Foto ©ninafisch / pixelio.de

Weitere Bücher finden Sie auf **www.hansebooks.com**

# Einleitung.

C. Plinius Cäcilius Secundus, im Jahre 62 christlicher Zeitrechnung (815 n. E. R.) zu Comum, dem heutigen Como, geboren, war der Sohn des L. Cäcilius, von dem wir mehr nicht wissen, als daß er einem der edelsten und angesehensten Geschlechter Roms angehörte. Seine Mutter war eine Schwester des ältern Plinius, des Verfassers der sogenannten „Naturgeschichte", welcher bei dem bekannten Ausbruche des Vesuv im J. 79 n. Chr. ein Opfer seiner edeln Wißbegierde wurde. Nach dem frühen Tode seines Vaters erhielt unser Plinius durch die Fürsorge dieses seines eben genannten mütterlichen Oheims und seines Vormundes Verginius Rufus eine sorgfältige Erziehung in Rom, wo unter anderen Quinctilian und Nicetes Sacerdos seine Lehrer waren. Neunzehn Jahre alt, betrat er die öffentliche Laufbahn als gerichtlicher Redner mit vielem Glücke, und schon das Jahr darauf sehen wir ihn bei dem römischen Kriegsheere in Syrien, und

II

bald nachher wieder in Rom, wo er von einem Amte zum andern emporstieg und, erst 31 Jahre alt, im J. 93 n. Chr. Prätor ward. Nach Führung der Prätur zog er sich, um dem Hasse und den Verfolgungen Domitians zu entgehen, zurück, trat aber, nachdem dessen Tod (96 n. Chr.) ihn von einer Anklage befreit hatte, unter Nerva und Trajan wieder hervor. Letzterer verlieh ihm im J. 100 n. Chr. das Consulat, und einige Jahre darauf übernahm er als Proconsul die Verwaltung von Bithynien und Pontus. Sein Tod fällt, nach den wahrscheinlichsten Erhebungen, in das J. 110 n. Chr. Er war zweimal vermählt: das erstemal mit einer Stieftochter des Vectius Proculus, und dann mit der geistreichen und hochgebildeten Calpurnia.

Schwächlich an Körper, war Plinius äußerst liebenswürdig von Seiten seines Charakters, mild gegen Untergebene, ein eifriger Freund und Beschützer der Wissenschaften, freigebig und edel gegen Freunde, zu denen ein Quinctilian, Tacitus, Suetonius, Martialis, Silius Italicus u. A. gehörten. Seine Zeit theilte er zwischen den Geschäften seines Berufes und einer der Wissenschaften und dem Landleben gewidmeten Muße, sowie er auch von seinem großen Reichthume einen in jeder Hinsicht vernünftigen und edeln Gebrauch machte. Darum verschwinden auch alle Anschuldigungen niedrigen Ehrgeizes und kleinlicher Eitelkeit, die man von gewisser Seite her gegen seinen Charakter zu erheben gewagt

# III

hat, und es bleiben höchstens einzelne Schwächen übrig, von denen er sich so wenig, wie andere ausgezeichnete Männer, ganz frei zu erhalten wußte.

Nach Cicero ist von allen Rednern des alten Roms keiner so berühmt geworden, als Plinius, und er kann als Vorbild und Muster für die gesammte folgende Zeit dienen. Leider ist aber, wie von seinen übrigen Schriften, so auch von seinen zahlreichen Reden keine vollständig auf uns gekommen, als der einzige **Panegyricus auf Trajan**, den er am 1. September des Jahres 100 n. Chr. aus Auftrag des Senates hielt und nachher in erweitertem Umfang ausarbeitete.

Plinius' Hauptwerk aber ist die Sammlung seiner, an verschiedene Freunde, zu verschiedenen Zeiten und bei verschiedenen Veranlassungen geschriebenen **Briefe**. Es enthält dieselbe, wie sie uns jetzt vorliegt, in neun Büchern 247 Briefe, meist von mäßigem Umfange, und es wurde dieselbe, wie der Verfasser in dem an den Eingang gestellten Brief an Septicius versichert, auf Bitten dieses seines Freundes von ihm selbst veranstaltet, wobei er indeß in der Reihenfolge der einzelnen Briefe sich nicht sowohl durch die Rücksicht auf die Zeit, sondern mehr durch zufällige Rücksichten bestimmen ließ. Zu dieser Sammlung in neun Büchern, die im Ganzen als eine Privatcorrespondenz betrachtet werden kann, kommt nun noch eine andere, von den früheren Herausgebern des Plinius als zehntes Buch beigefügte Sammlung von 122 Briefen geringeren Umfanges, und zwar lauter Briefe an den Kaiser Trajan, mit den Antwortschreiben des Letztern auf die Mehrzahl derselben, so daß dieses zehnte Buch sich als eine Art officieller Correspondenz darstellt.

Vorliegender Uebersetzung ist, mit nur wenigen Ausnahmen, die Ausgabe von Schäfer (Leipzig 1805) zu Grund gelegt worden.

# Erstes Buch.

## 1.
### C. Plinius Secundus an Septicius.¹)

Gar oft hast Du mich aufgefordert, meine Briefe, soweit ich auf die Abfassung derselben irgend größere Sorgfalt verwendet, zu sammeln und zu veröffentlichen. So habe ich sie denn ohne Rücksicht auf die Zeit ihrer Entstehung (denn ich wollte ja keine Geschichte schreiben), wie sie mir eben in die Hände fielen²), gesammelt. Möge nur nicht am Ende Dich Deine Aufmunterung, mich die Bereitwilligkeit, mit welcher ich derselben nachgekommen bin, gereuen. Dann will ich auch die, welche bis jetzt unberücksichtigt liegen geblieben sind, hervorsuchen und, falls ich mittlerweile neue schreibe, auch diese nicht zurückhalten. Lebe wohl!

---

1. ¹) Wol derselbe, welchen Plinius II. 9. 4. C. Septicius Clarus und den Oheim des Sextus Erucius Clarus nennt und an den auch die Briefe I. 15. VII. 28. VIII. 1. gerichtet sind. Hadrian ernannte denselben später zum Obersten seiner Leibwache; doch fiel er bald nachher mit einer großen Anzahl der ersten Hofbeamten, worunter sich auch der Kabinetsselretär Suetonius Tranquillus befand, in Ungnade und wurde aus seiner Stellung im Jahre 121 entfernt, „weil sie sich am Hofe der kaiserlichen Gemahlin Sabina ohne des Kaisers Autorisation gewisse Freiheiten genommen hatten, welche die Achtung vor der Etiquette des kaiserlichen Hauses verletzten" (Spartian in der Biographie Hadrians, Cap. 11).

²) Nach den neuesten Untersuchungen war dieß nicht der Fall, sondern das ganze erste Buch ist unter Nerva in den Jahren 96 und 97 geschrieben und veröffentlicht.

## 2.

### C. Plinius an Arrianus.

Weil ich eine längere Verzögerung Deiner Ankunft voraussehe, rücke ich mit der in meinen früheren Briefen verheißenen Schrift¹) heraus mit der Bitte, sie Deiner Gewohnheit gemäß zu lesen und darin zu bessern. Ich bitte um so mehr darum, weil ich früher nichts in ganz 2 demselben Stile geschrieben zu haben glaube. Ich habe nämlich versucht, dem Demosthenes, der von jeher Dein Liebling, und dem Calvus²), der seit Kurzem der meinige ist, das heißt wenigstens in den feineren Wendungen der Rede, nachzuahmen. Denn die Kraft solcher 3 Männer können nur „Wenige von Gottes Gnaden"³) erreichen. Und der Gegenstand (wenn das nicht anmaßend lautet) verbot mir die Nacheiferung nicht; denn er ist fast durchgehends für ein entschiedenes Auftreten wie gemacht, und das hat mich aus langem Dämmerschlafe wach gerufen, wenn meine Natur überhaupt wachgerufen werden kann. 4 Jedoch habe ich mich nicht ganz von der étalage unseres Marcus⁴) losgesagt, wenn an passender Stelle ein anmuthiges Plätzchen mich ein wenig abseits vom Wege verlockte; denn ritterlich, nicht schulmeister-5 lich wollte ich sein. Glaube nur nicht, daß ich durch diese Einrede Gnade für Recht bei Dir fordern will. Ich will nämlich, um die Schärfe Deiner Feile noch zu steigern, nur gleich gestehen, daß sowohl ich, wie meine Freunde, einer Veröffentlichung nicht abgeneigt sind,

---

2. ¹) Es war, wie das Folgende ergiebt, eine Rede, vielleicht die gegen Publicius Certus in der Sache des Helvidius Priscus (vgl. IV. 21, VII. 30, IX. 13).

²) C. Licinius Calvus, der Freund Catulls, ein gleich bedeutendes poetisches wie rednerisches Talent, als Redner der begabteste Chorführer und Mitbegründer einer selbständigen Schule, die der ciceronischen mit dem Anspruch und dem Bewußtsein der Ebenbürtigkeit gegenüber trat. Er war der Vertreter der sogenannten Atticisten, welche, eine scharfe Grenze zwischen prosaischer und poetischer Diction ziehend, den keuschen, präcisen, schlanken und mit leiser Ironie schlagenden, aber etwas herben und blassen Stil der ältern attischen Redner, namentlich des Lysias, als mustergiltig hervorhoben gegenüber der glänzenden, durch glatte Anmuth bestechenden, poetisirenden Phraseologie der Asianer.

³) Reminiscenz aus Vergil (Aen. 6. 129): „nur Wenige, die sich der Gnade Jupiters freu'n."

⁴) M. Tullius Cicero (vgl. den Brief an Atticus I. 14).

falls nämlich Du etwa uns Schwankenden Dein Ja zurufst. Denn 6
etwas herausgeben muß ich durchaus, und zwar gar zu gern gerade
Dieses, was ich fertig habe (da hast Du die Beichte der Trägheit!).
Heraus muß etwas aus mehreren Gründen, zunächst schon deßhalb,
weil, wie ich höre, die kleinen Dinge, welche ich hinausfliegen ließ,
obgleich sie nicht mehr mit dem Reize der Neuheit umkleidet sind,
immer noch gelesen werden, es müßten denn die Buchhändler mir da=
mit nur etwas Artiges sagen wollen. Nun, mögen sie; wenn sie mir
nur mit dieser Täuschung meine Arbeiten lieb machen. Lebe wohl!

## 3.
### C. Plinius an Caninius Rufus ¹).

Was macht Comum, meine und Deine Wonne? was das rei=
zende Landhaus vor der Stadt? was die liebe Säulenhalle mit ihrem
ewigen Frühling? was das tiefschattige Platanenwäldchen? was der
smaragdene und in Brillanten schillernde Kanal? was der anliegende
dienstbare See? was die sanfte und doch so feste Fahrbahn ²)? was
das von der Sonne umkreiste und von ihrem vollen Strahle erleuch=
tete Bad? was der große, was der kleine Speisesaal? was die Wohn=
und Schlafzimmer? Fesseln sie Dich und theilen sich wechselnd in 2
Deinen Besitz? oder lässest Du Dich, wie früher, durch den Eifer für
Deine häuslichen Angelegenheiten zu häufigen Ausflügen verlocken?
Fesseln sie Dich, so bist Du der Glücklichen und Auserwählten einer;
wenn nicht, so zählst Du zu den Alltagsmenschen. Ueberlaß doch 3
(denn Zeit ist es) die kleinlichen und engherzigen Sorgen Anderen und
gieb Dich selbst in dieser tiefen und behaglichen Einsamkeit ganz Deinen
Studien zu eigen. Laß sie Dir Geschäft und Muße, Arbeit und Er=
holung, Taggedanke und Traum sein. Schaffe und bilde etwas, was 4

---

3. ¹) Caninius Rufus, wie Plinius, aus Comum gebürtig und von lebhaftem
Interesse für die Erscheinungen der literarischen Welt, versuchte sich besonders auf
dem Felde des Epos.
²) Alleenähnliche, theils offene, theils bedeckte, geebnete und feste, aber nicht
gepflasterte Promenaden, auf denen sich die wohlhabenden Römer, um dem Körper
eine gleichmäßige und heilsame Bewegung zu schaffen, in offenen Tragsesseln sitzend
oder liegend im Freien umhertragen oder fahren ließen.

Dein unverlierbares Eigenthum sei. Denn Dein sonstiger Besitz wird nach Dir einem andern und wieder einem andern Herrn zufallen, dieses aber, wenn einmal in Deinem Besitze, wird nie aus demselben schwinden. Ich weiß, zu welchem Herzen, zu welchem Geiste ich rede. Strebe Du nur danach, Dir selbst so viel zu sein, wie, wenn Du es bist, Du bei Andern gelten wirst. Lebe wohl!

## 4.
### C. Plinius an seine Schwiegermutter Pompeja Celerina[1].

Wie viel Schätze bergen Deine Landgüter in Ocriculum[2], in Narnia[3], in Carsulä[4] und in Perusia[5], ja, in Narnia schon das Bad allein!...[6] Von meinen Briefen (denn Briefe von Dir sind nicht mehr nöthig) genügt jener kurze, den ich vor längerer Zeit schrieb. Wahrhaftig, ich fühle mich in meinem eigenen Hause nicht heimischer als bei Dir; nur darin finde ich einen Unterschied, daß mich Dein Gesinde mit größerer Rücksicht und Aufmerksamkeit empfängt, als mein eigenes. Du wirst vielleicht dieselbe Erfahrung machen, wenn Du einmal bei mir einkehrst. Ich möchte Dich bitten, es zu thun, theils damit Du in meinem Hause es Dir ebenso wohl sein lassest, wie ich in dem Deinen, theils damit meine Leute, die meiner Ankunft ohne alle Anregung, ja, fast mit Gleichgültigkeit entgegen- sehen, endlich einmal aus dem Schlafe gerüttelt werden. Denn bei nachsichtigen Herren verlieren die Diener schon durch die Gewohnheit alle Furcht, nur das Ungewohnte regt sie an und sie wollen ihren Herren lieber durch Bemühungen um Andere, als um die Herren selbst gefallen. Lebe wohl!

---

4. [1] Plinius war dreimal verheirathet, und zwar zweimal unter Domitian (vgl. an Trajan 2). Die zweite Frau, Stieftochter des Vettius Proculus, starb im Jahre 97 (IX. 13. 4 u. 13). Die überlebende Mutter (VI. 10. 1), Pompeja Celerina, war sehr reich und theilte mit dem Schwiegersohn ihr Vermögen (III. 19. 8).
[2] Stadt in Umbrien, unfern der Mündung des Nar in den Tiber.
[3] Ebenfalls in Umbrien, an der Flaminischen Straße gelegen.
[4] Kleine Stadt in Umbrien.
[5] Zwischen dem Trasumenischen See und dem Tiber, jetzt Perugia.
[6] Hier scheinen einige Zeilen verloren gegangen zu sein.

## 5.
### C. Plinius an Voconius Romanus [1]).

Hast Du je seit Domitians Tode, unter dem er ebenso arge Schurkenstreiche, nur versteckte, wie unter Nero verübt hatte, einen feigeren und kriechenderen Menschen gesehen, als Marcus Regulus [2])? Ihm fing an bange zu werden, ich möchte ihm zürnen, und er hatte Grund dazu; denn ich zürnte ihm wirklich. Er hatte das Feuer zum Verderben des Rusticus Arulenus [3]) geschürt und über dessen Tod gejubelt, dergestalt, daß er eine Schrift vorlas und herausgab, worin er den Rusticus verunglimpft und ihn sogar als einen „Affen der Stoiker" bezeichnet; er nennt ihn ferner „durch eine Narbe für Vitellius gebrandmarkt" [4]). Eine neue Probe von Regulus Beredtsamkeit. Er lästert den Herennius Senecio [5]), und zwar mit so schonungsloser Leidenschaftlichkeit, daß ihm Metius Carus sagen mußte: „Was hast Du mit meinen Todten zu schaffen? störe ich etwa den Crassus oder Camerinus in ihren Gräbern?" Denn diese hatte er unter Nero angeklagt. Das, meinte Regulus, habe mich schmerzlich berührt, und deßwegen hatte er mich, als er jene Schrift vorlas, nicht eingeladen. Ferner wußte er noch, welch' eine gefährliche Schlinge er mir bei den

---

5. [1]) Der Brief ist gegen das Ende des Jahres 96 oder im Anfange des Jahres 97 geschrieben. Ueber Voconius Romanus vgl. II. 13. 4 ff.

[2]) Einiges aus seinem frühesten Delatorenleben unter Nero giebt Tacitus (Historien IV. 42). Nur der Schmeichler Martial hat Worte der Anerkennung für ihn.

[3]) Rusticus Arulenus, ein strenger Anhänger der Stoa, war zur Zeit der Anklage des Pätus Thrasea Volkstribun und konnte nur durch Thrasea selbst abgehalten werden, sich für dessen Rettung zu opfern (Tacitus' Annalen 16. 26). Als er unter Domitian das Andenken des Gemordeten durch eine Lobschrift ehrte, wurde er hingerichtet und sein Werk öffentlich verbrannt (Tacitus' Leben des Agricola 2 und 45).

[4]) Rusticus war als Prätor in einem Soldatenaufstande, als er im Auftrage des Kaisers Vitellius mit dem Heere des eben nahenden Vespasian unterhandeln wollte, verwundet (Tacitus' Historien 3. 80).

[5]) Diesem kostete ebenfalls unter Domitian eine Biographie des Helvidius Priscus, des Schwiegersohns des Thrasea, das Leben. Sein Ankläger war Metius Carus.

Centumvirn⁶) gelegt hatte. Ich war damals auf Bitten des Arulenus Rusticus Arrionilla's Beistand, der Schwester des Timon, Regulus ihr Gegner. Bei einem Punkte der Verhandlung berief ich mich auf einen Ausspruch des ehrenwerthen Metius Modestus, der damals, von Domitian verbannt, im Elend lebte. Und siehe da, Regulus fragt mich: „was hältst denn Du, Secundus, vom Modestus?" Du begreifst, welche Gefahr es für mich war, wenn ich geantwortet hätte: „alles Gute," und welche Schande, wenn ich das Gegentheil erklärt hätte. Ich darf wol sagen, daß in diesem Momente die Götter mir zur Seite standen. Ich erwiderte: „darüber will ich Rede stehen, wenn die Centumvirn darüber zu Gericht sitzen werden." Und abermals wiederholte er: „ich frage, was Du vom Modestus hältst." Und zum zweiten Male entgegnete ich: „man pflegte bisher nur gegen Beklagte, nicht aber gegen Verurtheilte Zeugen abzuhören." Und er

---

⁶) Diese alte Richterbehörde wurde aus den Tribus gewählt, und zwar aus jeder Tribus 3 Richter; die Zahl von 105 wurde unter den ersten Kaisern auf 180 erhöht (Plinius' Briefe VI. 33. 3). Sie sprachen in vier Consilien oder Senate oder Tribunale getrennt, welche in der Kaiserzeit in der Basilica Julia (am Markt zwischen dem Tempel der Castoren und dem Tempel des Saturn) neben einander, aber in getrennten Lokalen verhandelten, so daß sie sich häufig unter einander störten (Plinius' Briefe II. 14. 11). Manchmal wurde dieselbe Sache, wenn nämlich die Beklagten verschieden waren, von mehreren Consilien verhandelt, und in einem solchen Falle wählte man oft den zeitgewinnenden Ausweg, die Verhandlungen, Klage, Beweis u. s. w. vor den vereinigten Consilien auf einmal zu führen. Das Urtheil aber fällte jedes Consilium für sich allein (VI. 33. 5). Plinius spricht mehrmals (I. 18. 3, IV. 24. 1, VI. 33. 2) von den vier verbundenen Consilien oder Senaten. Obwohl sie niemals Criminalsachen entschieden, so waren sie doch den Volks- und Criminalgerichten insofern verwandt, weil sie im Namen des Volks entschieden, werden deßhalb auch von Plinius den Privatgerichten entgegengestellt (VI. 33. 9) und haben manche Eigenthümlichkeiten mit den Criminalgerichten gemein, z. B. die Unterschrift (subscriptio) als Einwilligung in die anzustellende Klage (vgl. V. 1. 6) und daß ein Aufschub nicht möglich war (vgl. I. 18. 6). Vorsitzende in den einzelnen Consilien sind die Decemvirn, Oberaufseher die Prätoren (vgl. V. 9. 1. u. 2). Das Verfahren war mündlich und öffentlich. Gegen das Ende der Republik durch den Glanz der Volksgerichte verdunkelt, hoben sie sich nach dem Aufhören der letztern unter den Kaisern wieder, nicht sowohl weil sie wichtigere Sachen zu entscheiden gehabt hätten (vgl. die Klage des Plinius II. 14), sondern weil sie den aufstrebenden Talenten Gelegenheit darboten, als Redner und Juristen zu glänzen.

fragte zum dritten Male: „nun denn, so sage, nicht was Du vom Modestus, sondern was Du von des Modestus Gesinnung gegen den Kaiser hältst." Und meine Antwort lautete: „willst Du wissen, was ich davon halte, nun, ich halte es nicht einmal für erlaubt, über etwas Fragen zu stellen, worüber bereits ein richterliches Urtheil erfolgt ist." Da schwieg er; ich erntete Lob und Glückwünsche, weil ich weder durch eine, wenn auch vielleicht vortheilhafte, doch entehrende Antwort meinen guten Ruf befleckt, noch mich in den Schlingen einer so hinterlistigen Fragestellung hatte fangen lassen. Jetzt also, von dem eigenen Gewissen beängstigt, packt er Cäcilius Celer[7]), dann Fabius Justus[8]) an und bittet sie, mich wieder mit ihm auszusöhnen. Und damit noch nicht zufrieden, geht er zu Spurinna[9]) und bittet mit der ganzen niederträchtigen Armsündermiene, die ihm eigen ist, wenn er sich fürchtet: „gehe doch morgen früh zu Plinius in's Haus, aber ja recht früh, denn ich kann die Unruhe nicht länger ertragen, und suche es dahin zu bringen, daß er nicht mehr mit mir zürnt." Ich war eben erwacht; da meldet ein Bote des Spurinna, er wolle zu mir kommen; ich lasse zurücksagen, ich käme zu ihm. Während so Einer zum Anderen geht, treffen wir uns in der Säulenhalle der Livia[10]). Er entledigte sich der Aufträge des Regulus und fügt so etwas von einer eigenen Fürbitte hinzu, ganz kurz, wie es einem Ehrenmann ziemt, der sich für sein gerades Gegentheil verwendet. Ich entgegnete: „ich überlasse Deinem eigenen Ermessen, welche Rückantwort Du dem Regulus geben willst; ich darf gegen Dich nicht hinter dem Berge halten. Ich erwarte den Mauricus[11]) (er war damals aus der Verbannung noch nicht heimge-

---

[7]) Wol derselbe, an den VII. 17 geschrieben ist.

[8]) An ihn sind die Briefe I. 11 und VII. 2 geschrieben und des Tacitus Dialog gerichtet.

[9]) Außer dem, was Plinius (II. 7, III. 1, III. 10) über ihn berichtet, wissen wir nur, daß er schon unter Otho's Herrschaft sich als tapferer Heerführer bewährte (vgl. Tacitus' Historien II. 11, 18. u. 36, Plutarch's Otho 5 u. 6).

[10]) Auf dem Esquilin, von Augustus im Jahre 15 gebaut, von Nero zur Vergrößerung seines goldenen Hauses niedergerissen, von Domitian wieder hergestellt.

[11]) Junius Mauricus, der Bruder des Arulenus Rusticus (I. 14, II. 18, VI. 14, vgl. IV. 22), wurde von Domitian verbannt, von Nerva zurückgerufen.

kehrt); so kann ich Dir weder Ja, noch Nein sagen, da ich entschlossen
bin, nach seiner Entscheidung zu handeln; er mag über meinen Ent=
11 schluß verfügen, ich werde ihm folgen." Wenige Tage darauf trifft
mich Regulus selbst im Ehrengeleite des Prätors¹²); dahin hatte er
mich verfolgt und bat um eine geheime Unterredung; nun äußerte er
seine Besorgniß, ich möchte ihm nachtragen, was er einmal vor dem
Gerichte der Centumvirn als mein und des Satrius Rufus Gegner ge=
sagt habe, „des Satrius Rufus, der nicht mit Cicero wetteifert, son=
12 dern dem die Beredtsamkeit unserer Zeit genügt." Ich erwiderte,
jetzt erst, nun er es selbst gestehe, begriffe ich den bösen Hintergedanken
dabei; sonst hätte man es auch als eine ehrenvolle Bemerkung auffas=
sen können. „Denn ich," fügte ich hinzu, „wetteifere allerdings mit
Cicero und bin mit der Beredtsamkeit unserer Zeit nicht zufrieden.
13 Denn ich halte es für höchst thöricht, sich zur Nachahmung andere als
die besten Muster zu wählen. Da Du eben diese Gerichtsverhandlung
erwähnst, warum hast Du denn aber jene vergessen, in der Du mich
fragtest, was ich von der Gesinnung des Metius Modestus gegen den
Kaiser halte?" Er wurde sichtlich blaß, obwohl er eigentlich immer
blaß ist, und entgegnete verlegen: „Ich wollte mit dieser Frage nicht
Dir, sondern nur dem Modestus schaden." Da hast Du die ganze
Herzlosigkeit des Mannes, der gar kein Geheimniß daraus macht, er
14 habe einem Verbannten schaden wollen. Er fügte den herrlichen
Grund hinzu, weil jener in einem bei Domitian vorgelesenen Briefe
gesagt habe: „Regulus, der ärgste Schurke unter Allem, was auf zwei
Beinen geht," und da hatte doch Modestus den Nagel auf den Kopf
15 getroffen. Damit schloß ungefähr unsere Unterredung. Denn ich
wollte nicht weiter eingehen, um bis zu Mauricus' Ankunft freie Hand
zu behalten. Auch weiß ich recht gut, daß Regulus mal à prendre
ist¹³). Denn er hat Geld und einen Anhang. Viele machen ihm
den Hof, noch Mehrere fürchten ihn, und das wirkt meistens mehr
16 als Liebe. Doch kann es kommen, daß das ganze Gebäude einen
Stoß erhält und einstürzt. Denn auf die Gunst der Schlechten ist

---

¹²) Der Amtsantritt der höheren Beamten in Rom wurde durch ein möglichst
zahlreiches Geleit der Freunde und Clienten gefeiert.
¹³) D. h. daß dem Regulus schwer beizukommen ist.

ebensowenig zu bauen, wie auf sie selbst. Genug, ich wiederhole es nochmals, ich warte den Mauricus ab. Das ist ein gemessener, kluger und vielerfahrener Mann, der aus der Vergangenheit die Zukunft zu ermessen versteht. Ob ich wieder anknüpfe oder die Sache gehen lasse, dabei soll sein Rath mir Richtschnur sein. Ich habe Dir die Sache mitgetheilt, weil Du bei unserer gegenseitigen Liebe billigerweise nicht nur um meine Worte und Handlungen, sondern auch um das, was ich vorhabe, wissen mußt. Lebe wohl!

## 6.
### C. Plinius an Cornelius Tacitus.

Du wirst lachen; immerhin! Ich (Du kennst ja den Helden) ich habe drei Eber, drei prächtige Eber gefangen. In eigener Person? höre ich Dich fragen. In höchst eigener, ohne mich jedoch im Geringsten aus meiner behäbigen Gemüthlichkeit bringen zu lassen. Ich saß bei den Netzen; in nächster Nähe lagen nicht etwa Jagdspieß und Lanze, sondern Griffel und Schreibtafel¹); ich dachte über etwas nach und schrieb es nieder, um, wenn auch mit leerer Hand, mindestens mit voller Tafel heimzukehren. Du brauchst diese Art zu studiren keineswegs geringschätzig anzusehen. Es ist merkwürdig, wie der Geist durch die körperliche Bewegung und Thätigkeit gehoben wird. Dann der Wald, die Einsamkeit und jene eigenthümliche Stille, die bei der Jagd herrschen muß — Alles reizt mächtig zum Denken. Also, wenn Du zur Jagd gehst, kannst Du auf meine Gefahr Deinen Brodkorb und Deine Flasche, aber auch Deine Schreibtafel mitnehmen. Du wirst die Erfahrung machen, daß Minerva ebenso gut auf den Bergen haust, wie Diana. Lebe wohl!

## 7.
### C. Plinius an Octavius Rufus¹).

Ei, ei, auf welche Höhe hast Du mich gestellt, indem Du mir dieselbe Macht, dieselbe unbeschränkte Gewalt verliehest,

---

6. ¹) Kleine Notizbücher, so eingerichtet, daß man das Geschriebene leicht tilgen und durch Anderes ersetzen konnte. Sie dienten meist zu flüchtigen Aufzeichnungen, aus denen man zu Hause und in Muße das Wichtigere in die Hefte eintrug.
7. ¹) Wol derselbe mit dem Octavius, an den II. 10 gerichtet ist.

welche Homer dem allgütigen und allmächtigen Jupiter verleiht:

    Doch nur Eines gewährte der Gott und das Andre versagt' er ²).

2 Kann doch auch ich jetzt mit gleichem Kopfnicken und Kopfschütteln auf Deine Bitte Antwort ertheilen. Denn wie ich, zumal auf Deinen dringenden Wunsch, es bei den Bätikern ³) zu verantworten suchen muß, wenn ich es ablehne, ihnen meinen Beistand gegen eine einzelne Person zu leihen, so will es sich doch weder mit meiner Gewissenhaftigkeit, noch mit der Zuverlässigkeit, die Du bei mir anerkennst, vertragen, gegen eine Provinz aufzutreten, die wegen so mancher Dienste, so mancher Mühen, so mancher Gefahren von meiner Seite sogar seit 3 längerer Zeit an mir hängt. Darum will ich die Mittelstraße dahin einschlagen, daß ich von den beiden Wünschen, unter denen ich einen gewähren soll, denjenigen wähle, bei dem ich zugleich Deiner Theilnahme für den Freund und Deiner ruhigen Beurtheilung der Sachlage genügen kann. Denn ich darf weniger darauf sehen, was Du bei Deinem warmen Herzen für den Augenblick wünschest, als darauf, was 4 Du für alle Zukunft gutheißen werdest. Ich hoffe um die Mitte des Octobers in Rom zu sein und dort dem Gallus ⁴) persönlich mein Versprechen auf Dein und mein Wort hin zu bestätigen. Du kannst ihm jedoch hinsichtlich meiner schon jetzt die Zusicherung geben:

    So der Kronid' und winkte sofort mit den dunkelen Brauen ⁵).

5 Denn warum soll ich nicht immerfort in homerischen Versen zu Dir reden? Lässest Du mich doch nicht reden in Deinen eignen, obwohl ich ein so heftiges Verlangen nach denselben habe, daß ich glaube, ich könnte um diesen Preis allein dazu verführt werden, selbst gegen die Bätiker aufzutreten.

---

²) Ilias XVI. 250.
³) Die Bätiker oder Bewohner des südlichen Spaniens (des jetzigen Andalusiens und eines Theiles von Granada) hatten eine Klage anhängig zu machen gegen einen frühern Proconsul Gallus. Da Plinius bereits früher ihre Sache gegen Bäbius Massa im Jahre 93 energisch geführt hatte, so konnte er jetzt füglich nicht gegen sie für Gallus auftreten (vgl. Anm. 4 zu III. 4).
⁴) Vielleicht derselbe, an den II. 17 und VIII. 20 gerichtet sind.
⁵) Ilias I, 528.

Fast hätte ich vergessen, was ich doch beileibe nicht vergessen 6 darf, daß ich die köstlichen Datteln erhalten habe, die jetzt mit den Feigen und Champignons ihre Concurrenz zu bestehen haben. Lebe wohl!

## 8.
### C. Plinius an Pompejus Saturninus [1].

Gelegner hätte Dein Brief, in dem Du um Uebersendung einiger Schriften von mir bittest, nicht kommen können; denn ich hatte eben den Entschluß gefaßt, es zu thun. Du hast also gewissermaßen „dem Renner in vollem Laufe die Sporen gegeben" und so zu gleicher Zeit Dir die Freiheit, die Mühe abzulehnen, und mir die Scheu, Dich darum zu bitten, benommen. Denn ich kann nun getrost ein zuvorkommendes 2 Anerbieten benutzen und Du darfst Dich nicht beklagen über Das, was Du selber gewollt hast. Nur darfst Du von einem so bequemen Menschen nichts Neues erwarten. Ich bin nämlich daran, Dich zu bitten, 3 Deine Zeit noch einmal einer Rede zu widmen, die ich in meiner Vaterstadt bei der Einweihung der Bibliothek [2] gehalten habe. Ich erinnere mich zwar, daß Du schon früher einige Bemerkungen dazu gemacht hast, allein doch nur im Allgemeinen; aber eben deßhalb möchte ich Dich jetzt bitten, Deine Aufmerksamkeit nicht blos auf das Ganze zu richten, sondern mit Deiner gewohnten Feile auch an die einzelnen Theile zu gehen. Es steht mir ja auch nach Deiner Correctur noch immer frei, sie herauszugeben oder zurückzuhalten. Ja, vielleicht 4 wird sogar das Ergebniß dieser Correctur, welche sie bei öfterer Durchmusterung entweder der Herausgabe unwürdig finden oder eben durch ihre Besserungsversuche derselben würdig machen wird, gerade mein leidiges Schwanken zu einer Entscheidung nach dieser oder jener Seite drängen. Freilich liegen die Gründe dieses Schwankens von 5 meiner Seite nicht so sehr in der Schrift selbst, als vielmehr in dem eigenthümlichen Stoffe; denn dieser giebt ihr etwas den Anschein von

---

8. [1] Vgl. über ihn I. 16. Ein anderer ist wol der Saturninus, an den V. 21 gerichtet ist.

[2] Eine Inschrift, in welcher auch dieser Stiftung einer Bibliothek für die Vaterstadt Comum gedacht wird, ist noch erhalten.

Ruhmredigkeit und Aufgeblasenheit, und das muß, wenn der Ton auch noch so gehalten und schlicht ist, einen Druck auf meine Bescheidenheit üben, weil ich mich in die Lage versetzt sehe, nicht etwa nur von der Mildthätigkeit meiner Eltern, sondern auch von meiner eigenen zu 6 reden. Es ist das eine gar mißliche und heikle Sache, selbst dann, wenn sie darin eine Stütze findet, daß man ihr nicht ausweichen kann. Wenn nämlich schon fremdes Lob meistens nicht eben geneigte Ohren findet, so ist es vollends schwierig, mit einer Rede über sich selbst oder über die eigenen Angehörigen nicht anzustoßen. Sehen wir doch schon die moralische Größe an sich, mehr aber noch ihren lauten Ruhm und ihre offene Verkündigung mit scheelem Auge an und enthalten uns der Bekrittelung und Bemäkelung edler Thaten erst dann einigermaßen, wenn sie aus ihrer stillen Verborgenheit nicht hervorgezogen werden. 7 Darum gehe ich denn oft mit mir zu Rathe, ob ich das Ding, ganz abgesehen von seinen Stärken und Schwächen, blos für mich, oder auch für Andere geschrieben lassen sein solle. Für das Erstere spricht, daß fast Alles, dem man vor der Ausführung sich nicht entziehen kann, nach 8 dem Abschluß an Nutzen und Reiz verliert. Also, um nicht ferner liegende Beispiele herbeizuziehen, was konnte von größerem Nutzen sein, als den Beweggrund zu unserer Freigebigkeit auch schriftlich darzulegen? Ich erreichte dadurch mehrere Vortheile, zunächst ein längeres Verweilen bei edleren Gedanken, dann bei dauernder Beschäftigung damit ein tieferes Durchschauen ihrer Schönheit und endlich ein Schutzmittel gegen die Reue, welche einer übereilten Freigebigkeit auf dem Fuße zu folgen pflegt. Es entsprang daraus eine gewisse Uebung in 9 der Verachtung des Geldes. Während nämlich die Natur alle Menschen an die Wahrung desselben gebunden hat, löste mich eine oft und lange erwogene Liebe zur Freigebigkeit von den allgemeinen Banden der Habsucht, und meine Schenkung, meinte ich, müsse um so anerkennungswerther sein, weil sie nicht das Ergebniß augenblicklicher 10 Aufwallung, sondern reifer Ueberlegung war. Es kam noch hinzu, daß ich nicht Schaustücke oder Fechterspiele [3]), sondern jährliche Bei-

---

[3]) Durch den vorübergehenden Reiz solcher öffentlichen Spiele suchten sich die Reichen und Vornehmen in der Regel die ebenso vorübergehende Gunst des Volkes zu erwerben.

träge zur Erziehung freigeborener Kinder⁴) verhieß. Nun bedürfen aber Ergötzlichkeiten für Auge und Ohr so wenig einer Empfehlung, daß man den Eifer für dieselben durch ein gesprochenes Wort vielmehr dämpfen als heben sollte; soll aber Jemand die Lasten und Mühen der Erziehung freudig auf sich nehmen, so sind dazu nicht nur Belohnungen, sondern auch ein sorgfältig erwogener Zuspruch ganz an ihrem Platze. Wenn nämlich schon die Aerzte eine heilsame, aber bittere Arznei mit freundlichem Zureden begleiten, um wie viel mehr mußte ich bei meinen Bestrebungen für das allgemeine Wohl einer zwar höchst wohlthätigen, aber keineswegs in gleichem Grade allgemein beliebten Stiftung durch freundliche mündliche Erklärung Eingang zu verschaffen suchen, zumal da es mir darum zu thun sein mußte, für eine Gabe, die im Grunde nur Familien mit Kindern geboten wird, auch die kinderlosen Familien zu gewinnen und Alle dahin zu bringen, daß sie ein Ehrengeschenk, welches nur Wenigen zu Theil wird, ihrerseits geduldig erwarten und zu verdienen suchen. Allein, wie ich damals, als ich Zweck und Bestimmung meiner Stiftung allgemein verständlich machen wollte, mehr auf den allgemeinen Nutzen, als auf mein persönliches Hervortreten bedacht war, so beschleicht mich jetzt, wo ich mit dem Plane der Veröffentlichung umgehe, die Furcht, es möge den Anschein gewinnen, als habe ich es nicht auf den Nutzen Anderer, sondern auf mein eigenes Lob abgesehen gehabt. Außerdem weiß ich, daß, je edler ein Herz ist, desto mehr es den Lohn einer guten That im eignen Bewußtsein, nicht aber im Ruhme der Menschen findet. Denn der Ruhm muß Folge, nicht Zweck sein, und wenn er auch durch irgend einen Zufall nicht die Folge davon sein sollte, so verliert dadurch eine ruhmwürdige That nichts an ihrer Schönheit. Wer aber das, was er Gutes gethan, mit Worten zu Ehren zu bringen sucht, der geräth leicht in den Ruf, als rühme er es nicht, weil er es gethan, sondern als habe er es gethan, um es rühmen zu können. So verliert, was in eines Andern Munde groß und herrlich erschienen wäre,

---

⁴) Solche Unterstützungen für hülfsbedürftige Kinder, mochten sie nun Waisen sein oder von ihren Eltern nicht erzogen werden können, setzte in Rom zuerst Kaiser Nerva aus. Plinius scheint der erste Privatmann gewesen zu sein, der diesem Beispiele folgte (vgl. VII. 18. 2). Die ausgesetzten Gelder wurden meist auf Landbesitz angelegt, um der Stiftung ihre Dauer zu sichern.

durch die Erzählung des Urhebers selbst allen Werth. Denn wenn die Menschen das Werk selbst nicht zerstören können, so fallen sie über die Schaustellung desselben her. Thut man also etwas, das besser verschwiegen bliebe, so wird die Sache, und schweigt man nicht von dem, was Lob verdient, so wird die Person getadelt. Aber mir steht noch ein ganz besonderer Grund im Wege. Denn gerade diese Rede habe ich nicht vor dem Volke, sondern vor den Decurionen [5]) gehalten, nicht auf einem freien Platze, sondern in der Curie [6]). Es will mir also auch nicht recht passen, jetzt um das Lob und den lauten Beifall der Masse, der ich, als ich die Rede hielt, ausgewichen bin, durch die Veröffentlichung derselben zu buhlen und, während ich, um nicht den Schein der Eitelkeit auf mich zu ziehen, gerade das Volk, auf das doch die Stiftung selbst berechnet war, vom Zutritt und Eingang in die Curie ausgeschlossen habe, jetzt sogar diejenigen, denen meine Stiftung gar nichts als ein gutes Beispiel gewährt, gewissermaßen durch eine aufdringliche Schaustellung um mich zu sammeln. Das sind die Gründe meines Schwankens; doch will ich Deinem Rathe folgen, und sein maßgebender Ausschlag soll meine Richtschnur sein. Lebe wohl!

## 9.
### C. Plinius an Minutius Fundanus.

Merkwürdig, wie in der Stadt für einzelne Tage die Rechnung stimmt oder wenigstens zu stimmen scheint, während sie doch für mehrere Tage und im Ganzen genommen nie treffen will! Fragt man nämlich Jemand, was er heute gethan, so darf man auf die Antwort gefaßt sein: „Ich habe bei einer Bekleidung mit der Männertoga das Ehrengeleit gegeben [1]), ich besuchte eine Verlobung oder eine Hochzeit,

---

[5]) Der Stadtrath oder die Senatoren der Municipien.
[6]) Das Rathhaus mit dem Sitzungssaale der Senatoren.
9. [1]) Der Austritt aus den Knabenjahren wurde auch zu Rom feierlich begangen. Der betreffende, gegen 15 oder 16 Jahre alte Knabe legte das verbrämte Kinderkleid ab und zog die Männertoga an. Aus dem Elternhause wurde er, um den Glanz der Feierlichkeit zu erhöhen, unter zahlreichem Geleite geladener Freunde und Verwandten auf das Forum und dann, um ein Opfer zu bringen, auf das Capitol geführt.

Der bat um meine Gegenwart bei der Besiegelung eines Testaments ²),
Jener um meinen Beistand vor Gericht, ein Anderer um meine An=
wesenheit bei einer Sitzung ³).“ Das mag an dem Tage, wo man es 3
thut, unumgänglich sein; bedenkt man aber, daß man es Tag für Tag
gethan hat, so erscheint es schaal und unnütz, vollends aber, wenn man
sich aus dem Stadtleben zurückgezogen hat. Denn dann kommt einem
der Gedanke, wie viele Tage man mit so trivialen Dingen vergeudet
hat. So geht es mir, seitdem ich auf meinem Laurentinum ⁴) lese oder 4
schreibe oder meiner Gesundheit lebe, von der der Geist getragen und
frisch erhalten wird. Da höre ich nichts, was ich gehört, da spreche 5
ich nichts, was ich gesprochen zu haben bedauern müßte; da verkleinert
Keiner den Andern in liebloser Rede, ich selber zanke mit Niemand,
außer manchmal mit mir selbst, wenn ich mich gar zu ungeschickt beim
Schreiben anstelle; auch regt mich keine Hoffnung, keine Furcht auf,
mich beunruhigt kein Geschwätz: ich verkehre nur mit mir selbst und mit
meinen Büchern. Das ist ein ächtes, herziges Leben; das ist eine 6
süße, verständige Geschäftslosigkeit, gegen die fast jedes Geschäft zurück=
treten muß. Und du, o Meer, und du, Meeresgestade, eigentlicher
und heimlicher Musensitz, wie viel webt und wirkt ihr in mir! Ja, 7
verlaß auch Du bei der ersten besten Gelegenheit jenes Getümmel, das
schaale Laufen und Rennen und all die trübselige Mühsal und wirf
Dich der Wissenschaft und den Musen in die Arme! Ist es doch, nach 8
der sinnigen und feinen Bemerkung unsres Atilius ⁵), besser, nichts zu
thun haben, als nichts thun. Lebe wohl!

---

²) Die Tafeln, aus denen ein Testament bestand, wurden gleich nach dessen
Abfassung zusammengelegt und mit zwei Löchern durchbohrt, durch welche man
Fäden zog. Diese wurden zusammengeknüpft und auf der Außenseite versiegelt.
Die Handlung des Besiegelns bewirkte sowohl der Testirende selbst, als auch die
zugezogenen Zeugen, welche dann mit dem Testator ihre Namen neben dem Siegel
eintrugen.
³) Die oberrichterlichen Magistratspersonen pflegten sich für die zu haltenden
Sitzungen mit Rathgebern und Freunden zu umgeben, welche den Namen assessores
(Beisitzer) und consiliarii (Räthe) führten (vgl. I. 20. 12, V. 1. 5).
⁴) Die Villa des Plinius bei Laurentum (vgl. II. 17).
⁵) Vielleicht Atilius Crescens, von dem VI. 8 die Rede ist. Demselben
scheint die II. 14 2 angeführte treffende Aeußerung anzugehören,

## 10.
### C. Plinius an Attius Clemens.

Wenn je, so stehen jetzt[1]) die schönen Wissenschaften in unserer
2 Stadt in voller Blüthe. Ich könnte viele glänzende Beweise dafür
anführen; allein schon eins dürfte genügen, der Philosoph Euphrates[2]).
Ihn lernte ich schon in früher Jugend in Syrien, wo ich im Heere
stand, genau kennen, war in seinem Hause eingeführt, und bemühte
mich um seine Liebe, so wenig Mühe es auch kostete. Denn er ist zu-
vorkommend und zugänglich und ein volles Bild der Humanität,
3 welche er lehrt. Möcht' ich doch die Erwartungen, welche er damals
von mir hegte, in gleichem Grade erfüllt haben, wie seine eigenen
geistigen Vorzüge seitdem in bedeutendem Maße gewachsen sind. Es
kann freilich sein, daß ich dieselben jetzt um so mehr bewundere, je
mehr ich sie begreife. Und selbst jetzt noch begreife ich sie nicht voll-
4 kommen. Denn gleichwie über einen Maler, Steinkünstler und Bildhauer nur der Künstler ein vollgültiges Urtheil hat, so vermag auch
5 einen Weisen nur der Weise ganz zu würdigen. Allein, soweit ich
mir ein Urtheil zutrauen darf, besitzt Euphrates so auffallend glänzende Eigenschaften, daß selbst ein nicht sonderlich Gelehrter davon angezogen und ergriffen werden muß. Er bespricht seinen Gegenstand
mit Scharfsinn, Würde und Geschmack, und nicht selten trägt seine
Rede das Gepräge platonischer Erhabenheit und Fülle. Sein Ausdruck ist reich, mannigfaltig und von außerordentlicher Anmuth, so
daß er den Zuhörer selbst wider dessen Willen bestimmt und fortreißt.
6 Dazu kommt der hohe Wuchs, das schöne Gesicht, das herabwallende
Haar, der lange, eisgraue Bart — Dinge, die zufällig und gleich-

---

10. [1]) D. h. seit Domitians Tode und Nerva's Thronbesteigung, mit der die
Lehr- und Redefreiheit wiederkehrte (vgl. VIII. 14), Wissenschaft und Künste sich
frei regen durften (vgl. III. 13), die verbannten Philosophen nach Rom zurück-
kamen. Der Brief fällt danach in das Jahr 97 oder 98.

[2]) Dieser stoische Philosoph, der Gegner des Pythagoräers Apollonius von
Tyana, hatte zur Zeit der Philosophenausweisung aus Rom seinen Lehrstuhl von
dort nach Syrien verlegt, wo damals Plinius als Kriegstribun lebte (vgl. III,
11. 5). Unter Nerva nach Rom zurückgekehrt, endete er unter Hadrian durch
Selbstmord.

gültig scheinen mögen, die ihm aber ein hochwürdiges Ansehen geben.
Nichts Abstoßendes im Aeußern, nichts Finsteres, aber ein großer 7
Ernst: seine Begegnung würde Ehrfurcht einflößen, nicht zurückschrecken.
Sein Leben ist von makelloser Unbescholtenheit, sein freundliches Wesen
dem entsprechend; wenn er das Laster verfolgt, so gilt es der Sache,
nicht der Person, Irrende straft er nicht, sondern bessert sie. Man
folgt seinen Lehren mit Aufmerksamkeit und Spannung und möchte,
selbst wenn man bereits überzeugt worden ist, nochmals überzeugt
werden. Nun hat er auch drei Kinder, darunter zwei Söhne, die er 8
mit der größten Sorgfalt erzieht. Sein Schwiegervater, Pompejus
Julianus, würde, wenn er es nicht bereits durch sein ganzes sonstiges
Leben wäre, schon dadurch allein sich als ein großer und bedeutender
Mann bewähren, daß er, obwohl der erste Mann in der Provinz,
trotz den glänzendsten Anträgen nicht den Ersten an Amt und Wür=
den, sondern den Ersten an Weisheit zum Schwiegersohn wählte. Doch 9
was rede ich so lange von einem Manne, dessen ich mich nicht erfreuen
soll? etwa um es doppelt schmerzlich zu empfinden, daß ich es nicht
soll? Denn ich werde von meinem ebenso wichtigen als mühseligen
Amte ganz in Anspruch genommen. Da sitze ich denn auf der Amts=
bühne ³), unterzeichne die Eingaben, vollziehe die Gesuche und habe
überhaupt viele, aber höchst geistlose Schreibereien. Manchmal (aber 10
wie selten wird mir selbst dieses!) schütte ich gegen Euphrates mein
Herz über diese Beschäftigung aus. Er sucht mich zu trösten und ver=
sichert sogar, es sei dieß ein Theil, und zwar der schönste Theil der
Philosophie, im Dienste des Staates thätig zu sein, mit den Parteien
zu verhandeln, Entscheidungen zu geben, das Recht zu schöpfen und zu
üben und das, was die Philosophie lehrt, praktisch zu betreiben.
Trotzdem kann er mich wenigstens davon nicht überzeugen, daß eine 11
solche Beschäftigung besser sei, als ihm selbst ganze Tage lang zuzu=
hören und von ihm zu lernen. Desto mehr rathe ich Dir, der ja
durch keine Geschäfte gebunden ist, sobald Du in die Stadt kommst
(und gerade darum solltest Du Dein Kommen beschleunigen), Dich ihm

---

³) Welches Amt Plinius damals bekleidete, ist nicht mit Sicherheit zu be=
stimmen. Er war im Jahre 97 Präsident des Kriegsschatzes, in den Jahren 98
bis 101 des Staatsschatzes im Tempel des Saturn. Was er von seiner Thätig=
keit berichtet, läßt sich auf beide Stellungen beziehen.

zu Deiner letzten und vollkommenen Ausbildung in die Arme zu werfen. Denn ich mißgönne nicht, wie Viele, Andern ein Glück, das ich selbst entbehren muß, sondern es ist mir im Gegentheil ein wohlthuendes Gefühl, meine Freunde im Vollgenusse Dessen zu wissen, was mir versagt ist. Lebe wohl!

## 11.
### C. Plinius an Fabius Justus¹).

Seit undenklicher Zeit habe ich keine Zeile von Dir gesehen. Du sagst: „ich habe nichts zu schreiben." Nun, so schreibe wenigstens soviel, daß Du nichts zu schreiben habest, oder auch nur die wenigen Worte, mit denen unsere Vorfahren ihre Briefe zu beginnen pflegten: „wenn Dich mein Brief gesund antrifft, soll es mich freuen; ich bin gesund." Das genügt mir; denn es ist die Hauptsache. Du denkst vielleicht, ich scherze nur; im Gegentheil, ich bitte ernstlich darum, laß mich wissen, wie es Dir geht, denn es macht mir große Unruhe, es nicht zu wissen. Lebe wohl!

## 12.
### C. Plinius an Calestrius Tiro¹).

Ich habe einen schweren Verlust erlitten, wenn ich mit diesem kalten Worte die Trennung von einem so bedeutenden Manne bezeichnen darf. Corellius Rufus ist gestorben, und zwar, was meinen Schmerz herber macht, durch eignen Entschluß. Ist doch der schmerzlichste Tod der, welchen man weder als einen natürlichen, noch als eine Schickung betrachten kann. Denn ein wie großer Trost auch bei Denen, die eines natürlichen Todes sterben, in der allgemeinen Naturnothwendigkeit liegt, so wird doch bei Denen, welche ein freiwilliger Tod von uns nimmt, der Schmerz gerade dadurch unheilbar, daß wir denken, sie hätten noch lange leben können. Den Corellius indeß hat

---

11. ¹) Vgl. die Anm. 8 zu I, 5.
12. ¹) Näheres berichtet über ihn Plinius selbst VII, 16. Gerichtet sind an ihn noch die Briefe VI. 1, VI. 22, IX. 5. Der vorliegende Brief ist, wie aus §. 8 und IV. 22. 4, wo er als noch lebend erwähnt wird, hervorgeht, im Jahre 97 oder 98 geschrieben.

das höchste Gebot der Vernunft, welches für die Weisen mit der Nothwendigkeit gleichbedeutend ist, zu diesem Entschlusse getrieben, obgleich ihn viele Gründe an das Leben banden: ein gutes Gewissen, der beste Ruf, ein großes persönliches Ansehn, ferner die Tochter, die Frau, der Enkel, die Schwestern und neben so vielen Banden des Bluts wahre Freunde. Aber er hatte mit einer so langwierigen und schmerzlichen 4 Krankheit zu kämpfen, daß alle diese großen Reize des Lebens vor den Gründen, die ihn zu sterben bestimmten, zurücktraten. In seinem dreiunddreißigsten Jahre, wie er mir selbst erzählte, wurde er von der Fußgicht befallen. Es war ein Erbleiden vom Vater her; denn, wie manches Andere, pflanzen sich auch Krankheiten durch einige Generationen fort. So lange er in frischer Lebenskraft stand, überwand er 5 das Uebel durch sein enthaltsames und reines Leben und blieb Herr darüber; neuerdings aber nahm es mit dem Alter wieder zu und er hielt sich, freilich unter unglaublichen Schmerzen und unerhörten Qualen, nur durch die Kraft seines Geistes aufrecht. Denn der 6 Schmerz haftete bereits nicht mehr, wie zuvor, in den Füßen, sondern verbreitete sich über alle Glieder. So traf ich ihn zur Zeit Domitians in seinem Landhause daniederliegend. Die Diener zogen sich aus dem 7 Zimmer zurück; denn so pflegte er es zu halten, wenn ein vertrauterer Freund ihn besuchte; selbst die Frau, obgleich in alle Geheimnisse eingeweiht, ließ uns allein. Er warf die Augen umher und sprach: 8 „warum, meinst Du, trage ich meine unsäglichen Martern so lange? nur um den Räuber [2]) auch nur einen Tag zu überleben." Hätte man diesem Geiste einen gleichstarken Körper gegeben, er hätte selbst gethan, was er ersehnte [3]). Aber ein Gott erhörte seinen Wunsch, und nun er diesen erreicht, zerriß er, wie ein Mann, der endlich ruhig und frei sterben konnte, die zahlreichen, aber nicht mehr überwiegenden Bande des Lebens. Das Leiden hatte zugenommen; hatte er es 9 früher durch Enthaltsamkeit zu lindern gesucht, so entfloh er ihm jetzt festen Muthes, da es nicht weichen wollte. Zwei, drei, vier Tage vergingen, ohne daß er Nahrung zu sich genommen hätte. Da schickte seine Gemahlin Hispulla unsern beiderseitigen Freund C. Geminius

---

[2]) Er meint Domitian.
[3]) Nämlich den Domitian getödtet.

mit der Trauerbotschaft zu mir, er habe beschlossen zu sterben und könne weder durch ihre noch der Tochter Bitten erweicht werden; ich sei der einzige, durch den er noch für das Leben wiedergewonnen werden 10 könne. Ich eilte zu ihm. Schon war ich in die Nähe des Hauses gekommen, als mir Hispulla wieder durch Julius Atticus melden ließ, auch ich werde jetzt nichts mehr ausrichten: so starr und immer starrer beharre er bei seinem Entschlusse. Wirklich hatte er zu dem Arzte, der ihm eine Stärkung bot, gesagt: I have chosen [4] — ein Wort, das in meinem Herzen das Gefühl der Bewunderung nicht minder als das der Sehnsucht weckte [5]. Es steht vor meiner Seele, was für ein 11 Freund, was für ein Mann in ihm mir genommen ist. Wohl weiß ich, er hat das achtundsechzigste Jahr erreicht, ein Alter, das selbst für den kräftigsten Mann ein hohes ist. Ich weiß auch, er ist einem ewigen Siechthum entgangen. Er ist dahin geschieden, während die Seinigen ihm die Augen zudrücken konnten, während der Staat, der ihm theurer als alle seine Angehörigen war, wieder emporblühte — 12 auch das weiß ich. Und doch betrauere ich seinen Tod, als wäre er in der Fülle der Jugend und im kräftigsten Alter dahingegangen; aber ich betraure ihn, auch wenn Du mich schwach nennen solltest, um meiner selbst willen. Denn ich verlor in ihm einen Zeugen, einen Leiter, einen Lehrer meines Lebens. Ja, laß mich wiederholen, was ich im ersten Schmerz gegen meinen Freund Calvisius äußerte: „ich 13 fürchte, ich werde künftighin minder bewußt leben." Darum stütze mich mit Deinem Troste, aber sage mir nicht: „er war alt und schwach" (denn das weiß ich), sondern sage mir etwas Neues, etwas Erhebendes, was ich nie gehört, nie gelesen habe; denn was ich bisher gelesen und gehört, das fällt mir auch so ein, aber mein Schmerz ist zu groß, um dadurch beschwichtigt zu werden. Lebe wohl!

### 13.
### C. Plinius an Sosius Senecio.

Das war eine reiche Ausbeute an Dichtern, welche dieses Jahr gebracht hat! Im ganzen Monat April verging fast kein Tag, ohne

---

[4] D. h. es steht fest, ich habe den letzten Entschluß gefaßt.
[5] Vgl. die Anm. 4 zu I. 22.

daß Jemand eine Vorlesung¹) gehalten hätte. Es freut mich, daß sich auf diesem Felde ein frisches Leben regt, daß die Talente sich hervorwagen und an das Licht treten, wenn gleich das Publikum eine gewisse Indolenz dagegen zeigt. Da sitzen die Meisten an den 2 Stationen²) und verplaudern die Zeit des Vortrages mit Neuigkeiten; dabei lassen sie sich ab und zu berichten, ob der Vorlesende schon erschienen, ob er die einleitenden Worte gesprochen, oder schon mit einem hübschen Stücke Manuscript fertig sei; dann erst, und selbst dann noch langsam und bedächtig, treten sie heran, halten aber nicht aus, sondern ziehen sich vor dem Ende wieder zurück, Einige heimlich und verstohlen, Andere offen und frei. Traurig genug. Soll doch zur 3 Zeit unserer Väter Claudius Cäsar, als er eben in seinem Palaste sich erging und ein lautes Beifallsrufen hörte, nach der Ursache gefragt und, als er erfahren, daß Nonianus³) eine Vorlesung halte, den Vor-

---

13. ¹) Um den Beginn der Kaiserzeit wurde es in Rom allgemein üblich, daß die Autoren ihre Werke öffentlich oder in geschlossenen Kreisen vorlasen. Anfangs geschah dieses im Hause des Verfassers vor dem Kreise seiner Freunde, oder doch in Privatgebäuden, in geliehenen oder gemietheten Lokalen, allmählich aber öffentlich, vor allem Volk, im Theater oder auf dem Forum, in Tempeln und Hallen, in Gärten und in Bädern. Da diese Vorlesungen ohne Zahlung gehalten wurden, so war der Zudrang anfangs groß und allgemein. Der Zweck war ursprünglich kein anderer als der, aus der Kritik der Zuhörer für die letzte Durchfeilung der Arbeit Nutzen zu ziehen; bald aber trieben Eitelkeit und Ehrgeiz zur Nachahmung der Sitte an. Schon zu Plinius' Zeit wirkten bei der Mehrzahl der Schriftsteller beide Motive vereint; obwohl die Vorlesungen mancherlei Kosten verursachten, entzog sich doch nur selten ein Schriftsteller dieser Sitte. Die eigentliche Saison bildeten die Sommermonate, zumal April, Juli und August. Dann glichen die Vorlesungen nicht selten förmlichen Volksversammlungen, und je beliebter der Autor, desto größer war der Zuspruch. Ort und Zeit wurden stets zuvor durch besondere Einladungsschreiben, durch Programme, öffentliche Anschläge und Zeitungsannoncen bekannt gemacht (vgl. III. 18). Die Spuren der Entartung sind schon bei Plinius zahlreich.

²) Mit diesem Namen bezeichnen die Römer solche öffentliche Orte, an denen man zur Unterhaltung und selbst zu Geschäften zusammenkam. Es geschah dieses an freien Plätzen, in Tempeln, Bibliotheken, Buchläden, und von Seiten der niederen Volksklasse in Barbierstuben und Arzneibuden.

³) M. Servilius Nonianus, Consul im Jahre 35 (Tacitus' Annalen VI. 31), war schon zu Tiberius' Zeiten ein hochangesehener Mann und galt für einen sittlich reinen Charakter (Tacit. Ann. XIV. 19). Berühmter Sachwalter, entsagte er in höherem Alter dem Forum und schrieb eine Geschichte Roms, welche Quinctilian

4 lesenden, der sich dessen nicht vermuthete, überrascht haben. Jetzt läßt
sich jeder beliebige Tagedieb lange vorher einladen und wiederholt erinnern, um am Ende entweder gar nicht zu erscheinen, oder, wenn er
erscheint, zu klagen, er sei um den Tag gekommen, eben weil er zufällig
5 nicht darum gekommen ist. Aber desto mehr Lob und Anerkennung
verdienen die, welche sich in ihrem Interesse, zeige es sich nun im
eigenen Schaffen oder im Hören, durch diese Trägheit oder Blasirtheit
des Publikums nicht irren lassen. Ich habe wohl bei keinem gefehlt.
Allerdings waren es meistentheils Freunde; denn es gibt nicht leicht
einen Freund der Wissenschaft, der nicht auch zugleich der meinige
6 wäre. Eben darum bin ich länger, als ich beabsichtigte, in der Stadt
geblieben. Nun kann ich mich in meine Abgeschiedenheit wieder zurück-
ziehen und etwas schreiben, was nicht vorgelesen werden soll; es möchte
sonst den Anschein gewinnen, als habe ich die, deren Vorträgen ich
beiwohnte, nicht eigentlich hören, sondern vielmehr zu Gegendiensten
verpflichten wollen. Denn wie im Leben überhaupt, so verliert auch
die Aufmerksamkeit, welche der Zuhörer durch seine Anwesenheit erweist, allen Werth, wenn sie auf Erwiderung rechnet. Lebe wohl!

## 14.
### C. Plinius an Junius Mauricus[1]).

Du ersuchst mich, mich nach einem Manne für Deines Bruders[1]) Tochter umzusehen, und Du thust recht daran, gerade mich mit diesem Auftrage zu betrauen. Du weißt ja, wie sehr ich den großen Mann geehrt und geliebt habe, wie er mich, den unerfahrenen Jüngling, durch seine Ermahnungen groß gezogen, wie er durch sein Lob es dahin ge-
2 bracht hat, daß ich des Lobes würdig erschien. Du hättest mir keinen wichtigeren und willkommeneren Auftrag geben, ich keinen ehrenvolleren erhalten können, als den Mann auszuwählen, dessen Kinder die Ehre
3 verdienen sollen, Arulenus Rusticus' Enkel zu sein. Nun hätte ich

---

(X. 1. 102) wegen ihres Gedankenreichthums und ihrer edlen Haltung lobt, obgleich er eine gewisse Breite an ihr tadelt. Bruchstücke aus dieser mag er vorgelesen haben und dadurch Kaiser Claudius bei seiner Vorliebe für Geschichte angezogen worden sein. Nonianus starb im Jahre 60.
14. ¹) Vgl. die Anm. 3, 4 u. 11 zu I, 5.

freilich lange nach einem solchen suchen können, wenn ich nicht den
Minicius Acilianus, der, ich möchte sagen, dazu bestimmt ist, an der
Hand hätte. Er hängt an mir mit der vertraulichen Achtung des
Mannes gegen den Mann (denn er ist nur um ein paar Jährchen
jünger) und verehrt mich, als wäre ich ihm gegenüber ein Greis.
Denn er möchte von mir gezogen und gebildet werden, wie ich es einst
von Euch ward. Er stammt aus Brixia ²), also hier aus unserm 4
Italien ³), das sich noch ein gutes Theil Sittsamkeit, Biedersinn, ja
ländlicher Schlichtheit erhalten und bewahrt hat ⁴). Sein Vater 5
Minicius Macrinus ist der Erste des Ritterstandes, weil er höher nicht
hinaus wollte ⁵); denn obwohl vom göttlichen Vespasian zum Range

---

²) Das jetzige Brescia.

³) D. h. aus dem von Rom aus jenseits des Po belegenen Theile, wo auch
Plinius' Geburtsstadt Comum lag.

⁴) Gegen den trüglichen Schimmer in Rom, wo die Sitte selbst von den
mittlern Volksklassen einen gewissen Glanz in der äußern Erscheinung forderte,
der nicht selten ihre Kräfte überstieg, so daß eine glänzende Armuth, Sittenver=
derbniß und Zügellosigkeit sehr verbreitet war, stach die Einfachheit, Anspruchs=
losigkeit und Sittenstrenge in den Municipien und Provinzen, namentlich in den
Städten des obern Italiens, vortheilhaft ab.

⁵) Bei dem Aussterben oder Verarmen der alten senatorischen Familien wur=
den die eingerissenen Lücken meist aus der Ritterschaft Roms, der Municipien,
Kolonien und Provinzen ausgefüllt. In der Regel führten Reichthum (der Sena=
torenrang setzte ein Vermögen von wenigstens einer Million Sesterzien oder
70,000 Thalern voraus), Gunst und Verdienst zu dieser Erhebung. Doch legte
sowohl die Convenienz, als auch das Gesetz diesem Stande drückende und zum Theil
sogar unerträgliche Lasten auf, so daß selbst ungeheure Mittel oft rasch erschöpft
wurden. Dagegen hatten die Senatoren den Vorzug, daß ihnen besoldete, zum
Theil sehr einträgliche Stellen im Heer, in der Verwaltung und in den Provinzen
offen standen. Dennoch mußten nicht selten heruntergekommene Senatoren von den
Kaisern, die selbst zum Senatorenstande gehörten, unterstützt oder aus ihrem Stande
entlassen werden. Wünschenswerth blieb also der Eintritt in den Senatorenstand
nur für die Ehrgeizigen, weil man nur durch diesen die aus der Republik herüber=
genommenen höheren Aemter zu erreichen hoffen durfte. Wer zur Senatorenwürde
erhoben wurde, hörte damit auf, Bürger einer andern Stadt als Roms zu sein.
Minicius Macrinus mochte also allen Grund haben, lieber einer der Ersten in
Brescia, als einer der Letzten in Rom sein zu wollen. Freilich hatte der Ritter=
stand bereits seine charakteristische Bedeutung verloren; allein die durch Geburt
und senatorisches Vermögen ausgezeichneten Ritter erhielten oft von den Kaisern
das äußere Abzeichen des Senatorenstandes, den breiten Purpurstreif, und bildeten

eines gewesenen Prätors erhoben ⁶), zog er doch ein ehrenvolles Stillleben beharrlich, soll ich sagen unserm Ehrgeize oder unserer Würde ⁷),
6 vor. Seine Großmutter von mütterlicher Seite ist Serrana Procula aus der Municipalstadt Patavium ⁸). Du kennst den Charakter dieser Stadt, und doch gilt Serrana selbst bei den Patavinern für ein Muster sittlicher Strenge. Auch gab ihm ein gutes Geschick den Publius Acilius zum Oheim, einen Mann von fast einziger Gediegenheit, Klugheit und Zuverlässigkeit. Genug, Du wirst in der ganzen Familie nichts finden, was Dir minder behagen könnte, als in Deiner eigenen.
7 Acilianus selbst aber verbindet das lebhafteste und rührigste Temperament mit der höchsten Anspruchslosigkeit. Die Quästur, das Tribunat und die Prätur hat er mit der größten Ehrenhaftigkeit durchlaufen und Dir so die Nothwendigkeit, Dich deßhalb für ihn zu verwenden,
8 erspart. Er hat ein feines Gesicht, viel Farbe und eine gesunde Röthe; seine ganze Gestalt zeigt eine edle Schönheit und eine senatorische Haltung. Auch dieses, meine ich, darf man nicht ganz übersehen; denn es soll gewissermaßen als Preis für eines Mädchens Tugend ge-
9 geben werden. Ich weiß nicht, ob ich hinzufügen darf, daß sein Vater ein bedeutendes Vermögen besitzt. Denn wenn ich Euch bedenke, für die wir einen Schwiegersohn suchen, so glaube ich vom Vermögen nicht sprechen zu dürfen; sehe ich aber auf den Zeitgeist und die Staatsgesetze, welche das Vermögen der Bürger vorzugsweise berück-

---

so als senatorische Ritter eine auch äußerlich von den übrigen Rittern abgesonderte Klasse. Diese zogen vielfach die Freiheit und Muße der Amtlosigkeit, das glänzende Einkommen eines geschäftlichen, den Senatoren nicht gestatteten Erwerbes dem leeren Pompe und der drückenden Bürde der senatorischen Aemter vor.

⁶) Während des Kaiserthums ging die alte republikanische Bedeutung der Aemter mehr und mehr verloren; sie wurden zu bloßen Rangstufen, und es war eine nothwendige Folge dieser Umwandlung, daß die Kaiser die Erhöhung, welche mit dem Amte verbunden war, ohne das Amt selbst verleihen konnten. So ließen sie durch den Senat die bloßen äußern Abzeichen der Aemter verleihen, und zwar auch an Solche, die nicht nur nicht Senatoren, sondern nicht einmal zum Eintritt in den Senat berechtigt waren, an Ritter, an Freigelassene, an Ausländer sogar, wie denn z. B. der jüdische König Agrippa die consularischen, dessen Bruder Herodes die prätorischen Insignien von Kaiser Claudius erhielten.

⁷) Plinius und Mauricus waren Senatoren.

⁸) Jetzt Padua.

sichtigen zu müssen glauben⁹), so meine ich selbst diesen Punkt nicht übergehen zu dürfen. Und in der That, wenn man an Nachkommenschaft, und zwar an zahlreiche Nachkommenschaft denkt, so muß man bei der Wahl einer passenden Verbindung wol auch dieses mit in Anschlag bringen. Du glaubst nun vielleicht, es habe die Freundesliebe meine Mittheilungen gefärbt und dieselben in zu rosigem Lichte gemalt. Allein ich setze mein Wort dafür ein, Du wirst Alles viel glänzender finden, als ich es geschildert habe. Es ist wahr, ich liebe den Mann mit all der Herzlichkeit, die er verdient; aber eben diese Liebe verlangt auch von mir, daß ich sein Lob nicht übertreibe. Lebe wohl!

## 15.
### C. Plinius an Septicius Clarus¹).

Warte! Du nimmst meine Einladung an und — kommst nicht. Nach Urthel und Recht sollst Du mir auf Heller und Pfennig den Aufwand ersetzen, und der war nicht gering. Da hatte ich auf den Mann einen Kopf Salat, drei Schnecken²), zwei Eier, Griesbrei mit Meth³) und Schnee (denn auch den, ja den vor allen andern, wirst Du mit in Rechnung bringen, weil er auf der Schüssel zergeht), Oliven, Mangold, Kürbisse, Morcheln und tausenderlei andere ebenso gute Sachen. Du hättest ein Lustspiel oder einen Vorleser oder einen Lautenschläger oder gar (Du kennst ja meine Freigebigkeit) alle zusammen gehört⁴). Und da ziehst Du, Gott weiß bei wem, Austern,

---

⁹) Insofern von dem Vermögen (Census) die Anwartschaft auf den senatorischen oder ritterlichen Stand abhing.
15. ¹) Vgl. die Anm. 1 zu 1. 1.
²) Eßbare Schnecken wurden eifrig gezogen und gemästet.
³) Aus Most oder Wein und Honig bereitet.
⁴) Es war bei Gastmählern Sitte, den Gästen eine möglichst reiche Auswahl von Unterhaltungen und Ergötzlichkeiten zu bieten, die natürlich nach dem Geschmack, den Neigungen und dem Bildungsgrade des Gastgebers sehr verschieden waren. Bei ausgelassenen Festen tanzten üppige Andalusierinnen (Gaditanerinnen) ihre verrufenen Tänze nach dem Takte der Castagnetten und Flöten, beim Schall unzüchtiger Gesänge, trieben Possenreißer und Narren ihre Unflätereien (vgl. IX. 17. 1), führten Mimen Scenen auf, die nicht einmal für Sklaven ehrbarer Herren

Schweinsgekröse, Seeigel und Gaditanerinnen vor. Du sollst mir
büßen, ich sage noch nicht, wie! Ganz gefühllos hast Du gehandelt:
Du hast, ich weiß nicht ob Dir, jedenfalls aber mir, nein, auch Dir
selber im Wege gestanden. Wie hätten wir scherzen und lachen und
4 philosophiren wollen! Du magst bei Vielen üppiger speisen, aber
nirgends heiterer, ungezwungener, freier. Kurz, mach' einmal die
Probe, und wenn Du es dann nicht vorziehst, bei Andern abzusagen,
dann magst Du künftig bei mir immer thun. Lebe wohl!

## 16.
### C. Plinius an Erucius.[1]

Ich liebte den Pompejus Saturninus, unsern Saturninus[2]
hier meine ich, und erkannte lobend sein Talent an, ehe ich noch wußte,
wie vielseitig, wie geschmeidig, wie mannigfaltig dasselbe ist; jetzt aber
2 hat er mich ganz eingenommen, hingerissen, bezaubert. Ich hörte ihn
vor Gericht reden, und zwar eindringlich und feurig, aber nicht minder
fein und gewählt, einerlei, ob er vorbereitet oder aus dem Stegreife
sprach. Ihm steht ein Schatz von geistreichen und unerschöpflichen
Gedanken, ein gedrungener und zierlicher Satzbau, eine Fülle von
treffenden und klassischen Wörtern zu Gebote. Alles dieses gefällt
ungemein, wenn es mit einem gewissen Sturm und Drang dahin=
braust, es gefällt aber auch, wenn man es still für sich wieder vor=
3 nimmt. Du wirst urtheilen wie ich, wenn Du seine Reden in die
Hand nimmst, und dieselben unbedenklich jedem der Alten, denen er
4 nacheifert, zur Seite stellen. Doch wird er Dich in der Geschichte mehr

---

anständig waren. Wo der Anstand mehr beobachtet wurde, traten Pantomimen
auf, wurden Scenen aus Lust= und Trauerspielen aufgeführt. Am allgemeinsten
waren Vorlesungen und musikalische Unterhaltungen aller Art, oft zur Beschwerde
der Gäste. Ohne Musik, Dellamation und Vorlesungen wurden auch frugale und
bescheidene Mahlzeiten selten begangen (vgl. IX. 40. 2); nicht selten trug der
Hausherr selbstverfaßte Schriften oder Gedichte vor. Plinius schildert die Gesell=
schaft, zu der er Septicius eingeladen hatte, als eine sehr einfache im Gegensatze
zu der, welche Septicius besuchte.

16. [1] Näheres über Sextus Erucius giebt Plinius selbst II. 9.
[2] Vgl. Anm. 1. zu I. 8.

befriedigen, theils wegen der Kürze und Klarheit, theils wegen der Anmuth und des Glanzes, ja selbst der Erhabenheit seiner Darstellung. Denn in seinen historischen Reden hat er zwar dieselbe Kraft wie in den gerichtlichen, allein er ist in ihnen gedrängter, bestimmter und knapper. Auch macht er Verse, wie Catull und Calvus. Und wie 5 anmuthig, wie einschmeichelnd, wie bitter, wie liebeseelig sind diese! Zwar mischt er, und zwar mit Absicht, unter die sanft und leicht dahin gleitenden auch einige etwas harte ein, auch darin ein zweiter Catull und Calvus ³). Jüngst las er mir Briefe vor; sie sollten von seiner Ge- 6 mahlin sein ⁴): ich glaubte aufgelöste Verse des Plautus oder Terenz zu hören. Mögen sie nun, wie er versichert, von seiner Frau, oder trotz seines Läugnens von ihm selbst sein, so bleibt die rühmlichste Anerkennung gleich bei einem Manne, der sie entweder selbst geschrieben oder eine Frau, die er als junges Mädchen heirathete, zu solcher Bildung und zu solchem Geschmack herangezogen hat. Ich habe ihn deß- 7 halb den ganzen Tag zur Seite: ihn lese ich, bevor ich schreibe, ihn, wenn ich geschrieben habe, ich lese ihn sogar, wenn ich mich erholen will, und doch finde ich ihn immer neu. Ein Gleiches zu thun, bitte ich Dich und rathe es Dir. Denn es darf doch seinen Werken nicht 8 als eine Schwäche angerechnet werden, daß er noch lebt. Wäre seine Blüthe in eine Zeit gefallen, die wir nicht erlebten, wie würden wir nicht nur nach seinen Schriften, sondern selbst nach seinem Bilde verlangen! und nun er unter uns lebt, sollte er, wie zu alltäglich geworden, mindere Anerkennung und Ehre finden? Nein, es würde ver- 9 kehrt und lieblos sein, einen Mann, der unsere höchste Bewunderung verdient, nicht zu bewundern, blos weil wir das Glück haben, ihn sehen, sprechen, hören, umarmen und nicht nur loben, sondern selbst lieben zu können. Lebe wohl!

---

³) Die Härte, welche hier dem Catull vorgeworfen wird, bezieht sich darauf, daß derselbe seine Hendekasyllaben oft mit einem Trochäus oder Jambus beginnt, während die Zeitgenossen des Plinius diesen Vers regelmäßig mit einem Spondeus begannen. Ueber Calvus vgl. die Anm. 2. zu I. 2.

⁴) Schriftstellerische Frauen, welche sich mit ihren Versuchen nicht an die Oeffentlichkeit wagten, pflegten dieselben durch Freunde oder Verwandte vorzulegen.

## 17.
### C. Plinius an Cornelius Titianus.

Noch ist also Freundesliebe und Treue nicht aus den Herzen der Menschen geschwunden; noch giebt es Männer, die ihre Liebe bis über den Tod hinaus bewahren. Titinius Capito¹) hat sich bei dem Kaiser die Erlaubniß erwirkt, dem L. Silanus²) auf dem Forum eine Bild=
2 säule zu setzen. Es ist doch schön und der höchsten Anerkennung werth, so die Freundschaft des Fürsten³) zu benutzen und die Größe des
3 persönlichen Einflusses zur Ehre Anderer zu erproben. Ueberhaupt ist die Verehrung berühmter Männer ein Charakterzug bei Capito. Es ist unglaublich, wie hoch und heilig er die Bilder des Brutus, Cassius, Cato in seinem Hause, wo er sie haben darf⁴), hält. Außerdem feiert er das Leben der berühmtesten Männer in herrlichen Ge=
4 dichten. Gewiß, wer die Vorzüge Anderer in solcher Weise ehrt, der muß selbst überreich an ihnen sein. So ist denn dem L. Silanus die verdiente Ehre erwiesen, und Capito hat für seine Unsterblichkeit nicht minder gesorgt als für die eigene. Denn es ist ein ebenso großer Ruhm, eine ebenso große Auszeichnung, ein Standbild auf dem Forum des römischen Volkes zu setzen, als ein solches zu besitzen. Lebe wohl!

---

17. ¹) Titinius Capito war kaiserlicher Geheimsekretär unter Nerva und Trajan. Ein patriotischer Charakter, feierte er, wie es scheint in Gedichten, den Tod der bedeutendsten von Domitian gemordeten Römer. Plinius nennt ihn einen der Zierden seines Jahrhunderts (VII. 12).

²) L. Silanus, ein Nachkomme des Kaisers Augustus, wurde unter Nero in's Exil nach Bari verwiesen, wo er von einem dazu beauftragten Centurio ermordet wurde. Eine Anschuldigung lag nicht vor; es war nur die ausgezeichnete Stellung, die er als Sohn einer ehrenreichen Familie und als ein in der Blüthe der Jahre tadelloser Mann einnahm. (Tacitus' Annalen XV. 52, XVI. 7 u. 9).

³) Den Namen „Freunde" der Kaiser führten damals diplomatisch alle diejenigen Männer, welche von den Kaisern regelmäßig zu ihren Berathungen und gesellschaftlichen Kreisen gezogen wurden. Auf Reisen und Feldzügen bildeten sie vorzugsweise das Gefolge derselben.

⁴) Die Bilder des Brutus, Cassius und Cato waren nicht durchaus verboten, aber sie durften nicht öffentlich ausgestellt werden (vgl. Tacitus' Annalen III. 76, IV. 35, XVI. 7).

## 18.
### C. Plinius an Suetonius Tranquillus¹).

Du schreibst mir, ein Traum habe Dich dergestalt erschreckt, daß Du einen üblen Ausgang für Dein gerichtliches Plädoyer fürchtest, und bittest mich, einen Aufschub nachzusuchen und Dich für einige, wenigstens für einen Tag zu entschuldigen. Die Sache hat ihre Schwierigkeiten; aber ich will es versuchen.

*Die Träum' auch sendet Kronion.*

Doch fragt es sich dabei, ob Deine Träume in der Regel in Erfüllung 2 gehen, oder ob sie das Gegentheil bedeuten. Wenn ich an einen Traum von mir denke, so scheint mir das, was Dich ängstlich stimmt, ein herrliches Plädoyer zu bedeuten. Ich hatte nämlich gerade die Sache des 3 Julius Pastor übernommen; da träumte mir, meine Schwiegermutter bitte mich auf den Knien, die Sache nicht zu führen. Und ich war noch sehr jung, als ich damals auftreten sollte, auftreten vor allen vier Senaten³), auftreten gegen die Mächtigsten der Stadt und selbst gegen die Freunde⁴) des Kaisers — lauter Umstände, von denen jeder einzelne mir nach einem so unglücklichen Traume hätte die Fassung rauben können. Allein ich trat auf, eingedenk des Spruches: 4

*Ein Wahrzeichen nur gilt, das Vaterland zu erretten⁵).*

Denn gleich dem Vaterlande und wenn es noch Heiligeres giebt, galt mir das einmal gegebene Wort. Und alles verlief glücklich, ja gerade diese Verhandlung eröffnete mir das Ohr der Menschen, gerade diese die Pforten des Ruhmes. Darum überlege Dir noch einmal, ob Du 5 nicht auch nach diesem Beispiele Deinen Traum zum Guten deuten kannst, oder, wenn Du die bekannte Regel aller Unschlüssigen:

---

18. ¹) Der bekannte Kaiserbiograph, der damals kaum das zwanzigste Jahr erreicht hatte.
²) Homers Ilias I. 63.
³) Vgl. die Anm. 6 zu I. 5.
⁴) Vgl. die Anm. 3 zu I. 17.
⁵) Homers Ilias XII. 243.

"unterlaß, wobei Du Bedenken haft," ſicherer findeſt, ſo ſchreibe mir
6 ſelbſt dieſes. Ich will dann ſchon einen Coup ausfindig machen und
Dich ſo vertreten, daß Du auftreten kannſt, wann es Dir beliebt.
Denn Deine Lage iſt allerdings eine andere, als die meinige damals
war, weil das Centumviralgericht unbedingt keinen, das Gericht aber,
vor dem Du auftrittſt, zwar ſchwer, allein am Ende doch einen
Aufſchub geſtattet. Lebe wohl!

## 19.
### C. Plinius an Romatius Firmus.

Du biſt mein Landsmann, mein Mitſchüler und ſeit meinem
Eintritte in's bürgerliche Leben mein täglicher Umgang geweſen; Dein
Vater lebte mit meiner Mutter, meinem Oheim und auch, ſo weit es
die Verſchiedenheit des Alters zuließ, mit mir in herzlichem Verkehr.
Darin liegt für mich eine gewichtigte und ernſte Aufforderung, mich
Deiner Standesverhältniſſe anzunehmen und dieſelben zu heben¹).
2 Daß Du 100,000 Seſterzien beſitzeſt, geht hinlänglich daraus hervor, daß Du bei uns Decurio biſt. Um mir alſo die Freude zu
machen, Dich nicht nur als Decurio, ſondern auch als römiſchen Ritter
zu ſehen, biete ich Dir zur Ergänzung des ritterlichen Vermögens
3 300,000 Seſterzien an. Für Deine Dankbarkeit bürgt mir die lange
Dauer unſrer Freundſchaft. Ich deute nicht einmal an, was ich andeuten müßte, wenn ich nicht überzeugt wäre, Du werdeſt es von ſelbſt
thun, nämlich Du mögeſt Dich in die von mir verliehene Würde,
eben weil ſie von mir verliehen, mit weiſer Mäßigung zu finden
4 wiſſen. Denn eine Würde, bei der man auch die Wohlthat eines
Freundes in Ehren zu halten hat, will mit verdoppelter Sorgfalt gewahrt ſein. Lebe wohl!

---

19. ¹) Romatius Firmus gehörte damals weder dem Senatoren= noch dem Ritter=
ſtande an; er war Decurio (vgl. Anm. 5 zu I. 8) in ſeiner Municipalſtadt
Como, wozu ein Vermögen von wenigſtens 100,000 Seſterzien oder gegen
7000 Thalern erforderlich war. Zum Ritterſtande aber waren 400,000 Seſterzien
oder 28,000 Thaler nöthig.

## 20.
### C. Plinius an Cornelius Tacitus.

Ich gerathe oft mit einem wissenschaftlich gebildeten und praktisch erfahrenen Manne, dem Kürze als erste Anforderung an eine gerichtliche Rede gilt, in gelehrten Streit. Ich gestehe zu, daß man auf dieselbe halten müsse, falls die Sache selbst es erlaubt. Ist dieses aber nicht der Fall, so ist es ein pflichtvergessenes Verfahren, das, was gesagt werden muß, zu übergehen, pflichtvergessen sogar, das, was nicht genug hervorgehoben, eingeprägt und wiederholt werden kann, nur so nebenhin und kurz zu berühren. Denn meistens gewinnt die Sache durch weitere Ausführung an Kraft und Gewicht, und wie ein Schwert in den Körper, so bringt auch die Rede in das Herz nicht sowohl durch einen einzigen Stoß, als vielmehr durch nachhaltigen Druck. Nun hält mir jener Autoritäten entgegen und weist unter den Griechen auf die Reden des Lysias[1]), unter den Unsrigen auf die der Gracchen und des Cato hin, welche allerdings größtentheils gedrängt und kurz sind. Ich stelle gegen Lysias Demosthenes, Aeschines, Hyperides und mehrere Andere, gegen die Gracchen und Cato Pollio[2]), Cäsar, Cälius und vor allen anderen Marcus Tullius auf, bei dem gerade die längste Rede zugleich für die beste[3]) gilt. Und es ist doch wahrlich, wie bei allem Guten, so bei guten Büchern das Größte auch das Beste. Wodurch empfehlen sich denn Statuen, Bilder, Gemälde, kurz Gestalten von Menschen und Thieren, ja von Bäumen sogar, wenn sie nur schön gewachsen sind, mehr als eben durch die Größe? Ganz dasselbe ist hinsichtlich der Reden der Fall, ja, selbst ihr äußerer Einband gewinnt durch die Größe an Ansehen und Schönheit. Aber Diesem und vielem

---

20. [1]) Geboren 459, gestorben 379 zu Athen. Vgl. über ihn Cicero's Brutus 16. 63 u. 64, 82. 285, über die Gracchen 27. 103 u. 104, 33. 126, über Cato 17. 65, über Demosthenes Zeitgenossen Aeschines und Hyperides 82. 285, 84. 290.

[2]) C. Asinius Pollio, der Freund und Gönner Vergils, geb. 76 v. Chr., gest. 4 n. Chr. Vgl. über ihn Quinctilian (Lehrbuch der Beredsamkeit I. 8. 11, X. 1. 113 u. 2. 25). Ueber C. Julius Cäsar vgl. Cicero's Brutus 61. 220, 71. 249—261, über M. Cälius Rufus (geb. 82, gest. 48) 79. 273.

[3]) Vielleicht die Verrinen?

Andern, was ich zu Gunsten meiner Ansicht anzuführen pflege, weicht er bei seiner Aalglätte und Unfaßbarkeit im Disputiren dadurch aus, daß er behauptet, dieselben Männer, deren Reden ich für mich anführe, hätten sich bei ihren Plädoyers viel kürzer gefaßt und dieselben erst
7 für die Herausgabe erweitert. Ich denke umgekehrt, und es sprechen für mich außer vielen anderen Reden schon die des Cicero für Murena und Varenus, in denen eine kurze und nackte, ich möchte sagen Notirung [4]) gewisser Anklagepunkte durch bloße Namenaufzählung derselben angedeutet wird. Es ergiebt sich daraus, daß er gar Manches bei der mündlichen Verhandlung gesprochen haben muß, was er bei der
8 Herausgabe wegließ. Ferner sagt er in der Rede für Cluentius, daß er nach altem Brauche die ganze Sache allein geführt [5]), und in der für Cornelius, daß er vier Tage nach einander geredet, so daß kein Zweifel bleibt, er habe das, was er im Laufe mehrerer Tage in größerer Ausführlichkeit, so wie die Sache es verlangte, gesprochen, später beschnitten und verbessert, in eine zwar lange, aber immer doch in eine
9 Rede zusammengedrängt. Aber, wendet man ein, etwas Anderes ist eine gute vor den Schranken des Gerichtes gehaltene, etwas Anderes eine für Leser bestimmte Rede. Ich weiß, daß Manche dieser Ansicht sind; allein ich (möglich, daß ich irre) lebe der Ueberzeugung, daß zwar eine Rede vor Gericht gut sein kann, ohne es deßhalb auf dem Papiere zu sein, allein daß eine gute, schriftlich ausgearbeitete Rede, auch vor Gericht gehalten, gut sein müsse. Denn die niedergeschriebene Rede ist das Muster und gewissermaßen das Prototyp [6]) der mündl
10 lichen. Darum finden sich auch in jeder guten Rede tausend Wendungen, wie sie nur der Moment einzugeben pflegt, selbst in denen, die doch, wie wir wissen, nie wirklich gehalten sind, z. B. in der Rede gegen Verres [7]): "wie hieß nur der Künstler? wie hieß er nur? Ja,

---

[4]) Ich halte die Worte des Plinius für eine Anspielung auf das Strafrecht der Censoren. Diese, welche sich bei der Ausübung desselben einzig und allein von ihrer moralischen Ueberzeugung leiten zu lassen hatten, trugen einfach den Grund der über einen Bürger verhängten Ahndung in den Listen kurz ein (subscriptio censoria), einer Untersuchung und Beweisführung bedurfte es dabei nicht.

[5]) c. 70 §. 199.
[6]) D. h. das Urbild.
[7]) IV. 3. 5.

richtig: es sollte Polyklet gewesen sein⁸).“ Daraus folgt also, daß eine gerichtliche Rede um so vollkommener ist, je mehr sie sich der geschriebenen Rede nähert, vorausgesetzt, daß man ihr die gehörige und gebührende Zeit einräumt; beschneidet man ihr dieselbe, so trifft den Redner keine, den Richter eine große Schuld. Diese meine Ansicht 11 wird noch gestützt durch die gesetzlichen Bestimmungen, welche sehr lange Zeit gestatten⁹) und den Rednern nicht Kürze, sondern Ausführlichkeit, d. h. Gründlichkeit, empfehlen, welche durch Kürze höchstens bei sehr geringfügigen Sachen erreicht werden kann. Ich füge hinzu, was ich 12 durch Erfahrung, die beste Lehrmeisterin, gelernt habe. Gar oft bin ich Sachwalter, gar oft Richter, gar oft Beisitzer des Gerichts¹⁰) gewesen und habe immer gefunden, daß auf den Einen Dieß, auf den Andern Jenes Eindruck macht und daß nicht selten von Geringfügigem der entscheidende Erfolg abhängt. Verschieden sind die Urtheile der Menschen, verschieden ihre Neigungen: daher sind denn auch häufig die Ansichten Derer, welche eine und dieselbe Sache verhandeln hören,

---

⁸) Cicero wendet an dieser Stelle die Figur der Ungewißheit (Aporie) an und stellt sich, als ob dem sich Besinnenden einer der Zuhörer den Namen des Künstlers zuflüstere, eine Wendung, welche nur als eine extemporirte oder scheinbar extemporirte einen wirksamen Reiz haben konnte. — Polyklet aus Argos, ein jüngerer Zeitgenosse des Phidias, war nach diesem der gefeiertste bildende Künstler Griechenlands.

⁹) Die früher unbeschränkte Zeit zum Reden wurde vielleicht zuerst von Pompejus bei Gelegenheit des Milonischen Processes im Jahre 54 für den anklagenden Redner auf zwei, für den vertheidigenden auf drei Stunden begränzt. In der Kaiserzeit, wo Processe von allgemeinem Interesse immer seltener wurden, wurde anfangs die Breite der ciceronischen Rede aufgegeben: man ging gerade auf den Gegenstand los und suchte durch Lebhaftigkeit und Schönheit des Vortrags, durch stürmische Beweisführung und blitzende Gedanken den Richter und die Zuhörer anzuziehen und zu gewinnen. Allein die Gefallsucht der Redner gestaltete bald die Kunst zur Künstelei um: man prunkte mit fremden Federn, man suchte durch unaufhörliche Blitze zu blenden und haschte in sententiöser Ziererei nach Effecten. Dieser neuen, spielenden Richtung huldigte auch Plinius. Ob die einzelnen Reden über die gesetzliche Zeit dauern durften, bestimmte der Vorsitzende des Gerichtes (vgl. die Anm. 8 zu II. 11). Allein welche Zeitdauer damals die gesetzliche war, ist nicht zu ermitteln. Es gab Fälle (vgl. IV. 9. 9), in denen dem Kläger sechs, dem Vertheidiger neun Stunden gestattet wurden. Wahrscheinlich war die Größe des Streitobjectes maßgebend.

¹⁰) Vgl. die Anm. 3 zu I. 9.

verschieden und treffen selbst dann, wenn sie übereinstimmen, meist
13 aus ganz verschiedenen Beweggründen zusammen. Außerdem ist
Jeder für das, was er selbst gefunden zu haben glaubt, eingenommen
und hält dann, wenn der Redner gerade das, was Jener bereits vorher bemerkte, zur Sprache bringt, Dieses als den entscheidenden Punkt
fest. Deßhalb muß man Jedem etwas geben, woran er sich halten
14 und was er sich zu eigen machen kann. Regulus sagte einmal zu mir,
als wir dieselbe Sache vertraten: „Du glaubst Alles, was mit der
Sache zusammenhängt, erschöpfen zu müssen; ich fasse gleich die Gurgel
in's Auge und packe diese." Und er packt wirklich, was er sich ein-
15 mal ausersehen, nur irrt er häufig in der Wahl selbst. Darum entgegnete ich, es könne doch vorkommen, daß da, wo er die Gurgel vermuthe, das Knie oder der Knöchel sitze; „ich dagegen," fuhr ich fort,
„der die Gurgel nicht gleich zu finden weiß, taste an Allem, versuche
16 Alles, kurz I ferret every whole ¹), und wie ich beim Ackerbau nicht
blos den Weinberg, sondern auch den Baumgarten, und nicht blos
diesen, sondern auch den Acker pflege und bearbeite, und wie ich eben
auf dem Acker nicht allein Dinkel oder Weizen, sondern auch Gerste
säe, Bohnen und andere Früchte pflanze, so werfe ich auch bei meinen
gerichtlichen Reden allerlei Samen weit aus, um davon zu ernten,
17 was aufgehen will. Denn ebenso unbestimmbar, unsicher und trüge-
risch, wie Witterung und Erdreich, sind die Naturen der Richter."
Auch weiß ich ja, welches Lob dem großen Redner Perikles von dem
Komiker Eupolis gespendet wird:

Und zu der Stromesschnelle seiner Rede kam,<br>
Daß Peitho ²) gleichsam ihm auf den Lippen zu thronen schien.<br>
So konnt' er bezaubern, so von den Rednern ließ allein<br>
Er seinen Stachel in der Hörer Brust zurück.

18 Allein selbst ein Perikles würde weder jene Ueberzeugungskunst, noch
jenen Zauber durch die Kürze oder Schnelligkeit der Rede allein, oder
durch beide (denn sie fallen nicht zusammen) erreicht haben ohne die
höchste Redekunst. Denn um gefällig und überzeugend zu sprechen,
bedarf es der Fülle der Rede und der gehörigen Zeit; aber den

---

[1]) D. h. ich lasse nichts unversucht.
[2]) Die Göttin der Ueberredung.

Stachel in der Brust der Hörer zurücklassen kann nur Der, welcher nicht leichthin ritzt, sondern tief eindringt. Ferner sagt von demselben 19 Perikles ein andrer Komiker [13]):

> er blitzt' und donnert' und ganz Hellas durchrüttelt' er.

Blitzen und donnern und Alles überhaupt in Verwirrung und Gährung bringen kann ja nicht eine beschnittene und verstutzte, sondern nur eine volle, prächtige und erhabene Rede. Aber, wendet man ein, „Maß zu halten ist doch das Beste" [14]). Wer läugnet das? allein Maß 20 hält doch ebensowenig Der, welcher hinter seinem Gegenstande zurückbleibt, wie Der, welcher über denselben hinausgeht, ebensowenig Der, welcher zu kurz, als Der, welcher zu weitschweifig redet. Daher hört 21 man denn ebenso häufig über maßlose Breite bei dem Einen, wie über saft- und kraftlose Nüchternheit bei dem Andern klagen. Der Eine, sagt man, habe die Gränzen seines Stoffes überschritten, der Andere ihn nicht erschöpft. Die Fehler beider sind gleich groß; nur fehlt der Eine durch den Mangel, der Andere durch das Uebermaß an Kraft, und das Letztere ist doch der Fehler eines, wenn auch nicht ausgebildeteren, doch größeren Talentes. Jedoch will ich damit keineswegs 22 jenem at random-talker bei Homer [15]) das Wort reden, sondern mein Mann ist Der, dem die Worte

> gleich wie im Winter die Flocken des Schnees, von den Lippen entglitten [16]),

nicht weil mir nicht auch Jener gar sehr behagte, der

> wenig, jedoch voll Nachdrucks

sprach [17]); allein wenn man mir die Wahl freistellt, so erkläre ich mich für jene, winterlichem Schneegestöber vergleichbare, gedankenreiche, fließende und ausführliche, kurz göttliche und himmlische Rede. Aber,

---

[13]) Aristophanes in den Acharnern (V. 531).

[14]) Sprüchwörtlich gewordener Wahlspruch des Kleobulos von Lindos, eines der sieben Weisen.

[15]) Der maßlose Schwätzer Thersites (vgl. Ilias II. 212).

[16]) Odysseus (vgl. Ilias III. 222).

[17]) Menelaos (vgl. Ilias III. 214).

höre ich wieder einwerfen, eine kurze Rede ist Vielen willkommener. Gewiß, aber auch nur trägen Naturen, deren verwöhnten Geschmack und deren Indolenz als competentes Urtheil anzusehen lächerlich wäre. Denn wollte man ihr Gutachten einholen, so dürfte es nicht etwa nur gerathener sein, kurz, sondern vielmehr gar nicht zu reden. Das ist noch zur Stunde meine Ansicht; doch werde ich dieselbe aufgeben, wenn Du abweichender Meinung bist; nur bitte ich, in diesem Falle mir die Gründe dieser Abweichung näher mitzutheilen. Denn wenn gleich ich mich Deiner Autorität fügen muß, so scheint es mir bei einer Sache von dieser Bedeutung doch mehr in der Ordnung, vor Gründen, als vor Autoritäten die Segel zu streichen. Also, wenn ich Dir im Rechte erscheine, so schreibe mir selbst das, so kurz Du willst, aber schreibe jedenfalls (denn ich werde dadurch in meiner Ansicht bestärkt werden): scheine ich Dir aber im Irrthum befangen, dann rüste Dich zu einem sehr langen Briefe. Bist Du nun hinlänglich bestochen, da Du, wenn Du mir beitrittst, nur einen kurzen, wenn Du aber von mir abweichst, einen sehr langen Brief schreiben mußt? Lebe wohl!

## 21.
### C. Plinius an Plinius Paternus[1]).

Ich halte zwar viel von dem Scharfblicke Deines Geistes, aber doch auch von dem Deiner Augen; nicht weil Du gerade sehr klug bist (denn ich will Dich nicht eitel machen), sondern weil Du ebenso klug bist, wie ich, und das will doch auch schon etwas bedeuten. Doch Scherz bei Seite, ich glaube, daß die Sklaven, welche nach Deinem Gutachten für mich gekauft wurden, ganz schmucke Bursche sind; nur fragt es sich noch, ob sie sonst taugen, und darüber entscheidet bei dieser Waare das Ohr besser, als das Auge. Lebe wohl!

---

21. [1]) Der uns sonst unbekannte Plinius Paternus scheint in seines Verwandten Auftrage Sklaven gekauft zu haben, jedoch bei der Auswahl derselben nur durch deren äußeres Aussehen bestimmt zu sein, ohne über ihr früheres Verhalten, ihre Brauchbarkeit u. s. w. nähere Erkundigungen eingezogen zu haben, was ihm von Plinius leise zum Vorwurf gemacht wird.

## 22.
### C. Plinius an Catilius Severus¹).

Ich stecke schon lange in der Stadt, und zwar in einer Art von Betäubung. Außer Fassung bringt mich die lange und hartnäckige Krankheit des Titus Aristo²), den ich vor allen Andern bewundere und verehre. Denn es giebt nichts Charaktervolleres, Untadlicheres und Gelehrteres als ihn, so daß mir der Mann nicht allein, sondern mit ihm die Wissenschaft und alle schönen Künste in Lebensgefahr zu schweben scheinen. Wie ist er bewandert im bürgerlichen und im Staats- 2 recht! wie hat er die Geschichte inne, welche Menge von Beispielen steht ihm zu Gebote, und wie beherrscht er die Alterthümer! Man kann nichts lernen wollen, was er nicht lehren könnte; mir wenigstens, so oft ich nach etwas Entlegenem suche, ist er eine wahre Fundgrube. Wie zuverlässig, wie imponirend ist seine Rede, wie gemessen und an- 3 ständig seine Zurückhaltung! Es gibt nichts, worauf er nicht sofort Auskunft ertheilen könnte. Und doch hält er meistens an sich und geht nicht sofort heraus ob der Verschiedenheit der Gründe, die er mit sicherem und umfassendem Urtheil bis auf ihren Ursprung und ihre äußersten Anfänge verfolgt, scheidet und abwägt. Und wie spärlich 4 ist sein Tisch, wie einfach sein ganzes Aeußere! Gar oft sehe ich mir sein Zimmer, sein Bett sogar als ein Bild urväterlicher Einfalt an. Ueber Allem waltet eine Seelengröße, die nicht nach dem äußeren 5 Scheine, sondern einzig nach dem inneren Werthe fragt und den Lohn jeder guten That nicht im Gerede des Volkes, sondern in der That selbst sucht. Kurz, man wird schwerlich irgend Jemand von Denen, die 6 durch ihr ganzes Aeußere ihre Liebe zur Weisheit andeuten, mit ihm vergleichen können. Zwar läuft er nicht in die Gymnasien und Hallen³), noch sucht er sich und Anderen durch lange wissenschaftliche

---

22. ¹) An ihn ist noch III. 12 gerichtet. Der Severus, an welchen III. 6, IV. 28, V. 1, IX. 22 gerichtet sind, und der Adressat von VI. 27 sind sicherlich nicht dieselben.

²) Da sich noch Kaiser Trajan des Rathes dieses Juristen bediente, so muß er die Krankheit glücklich überstanden haben.

³) In den Gymnasien und unter den Säulenhallen pflegten die Philosophen

Vorträge die Langweile zu vertreiben, sondern er lebt in der Toga und in ernsten Geschäften, leiht Vielen seinen Beistand und noch Mehreren
7 seinen Rath. Und doch dürfte er Keinem von diesen an Sittenreinheit, edler Gesinnung, Gerechtigkeit und männlicher Festigkeit den Vorrang einzuräumen haben. Du würdest von Bewunderung ergriffen werden, wenn Du es mit ansehen könntest, mit welcher Geduld er selbst seine gegenwärtige Krankheit erträgt, wie er dem Schmerze widersteht, wie er die augenblickliche Befriedigung des Durstes sich versagt, wie er die unglaubliche Fieberhitze unbeweglich und zugedeckt aushält.
8 Vor Kurzem ließ er mich und einige Andere, die ihm theuer sind, zu sich rufen und bat uns, die Aerzte um den Verlauf seiner Krankheit zu befragen; wäre sie unheilbar, so wolle er freiwillig vom Leben scheiden⁴), wäre sie jedoch nur hartnäckig und langwierig, so wolle er
9 Stand halten und ausharren: denn das sei er den Bitten seiner Gattin, das den Thränen seiner Tochter, er sei es uns, seinen Freunden, schuldig, unsere Hoffnungen, falls sie nur einigen Grund hätten, nicht
10 durch freiwilligen Tod abzuschneiden. Das zeugt, meine ich, von außerordentlicher Selbstüberwindung und ist des höchsten Lobes werth. Denn in einer Art stürmischer Aufwallung und unbewußten Dranges den Tod zu suchen, vermögen gar Viele, aber ruhig zu überlegen und die Gründe zum Sterben zu erwägen, und, je nachdem die Vernunft bestimmt, den Entschluß zum Leben und zum Sterben zu fassen oder auf-
11 zugeben, das vermag nur ein gewaltiger Geist. Nun stellen die Aerzte wenigstens günstige Aussichten, und es bleibt nur zu hoffen, daß ein Gott ihre Verheißungen gnädig erfülle und mich endlich erlöse von dieser bangen Pein. Bin ich von dieser befreit, dann suche ich mein

---

ihre Vorträge und Disputationen zu halten. Aristo lebte ganz der politischen und bürgerlichen Thätigkeit, d. h. in der Toga, welche damals schon nicht mehr das allgemeine Kleid des in der Oeffentlichkeit erscheinenden römischen Bürgers war, sondern fast nur noch als Staats= und Amtskleid getragen wurde.

⁴) Während die materielleren Persönlichkeiten unter der vornehmen Römerwelt der damaligen Zeit dem Epikuräismus angehörten, bekannten sich die innerlicheren Naturen größtentheils zu den Lehren der Stoa. Diese zogen sich größtentheils, ohne sich um Staatsämter zu bewerben, auf ihre Villen oder sonst in die Verborgenheit zurück und schieden freiwillig vom Leben, wenn ihnen dasselbe nutzlos erschien oder zur Last wurde. So Corellius (I. 12) und der Dichter Silius Italicus (III. 7).

Laurentinum, das heißt meine Bücher, meine Schriften und meine wissenschaftliche Muße wieder auf. Denn jetzt am Krankenbette und in meiner Angst kann ich weder lesen noch schreiben. Du kennst 12 nun meine Befürchtungen, meine Hoffnungen und meine Bestimmungen für die kommenden Tage. Laß nun auch Deinerseits wissen, was Du getrieben, was Du treibst und was Du zu treiben gedenkst; aber laß Deinen Brief einen heiteren sein. Es wird mir in meiner Angst ein großer Trost sein, wenn Du über nichts zu klagen hast. Lebe wohl!

## 23.
### C. Plinius an Pompejus Falco[1]).

Du willst mein Gutachten darüber, ob Du während Deines Tribunates Rechtssachen führen sollst. Es kommt dabei Alles auf Deine Ansicht vom Tribunate an, nämlich, ob Du dasselbe für einen leeren Schatten, für einen bedeutungslosen Namen, oder für ein unverletzliches, heiliges Amt hältst, das durch keinen Andern, nicht einmal durch seinen Eigner herabgewürdigt werden darf[2]). Als ich Tribun 2 war, mag ich mich vielleicht im Irrthum befunden haben, indem ich mich für etwas hielt; allein ich habe mich, als wäre ich wirklich etwas, jeder Prozeßführung enthalten. Zunächst nämlich fand ich es entwürdigend, wenn Der, vor dem Alle sich erheben, dem Alle Platz machen müssen, allein stehen solle, während alle Andern säßen; wenn Dem, welcher Jedem das Wort zu nehmen berechtigt ist, eine Wasseruhr Stillschweigen auferlegen könne[3]); wenn Der, den zu unterbrechen ein

---

23. [1]) An ihn sind auch die Briefe IV. 27, VII. 22, IX. 15 gerichtet. Damals (97) besignirter Volkstribun, war er später (vgl. VII. 22) Provinzialstatthalter, von dem Plinius ein Militärtribunat für einen Freund erbittet; unter Trajan verwaltete er dann die Provinzen Lycien und Pamphylien, Judäa, Niedermösien, unter Hadrian Britannien und Asien.

[2]) Das Volkstribunat, welches Plinius vom 10. December 91 bis zum 9. December 92 bekleidete, war in der That zum leeren Schatten herabgesunken und hatte alle Bedeutung, die es zur Zeit der Republik besessen, verloren, wenn gleich die Befugnisse, welche Plinius im Folgenden als etwas Großes aufzählt, dem Namen nach noch bestanden.

[3]) Vgl. Anm. zu II. 11. 14.

Frevel ist⁴), selbst sogar Schimpfreden anhören solle, und, falls er dieselben ungerügt geschehen ließe, den Schein schlaffer Gleichgültigkeit oder, wenn er eine Strafe verhängte, barscher Ueberhebung auf sich
3 laden müsse. Auch schwebte mir das Gespenst vor Augen: wenn mein Einschreiten verlangt würde, entweder von meiner eigenen oder von der Gegenpartei, sollte ich einschreiten und Abhülfe leisten, oder mich still und schweigsam verhalten und gewissermaßen meinem Amte entsagen
4 und den Privatmann spielen? Diese Gründe waren es, die mich bewogen, mich lieber als Tribun für Alle, denn als Sachwalter für
5 Wenige zu zeigen. Allein, ich wiederhole es, bei Dir kommt Alles darauf an, welche Ansicht Du vom Tribunate hast, und welche Rolle Du Dir selber beilegst; denn ein weiser Mann übernimmt keine Rolle, ohne sie durchzuführen. Lebe wohl!

## 24.
### C. Plinius an Bäbius Hispanus¹).

Mein Hausfreund Tranquillus²) möchte den kleinen Grundbesitz kaufen, den Dein Freund, wie man sagt, verkaufen will.
2 Bitte, verwende Dich dahin, daß er ihn zu einem billigen Preise erhält; denn dann wird ihm der Kauf Freude machen. Hat doch ein schlechter Kauf immer etwas Unangenehmes, weil er dem
3 Besitzer gewissermaßen immer seine Thorheit vorhält. Bei diesem Gütchen steht nun Freund Tranquillus gar Manches an, die Nähe der Stadt, die bequeme Straße, die bescheidene Größe der Villa, der mäßige Umfang der Ländereien, gerade wie gemacht, um ihm mehr eine angenehme Zerstreuung zu gewähren, als irgend einen Zwang
4 aufzulegen. Ferner ist ja den Herren Stubengelehrten, wie er einer ist, so ein kleines Stück Erde genug und übergenug, um sich den Kopf

---

⁴) Ein icilisches Gesetz, vom Volkstribunen Icilius im 5. Jahrh. v. Chr. vorgeschlagen, bestimmte unter religiöser Weihe, weßhalb Plinius die Uebertretung desselben als einen „Frevel" bezeichnet, harte Strafen für Den, welcher einen zum Volke redenden Tribunen unterbrechen oder ihm zuwider reden würde.
24. ¹) Vielleicht ist an denselben VI. 25 gerichtet.
²) Wol Suetonius Tranquillus, was die Bezeichnung des „Stubengelehrten" (vgl. I. 18, III. 8, V. 11) wahrscheinlich macht.

zu erleichtern, die Augen zu stärken, am Rande hinzuschlendern, einen und denselben Fußpfad abzutreten, alle ihre Weinstöckchen zu kennen und alle ihre Bäumchen zu zählen. An allem Diesen magst Du ermessen, wie sehr er mir und ich Dir verbunden sein würde, wenn er gerade dieses Landgütchen, das sich durch die genannten Eigenschaften empfiehlt, um einen so verständigen Preis erwirbt, daß er nichts dabei zu bereuen hat. Lebe wohl!

---

# Zweites Buch *).

## 1.
### C. Plinius an Romanus ¹).

Seit längern Jahren hatte das römische Volk wieder einmal ein großartiges und sogar denkwürdiges Schauspiel in dem öffentlichen Leichenbegängniß ²) eines großen und verdienstvollen und nicht minder glücklichen Bürgers, des Verginius Rufus ³). Dreißig Jahre lang hat er den Nachruhm seines Wirkens erlebt. Er konnte noch die Gedichte zu seinen Ehren, er konnte noch die Geschichtsbücher seiner Thaten lesen und war gewissermaßen ein Mitlebender seiner eigenen Nachwelt.

---

*) Die Briefe dieses Buches gehören den Jahren 97—100 an.
1. ¹) Vielleicht Voconius Romanus, an den I, 5. gerichtet ist.
²) Ein öffentliches und feierliches Leichenbegängniß wurde nur hochgeborenen Personen zu Theil; die übrigen Todten wurden bei Nacht unter Fackelschein aus der Stadt getragen. Bei hochverdienten Männern, wie hier, geschieht das Leichenbegängniß manchmal auf Grund eines Senatsbeschlusses, auf Kosten des Staates, unter der Leitung der höchsten Behörden.
³) Consul unter Nero im Jahre 63, Statthalter in Obergermanien 69, trat er in der letztern Eigenschaft mit seinem Heere dem Julius Vindex bei dessen Aufstande entgegen. Als Vindex sich selbst getödtet, suchte das Heer ihn zur Annahme der Herrschaft zu bewegen; allein Rufus lehnte entschieden ab, weil das Recht der Kaiserwahl einzig dem Senate zustehe. Unter Otho zum zweiten Male Consul, zog er mit diesem gegen Vitellius in den Kampf und wies nach des Kaisers Tode abermals die von den Legionen ihm angetragene Kaiserwürde ab. Von der Zeit an in stiller Muße lebend, gelangte er im Jahre 97 unter und mit Nerva zum dritten Konsulat; noch in demselben Jahre oder im Anfange des folgenden starb er.

Dreimal verwaltete er das Consulat und erreichte so die höchste Stufe des Privatmannes, da er die des Fürsten abgelehnt hatte. Den Kai-3 sern, denen er verdächtig und ob seiner Tugenden sogar verhaßt gewesen [4]), entging er, und seine letzten Blicke sahen, wie wenn er gerade zu dieser Ehre des öffentlichen Leichenbegängnisses aufgehoben wäre, den besten und ihm befreundetsten Fürsten im ungetrübten Besitze der Herrschaft. Er überschritt das drei und achtzigste Jahr im tiefsten 4 Frieden und in allgemeiner Achtung. Er erfreute sich einer festen Gesundheit, nur daß seine Hände zitterten, jedoch ohne irgend einen Schmerz dabei. Nur der letzte Kampf mit dem Leben war ein harter und anhaltender, obwohl selbst dieser noch ein ruhmvoller. Denn als er sich eben zum 5 Vortrag einer Dankrede, die er als Consul dem Kaiser halten wollte [5]), anschickte, entglitt das etwas voluminöse Buch, welches er eben in die Hand genommen hatte, bei seiner Schwere dem alten Manne, der noch dazu stand. Während er sich nach diesem niederbeugte und es zusammenraffte, fiel er in Folge eines unsichern Trittes auf dem glatten und schlüpfrigen Fußboden und brach das Hüftbein, welches, unglücklich wieder eingerichtet, bei der geringen Widerstandskraft des Alters nicht heilen wollte. Das Leichenbegängniß dieses Mannes hat dem Kaiser, 6 hat dem Jahrhunderte, hat auch dem Forum und der Rednerbühne großen Glanz verliehen. Die Lobrede hielt als Consul Cornelius Tacitus. [6]) Denn es sollte als letzte Krone seines Glückes noch hinzukommen, aus so beredtem Munde gelobt zu werden. Was ihn selbst be-7 trifft, so schied er, satt an Jahren, satt an Ehren, an denen sogar, die er ablehnte. Wir aber sehen ihm nach und vermissen ihn wie ein Mu-

---

[4]) Galba haßte ihn, weil er erst, nachdem der Senat diesen zum Kaiser ernannt hatte, das Heer demselben huldigen ließ; Vitellius sah mit Verdacht auf ihn, weil er beschuldigt worden war, einen Anschlag gegen dessen Leben gemacht zu haben.

[5]) Beim Antritte ihres Amtes statteten die Consuln im Namen des Volks den Kaisern ihren Dank durch eine Rede im Senate ab, wie Plinius selbst im Jahre 100 bem Trajan.

[6]) Bei öffentlichen Begräbnissen bewegte sich der feierliche Trauerzug vom Trauerhause nach dem Forum, wo der Katafalt mit der Leiche vor der Rednerbühne niedergesetzt wurde; ein Verwandter oder besonders Beauftragter bestieg die Rednerbühne und hielt dem Verstorbenen die Grabrede (Lobrede). Dann wurde die Leiche zum Begräbnißplatze geleitet.

sterbild aus alten Tagen, vor Allen freilich ich, der ihn nicht blos im öffentlichen Leben mit gleicher Bewunderung und Liebe verehrte. Zunächst stammen wir aus derselben Gegend, unsere Geburtsstädte liegen nahe zusammen, und selbst unsere Güter und Besitzungen gränzen an einander; außerdem war er mir zum Vormund gesetzt und hat mir die Liebe eines Vaters erwiesen. So ehrte er mich bei jeder Bewerbung durch seine Stimme [7]), so eilte er zu jedem Amtsantritte von meiner Seite aus seiner Zurückgezogenheit herbei [8]), obschon er bereits lange solche Aufmerksamkeiten aufgegeben hatte; so galt auch an dem Tage, an welchem die Priester die von ihnen für die Würdigsten Gehaltenen zum Priesteramt vorzuschlagen pflegen, seine Stimme immer mir [9]). Ja selbst noch in seiner letzten Krankheit, als er unter die Fünfmänner gewählt zu werden fürchtete, welche zur Minderung der Staatsausgaben auf ein Senatsgutachten ernannt wurden [10]), ließ er, obgleich er über so viele bejahrte und mit consularischen Würden geschmückte Freunde hätte verfügen können, sich trotz meiner Jugend durch mich vertreten, und sprach dabei die Worte: „auch wenn ich einen Sohn hätte, würde ich es dir auftragen." Das sind die Gründe, weßhalb ich seinen Tod, wie einen zu frühzeitigen, an Deinem Busen beweinen muß, wenn es überhaupt recht ist, einen Tod zu beweinen, oder selbst Das Tod zu nennen, womit des großen Mannes Sterblichkeit vielmehr, als sein Leben abgeschlossen ist. Denn er lebt und wird immer leben, ja er wird in immer weiteren Kreisen im Gedächtniß und im Munde der Menschen bleiben, seitdem er ihren Augen entrückt ist. Ich wollte

---

[7]) Ueber die vom Kaiser zu einem Amte empfohlenen Bewerber stimmte der Senat ab.

[8]) vgl. Anm. 12 zu I, 5.

[9]) Die Kaiser, welche in alle Priestercollegien aufgenommen wurden und stets, bis auf Gratian, die oberste Priesterstelle als pontifices maximi bekleideten, besetzten nach eigener Wahl die erledigten Priesterstellen wieder. Vielleicht geschah dieses, wie unsere Stelle andeutet, in ähnlicher Form, wie bei Besetzung der Magistraturen, indem zumal die besseren Kaiser sich von den einzelnen Collegien die passenden Personen nennen ließen, und dann nach freiem Entschlusse wählten.

[10]) Da bei Nerva's Regierungsantritt der Staatsschatz durch die Verschwendung Domitians erschöpft war, suchte der Kaiser, um einen bessern Staatshaushalt herbeizuführen, die öffentlichen Ausgaben möglichst zu beschränken, und setzte zu diesem Zwecke ein Collegium von fünf Männern ein, welche der Senat aus den angesehensten und unbescholtensten Persönlichkeiten zu wählen hatte.

Dir noch Manches Andere schreiben, aber meine ganze Seele ist in diesem einzigen Gefühle befangen. Ich habe keinen Gedanken, als Verginius, sein Bild schwebt beständig vor meinen Augen; ich glaube (so täuschend und doch so lebensfrisch tritt er mir vor die Seele), Verginius zu hören, zu sprechen, zu umarmen. Mögen uns vielleicht einige Bürger noch geblieben sein und geschenkt werden, die ihm an Tugenden gleichen, an Ruhm werden wir nicht wieder seines Gleichen sehen! Lebe wohl!

## 2.
### C. Plinius an Paulinus¹).

Ich bin böse auf Dich, wenn ich gleich nicht sicher weiß, ob mit Grund; aber böse bin ich. Du weißt, wie die Liebe manchmal unbillig, oft unbändig und immer vétilleuse²) ist. Aber für dieses Mal habe ich ernsten, ich weiß nicht ob gerechten Anlaß; allein in der Voraussetzung, daß er eben so gerecht als ernst ist, zürne ich Dir bitter, weil ich so lange keinen Brief von Dir gesehen habe. Du kannst mich 2 nur durch ein einziges Mittel beschwichtigen, nämlich wenn Du mir jetzt wenigstens sehr viele und lange Briefe schreibst. Das wird bei mir allein als wahre Entschuldigung, alles Andere für erdichtet gelten. Ich mag nichts hören von „ich war in Rom" oder „ich hatte gar zu viel zu thun." Denn daß Du krank gewesen wärest, das mögen die 3 Götter verhüten. Ich meinestheils erfreue mich auf meinem Landgute theils an wissenschaftlichen Studien, theils am Nichtsthun, die ja beide Kinder der Muße sind. Lebe wohl!

## 3.
### C. Plinius an Nepos¹).

War schon der Ruhm groß, welcher dem Isäus²) vorausge-

---

2. ¹) Wol derselbe, der in den Briefen an Trajan 105, 1. erwähnt ist, an den V, 19. und IX, 37. gerichtet sind, und der später unter Trajan (im Jahre 108?) Consul war. Ob er mit Valerius Paulinus (vgl. IV, 15.) identisch ist, läßt sich nicht bestimmen.
²) D. h. kitzlich, heikel.
3. ¹) vgl. III, 16. IV, 26. VI, 19.
²) Ein in Rom lebender assyrischer Grieche und Rhetor, der noch unter Hadrian bedeutend gewesen soll.

gangen war, so war doch sein eigenes Auftreten noch größer. Außerordentlich ist seine Naturanlage, sein Reichthum im Ausdruck, seine Fruchtbarkeit an Gedanken. Er redet immer aus dem Stegreif, aber so, als wäre eine lange Vorbereitung vorausgegangen. Er spricht griechisch oder vielmehr attisch; seine einleitenden Worte sind correct, schlicht und anmuthig, zu Zeiten mächtig und gehoben. Er läßt sich mehrere Controversen ³) geben und stellt den Zuhörern die Wahl unter denselben anheim, oft sogar die Stellung, welche er zu denselben einnehmen soll; dann tritt er auf, legt den Mantel zurecht ⁴) und beginnt. Sofort steht ihm Alles, und zwar in fast gleicher Weise, zu Gebot: tiefsinnige Gedanken strömen ihm zu, ebenso die Worte; aber was für Worte! wie gesucht und wie fein! Aus der unvorbereiteten Rede fühlt man heraus, wie viel er gelesen, wie viel er geschrieben haben muß. Die Einleitung ist der Sache angemessen, die Darstellung der Sachlage klar, die Polemik scharf, das Resumé bündig, die Staffage in erhabenem Styl; kurz, er versteht zu belehren, zu unterhalten, zu treffen; man weiß nicht, worin er am stärksten ist; es drängen sich Enthymeme ⁵) und Syllogismen ⁶) in knappster Form und vollendeter Kunst, was selbst bei schriftlicher Abfassung zu erreichen ein Verdienst ist; unglaublich ist sein Gedächtniß: er wiederholt das, was er aus dem Stegreife gesprochen, von vorn, ohne auch nur um ein Wort zu fehlen. Zu dieser Routine ist er durch Fleiß und Uebung gelangt; denn Tag und Nacht treibt, hört und bespricht er nichts Anderes. Er ist über das sechzigste Jahr hinaus und

---

³) Fingirte Rechtsfälle, die wegen der dabei vorliegenden verwickelten Verhältnisse dem sophistischen Scharfsinn einen weiten Spielraum für die Entscheidung sowohl für als wider lassen. In den damaligen Rednerschulen wucherten die Reden und Redeübungen über solche Themen; Prunkredner ließen sich nicht nur solche Aufgaben zur augenblicklichen Behandlung stellen, sondern ließen die Zuhörer bestimmen, welche Seite oder Partei sie in ihren Stegreifreden vertreten sollten.

⁴) Es gehörte zur Koketterie der Redner, vor dem Beginne des Vortrags der Toga die gehörige Draperie zu geben, oder dieselbe wohl gar von neuem umzuwerfen und durch diese Toilettenmanöver, bei denen es besonders auf kunstreichen Faltenwurf abgesehen war, die Erwartung der Zuhörer noch mehr zu spannen (vgl. IV, 11. 3.).

⁵) Die strenge, ausgeführte wissenschaftliche Beweisform.

⁶) Die abgekürzte Beweisform.

ist doch immer noch Mann der Schule. Es gibt nichts Unverdorbeneres, Schlichteres und Besseres, als diese Art Menschen. Denn wir, die wir uns auf dem Forum und in wirklichen Gerichtshändeln herumtreiben, gewöhnen uns, selbst ohne es zu wollen, ein gutes Theil Arglist an. Schule, Hörsaal und ein erdichteter Rechtsstreit dagegen haben etwas Friedfertiges und Harmloses, etwas Beglückendes sogar, zumal für das Alter. Denn was kann es für das Alter Beglückenderes geben, als eben das, was uns in der Jugend am liebsten war? Darum halte ich den Isäus nicht nur für einen großen Redner, sondern auch für einen hoch beglückten Menschen, und wenn Du Dich nicht getrieben fühlst, ihn kennen zu lernen, so hast Du ein Herz von Eisen und Stein. Also, wenn Du nicht sonst schon und um meinetwillen kommst, so komme mindestens, um ihn zu hören. Hast Du nie gelesen, wie ein Mann aus Gades⁷), von Titus Livius'⁸) Namen und Ruhm angezogen, von den äußersten Marken der Erde kam, um ihn zu sehen, und, sobald er ihn gesehen, wieder abreiste? Man muß ohne alles Gefühl für das Schöne, ohne alles wissenschaftliche Interesse, ohne alle höhere Regung, ja beinahe moralisch verkommen sein, wenn man so wenig Werth auf eine Bekanntschaft setzen kann, vor der jede andere an Reiz, Schönheit und Humanität zurücktreten muß. Du sagst vielleicht: „ich habe hier eben so bedeutende Redner, die ich lesen kann." Nun ja; allein zum Lesen findet sich immer Gelegenheit, nicht immer zum Hören. Ferner macht die lebendige Stimme, wie man zu sagen pflegt, einen viel größeren Eindruck. Denn mag immerhin das, was man liest, pikanter sein, so haftet doch das, was der lebendige Vortrag, was Auge, Persönlichkeit und Geberde des Redenden einprägen hilft, tiefer in der Seele, man müßte denn die Versicherung des Aeschines⁹) für falsch halten, der, als er zu Rhodus eine Rede des Demosthenes unter allgemeiner Bewunderung vorgelesen, hinzugefügt haben soll: und wenn ihr nun gar erst die Bestie selbst gehört hättet! Und doch besaß Aeschines, nach Demosthenes' Versicherung, ein höchst wohlklingendes Organ. Trotzdem gestand er, daß gerade Der, welcher die Rede geschaffen, dieselbe weit

---

⁷) Das heutige Cadix.
⁸) Der bekannte Historiker.
⁹) vgl. Anm. 1 zu 1, 20.

11 besser vorgetragen habe als er. Das alles will so viel sagen, daß Du den Isäus hören mußt, und wäre es nur deßhalb, um ihn gehört zu haben. Lebe wohl!

## 4.
## C. Plinius an Calvina.

Wenn Dein Vater Mehreren oder auch nur jedem beliebigen Andern außer mir schuldig gewesen wäre, so hättest Du vielleicht zweifeln dürfen, ob Du die selbst für einen Mann drückende Erbschaft antreten 2 solltest [1]). Allein da ich aus verwandtschaftlichen Rücksichten Alle, welche, ich will nicht sagen gar zu dringlich, aber doch gar zu besorgt waren, befriedigt habe und so der einzige Gläubiger geworden bin, und da ich bei Deiner Heirath außer der Summe, welche Dir Dein Vater gewissermaßen von meinem Vermögen (denn von meinem Vermögen mußte sie bezahlt werden) aussetzte, hunderttausend Sesterzien zu Deinem Heirathsgute beitrug, so hast Du darin ein großes Pfand meiner Freudigkeit, Dir zu helfen, und darfst nun, im Vertrauen auf diese, die Pflicht, den guten Namen und die Ehre des Verstorbenen zu retten, getrost auf Dich nehmen. Und um Dich nicht mehr durch Worte als durch Thaten dazu anzuhalten, will ich Dir alles, was Dein Vater mir 3 schuldete, als getilgt ansehen. Du brauchst nicht zu fürchten, daß diese Schenkung drückend sei. Allerdings ist mein Vermögen ein nicht eben großes [2]), meine Stellung erfordert Aufwand, und meine Einkünfte sind bei den Verhältnissen meiner Landgüter vielleicht nicht minder verringert als unsicher; allein was an Einkünften ausbleibt, wird durch Einschränkung ersetzt, und dieß ist auch gewissermaßen die Quelle,

---

4. [1]) Die Erbschaft, welche Calvina antreten sollte, war insofern eine bedenkliche, als die Verpflichtungen, welche sie durch die Annahme derselben einging, dem ihr zufallenden positiven Vermögen ziemlich gleich kamen: sie hätte nämlich mit der Annahme zugleich die Schulden des Erblassers tilgen müssen. In diesem Falle hatte sie sich an Plinius, den Hauptgläubiger ihres verstorbenen Vaters, gewendet, um mit diesem ein gütliches Abkommen zu erreichen und die Erlassung eines Theils seiner Forderungen zu erwirken. Der vorliegende Brief enthält die Antwort auf jene Anfrage.

[2]) Andere und zwar zahlreiche Briefe des Plinius beweisen im Gegentheil dessen enormen Reichthum.

aus der meine Freigebigkeit fließt. Freilich muß ich die letztere soweit 4
beschränken, daß jene nicht durch zu großen Abfluß eintrocknet; allein
ich kann sie ja gegen Andere beschränken, bei Dir dagegen wird die
Rechnung schon stimmen, selbst wenn sie das Maß überschreiten sollte.
Lebe wohl!

## 5.
### C. Plinius an Lupercus.

Ich übersende Dir die von Dir wiederholt verlangte, von mir oft
versprochene Rede ¹), freilich noch nicht die ganze; denn an einem
Theile derselben feile ich noch. Indessen fand ich es passend, dasje= 2
nige, was mir der Vollendung näher gebracht schien, Deiner Kritik zu
unterwerfen. Bitte, laß diesem dieselbe Sorgfalt angedeihen, mit der
es meinerseits geschrieben wurde. Denn ich habe bisher noch nichts un=
ter Händen gehabt, wobei ich mit gleicher Aengstlichkeit hätte verfahren
müssen. Bei allen meinen übrigen Reden nämlich unterwarf ich nur 3
meinen Fleiß und meine Gewissenhaftigkeit dem Urtheile der Menschen;
bei dieser aber wird es auch meinem Herzen gelten. Daher ist denn
auch das Werkchen so herangewachsen, weil es mir eine Freude war,
meine Vaterstadt zu loben und zu verherrlichen, und es in gleicher
Weise ihrer Ehrenrettung und ihrem Ruhme galt. Trotzdem kannst 4
Du auch hier so viel beschneiden, als die Sache es verlangt. Denn so
oft ich die Blasirtheit und den verzärtelten Geschmack der Lesewelt be=
denke, sehe ich ein, wie ich selbst durch den mäßigen Umfang der Arbeit
Beifall für dieselbe suchen muß. Und doch, obwohl ich diese unerbitt= 5
liche Strenge von Dir fordere, muß ich doch zugleich um das gerade
Gegentheil bitten, nämlich bei gar vielen Stellen ein wenig durch die
Finger zu sehen. Denn man muß sich doch in manchen Stücken in den
Geschmack der jüngern Welt schicken ²), zumal wenn der Gegenstand

---

5. ¹) Wie aus dem Folgenden hervorgeht, war dieselbe in Vertretung seiner Va=
terstadt Comum gehalten.
²) Gerade die jüngere Welt war es hauptsächlich, welche die Vorlesungen und
die Kunstreben der Rhetoren besuchte, und welche die literarische und ästhetische Kri=
tik übte. Die Zeit aber brachte es mit sich, daß der Redner der Politik und der
Gegenwart möglichst fern blieb, und dafür sich in gespreizter Breite auf neutralen
Gebieten erging. Vgl. Anm. 9. zu I, 20.

es zuläßt; nämlich Beschreibungen von Oertlichkeiten, die in meiner Arbeit öfter vorkommen werden, kann man nicht nur im historischen, sondern fast im poetischen Stile halten. Sollte aber Jemand auftreten und meinen, ich hätte die Farben üppiger aufgetragen, als der Ernst der Rede es verlangt, so wird ein solcher, wenn ich so sagen darf, Philister, sich durch die übrigen Partien der Rede umstimmen lassen müssen. Wenigstens habe ich mich abgemüht, die verschiedenen Klassen der Leser durch öftere Abwechslung im Stil zu fesseln, und wenn ich gleich befürchten muß, daß Diesen und Jenen, je nach eines Jeden Geschmack, dieser und jener Theil nicht befriedigen werde, so glaube ich doch zuversichtlich hoffen zu dürfen, daß das Ganze sich bei Allen eben durch seine Vielseitigkeit empfehlen werde. Pflegen wir doch auch bei einem Gastmahle, wenn gleich der Einzelne manche Gerichte vorübergehen läßt, dennoch die ganze Tafel zu loben, und nimmt doch dabei das, was unserm Gaumen nicht munden will, dem, was ihm behagt, nichts von seinem Reize. Nur möchte ich das nicht so verstanden wissen, als wenn ich dieses erreicht zu haben glaubte, sondern nur, daß ich es zu erreichen gestrebt habe, vielleicht auch nicht ganz ohne Erfolg, vorausgesetzt daß Du Dich zunächst des Uebersandten, dann der folgenden Stücke sorgfältig annimmst. Du wirst sagen, das lasse sich nicht mit voller Genauigkeit thun, bevor Du nicht die ganze Rede in Händen habest. Ich gebe das zu; allein für den Augenblick kannst Du Dich doch mit dem, was Du hast, vertrauter machen, und Manches darunter ist von der Art, daß es sich auch in Absätzen verbessern läßt. Wenn Du z. B. den Kopf oder irgend ein Glied einer Statue einzeln vor Augen hättest, so könntest Du freilich daraus das Ebenmaß und die Einheit des Ganzen nicht bestimmen, aber Du könntest doch beurtheilen, ob gerade das, was Du siehst, den Gesetzen der Schönheit entspräche. Und aus demselben Grunde setzt man ja auch den bloßen Anfang eines Buches in Umlauf ³), nämlich weil man der Meinung ist, es könne auch ein bloßer Theil, selbst ohne das Uebrige, ein vollendeter sein. Allein

---

³) Das geschah besonders bei den Einladungsbriefen zu Vorlesungen, welche man an angesehene und einflußreiche Literaten und Freunde erließ: diesen wurde ein Theil des vorzutragenden Manuscriptes, meist die prunkvolle Einleitung, beigelegt, um auf das Ganze die Gemüther zu spannen und im Voraus Reclame zu machen.

der Genuß, mich mit Dir ein wenig zu unterhalten, hat mich schon zu weit geführt; ich will schließen, um nicht das Maß, welches nach meiner Ansicht selbst in einer Rede eingehalten werden muß, bei einem bloßen Briefe zu überschreiten. Lebe wohl!

## 6.
### C. Plinius an Avitus.

Ich will nicht zu weit ausholen, und es ist im Grunde auch gleichgültig, wie es kam, daß ich, ohne in irgend einer nähern Verbindung mit demselben zu stehen, bei einem Manne zu Tische war, der nach seiner eigenen Ansicht ein freigebiger Wirth und ein guter Haushalter, nach der meinigen aber ein Knicker und zugleich ein Verschwender ist. Nämlich für sich und einige Andere tischte er herrlich, für die 2 Anderen jämmerlich und karg auf. Auch den Wein hatte er in winzigen Fläschchen zu drei Klassen vertheilt, nicht um die Freiheit der Auswahl zu gewähren, sondern um die Möglichkeit des Zurückweisens abzuschneiden, die erste Klasse für sich und uns, die zweite für die geringeren Freunde (denn er unterscheidet seine Freunde nach Stufen), die dritte für seine und unsere Freigelassenen[1]). Der, welcher mir 3 zunächst saß, bemerkte es und fragte, ob ich das in der Ordnung fände. Ich erklärte: nein. „Nun," erwiderte er, „wie pflegst denn Du es zu halten?" „Ich setze Allen Dasselbe vor; denn ich lade ja zu Tische und nicht zur Klassenabschätzung, und stelle Die, welche ich hinsichtlich des Tisches und des Platzes an demselben gleichgestellt habe, auch in allen Dingen gleich." „Auch die Freigelassenen?" „Auch diese; 4

---

6. [1]) Der Unterschied des Ranges und Standes erscheint in der Kaiserzeit weit markirter als zur Zeit der Republik. Wie überhaupt, so waren besonders an der Tafel ihres Patrons die Klienten oft der schmählichsten Behandlung ausgesetzt. Abgesehen davon, daß der Hausherr mit den ihm nahe stehenden Gästen in jeder Beziehung sich anders bedienen, andere Speisen und Getränke sich vorsetzen ließ und aus kostbaren Gefäßen trank, während, wenn dem Klienten ein solches anvertraut wurde, meist ein Wächter daneben stand, der die Edelsteine an dem Becher zählte und dem Gaste scharf auf die Finger sah, mußte der Klient es sich gefallen lassen, den Gegenstand empörender Scherze des Hausherrn und der vornehmen Gäste desselben abzugeben (vgl. Juvenals fünfte Satire). Selbst die Hausklaven erlaubten sich die größten Demüthigungen und Frechheiten gegen sie.

denn dann gelten sie mir als Gäste, nicht als Freigelassene." Darauf Jener: „kommt Dir das nicht theuer zu stehen?" „Gar nicht." „Aber wie ist das möglich?" „Ei, meine Freigelassenen trinken nicht
5 mit mir, sondern ich trinke mit ihnen." Und ich dächte doch, wenn man seinen Wohlgeschmack zu zügeln weiß, so kostete es keine Ueberwindung, mit Mehreren zu theilen, was man selbst genießt. Also den muß man bezwingen, den gewissermaßen zur Ordnung weisen, wenn man seine Ausgaben beschränken will, die man entschieden richtiger durch die eigene Enthaltsamkeit, als durch die Kränkung Anderer regelt.
6 Wozu ich Dir das sage? damit Du, ein junger Mann von herrlichen Anlagen, Dich nicht an der Tafel gewisser Menschen durch den Luxus unter der Maske der Wirthschaftlichkeit bethören lassest. Meiner Liebe zu Dir aber steht das Recht zu, so oft Derartiges vorkommt, an dem Bilde Anderer Dich im voraus darauf hinzuweisen, was Du zu vermeiden habest.
7 Merke es Dir also, daß man nichts mehr zu meiden hat, als eine solche ganz neue Mischung von Verschwendung und schmutzigem Geiz: ist schon jede an und für sich häßlich genug, so sind beide verbunden doch noch häßlicher. Lebe wohl!

## 7.
### C. Plinius an Macrinus.

Gestern wurde dem Vestricius Spurinna[1]) auf den Antrag des Kaisers vom Senat eine Triumphstatue[2]) beschlossen, nicht in der Weise, wie so manchem Andern, der nie in der Schlacht gestanden, nie ein Lager gesehen, nie, außer bei Schauspielen, Trompeten

---

7. [1]) Vgl. Anm. 9 zu I. 5.
[2]) Nach dem Triumphe des Alleinherrschers Octavianus über M. Antonius wurde der Triumph selten und nur noch den Kaisern selbst oder ihren nächsten Angehörigen verliehen; siegreichen Feldherren wurden seitdem höchstens die Abzeichen der Triumphatoren vom Senat oder eigentlich vom Kaiser gewährt: die mit goldenen Sternen bestickte Toga, die goldgemusterte Tunica, der Elfenbeinstab mit dem Adler, der elfenbeinerne Staatssessel, der Lorbeerkranz und eine an einem öffentlichen Orte in diesem Schmuck errichtete Bildsäule. Der Titel Imperator aber, welchen die Kaiser allein sich vorbehielten, kam in Wegfall. Daß triumphalische Ehren auch Solchen zuerkannt wurden, welche nie ein Heer geführt hatten, hängt mit der in Anm. 5 zu I. 14 besprochenen Sitte zusammen.

schmettern ³) gehört hat, sondern wie Denen, die sich eine Auszeichnung in saurem Schweiße, mit ihrem Blute und durch ihre Thaten errangen. Denn Spurinna führte den König der Brukterer mit Waffengewalt in sein Königreich ein ⁴), und brauchte den Krieg nur im Hintergrunde zu zeigen, um — die schönste Art des Sieges — eines der kriegerischsten Völker durch den bloßen Schrecken vollkommen zu bändigen. Das war der Lohn seiner Tapferkeit, aber auch ein Trost in seinem Schmerze wurde ihm dadurch, daß man seinem Sohne Cottius, den er während seiner Abwesenheit verlor, die Ehre einer Statue zuerkannte. Gewiß etwas Außerordentliches bei einem so jungen Manne; allein man war auch dieß dem Vater schuldig, bei dem man für die schwere Wunde, die ihm geschlagen war, auf irgend ein wirksames Linderungsmittel denken mußte. Ueberdieß hatte Cottius persönlich so herrliche Proben von dem ihm innewohnenden Geiste gegeben, daß sein kurzes und eng begränztes Leben durch eine solche Art von Unsterblichkeit verlängert zu werden verdiente. Denn er zeigte eine solche Sittenreinheit, einen so männlichen Charakter und eine solche persönliche Würde, daß er mit all den bejahrten Männern in die Schranken treten konnte, denen er nun an Ehren gleichgestellt ist. Und durch diese Ehre ist, so wie ich die Sache auffasse, nicht nur dem Gedächtnisse des Verstorbenen und dem Schmerze des Vaters genug gethan, sondern auch ein Muster zur Nacheiferung aufgestellt worden. Solche Belohnungen, selbst jungen, natürlich würdigen, Männern erwiesen, werden die Jugend zu edlem Streben entflammen, und unsere Großen werden sich dadurch angetrieben fühlen, Kinder groß zu ziehen, die ihr Leben verschönern und, falls sie ihnen genommen werden, ihnen ihren hohen Nachruhm als Trost hinterlassen. Darum freue ich mich als Patriot über die Statue des Cottius; aber nicht minder groß ist meine persönliche Freude. Ich habe den musterhaften Jüngling ebenso innig geliebt, wie ich ihn jetzt

---

³) Bei verschiedenen öffentlichen Spielen wurde das Zeichen zum Beginne wie zum Schluß derselben durch eine Fanfare gegeben.

⁴) Die Einführung des Königs der Brukterer, einer an der Ems wohnenden deutschen Völkerschaft, geschah auf Befehl Spurinna's als Legaten von Untergermanien und unter dem Geleit eines römischen Heeres, dem die Brukterer keinen Widerstand zu leisten versuchten. Wahrscheinlich ist das Ereigniß dasselbe mit dem, wovon Tacitus (Germania 33) berichtet.

schmerzlich vermisse. Deßhalb wird es mir eine Herzensfreude sein, sein Bild recht oft anzuschauen, recht oft mich nach ihm umzusehen, 7 darunter zu verweilen und an ihm vorüber zu wandern. Denn wenn schon die in unseren Häusern aufgestellten Bilder der Verstorbenen [5]) unseren Schmerz lindern, um wie viel mehr müssen es die thun, welche uns an den belebtesten Plätzen nicht nur ihre Gestalt und ihr Gesicht, sondern selbst ihren Ruhm und ihre Ehre wieder vor Augen stellen. Lebe wohl!

## 8.
### C. Plinius an Caninius [1]).

Lebst Du den Wissenschaften oder dem Fischfange, oder der Jagd, oder allen zugleich? Denn man kann ja alles zugleich an unserm Larius [2]) treiben. Lockt doch der See durch seine Fische, der ihn umgebende Wald durch sein Wild, und das ungestörte Stillleben dort zu 2 wissenschaftlicher Beschäftigung unwiderstehlich an. Aber magst Du nun alles zugleich oder irgend etwas davon treiben, ich kann nicht sagen, daß ich Dich beneide. Und doch peinigt es mich, daß mir nicht auch ein Genuß gegönnt ist, nach dem ich mich ebenso sehne, wie der Kranke nach Wein, Bad und frischer Quelle. Werde ich denn nie diese beengenden Fesseln, wenn ihre Lösung versagt ist, zerreißen [3])? Ich 3 glaube, nie. Denn zu meinen alten Geschäften häufen sich immer neue, ohne daß darum die früheren aufgearbeitet werden, und so schleppt sich in immer neuen Gliederungen und Verkettungen der Schweif meiner Arbeiten von Tag zu Tag weiter hinaus. Lebe wohl!

---

[5]) Jeder Römer, dessen Vorfahr oder Vorfahren irgend ein höheres Staatsamt, mindestens die Aebilität, bekleidet hatten, besaß das jus imaginum, d. h. er durfte im Atrium, dem vordersten weiten Saale des Hauses, in tempelartig geformten Schränken, die an den Wänden angebracht waren, die möglichst ähnlich gebildeten und bemalten, am Fußgestell mit einer die Aemter, Würden und Verdienste der Verstorbenen aufzählenden Inschrift versehenen Wachsmasken seiner Ahnen aufstellen.

8. [1]) Vgl. Anm. 1 zu I. 3.

[2]) Der Comer See.

[3]) Plinius bekleidete damals die mühselige Stelle eines Präfecten des Staatsärars; vgl. Anm. 3 zu I. 10.

## 9.
### C. Plinius an Apollinaris¹).

In Angst und Bangen hält mich die Bewerbung meines Freundes Sextus Erucius²). Mich drücken die Sorgen, und ich fühle gleichsam für mein zweites Ich eine Beklemmung, die ich für mich selbst niemals empfunden habe. Und dazu steht meine eigene Ehre, mein guter Name, mein Ansehen mit auf dem Spiele. Ich habe für Sextus 2 beim Kaiser erst dann die Senatorenwürde³), die Quästur⁴) erwirkt, durch meine Fürsprache gelangte er zu dem Rechte, sich um das Tribunat⁵) zu bewerben, und wenn er dieses nun im Senate nicht erhält, so, fürchte ich, kann es den Anschein gewinnen, als hätte ich den Kaiser hintergangen. Ich muß daher alles aufbieten, um ihn von Allen für 3 das erklären zu lassen, wofür ihn der Kaiser auf mein Wort hin hält. Und wenn selbst dieser Grund mich nicht zu allem Eifer anspornte, so müßte ich doch den redlichen, charaktervollen und höchst unterrichteten, kurz nicht nur an und für sich, sondern mit seinem ganzen Hause alles Lobes würdigen Mann unterstützt wünschen. Denn sein Vater ist Erucius 4 Clarus, ein unsträflicher Mann von altem Schlage, beredt und in Rechtshändeln bewandert, die er mit höchster Gewissenhaftigkeit, ebenso großer Charakterfestigkeit und nicht geringerem Zartgefühle führt. Seinen Oheim nennt er den C. Septicius, einen Mann, wie es keinen

---

9. ¹) Ob der Adressat dieses und des Briefes V. 6 identisch mit dem IX. 13. 13 als designirter Consul erwähnten Domitius Apollinaris sei, ist nicht festzustellen.

²) Vgl. Anm. 1 zu I. 1. Die höheren Aemter waren der Gegenstand unruhiger Wünsche und eifriger Bemühungen. Besuche und Empfehlungsschreiben, Bestechungen und Intriguen wurden zur Erlangung derselben nicht gespart.

³) Vgl. Anm. 5 zu I. 14.

⁴) Die Quästur galt auch unter den Kaisern noch als die erste Stufe zur Erlangung der höhern Staatsämter. Ob Erucius einer der Quästoren gewesen, von denen jedem Consul einer beigegeben wurde, oder ob er dem Staatsärar vorstand, ist nicht zu entscheiden.

⁵) Die Candidaten der höheren Staatsämter, wie hier des Volkstribunats, bedurften erst der Erlaubniß des Kaisers zur Bewerbung. Hatten sie diese erlangt, so wurden die vom Kaiser gebilligten Bewerber dem Senate präsentirt, und dieser wählte durch Stimmenmehrheit aus den Vorgeschlagenen.

wahrhafteren, biederern, edleren und zuverläſſigeren Charakter geben
kann. Alle wetteifern in der Liebe gegen mich, ohne daß jedoch einer
es dem andern darin zuvorthun könnte, und ſo könnte ich jetzt in dieſem
einen mich allen zugleich dankbar erweiſen. Darum drücke ich, bit-
tend und für ihn werbend, all meinen Freunden die Hand, laufe in
die Häuſer, beſuche alle Stationen⁶) und ermüde nicht im Bitten, um
zu ſehen, wie viel ich durch mich und durch die Liebe meiner Freunde
vermag. So bitte ich auch Dich inſtändigſt, Du mögeſt es nicht ver-
ſchmähen, mir einen Theil der Laſt von den Schultern zu nehmen.
Du kannſt auf Gegendienſte bei mir rechnen, wenn Du willſt, ja ſelbſt
wenn Du nicht willſt. Man achtet, man verehrt, man ſucht Dich;
zeige nur, daß Du willſt, und es wird nicht an Männern fehlen, denen
Dein Wunſch Gebot iſt. Lebe wohl!

## 10.
### C. Plinius an Octavius¹).

Wie Du doch ſo ohne allen Ehrgeiz, nein, ſo hartherzig und beinahe grauſam ſein kannſt, die herrlichſten Geiſteserzeugniſſe ſo lange
zurückzuhalten! Wie lange wirſt Du Dir ſelbſt und uns, Dir
die höchſte Anerkennung, uns den höchſten Genuß mißgönnen?
Laß ſie doch, vom Munde der Menſchen getragen, den ganzen Raum
durchlaufen, in dem die römiſche Sprache klingt. Groß iſt ja und
lang die Spannung darauf, die Du fernerhin nicht mehr täuſchen
noch hinhalten darfſt. Einige Verſe von Dir ſind bereits hinausge-
drungen und haben wider Deinen Willen Deinen Verſchluß geſprengt.
Wenn Du dieſe nicht wieder in das Corps ſteckſt, ſo wird ſich, wie bei
Entlaufenen, ſchon Jemand finden, der ſich ihren Herrn nennt²).

---

⁶) Vgl. Anm. 2 zu I. 13.
10. ¹) Vgl. Anm. 1 zu I. 7.
²) Herausgegebene oder ſonſt in's Publikum gekommene Gedichte, Reden und
andere literariſche Producte wurden ſelbſt nach der Herausgabe noch, ſei es auf
Betrieb der Verfaſſer, oder ohne ihr Zuthun, nicht ſelten ſogar wider ihren Willen,
häufig von Andern vorgeleſen (vgl. Anm. 1 zu I. 13), und zwar nicht blos in
Rom, ſondern aller Orten in Italien und in den Provinzen, auch nicht etwa nur
in beſchränkten Privatkreiſen, ſondern öffentlich vor allem Volk (vgl. IV. 7).
Geſchah dieſes von Seiten des Vortragenden ohne Nennung des Verfaſſers und in

Gedenke Deiner Sterblichkeit, von der Du Dich nur durch dieses 4 Denkmal befreien kannst; denn alles Andere, gleich gebrechlich und vergänglich wie wir Menschen selbst, geht unter und hat sein Ende. Du wirst nach Deiner Art sagen: dafür mögen meine Freunde sorgen. Nun wünsche ich Dir zwar Freunde, treu, unterrichtet und thätig 5 genug, um eine solche mühevolle Aufgabe übernehmen zu können und zu wollen; aber siehe Dich vor, ob es nicht von mangelnder Fürsorge zeuge, von Andern das zu erwarten, was man sich selbst nicht leisten mag. Doch halt' es mit der Herausgabe einstweilen nach Deinem 6 Belieben; aber lies sie wenigstens vor, damit Du zur Herausgabe mehr Lust bekommst und endlich die Freude empfindest, die ich schon lange, und nicht ohne Grund, statt Deiner im Geiste vorausgenieße. Denn ich kann mir lebhaft denken, welche Bewunderung, welcher Bei= 7 fall, ja, auch welches Schweigen Deiner wartet, ein Schweigen, das mich bei meinen Reden und Vorlesungen nicht minder erfreut, als der laute Zuruf, nur muß es gespannt und theilnehmend sein und von dem Wunsche zeugen, den weiteren Verlauf zu hören ³). Bringe nicht 8 ferner durch Dein endloses Zaudern Deine Studien um diesen großen, sicher ihnen aufgehobenen Genuß; denn wenn die Bedenklichkeit das Maß überschreitet, so liegt die Befürchtung nahe, man möge sie mit dem Namen der Schlaffheit und Bequemlichkeit, ja sogar der Aengst= lichkeit belegen. Lebe wohl!

## 11.
### C. Plinius an Arrianus ¹).

Du pflegst Deine Freude daran zu haben, wenn etwas im Senate verhandelt wird, was dieses Standes würdig ist. Denn wenn

---

der Absicht, das fremde Gut als eigenes erscheinen zu lassen, so nannte man das ein Plagiat, einen literarischen Betrug und Diebstahl, wogegen man keine andere Waffe besaß, als die, den Betrüger öffentlich zu entlarven und der Schande preis= zugeben (vgl. Martial's Sinngedichte I. 30. 39. 53. 54. 67, II. 20 u. s. w.).

³) Der Beifallsruf der Claque und das Bravogeschrei der Menge galt vielen Vorlesenden als das einzige Ziel ihres Strebens (vgl. Persius' Satir. I. 45 ff.). Plinius, als einer der Gebildetsten seiner Zeit, wünscht dem Freunde die gespann= teste und lautlose Aufmerksamkeit seiner Zuhörer.

11. ¹) Der Brief, wie der folgende, ist im Jahre 100 geschrieben, wo Trajan zum dritten Male Consul war.

Du gleich aus Liebe zur Ruhe Dich zurückgezogen hast, so haftet doch die Sorge um die Majestät des Staates in Deinem Herzen. So vernimm denn, was während dieser Tage verhandelt wurde, eine Sache, Aufsehen erregend durch den Glanz der betreffenden Persönlichkeit, heilsam durch die Strenge des statuirten Exempels und ewig denkwürdig wegen ihrer Wichtigkeit. Marius Priscus[2]) nämlich, von den Afrikanern, deren Proconsul er war, angeklagt, verzichtete auf die Vertheidigung und bat um Richter. Ich und Cornelius Tacitus, denen die Vertretung der Provincialen aufgetragen war, hielten es für unsere Pflicht, den Senat damit bekannt zu machen, daß Priscus als Unmensch und Wütherich Verbrechen begangen, zu groß, als daß man ihm Richter verwilligen könne, indem er für Geld Unschuldige verurtheilt, ja sogar habe hinrichten lassen. Dagegen sprach Fronto Catius und bat, man möge in der Verhandlung nicht über das Wiedererstattungsgesetz hinaus gehen und blähte, ein Meister in der Kunst Thränen zu erregen, gleichsam alle Segel seiner Vertheidigung mit dem Winde des Mitleids. Gewaltig war der Kampf, gewaltig das Geschrei von beiden Seiten, indem Einige behaupteten, ein weiteres Verfahren des Senats sei durch das Gesetz abgeschnitten, Andere, es habe vollkommen freien und unbeschränkten Spielraum und der Angeklagte müsse nach dem vollen Umfange seiner Schuld gerichtet werden. Am

---

[2]) Er war aus Spanien gebürtig und hatte sich als Proconsul in Africa nicht nur große Erpressungen, sondern auch anderweitige Gewaltthaten und Rechtsverletzungen zu Schulden kommen lassen. Als ihn die Provinzialen deßhalb in Rom verklagten, hielt er bei der Offenkundigkeit seiner Verbrechen jede Vertheidigung für aussichtslos und bat daher um eine Senatscommission, um sich richten, d. h. die Reclamationen abschätzen und die Strafe aussprechen zu lassen, welche bereits nach Gesetzen, die noch zur Zeit der Republik erlassen worden, das Vierfache des Schadens betrug. Damit hoffte Priscus einer näheren Untersuchung seiner sonstigen, gegen Einzelne geübten Verbrechen und einer weitern als einer bloßen Geldstrafe zu entgehen. Denn durch die Gewährung seines Gesuches würde der Criminalproceß in einen privatrechtlichen verwandelt worden sein und mit der Rückerstattung der erpreßten Gelder geendet haben. Deßhalb behauptete denn auch die Partei des Marius Priscus, nach eingeleiteter Untersuchung wegen der Erpressungen habe der Senat sich nach dem Gesetze nicht weiter mit der Sache zu beschäftigen, weil der Proceß bereits nicht mehr ein krimineller, also der Jurisdiktion des Senates entrückt sei.

Ende äußerte der designirte Consul Julius Ferox ³), ein gerader und unsträflicher Mann, seine Ansicht dahin, Marius solle zwar einstweilen die Richter erhalten, allein man solle Diejenigen vorladen, an die er die Verurtheilung Unschuldiger verkauft haben solle. Diese Ansicht kam 6 nicht nur vorwiegend zur Geltung, sondern gewann überhaupt nach vielem Hin= und Herreden allein zahlreiche Unterstützung, und es ist ja durch die Erfahrung bekannt, daß Gunst und Mitleid zwar anfangs hell und heftig auflodern, allgemach aber das Feuer, durch Vernunft und Ueberlegung gedämpft, sich legt. Daher kommt es, daß Das, wozu sich 7 Viele im wirren Geschrei bekennen, Niemand, wenn die Andern schweigen, aussprechen will; denn erst, wenn der ganze Schwarm sich ablöst, gewinnt man für die ruhige Beschauung der Dinge, die sich unter der Masse verstecken, freien Gesichtskreis. Es erschienen auf geschehene 8 Ladung Vitellius Honoratus und Flavius Marcianus. Von ihnen wurde Honoratus beschuldigt, die Verbannung eines römischen Ritters und den Tod von sieben Freunden desselben für 300,000, Marcianus, die mehrfache Bestrafung eines einzigen römischen Ritters für 700,000 Sesterzien ⁴) erkauft zu haben: er war nämlich mit Stockschlägen belegt, zur Bergwerksarbeit verurtheilt ⁵) und im Gefängniß erdrosselt worden. Allein den Honoratus entzog ein recht= 9 zeitiger Tod der Untersuchung des Senates, Marcianus aber wurde in der Abwesenheit des Priscus vorgeführt. Nun beantragte der Consular Tuccius Cerealis nach dem Rechte der Senatoren ⁶), den Priscus davon in Kenntniß zu setzen, sei es nun, weil er meinte, derselbe würde, wenn er zugegen wäre, das Mitleid oder vielleicht auch

---

³) Also schon vor der eigentlichen Proceßverhandlung im Jahre 99, in dessen erster Hälfte Julius Ferox designirter, in der zweiten fungirender Consul war. Im Jahre 101 war er Oberaufseher über die Regulirung des Flußbettes des Tiber; in einem Briefe an Trajan (87. 3) erwähnt Plinius ihn als Statthalter. Ob VII. 13 an ihn geschrieben, muß unentschieden bleiben.

⁴) 300,000 Sesterzien = etwas über 21,000 Thaler, 700,000 Sesterzien = etwas über 50,000 Thaler.

⁵) Zu der gefahrvollen Bergwerksarbeit wurden anfangs, weil sich freie Männer zu derselben nicht fanden, nur Sklaven verwendet; mit dem Ende der Republik wurden auch schwere Verbrecher dazu verurtheilt, eine Strafe, die nahe an die Todesstrafe grenzte.

⁶) Jeder Senator hatte das Recht, Anträge zu stellen.

den Haß steigern, oder, was mir das Wahrscheinlichste ist, weil es nicht mehr als recht und billig war, daß beide sich gegen die gemeinsame Beschuldigung vertheidigten und, falls sie dieselbe nicht widerlegen könnten, an beiden die Schuld gerochen werde. Die Sache wurde bis auf die nächste Senatssitzung vertagt, und schon der äußere Anblick derselben war ein imposanter. Der Kaiser präsidirte als Consul; es war Januar, ein Monat, der, wie in anderer Hinsicht, so durch die Vollzähligkeit des Senats seine besondere Feierlichkeit hat; überdieß hatte die Bedeutung des Processes, die durch die Vertagung gesteigerte Spannung, das Tagesgespräch und der den Menschen angeborne Trieb, etwas Bedeutendes und Ungewöhnliches zu sehen, die Menge von allen Orten herbeigelockt. Nun denke Dir, in welcher Beklemmung, in welch' ängstlicher Stimmung wir waren, die über eine Sache von solcher Wichtigkeit vor dieser Versammlung, in des Kaisers Gegenwart sprechen sollten. Ich bin mehr als einmal vor dem Senate aufgetreten, ja ich finde in der Regel nirgends gleich freundliche Zuhörer; allein damals erregte Alles, weil ungewohnt, eine ungewohnte Beklommenheit in mir. Außer dem eben Erwähnten schwebte die Sache in ihrer ganzen Schwierigkeit mir vor der Seele: da stand er, der eben noch Consular, eben noch einer der sieben Opferfestpriester 7) und nun keines von beiden war. Es war demnach keine geringe Aufgabe, einen Mann anzuklagen, dessen Urtheil schon gesprochen war und den, ob er gleich unter der Last seines grausen Verbrechens erlag, dennoch das Mitleid hielt, welches die gewissermaßen schon vollzogene Verurtheilung erregte. Doch nahm ich Gedanken und Fassung, so gut es gehen wollte, zusammen und begann meine Rede unter nicht geringerem Beifall meiner Zuhörer als großer innerer Beklemmung; ich sprach nahe an fünf Stunden. Denn zu den zwölf reichlichen Zeitmessern, die man mir bewilligt hatte, wurden noch

---

7) Als die Amtsobliegenheiten der Priester, zumal wegen der zunehmenden Opfer und Opferschmäuse, in's Maßlose wuchsen, wurde im Jahre 196 v. Chr. das Collegium der drei Opferfestpriester gestiftet, welches später zu neun Mitgliedern erweitert wurde. Zunächst hatten sie den Opferschmaus des Jupiter auf dem Capitol zu besorgen, dann aber wurden ihnen auch die öffentlichen Volksspeisungen bei vielfachen feierlichen Gelegenheiten übertragen.

vier zugelegt 8). Selbst das, was mir vor der Rede 9) erschwerend und hinderlich erschien, erwies sich während derselben als förderlich. Der Kaiser selbst zeigte so viel Aufmerksamkeit, so viel Wohlwollen (Besorgniß wäre zu viel gesagt) gegen mich, daß er mich wiederholt durch meinen hinter mir stehenden Freigelassenen erinnern ließ, ich möge meine Stimme und meine Brust schonen; denn er dachte, ich strenge mich mehr an als meine zarte Constitution gestatte. Gegen mich sprach für Marcianus Claudius Marcellinus. Darauf wurde die Sitzung geschlossen, um am nächsten Tage wieder zusammen zu treten; denn die Verhandlung konnte nicht wieder aufgenommen werden, ohne durch die einbrechende Nacht zerrissen zu werden. Am folgenden Tage sprach für Marius Salvius Liberalis 10), ein dialektisch scharfer, logischer Kopf und feuriger, beredter Mann, und gerade in dieser Sache entfaltete er seine ganze Kunst. Gegen ihn sprach Cornelius Tacitus mit der höchsten Beredtsamkeit und jener Majestät, die seiner Rede ihr eigenthümliches Gepräge gibt. Dann trat wieder für Marius Fronto Catius mit einer vorzüglichen Rede auf, und zwar füllte er die ihm zugemessene Zeit, wie es der Stand der Dinge ja schon nicht anders zuließ, mehr mit Fürbitten als mit einer eigentlichen Vertheidigung aus. Seine Rede erstreckte sich bis in den späten Abend, ohne jedoch von demselben beeinträchtigt zu werden. So dehnte sich die Beweisführung bis auf den dritten Tag hinaus. Wie schön und ganz in altem Geiste war schon Das, daß der Senat erst mit der Nacht entlassen, drei Tage nach einander berufen wurde, drei Tage in voller Sitzung blieb. Der designirte Consul Cornutus Tertullus, ein herr-

---

8) Sowohl in Athen als in Rom bediente man sich bei Gerichtsverhandlungen als Zeitmessers eines Thongefäßes. Dieses, mit Wasser gefüllt und unten durchbohrt, wurde auf einen Dreifuß gestellt, unter welchem ein Krug stand, in welchen das Wasser in einer gewissen Zeit abtropfte. In der gerichtlichen Praxis wurde die Zeit, welche dem Redner für die Dauer seiner Rede bewilligt war (vgl. Anm. 9 zu I. 20), nicht nach der Uhr, sondern nach diesen thönernen Zeitmessern, welche den Namen Klepsydrä führten, bestimmt. Da Plinius während des Ablaufs von 16 Klepsydern redete und die Dauer der Zeit auf 5 Stunden angiebt, so gingen etwa vier solcher reichlichen oder großen Klepsydern auf eine Stunde.

9) Von der künftigen Herausgabe dieser Rede handelt II. 19.

10) Er wird auch III. 9, 33 und 36 genannt und zählte zu den besten Rednern seiner Zeit (vgl. Suetons Kaiserbiographien, Vespasian 13).

licher und für die Wahrheit einstehender Mann, trug an, die 700,000
Sesterzien, die Marius abgetragen, im Staatsschatze niederzulegen,
Marius selbst aus der Stadt und aus Italien zu verweisen, den Marcianus aber obendrein aus Afrika. Am Schlusse seines Votums fügte
er hinzu: da ich und Tacitus der uns aufgetragenen Vertretung treu
und männlich entsprochen, so erkläre der Senat den uns gewordenen
20 Auftrag für in würdiger Weise gelöst. Ihm traten die designirten
Consuln bei, auch alle Consularen bis auf Pompejus Collega; dieser
trug an, sowohl die 700,000 Sesterzien im Staatsschatze niederzulegen, als auch den Marcianus auf fünf Jahre an einen bestimmten
Ort zu verbannen, und hinsichtlich des Marcius es bei der Strafe der
Wiedererstattung, die er bereits gebüßt habe, bewenden zu lassen.
21 Beide Anträge fanden vielfache Unterstützung, die Mehrzahl war jedoch
wol für den letztern, weil er, ich weiß nicht ob der weniger entschiedene,
oder der gelindere war. Denn Einige selbst von Denen, welche, wie
es schien, bereits dem Cornutus zugestimmt hatten, erklärten sich noch
22 für Collega, der nach ihnen abgestimmt hatte. Aber als es zum
Stimmengange[11]) kam, schlugen sich die, welche an den Sitzen der
Consuln gestanden hatten, zum Antrage des Consuls über. Darauf
traten die, welche sich für Collega's Antrag zählen ließen, auf die entgegengesetzte Seite über, und Collega blieb mit Wenigen allein. Dieser
beklagte sich später über Die, welche ihn angestiftet hatten, vorzugsweise über Regulus[12]), der ihn bei dem Antrage, den er selbst ihm
eingegeben, im Stich gelassen habe. Regulus ist überhaupt ein so
ungleicher Charakter, daß er einmal die Kühnheit, das andere Mal
23 die Aengstlichkeit auf die Spitze treibt. Das war also der Ausgang
dieser glanzvollen Verhandlung. Doch ist noch ein hübsches hors
d'oeuvre[13]) übrig, nämlich Hostilius Firminus, Marius Priscus'
Legat, der, in die Sache mitverwickelt, schwer und schlimm compro-

---

[11]) Um bei zweifelhaften Abstimmungen zu einem festen Resultate zu gelangen und die Stimmen für die entgegenstehenden Ansichten genau und leicht zählen zu können, forderte der Vorsitzende die Senatoren auf, ihre Sitze zu verlassen und an zwei von ihm bezeichneten Stellen sich je nach dem abzugebenden Votum aufzustellen.

[12]) Vgl. Anm. 2 zu I. 5.

[13]) d. h. ein hübsches Stück Nebenarbeit.

mittirt ist. Denn es stellte sich sowohl aus den Rechnungen des Marcianus, als aus einer Rede, die jener im Rathe der Leptitaner¹¹) gehalten, heraus, daß er dem Priscus seine Dienste zu dem unsittlichsten Geschäfte geliehen und sich vom Marcianus 50,000 Denare¹⁵) ausbedungen und außerdem persönlich 10,000 Sesterzien unter dem schmachvollsten Vorwande und unter dem Namen eines Salbengeldes¹⁶), (ein Titel, der ganz hübsch zu dem Leben des immer geschniegelten und gebügelten Menschen stimmte), empfangen habe. Es ist auf Cornutus' Antrag beschlossen, seine Sache in der nächsten Senatssitzung zum Vortrag zu bringen; denn damals, ob nun zufällig oder bewußt, war er abwesend gewesen. Da hast Du unsere Stadtneuigkeiten; schreibe Du mir dafür die vom Lande: wie stehen Deine Baumpflanzungen, Deine Weinberge, Deine Saaten, und was machen Deine reizenden Schäfchen? Kurz, wenn Du mir nicht einen ebenso langen Brief schreibst, so darfst Du später auch nur einen ganz kurzen erwarten. Lebe wohl!

## 12.
### C. Plinius an Arrianus.

Jenem hors d'oeuvre¹), welches vom Processe des Marius Priscus, wie ich Dir schrieb, übrig geblieben war, sind, wenn vielleicht auch nicht in gehöriger Weise, wenigstens doch die Flügel beschnitten und gestutzt worden. Firminus wurde vor den Senat geführt und vertheidigte sich gegen die bekannte Beschuldigung Die darauf folgenden Anträge der designirten Consuln lauteten verschieden: Cornutus Tertullus schlug vor, ihn aus dem Senate zu stoßen; Acutius Nerva, ihn bei der Verloosung der Provinzen nicht zu berücksichtigen²). Dieser

---

¹¹) Bewohner von Leptis, einer Stadt an der afrikanischen Küste.
¹⁵) Ueber 14,000 Thaler; 10,000 Sesterzien = 725 Thaler.
¹⁶) Die römischen Beamten in den Provinzen waren hinsichtlich des Vorwandes, unter dem sie Geld von den Provinzialen erpreßten, nicht eben bedenklich. Firminus verlangte jene Summe zur Bestreitung seines Bedarfs an Salben.
12. ¹) Vgl. Anm. 13 zu II. 11.
²) Seit Augustus stand ein Theil der Provinzen unmittelbar unter dem Kaiser, der andere unter dem Senat. Die Verwalter jener wurden vom Kaiser ernannt und führten als solche den Namen Legaten (in den größern) oder Procuratoren (in den kleineren Provinzen); in die senatorischen Provinzen wurden dagegen Ver=

Antrag wurde als der mildere angesehen und ging durch, während er doch in jeder anderen Beziehung der härtere und herbere ist. Denn was ist trübseliger, als abgeschnitten und ausgeschlossen von den Ehren des Senatorenstandes all dessen Mühsal und Beschwerden tragen zu müssen³)? was drückender, als, mit solcher Schmach angethan, nicht in einsamer Verborgenheit sich den Augen der Menschen entziehen zu können, sondern auf dieser ragenden Höhe⁴) sich den Blicken Aller preiszustellen zu müssen und mit Fingern auf sich weisen zu lassen? Ferner, was kann für das öffentliche Leben weniger passend, weniger ehrenhaft sein? vom Senate gebrandmarkt im Senate zu sitzen? gerade denen, von denen man gebrandmarkt ist, gleichgestellt zu sein? vom Proconsulate ausgeschlossen, weil er sich als Legat schmachvoll benommen, über Proconsuln zu Gericht zu sitzen, und wegen entehrenden Erwerbes verurtheilt, Andere zu verurtheilen oder freizusprechen? Allein so beliebte die Majorität. Denn man zählt die Stimmen und wägt sie nicht; und es kann ja in einem Staatsrathe nicht anders sein, bei welchem die größte Ungleichheit eben in der Gleichstellung liegt. Haben doch trotz ungleicher Einsicht alle das gleiche Recht. Ich habe mein Versprechen gelöst und mein in meinem letzten Briefe gegebenes Wort gehalten. Du wirst ihn ja, nach der Länge der Zeit zu schließen, erhalten haben; denn ich gab ihn einem raschen und pünktlichen Boten⁵); es müßte ihm denn unterwegs irgend ein Hinderniß aufgestoßen sein. Nun ist es an Dir, zunächst Dich für jenen, dann für diesen mit einem Briefe zu revanchiren, wie Du ihn ja von dort so reichhaltig schreiben kannst. Lebe wohl!

---

walter (Proconsuln) nach dem Loose gesandt, und zwar nach Afrika und Asien gewesene Consuln, in die übrigen gewesene Prätoren.

³) Vgl. Anm. 5 zu I. 14.

⁴) Nämlich des Senatorenstandes.

⁵) Die vornehmen Römer hielten sich zur Beförderung ihrer Briefe eigene Briefträger; doch beförderten sie ihre Briefe auch durch Gelegenheiten, und zwar entweder durch die Briefboten ihrer Freunde oder durch die der Steuerpächter in die Provinzen, oder in der Kaiserzeit durch die Staatspost, abgesehen natürlich von freundlichen Besorgungen reisender Freunde, Verwandten und Bekannten. Expresse Boten kommen nur bei dringenden Fällen vor (vgl. III. 17. 2).

## 13.
### C. Plinius an Priscus¹).

Wie Du jede Gelegenheit, mich Dir zu verbinden, mit Freuden ergreifst, so bin ich Niemandes Schuldner lieber als der Deinige. Also aus doppeltem Grunde habe ich gerade Dich um etwas zu bitten 2 beschlossen, was ich so sehr erreicht zu sehen wünsche. Du gebietest über ein höchst ansehnliches Heer; Dir stehen deßhalb reichliche Mittel zum Wohlthun zu Gebote, und überdieß hast Du eine lange Zeit gehabt, um Deine eigenen Freunde ehrenvoll emporzuheben. Jetzt wende 3 Dich einmal den meinigen zu; es sind ihrer nicht viele. Dir zwar wären viele willkommener, aber meine Bescheidenheit begnügt sich mit einem oder dem anderen, oder vielmehr mit einem einzigen; und das soll Voconius Romanus sein. Sein Vater war ein im Ritterstande 4 angesehener Mann, noch angesehener ist sein Stiefvater oder vielmehr sein zweiter Vater; denn auch die Erbschaft dieses Namens hat er durch dessen väterliche Zuneigung angetreten. Seine Mutter ge ört zu den besten Frauen des diesseitigen Spaniens; Du weißt, welche Intelligenz, welch eine sittliche Ehrenhaftigkeit in dieser Provinz herrscht²). Er 5 war vor kurzem Flamen³). Mit ihm war ich, als wir zusammen studirten, durch Achtung und Freundschaft innig verbunden. Er war mein Umgang in der Stadt, er mein Hausfreund in der ländlichen Zurückgezogenheit, mit ihm theilte ich Ernst und Scherz. Denn wo 6 gäbe es einen treueren Freund, einen angenehmeren Gesellschafter als ihn? Er hat etwas auffallend Anmuthiges im Gespräch, ja in seinem Gesicht und in seinen Zügen sogar. Dabei ist er ein hochstrebender, 7 feiner, einnehmender, gewandter Kopf, und in Rechtsverhandlungen bewandert; Briefe schreibt er, daß man glauben sollte, die Musen selbst redeten Lateinisch. So sehr ich ihn liebe, so bleibt er doch in seiner 8 Liebe zu mir nicht zurück. Ich habe mich schon in unsern jungen

---

13. ¹) An diesen sind auch VI. 8, VII. 8 und 19 gerichtet. Wahrscheinlich ist der Adressat L. Neratius Priscus, welcher damals Legat (d. h. Verwalter einer kaiserlichen Provinz, vgl. Anm. 2 zu II. 12) von Pannonien war.
²) Vgl. Anm. 4 zu I. 14.
³) Opfer- und Eigenpriester irgend eines Gottes oder vergötterten Kaisers.

Jahren, so weit ich es bei meinem Alter konnte, eifrigst seiner angenommen und vor kurzem noch bei unserm gnädigsten Kaiser⁴) das Dreikinderrecht für ihn erwirkt⁵). So sparsam und mit Auswahl dieser auch dabei verfährt, so hat er es mir doch, als wäre es seine eigene Wahl, bewilligt. Diese Verdienste von meiner Seite kann ich auf keine Weise besser behaupten, als dadurch, daß ich neue hinzufüge, zumal da er selbst jene so dankbar aufnimmt, daß er schon während er die alten empfängt, sich Ansprüche auf neue erwirbt. Nun weißt Du, was Romanus, wie bewährt und theuer er mir ist; und so bitte ich Dich denn, ihn nach Deinem Ermessen und Vermögen zu befördern. Vor allem aber schenke ihm Deine Liebe; denn, magst Du ihm auch das Höchste gewähren, etwas Höheres kannst Du doch nicht geben, als Deine Freundschaft. Und damit Du besser einsehest, daß er dieselbe bis zur herzlichsten Vertrautheit zu würdigen weiß, habe ich Dir eben seine wissenschaftliche Bildung, seinen sittlichen Charakter, sein ganzes Thun und Wesen kurz geschildert. Ich würde mich noch weiter in

⁴) Also war der Kaiser (Nerva) seitdem gestorben; demnach ist der Brief im Jahre 98 oder 99 geschrieben.

⁵) Ehelosigkeit wurde zu Rom schon in alter Zeit als tadelnswerth und sogar als strafbar angesehen. Anfangs wachten die Censoren über Verhütung und Bestrafung der Ehe= und Kinderlosigkeit. Als aber deren Ansehen gesunken war, suchte Kaiser Augustus dem Uebel durch Gesetze abzuhelfen. Danach erhielten Ehelose gar keine Erbschaften und Legate, Kinderlose nur die Hälfte derselben. Dagegen wurden den verheiratheten und mit Kindern gesegneten Personen allerlei Vortheile und Privilegien zugesprochen. So bekamen die Verheiratheten bessere Plätze im Theater. Natürlich waren schon diejenigen, welche auch nur ein Kind besaßen, von den Nachtheilen der Kinderlosen befreit; aber um Belohnungen zu erlangen, mußten sie wenigstens drei, die außerhalb Roms in Italien Wohnenden wenigstens vier, die in den Provinzen Angesessenen sogar fünf Kinder besitzen. Die Belohnungen waren sehr mannigfach: im öffentlichen Leben verlieh das Dreikinderrecht Vorzug bei Amtsbewerbungen, Nachlaß von fehlenden Jahren bei denselben, Vorrang von Andern sonst gleichen Ranges, Befreiung von lästigen Aemtern, wie denen eines Vormundes, Richters u. s. w. Im Strafrecht gab es zuweilen Veranlassung zu Strafmilderungen, im Privatrecht war es mit erbrechtlichen Vortheilen, sogar für die Frauen, verbunden. Doch wurde gar bald das Dreikinderrecht selbst an Kinderlose von den Kaisern nebst allen damit verbundenen Vergünstigungen ertheilt. So erhielt es Plinius selbst von Trajan (Briefe an Trajan 2), so wurde es von Plinius, wie hier für Voconius Romanus bei Nerva, für Suetonius Tranquillus bei Trajan erbeten (vgl. an Trajan 94 und 95).

meiner Bitte ergehen, wenn du ein langes Bitten liebtest, und wenn nicht mein ganzer Brief eine Bitte wäre: denn es ist ja schon eine Bitte, und zwar die allerwirksamste, wenn man die Gründe seiner Bitte vorlegt. Lebe wohl!

## 14.
### C. Plinius an Maximus ¹).

Deine Vermuthung ist ganz richtig: ich bin völlig gebunden durch die Processe bei dem Centumviralgerichte²), die mir mehr Plage als Vergnügen machen. Denn meistentheils sind sie unbedeutend und unerquicklich; nur selten kommt etwas vor, was durch den Glanz der Parteien oder die Wichtigkeit des Objectes größeres Interesse böte. Dabei sind der Männer so wenige, mit denen man gern auftritt; alles 2 Uebrige sind übermüthige und noch dazu zum großen Theile unbekannte junge Burschen, die sich hierhin überschlagen, um ihre Schulübungen zu halten, und das in einer so scham= und rücksichtslosen Weise, daß ich denke, unser Atilius ³) habe den Nagel auf den Kopf getroffen, wenn er sagt, die Buben machten auf dem Markte in den Centumviralprocessen ebenso ihre Erstlingsstudien, wie mit dem Homer in der Schule. Denn dort wie hier fängt man gleich mit dem Schwierigsten an. Dagegen 3 hatten, meine ich, vor unserer Zeit (so hören wir ja oft bejahrtere Männer erzählen) nicht einmal die jungen Leute aus den ersten Familien hier Zutritt, sie wären denn durch irgend einen Consularen persönlich eingeführt ⁴); mit solcher Ehrerbietung behandelte man die=

---

14. ¹) An ihn sind noch III, 2. V, 5. VI, 11 und 34. VIII, 19 und 24. IX, 1 und 23 gerichtet. Vielleicht ist es Messius Maximus, an den IV, 25. geschrieben ist: Maximus scheint nämlich politischer Vertrauter des Plinius gewesen zu sein.

²) vgl. Anm. 6 zu I, 5.

³) vgl. Anm. 5 zu I, 9.

⁴) Der junge Römer wurde, wenn er die Toga angelegt hatte (vgl. Anm. 1 zu I, 9.), also bei seinem Eintritte in das bürgerliche Leben, von dem Vater oder einem Verwandten irgend einem anerkannten Staatsmanne zu weiterer praktischer Ausbildung übergeben und gehörte von dieser Zeit an zu dessen Gefolge. Er begleitete diesen Staatsmann auf dessen amtlichen Wegen und zu dessen amtlichen Functionen und erhielt, durch diesen empfohlen, wol auch die erste Gelegenheit öffentlich aufzutreten.

4 jes herrliche Institut. Jetzt aber sind die Schranken des Zartgefühls und der Rücksicht gewichen, und Allen steht Alles frei; nicht mehr von Einführung, sondern von Einbruch ist die Rede. Dazu gesellt sich ein Auditorium, ganz den Rednern ebenbürtig, erkauft und erdungen; man verhandelt mit dem Makler [5]), und mitten in der Basilika [6]) werden, wie in einem Speisesaale, ganz offen die Sporteln [7]) gezahlt; für den-
5 selben Lohn geht es von einer Gerichtsverhandlung zur anderen. Daher bezeichnet sie der Volkswitz bereits als Bravados [8]) und ist ihnen der
6 heimische Name Lobensteiner [9]) auferlegt. Und doch nimmt diese in zwei Zungen an den Pranger gestellte Scheußlichkeit von Tag zu Tag zu. Gestern wurden zwei meiner Nomenclatoren [10]) (freilich eben so alt, daß sie etwa sich hätten in die Toga kleiden können [11]) zum Bravo-

---

[5]) Dem Director der Claque, die durch Geldzahlungen, Mahlzeiten oder Kleidungsstücke zum Beifallschreien gedungen wurde.

[6]) Die Basilica Julia, wo die Centumvirn ihr Gericht hielten (vgl. Anm. 6 zu I, 5.).

[7]) Den Clienten wurde als Dank und Anerkennung für ihre Morgenbesuche und andere Dienste der Unterthänigkeit anfangs eine Mahlzeit, später Geld, und zwar durchschnittlich täglich 10 Sesterzien (etwa 21 Sgr.) gezahlt. Manchmal wurde denselben und andern, selbst vornehmeren Besuchern nach der Mahlzeit ein Geldgeschenk im Speisesaale verabreicht. Sowohl diese Mahlzeiten, als auch die Bezahlung derselben in Geld führten den Namen sportulae.

[8]) Doppelsinnig mit Anspielung auf das Bravorufen. Der römische Volkswitz nannte sie Sophokleise, mit Anspielung auf den Griechischen Tragiker Sophokles, was für die um die Regeln der Wortbildung Unbekümmerten eben die Claqueurs (σοφῶς, d. h. Bravo Rufenden) bezeichnen sollte. Ein ausländisches Wort mußte schon wegen des folgenden Satzes gewählt werden.

[9]) Auch hier hat der römische Volkswitz, welcher den gedungenen Schreiern doppelsinnig den Namen „Laodicener", d. h. zugleich Bewohner von Laodicea, einer kleinasiatischen Stadt, und Lobredner der Mahlzeit, durch die sie bestochen wurden, beilegte, nur annähernd wiedergegeben werden können, indem die reußische Stadt zugleich mindestens das Lob des Steinweins andeuten konnte.

[10]) Die vornehmen Römer hielten sich, theils um die ihnen Begegnenden bei Namen nennen und ihnen etwas Passendes und Verbindliches sagen, theils um die zahlreichen Besuche im eigenen Hause anreden zu können, besonders mit diesem Namen bezeichnete Sklaven, deren eigentliche Aufgabe es war, die Namen aller zu wissen und dem Herrn anzugeben.

[11]) Vgl. Anm. 1 zu I. 9. Die Angabe des jugendlichen Alters wird beigefügt, weil gerade die Jugend die Vorlesungen und sonstigen Schaustellungen der Mode am zahlreichsten besuchte (vgl. Anm. 2 zu II, 5.). Plinius will ironisch andeuten, sie seien eben so alt gewesen wie die Redner.

schreien geschleppt. So viel kostet's, ein großer Redner zu sein. Um
diesen Preis füllen sich die Bänke, so viele ihrer auch sind; um diesen
Preis wird der gewaltige volle Kranz der Hörer um den Redner ge-
schlungen, um diesen Preis ein endloses Beifallsgeschrei erhoben, sobald der préchantre ¹²) das Zeichen gibt; denn eines Zeichens bedarf
es bei Menschen, die nichts verstehen, nicht einmal etwas hören. Nämlich die Mehrzahl hört nichts, und gerade diese sind die besten Schreier.
Gehst Du einmal durch die Basilika vorüber und willst wissen, wie
einer spricht, so brauchst Du Dich nicht etwa an das Tribunal heran-
zubemühen, nicht etwa aufzumerken; die Lösung ist leicht: verlaß Dich
darauf, daß Der der erbärmlichste Redner ist, der am lautesten gelobt
wird. Der erste, welcher diese Art von Zuhörern einführte, war Largius Licinus ¹³). Doch ging dieser nur so weit, sich sein Auditorium
zusammenzubitten: wenigstens erinnere ich mich, es so von meinem Lehrer Quintilianus ¹⁴) gehört zu haben. Er erzählte mir nämlich: „ich
befand mich im Gefolge des Domitius Afer ¹⁵); als dieser eben vor
den Centumvirn würdevoll und langsam redete (denn es war so seine
Art), hörte er in der Nähe ein maßloses, ungewöhnliches Geschrei.
Verwundert darüber hielt er inne. Sobald es wieder ruhig geworden
war, knüpfte er wieder an, wo er abgebrochen hatte. Neues Geschrei
und neues Verstummen, und nach hergestellter Ruhe begann er zum
dritten Male. Endlich fragte er, wer der Redner sei, und erhielt die
Antwort: Licinus. Da brach er die Sache ab und sprach: „Centumvirn, mit unserer Kunst ist es vorbei" ¹⁶). Was übrigens schon
zu schwinden begann, als Afer es für geschwunden hielt, das ist
jetzt in Wahrheit fast bis auf die letzte Spur erloschen und zerstört.
Ich schäme mich zu erzählen, was und in welch' unmännlichem Vortrage gesprochen, mit welchem und welch kindischem Geschrei es aufge-

---

¹²) d. h. der Vorsänger, der Oberclaqueur.
¹³) Also noch zu Plinius' Zeit; denn Largius Licinus war dessen Zeitgenosse (vgl. II, 5. 17.).
¹⁴) Der große Professor der Redekunst unter Domitian.
¹⁵) Quintilian (X, 1. 118. XII, 11, 3.) nennt ihn mit Julius Africanus
den bedeutendsten Redner seiner Zeit, den man unbedenklich den alten Rednern an
die Seite stellen könne. Er bekleidete im Jahre 37 n. Chr. das Consulat und
starb im Jahre 59.
¹⁶) Ueber diese Störungen bei den Centumviralgerichten vgl. Anm. 6 zu I, 5.

nommen wird. Nur noch das Händeklatschen, oder vielmehr nur Pauken und Trompeten fehlen noch zu diesem Gezwitscher: des Geheules (denn ein selbst im Theater unziemlicher Beifall kann mit keinem anderen Ausdrucke bezeichnet werden) ist über und über genug. Mich hält und fesselt nur noch das Interesse meiner Freunde, und die Rücksicht auf meine eigenen Jahre; denn ich fürchte, es möchte den Anschein haben, als zöge ich mich nicht sowohl vor diesen Unwürdigkeiten zurück, sondern scheue mich vielmehr vor der Arbeit. Doch mache ich mich seltener als früher und fange so an, mich allmählich zurückzuziehen. Lebe wohl!

## 15.
### C. Plinius an Valerianus ¹).

Wie stehst Du zu Deinen alten Marsern? ²) wie zu Deinem neuen Ankauf? Gefallen Dir die Güter, seitdem sie Dein eigen sind? Das ist freilich selten der Fall: denn was man erlangt hat, scheint nie so schön, als was man erstrebte. Mit mir gehen meine mütterlichen Erbgüter nicht gerade glimpflich um; doch habe ich meine Freude daran, weil sie eben von meiner Mutter stammen, und bin auch sonst durch das lange Mitansehen unempfindlich geworden. Das ewige Klagen führt doch endlich dahin, daß man des Klagens überdrüssig wird. Lebe wohl!

## 16.
### C. Plinius an Annianus.

Du gibst mir bei Deiner auch sonst bekannten Genauigkeit die Weisung, daß das Codicill ¹) des Acilianus, der mich zum theilweisen

---

15. ¹) An ihn sind noch V, 4. und 14. gerichtet.
 ²) Es ist wohl ein Landgut im Marserland (am heutigen Lago di Celano) gemeint, zu dem Valerian ein neues Gut gekauft oder vielmehr das alte durch Ankauf erweitert hatte.
16. ¹) Codicille sind Briefe oder Billete in Form kleiner Wachstafeln, vom Testator zur Ergänzung des Testamentes an den im Testamente eingesetzten Haupterben oder die Erben überhaupt gerichtet, welche die Bitte enthielten, über einzelne Theile der Erbschaft nach dem Wunsche des Testators zu verfügen, ein Legat auszuzahlen oder ein Fideicommiß zu vollstrecken, Sklaven freizulassen, ein Monument

Erben eingesetzt hat, für null und nichtig zu halten sei, weil es nicht durch das Testament bestätigt worden. Dieses Gesetz ist selbst mir 2 nicht unbekannt, da es sogar Solche kennen, die sonst nichts gelernt haben. Aber ich habe mir so meinen besonderen Grundsatz aufgestellt, nämlich den letzten Willen Verstorbener, selbst wenn das geschriebene Recht nicht auf seiner Seite steht, wie einen vollkommen gültigen aufrecht zu erhalten. Nun steht es aber außer Zweifel, daß jenes Codicill von Acilianus eigenhändig niedergeschrieben ist. Mag es nun gleich 3 durch das Testament nicht bestätigt werden, so werde ich es doch, als wäre es bestätigt, beobachten, zumal da für einen Denuncianten ²) kein Anhalt ist. Denn wenn ich fürchten müßte, das, was ich von der 4 Erbschaft abgäbe, von Staatswegen wieder genommen zu sehen, so würde ich vielleicht bedächtiger und vorsichtiger zu Werke gehen müssen; da aber der Erbe das, was bei der Erbschaft überschießt, getrost verschenken darf, so kann meinem Grundsatze, dem die öffentlichen Gesetze nicht entgegen sind, nichts im Wege stehen. Lebe wohl!

---

zu errichten; nicht selten enthielten sie auch Bestimmungen über die Art der Bestattung des Testators und andere Befehle. Die juristische Gültigkeit derselben soll zuerst Augustus anerkannt haben, jedoch nur für den Fall, daß im Testament darauf Bezug genommen und sie durch dasselbe im Voraus bestätigt wären. Nun hatte der in Geldsachen äußerst genaue Annianus den Plinius darauf hingewiesen, daß das Codicill des Acilianus, der den Plinius zum Erben eingesetzt hatte, als nicht vorhanden zu betrachten sei, weil es durch das Testament nicht bestätigt sei; Plinius könne also die ganze ihm im Testamente vermachte Erbschaft beanspruchen, ohne dieselbe durch Auszahlung der im Codicill bestimmten Legate u. s. w. zu schmälern. Plinius weist diese unredliche Insinuation in bitterm Tone ab.

²) Die Zahl und Unverschämtheit der Denuncianten unter den Kaisern war zumal seit der Zeit gewachsen, wo denselben für gewisse Arten der Denunciation außer der Gunst Derer, welche auf die Horcher und Spione ihre Macht und Größe bauten, besondere Belohnungen, Antheile an den dem Staatsfiscus in Folge der Denunciation zufallenden Geldern ausgesetzt waren. Dieß war besonders der Fall bei solchen Erbschaften, welche in Caducität verfallen waren, weil kein gesetzlich berechtigter Erbe vorhanden war, so daß dieselbe für den kaiserlichen Fiscus eingezogen werden konnten. In dem Falle des Plinius war für die Nachweisung einer solchen Caducität kein Anhalt selbst für den gewandtesten Denuncianten zu finden, da Plinius die von Acilianus im Codicill bestimmten Legate nicht als solche, sondern in der Form von Geschenken an Diejenigen, für welche sie der Verstorbene bestimmt hatte, auszahlen konnte, um allen Denunciationen zu entgehen.

## 17.
### C. Plinius an Gallus.

Du fragst verwundert, weßhalb ich so große Freude an meinem Laurentinischen ¹) oder, wenn Du es so lieber hörst, an meinem Laurentischen Landgute habe. Deine Verwunderung wird schwinden, wenn Du die Anmuth dieses Landsitzes, die Oertlichkeit und das Meeresufer in seiner ganzen Ausdehnung näher kennen lernst. Es ist 17 Millien ²) von der Stadt ³) entfernt, so daß man nach Beseitigung seiner Obliegenheiten, ohne dem Tage etwas zu entziehen und mit vollkommener Ausnutzung desselben dort bleiben kann. Man gelangt auf mehr als einem Wege dahin: denn die laurentinische und ostiensische Straße ⁴) führen dahin, nur muß man die laurentinische am vierzehnten, die ostiensische am elften Meilensteine verlassen. Von beiden kommt man dann auf einen theilweise sandigen Weg, der für Zugthiere etwas beschwerlicher und langwieriger, zum Reiten kurz und gemächlich ist. Hier wie dort hat die Gegend ein wechselndes Aussehen: denn bald verengt sich der Weg durch nahe anlaufende Waldung, bald erweitert er sich und eröffnet weite Wiesengründe, belebt von zahlreichen Heerden von Schafen, von Pferden und Rindern, die, im Winter von den Bergen hinuntergetrieben, hier im Grase und in der milden Frühlingsluft gedeihen ⁵). Die Villa ist für ihre Bestimmung geräumig und nicht kostbar zu erhalten. Am Eingange ist ein bescheidenes, aber doch nicht

---

17. ¹) Plinius' Villa im Gebiete der Stadt Laurentum, des heutigen Torre Paterno.

²) Größere Entfernungen drückten die Römer in Millien, d. h. in Tausenden von Schritten aus, den Schritt zu 5 römischen Fuß gerechnet oder zu dem Doppelten des einfachen Schrittes. Deßhalb setzten sie in diesen Abständen von je tausend Fuß (Millien oder Meilen) auf ihren Militärstraßen die Steine, welche die Entfernung angaben, also in Entfernungen von je 5000 Fuß.

³) natürlich von Rom.

⁴) Man fuhr zunächst auf der nach Ostia an den Tibermündungen, westsüdwestlich von Rom führenden Straße, von der sich am elften Meilensteine die Straße nach Laurentum abzweigte.

⁵) Während man die Viehheerden während des heißen Sommers in kühlere Gegenden, hie und da in die Berge, trieb, wurden sie mit dem Winter in wärmere Striche, hin und wieder in die wärmeren Ebenen, getrieben.

vernachläßigtes Atrium⁶); daran schließt sich ein Säulengang, der sich in der Gestalt des Buchstabens D herumzieht, und eine kleine aber niedliche Area⁷) umschließt. Diese bietet eine herrliche Zuflucht gegen das Wetter; denn sie ist durch Glasfenster und noch mehr durch das vorspringende Dachgesims geschützt. Der Mitte jenes Säulenganges gegenüber liegt das freundliche Cavädium⁸); dann ein ganz hübsches Triclinium⁹), das nach dem Ufer hinläuft und, wenn einmal das Meer vom Südwinde aufgeregt ist, von den bereits gebrochenen und letzten Wellen leicht bespült wird. Es hat auf allen Seiten Klappthüren oder Fenster, die nicht kleiner sind als die Thüren, und bietet so von den Seiten und von der Front aus gewissermaßen eine Aussicht auf drei Meere; von der hintern Seite sieht man auf das Cavädium, den Säulengang, die Area, dann wieder auf den Säulengang, dahinter auf das Atrium, auf Waldung und in weiterer Ferne auf die Berge. Links davon, nur etwas zurücktretend, liegt ein geräumiges Zimmer, dann noch ein kleineres, in dem das eine Fenster die Morgensonne hat, während das andere die Abendsonne bis zu deren Scheiden aufnimmt und einen zwar ferneren, aber friedlicheren Blick auf den unten liegenden See gewährt. Der Vorsprung dieses Zimmers und jenes Tricliniums bilden einen Winkel, welcher die reinen Sonnenstrahlen wie in einem Brennpunkte zusammenfaßt und verstärkt. Da ist der Winteraufenthalt, da zugleich der Turnplatz meiner Leute. Hier schweigen alle Winde, außer denen, welche Wolken mit sich führen und nicht sowohl den Aufenthalt an dieser Stelle benehmen, als den heitern Him-

---

⁶) Der vorderste, oft sehr luxuriös ausgestattete, bedeckte Saal des Hauses, in den man unmittelbar durch die Hausthüre eintrat (norddeutsch etwa die Diele).

⁷) Vor den Häusern der Römischen Großen, und zwar vor der Fronte derselben, befand sich oft ein Säulengang oder eine Porticus nebst einer Area, d. h. einem freien Platze mit Gartenanlagen, welche neben dem Vestibulum oder der meist geräumigen Vorhalle des Hauses zwischen der Straßenlinie und der Hausthür, den schon früh am Morgen ihren Besuch abstattenden Clienten so lange zum Aufenthalte dienten, bis die Thür geöffnet und sie eingelassen wurden.

⁸) So bezeichnet Plinius ein kleineres Atrium, das an die Säulenhalle stieß.

⁹) Ein Speisezimmer, deren es in jedem Hause mehrere für den Sommer- und für den Wintergebrauch gab. Hier ist ein sommerliches Zimmer gemeint, da die für den Winter bestimmten tiefer im Hause lagen, dunkel waren und nur durch Lampen beleuchtet wurden.

8 mal entziehen. An diesen Winkel schließt sich ein Gemach, das, zu einem Halbzirkel ausgebogt, dem Laufe der Sonne mit allen seinen Fenstern folgt. In der Wand desselben ist in Gestalt einer Bibliothek ein Schränkchen angebracht, das solche Bücher enthält, die nicht einmal,
9 sondern oft zur Hand genommen werden. Damit hängt eine Schlafpiece vermittelst eines dazwischen liegenden Durchganges zusammen, unter dem sich ein Souterrain befindet, das mit Heizungsröhren versehen ist und die mitgetheilte Wärme in gesunder Temperatur hier- und dorthin verbreitet und circuliren läßt. Der übrige Theil dieser Seite ist für den Gebrauch der Sklaven und Freigelassenen bestimmt,
10 großentheils aber so nett, daß er auch Gäste aufnehmen könnte. Auf der andern Seite kommt ein allerliebstes Zimmer, dann ein großes Wohn- oder ein mäßiges Speisegemach, das hell von der Sonne und dem vom Meere zurückgespiegelten Lichte erleuchtet ist; nachher ein Zimmer mit einer Antichambre, das seiner Höhe nach für den Sommer, seiner geschützten Lage nach für den Winter paßt; denn es ist
11 gegen jeden Wind gesichert. Daran schließt sich dann mit gemeinsamer Mauer ein anderes Zimmer mit Antichambre. Nun folgt die weite und geräumige Zelle für das kalte Bad, an deren entgegenstehenden Wänden zwei Badebassins im Bogen vorspringen, vollkommen groß genug, wenn man nicht gerade an das nahe Meer denkt ¹⁰). Daneben liegt das von unten geheizte Salbzimmer ¹¹), daneben die Heizstube

---

¹⁰) Ich habe hier nach meiner eigenen Vermuthung übersetzt: während nämlich Handschriften und Ausgaben si mare oder innare in proximo cogites bieten, was doch nur den Sinn gäbe: „wenn man sich dabei denkt, man schwimme in dem nahen Meere", glaube ich lesen zu müssen: ni ober vielmehr nisi mare in proximo cogitas.

¹¹) Ein unentbehrliches Bedürfniß war für den Römer das Bad. Nicht nur besaß jedes Haus eines irgend wohlhabenderen Mannes die dazu erforderlichen Einrichtungen, sondern die Stadt zählte an 1000 öffentliche Badeanstalten, und selbst in den Provinzen fehlten sie nirgends. Das regelmäßige Bad bestand unter den Kaisern aus vier Theilen, dem Schwitzen in erwärmter Luft, dem warmen Wasserbade, dem kalten Wasserbade und aus der Abreibung. Als Räumlichkeiten zu diesem Zwecke dienen das Heizzimmer, das von unten geheizte Lokal für das warme Bad, ein ebenfalls von unten geheiztes Schwitz- und Erwärmungszimmer, das Zimmer für das kalte Wasserbad, und ein Lokal zur Abreibung und Salbung oder Oelung des Körpers, welche zuweilen vor dem warmen, gewöhnlich nach dem kalten Bade stattfand, um der Transpiration ein Ende zu machen. In einigen Häusern,

des Bades; dann folgen zwei mehr geschmackvolle als kostbare Zellen ¹²), 12
mit denen ein prächtiges warmes Schwimmbassin zusammenhängt, aus
welchem die darin Schwimmenden die Aussicht auf das Meer haben.
Nicht weit davon befindet sich die Ballstube ¹³), welche zur Zeit der größten Hitze erst dann, wenn der Tag sich bereits neigt, für die Sonne zugänglich ist. Dann kommt ein Thurm mit zwei Wohnzimmern oben und
ebenso vielen unten: außerdem ein Speisesaal, der die Aussicht auf das
weite Meer, auf einen langen Küstenstrich und auf reizende Villen hat.
Noch ein anderer Thurm enthält ein Zimmer, in dem man die Sonne 13
auf- und untergehen sieht; dahinter eine große Weinkammer ¹⁴) nebst
Vorrathsraum; darunter ein Speisezimmer, wo man selbst bei einem
Sturme vom Meere nur ein dunkles Gebrause, und selbst dieses nur
matt und verhallend, vernimmt; die Aussicht geht auf den Garten und
die um diesen sich hinziehende Fahrbahn ¹⁵). Diese Bahn ist mit 14
Buchsbaum, oder, wenn der Buchsbaum ausgeht, mit Rosmarin eingefaßt; denn der Buchsbaum grünt da, wo er im Schutze von Gebäu-
den steht, vortrefflich, geht aber unter freiem Himmel und im offenen
Wetter und bei auch nur entfernter Benetzung mit Meerwasser ein.
Die innere Seite dieser Promenade entlang zieht sich ein zarter und 15
schattiger Weingarten mit einem selbst für bloße Füße weichen und
nachgiebigen Boden. Den Garten bekleiden hauptsächlich Maulbeer
und Feige, Bäume, welche in diesem Boden eben so vortrefflich gedeihen, wie andere darin nicht recht aufkommen wollen. Diesen der

wie hier bei Plinius (ich tilge mit Marquardt Röm. Alterth. V, 290 das in der
Ausgabe von Keil stehende Comma zwischen unctorium und hypocauston), dient
zum Abreiben und Einölen des Körpers zugleich das Schwitz- oder Erwärmungszimmer.

12) Wol Auskleide- oder Wartezimmer für die aufwartenden Diener.

13) Das Ballspiel galt als heilsame und gesunde Körperbewegung, so daß ab-
gehärtete ältere Männer noch dasselbe betrieben (vgl. III, 1, 8.).

14) Der auf thönerne Fässer gefüllte junge Wein wurde zum Ausgähren in
eine kühle, nach Norden gelegene Kammer gebracht. Hatte er ausgegohren, so
wurde er auf Krüge und Flaschen gefüllt, mit einem Pfropfen verschlossen, über-
gypst oder verpicht, mit Etiketten versehen, welche Sorte und Jahr angaben, und
in die Apotheke, d. h. eine in der Nähe des Bades, meist über demselben, gelegene
Weinkammer, gebracht, wo er unter dem Einflusse des Rauches, der hineingeleitet
wurde, altern mußte.

15) Vgl. Anm. 2 zu I, 3.

Aussicht auf das Meer nicht nachstehenden Blick gewährt der vom Meere abliegende Speisesaal. An diesen reihen sich an der Rückseite zwei Wohnzimmer an, unter deren Fenstern die Vorhalle [16]) des Landhauses und noch ein ländlicher Gemüsegarten liegt. Von da dehnt sich die geschlossene Halle [17]), einem Staatsbau ähnlich, aus. Sie hat zu beiden Seiten Fenster, nach dem Meere zu mehr, auf der Gartenseite weniger, aber alle in abwechselnder Folge. Ist der Tag heiter und windstill, so sind alle, erhebt sich aber der Wind von der einen oder der andern Seite, so werden sie da, woher der Wind nicht kommt, ohne Nachtheil geöffnet. Vor der geschlossenen Halle liegt eine von Veilchen duftende Anlage. Die Wärme der einfallenden Sonne strahlt die Halle zurück und steigert dadurch dieselbe; und während sie so die Sonnenwärme festhält, bannt sie wieder den Nordwind und hält ihn fern; so warm die Vorderseite, ebenso kühl ist dagegen die Hinterseite. Ebenso hemmt sie den Südwest und bricht und beseitigt demnach die verschiedensten Winde, den einen an dieser, den anderen an jener Seite. Das sind ihre Annehmlichkeiten im Winter; doch größere bietet sie für den Sommer. Denn Vormittags verleiht sie der Anlage, Nachmittags dem nächst gelegenen Theile der Fahrbahn und des Gartens Kühlung durch ihren Schatten, der, je nachdem der Tag im Zunehmen oder im Abnehmen begriffen ist, bald kürzer, bald länger hier- oder dorthin fällt. Die Halle selbst hat aber gerade dann am wenigsten Sonne, wenn diese in höchster Glut über ihrem Firste steht. Daneben läßt sie durch die offenen Fenster die Westwinde ein- und durchziehen und leidet nie an dumpfer und stockender Luft. Vorn an die Anlage und dann an die geschlossene Halle schließt sich mein Liebling, eine Gartenwohnung, an, mein wahrer Liebling; denn ich habe sie selbst angelegt. Das Sommerstübchen [18]) darin hat auf einer Seite die Anlage, auf der anderen das Meer, auf beiden die Sonne, während das Ruhezimmer durch die Flügelthür die Aussicht auf die Halle, durch die Fenster auf das Meer hat. Der Mitte der Wand gegenüber vertieft sich äußerst niedlich ein

---

[16]) Vgl. Anm. 7 zu II, 17.

[17]) Die Kryptoporticus, ein langer, bedeckter, halb unter der Erde angelegter Gang oder Gallerie, welche die Römer wegen des magischen Halbdunkels darin besonders liebten.

[18]) ein an der Sommerseite gelegenes Zimmer zum Winteraufenthalt.

Cabinet ¹⁹), welches, wenn man die Glasfenster und die Vorhänge verhängt oder zuzieht, das Zimmer bald größer, bald kleiner macht. Es faßt ein Ruhebett und zwei Sessel; zu den Füßen das Meer, im Rücken die Landhäuser, vor sich den Wald, scheidet und vereinigt es eben so viele landschaftliche Ansichten, als es Fenster hat. Daran schließt sich ein Zimmer für die Nacht und den Schlaf, dem Lärm der Leute, dem Brausen des Meeres, dem Rauschen der Stürme, dem Leuchten der Blitze, ja dem Tageslichte sogar entzogen, es müßten denn eben die Fenster gerade geöffnet sein. Der Grund dieser tiefen und heimlichen Abgeschiedenheit liegt darin, daß ein dazwischen liegender Corridor die Mauer des Zimmers und des Gartens scheidet, und so jedes Geräusch in dem leeren Raume abfängt. An dem Zimmer ist ein sehr kleines von unten heizbares Gemach, welches durch eine enge Klappe, je nachdem es wünschenswerth ist, die Wärme aus dem untern Raume einströmen läßt oder behält. Von da verläuft ein Vorgemach und ein Zimmer, der Sonne zugewendet, die dasselbe gleich vom Aufgange bis über den Mittag hinaus zwar nur von der Seite auffängt, aber doch wahren kann. Ziehe ich mich in diese Wohnung zurück, so ist es, als wäre ich gar nicht auf meiner Villa. Besonders zur Zeit der Saturnalien ²⁰) habe ich meine große Freude daran, wenn das ganze übrige Haus von der tollen Lust der Tage und dem Jubel des Festes wiederhallt; denn ich meinestheils störe ebensowenig das Vergnügen meiner Leute, als sie meine Studien. Um alle Annehmlichkeiten und Reize voll zu machen, fehlt nur ein rieselnder Bach; denn Brunnen oder vielmehr Quellen sind da; sie liegen gleich zu Tage. Ueber-

---

19) Also eine Nische im Zimmer, eigentlich zur Aufstellung von Statuen bestimmt, hier das Ruhebett enthaltend.

20) Ein dem Saturn und seiner Gemahlin Ops heiliges Fest, welches vom 17. December an sieben Tage lang alljährlich gefeiert wurde zum Andenken an die goldene Zeit, wo der segenspendende Gott unter den Menschen lebte. Es herrschte während des Festes die lauteste Freude und die ungebundenste Freiheit, ein tolles Jubeln und Schmausen. Besonders kam dasselbe den Sklaven zu gute, die dann zur Erinnerung an die allgemeine Freiheit und Gleichheit der saturnischen Vorzeit von den Herren wie ihres Gleichen behandelt, vor der Herrschaft oder mit ihr gespeist, wol gar von derselben bei Tische bedient wurden und sich außerordentlich viel herausnehmen durften, ohne in ihrer oft unbändigen Lust gestört zu werden.

haupt ist die Beschaffenheit des Ufers eigenthümlich: wo man nur den
Boden aufwirft, da quillt gleich zur Hand das Wasser entgegen, und
zwar ganz rein und nicht im mindesten, trotz der großen Nähe des
26 Meeres, versetzt. Die nahen Wälder liefern Holz im Ueberfluß; die
übrigen Bedürfnisse beschafft Ostia. Bescheidenen Ansprüchen genügt
sogar das Dorf, welches nur durch ein einziges Landgut von mir geschieden ist. Dort gibt es drei Bäder, die man für Geld benützen darf,
eine große Annehmlichkeit für den Fall, daß bei unerwarteter Ankunft
oder zu kurzem Aufenthalt man das eigene Bad nicht füglich heizen
27 kann. Den Strand zieren in höchst gefälliger Abwechslung bald zu-
sammenhängende, bald einzeln stehende Villen, welche, mag man sich
auf dem Meere oder auf dem Ufer befinden, das Bild vieler Städte
gewähren. Denn der Strand wird zwar manchmal bei anhaltender Windstille erweicht, weit öfter aber durch den wiederholten Andrang der
28 stürmischen Flut steinhart [21]. Freilich ist das Meer nicht reich an kostbaren Fischarten, doch werden treffliche Schollen und Krebse ausgeführt.
Allein mein Landgut liefert auch Binnenlandprodukte, besonders Milch;
denn die Viehheerden sammeln sich hier von den Weiden, so oft sie
29 Wasser und Schatten suchen. Habe ich demnach nicht gerechten Grund,
diesen ländlichen Aufenthalt zu hegen, zu bewohnen, zu lieben? und bist
Du nicht ein gar zu eingefleischter Städter, wenn Du kein Verlangen
danach trägst? Wenn Du es doch thätest, damit mein kleines Gut bei
seinen vielen und bedeutenden Vorzügen auch noch den großen Reiz des
Zusammenlebens mit Dir bekäme [22])! Lebe wohl!

---

[21]) Diese vielangefochtene Stelle erklärt sich durch die Bemerkung des Servius
zu Vergil's Aeneis X, 303. Plinius meint den bald abgetrockneten und verhär-
teten Sand, den das stürmische Meer auswirft.

[22]) Dieser Brief hat eine ganze Literatur hervorgerufen, indem Gelehrte aller
Nationen sich bemüht haben, dieses, wie das Tuscische Landgut des Plinius (vgl.
V, 6.) nach den Angaben des Besitzers zu restauriren. Ich übergehe die ältere
Literatur dieser Art, welche sich besonders bei Gierig und Schäfer verzeichnet findet,
und führe nur aus neuerer Zeit an: Architektonisches Album, begründet vom Archi-
tectur-Verein zu Berlin durch Stüler, Knoblauch, Strack. Heft 7: Restauration
des Tuscum und Laurentinum des Plinius, von Schinkel. (Berlin. Verlag von
Ernst und Korn. 1862. groß Folio. 1 Thlr.); W. Stier: architektonische Erfindungen. Erstes Heft: Entwurf zu dem laurentinischen Landsitze des Plinius, nebst
Atlas von 7 Kupfertafeln (Berlin bei Stier. 1866. 5⅔ Thlr.).

## 18.
### C. Plinius an Mauricus¹).

Du hätteſt mir keinen willkommeneren Auftrag ertheilen können, als indem Du mich bateſt, für die Kinder Deines Bruders einen Lehrer zu ſuchen. Denn Dir verdanke ich es nun, daß ich wieder in die Schule komme und jene glückliche Lebenszeit gewiſſermaßen nochmals durch=macke. Da ſitze ich unter den jungen Leuten, wie einſtmals, und er=fahre, welches Anſehen ich bei ihnen in Folge meiner wiſſenſchaftlichen Studien habe. Denn jüngſt, als ſie eben in einem zahlreich beſetzten 2 Hörſaale vor vielen Männern unſers Standes ihren lauten Scherz trieben, trat ich ein, und Alles verſtummte. Ich würde Dir dieſes nicht erzählen, wenn es nicht mehr zu ihrem eigenen, als zu meinem Ruhme gereichte, und wenn ich Dir nicht dadurch die Ueberzeugung geben wollte, daß Deines Bruders Söhne einen tüchtigen Unterricht erhalten können. Später, ſobald ich alle Lehrmeiſter gehört habe, 3 werde ich Dir über jeden einzelnen meine Anſicht mittheilen und, ſo weit ſich dieß wenigſtens brieflich erreichen läßt, Dich in den Stand ſetzen, ſo über ſie zu urtheilen, als wenn Du alle perſönlich gehört hätteſt. Bin ich doch Dir, bin ich doch dem Gedächtniſſe Deines 4 Bruders dieſe Treue und Aufmerkſamkeit ſchuldig, zumal angeſichts einer ſo bedeutenden Angelegenheit. Denn was kann Euch mehr am Herzen liegen, als daß die Kinder (ich würde ſagen, Deine Kinder, wenn Du ſie unter dieſen Umſtänden²) nicht noch mehr liebteſt) einſt ihres trefflichen Vaters und Deiner, ihres Oheims, würdig erfunden werden? Dafür zu ſorgen, würde ich, auch wenn Du mir den Auftrag nicht gegeben hätteſt, mir nicht haben nehmen laſſen. Zwar weiß ich, 5 daß man bei der Wahl eines Lehrers ſich darauf gefaßt machen muß, manchen Anſtoß zu erregen³); allein ich ſehe es als meine Schuldig=keit an, für die Söhne Deines Bruders nicht nur die Gefahr eines

---

18. ¹) Vgl. Anm. 11 zu I. 5.
² ) D. h. ſeitdem ſie den Vater Arulenus Ruſticus verloren haben und die Pflicht, dieſen zugleich zu vertreten, dem Mauricus obliegt.
³) Weil die nicht Gewählten und deren Anhang ſich zurückgeſetzt fühlen.

ſolchen Anſtoßes, ſondern ſelbſt Gehäſſigkeiten mit demſelben Gleich-
muthe auf mich zu nehmen, wie es Eltern für ihre Kinder thun.
Lebe wohl!

### 19.
### C. Plinius an Cerealis[1]).

Du redeſt mir zu, meine Rede[2]) vor mehreren Freunden vor-
zutragen. Ich will es, weil Du mir zuredeſt, thun, wenn gleich ich
2 ſtarke Bedenken dabei habe. Denn ich verhehle mir nicht, daß gerichtliche Reden, wenn ſie vorgeleſen werden, ihre ganze Wirkſamkeit und
Wärme und beinahe ihre eigenthümliche Bedeutung verlieren, inſofern
der Kreis der Richter, die zahlreiche Schaar theilnehmender Freunde,
die Spannung auf das Endurtheil, der Ruf von mehr als einem Redner und das getheilte Parteiintereſſe der Zuhörer, außerdem noch die
Geſticulation, das Auf- und Ab-, das Vor- und Rückwärtsſchreiten
des Redners[3]) und der allen geiſtigen Bewegungen entſprechende lebhafte Ausdruck ſeines Körpers denſelben gar oft Reiz und Leben ver-
3 leiht. Daher kommt es, daß die Redner, welche ſitzend ſprechen, ſelbſt
wenn ihnen größtentheils dieſelben Mittel mit den ſtehenden Rednern
zu Gebote ſtehen, dennoch gerade durch das Sitzen eine Einbuße an
4 Kraft und Lebendigkeit erleiden. Lieſt man aber nur vor, ſo ſind die
hauptſächlichſten Hülfsmittel des Vortrags, Augen und Hände, lahm
gelegt, und man darf ſich deßhalb um ſo weniger wundern, wenn die
Spannung der Zuhörer erſchlafft, weil ſie von außenher durch keine
5 Reizmittel geſeſſelt, durch keinen Sporn wieder erweckt wird. Dazu
kommt, daß die fragliche Rede etwas Streitbares und viel Leidenſchaft
hat. Ferner liegt es in der Natur, daß man denkt, das, woran man ſelbſt
etwas peinlich gearbeitet hat, müſſe auch von Seiten der Zuhörer eine
6 etwas peinliche Aufmerkſamkeit finden. Und wie viele gibt es von
jenen rechtſchaffenen Zuhörern, die weniger Gefallen am Süßlichen

---

19. [1]) Wol Velius Cerealis, an den IV. 21 gerichtet iſt.
[2]) Die gegen Marius Priscus gehaltene, vgl. II. 11.
[3]) Die Redner blieben bei beſonders lebhaften Stellen in der Erregung des
Augenblicks nicht an demſelben Orte ſtehen, ſondern gingen in raſcher Bewegung
oft hin und her.

und Phrasenhaften als am Ernsten und Gedrungenen haben? Nun ist zwar jener Widerstreit der Ansprüche keineswegs in der Ordnung, aber es ist darum doch nicht minder wahr, daß meistentheils die Zuhörer etwas Anderes verlangen, als die Richter, obgleich eigentlich der Zuhörer in der Hauptsache ganz durch Dasselbe ergriffen werden müßte, was, wenn er Richter wäre, den größten Eindruck auf ihn machen würde. Jedoch ist es möglich, daß diese Rede trotz solcher Bedenklich- 7 keiten durch ihre Neuheit einen Reiz gewönne, das heißt ihre Neuheit bei uns; denn bei den Griechen gibt es etwas, was trotz aller Verschiedenheit doch eine gewisse Aehnlichkeit damit hat. Denn gleichwie 8 es bei ihnen Sitte war, solche Gesetze, welche sie als früheren Gesetzen widersprechend angriffen, durch Vergleichung mit andern Gesetzen zu widerlegen, so mußte ich den Beweis, daß meine Forderung auf Grund des Wiedererstattungsgesetzes [4]) geschehe, zwar auch aus diesem, aber mehr noch aus anderen führen. Mag dieß für die Ohren der Nichteingeweihten wenig anziehend sein, so sollte es doch für den Kenner um so mehr Reiz haben, je weniger es für den Laien hat. Wenn 9 ich mich aber zum Vorlesen entschlossen habe, dann will ich die Bestunterrichteten dazu einladen [5]). Indeß überlege zunächst reiflich bei Dir, ob ich überhaupt vorlesen soll; ziehe alle von mir angegebenen Faktoren für und wider in Rechnung und entscheide nach dem Plus und Minus des Rechenabschlusses. Denn auf Dir wird die Verantwortlichkeit liegen; mich entschuldigt, daß ich einfach gethan, was Du wünschtest. Lebe wohl!

## 20.
### C. Plinius an Calvisius [1]).

Halt Deinen Dreier parat, und ich erzähle Dir ein goldenes Stückchen [2]), ja, mehr als eins, und es ist ganz gleichgültig, mit welchem

---

[4]) Vgl. Anm. 1 zu II. 11.
[5]) Vgl. Anm. 1. zu I. 13.
20. [1]) Gerichtet sind an ihn noch III. 1, V. 7, VIII. 2, IX. 6; vgl. I. 12. 12.
[2]) Aus dem Erzählen von Geschichten und Mährchen an öffentlichen Orten für Geld wurde schon damals nicht selten ein Geschäft gemacht. Die gewöhnliche Zahlung der Hörer dafür war die damals kleinste Kupfermünze, das As, im Werthe von etwa einem Kreuzer oder vier Pfennigen.

2 ich gerade anfange. Verania, Piso's Frau, lag schwer krank danieder, ich meine den Piso, welchen Galba an Kindesstatt angenommen³). Zu ihr kam Regulus⁴). Schon die Unverschämtheit, zu einer Kranken zu kommen, mit deren Gatten er Todfeind und der selbst er immer zu-
3 wider gewesen war! Doch das möchte sein, wenn es bei dem bloßen Besuche geblieben wäre. Aber er setzt sich ganz nahe an ihr Bett und fragt, an welchem Tage, zu welcher Stunde sie geboren sei⁵). Als er es erfahren, nimmt er eine Miene an, stiert mit den Augen, bewegt die Lippen, zählt mit den Fingern — Firlefanz, nur um die Arme lange in peinlicher Spannung zu halten. Er spricht: „Du stehst in
4 einem Stufenjahre⁶), aber Du wirst davon kommen. Um Dir darüber mehr Gewißheit zu verschaffen, will ich einen Opferschauer⁷) befragen,
5 den ich wiederholt erprobt habe." Und gleich geht's an's Werk: er stellt ein Opfer an und versichert, daß die Eingeweide ganz zu der Andeutung der Gestirne stimmen. Sie, leichtgläubig wie sie in der Gefahr war, verlangt ihr Testament und setzt dem Regulus ein Legat aus. Bald verschlimmert sich ihr Zustand, und im Sterben ruft sie Wehe über den verworfenen, treulosen und noch mehr als meineidigen

---

³) Piso Licinianus, der kurz nach der Adoption in einem von Otho veranlaßten Aufstande der Prätorianer ermordet wurde (Tacitus' Historien I. 14 ff. 43. 48).

⁴) Vgl. Anm. 2 zu I. 5.

⁵) Astrologie und astrologischer Aberglaube hatten schon gegen das Ende der Republik stark um sich gegriffen, wucherten aber besonders in der Kaiserzeit. Tiberius hing von Magiern und sternedeutenden Chaldäern ab, verfolgte aber beide, weil er für seine Herrschaft von ihnen fürchtete. Zumal das Stellen des Horoskops und der Glaube an den Einfluß der Constellation in der Stunde der Geburt waren bis in die höchsten Regionen verbreitet, und nicht wenige Philosophen sogar verbanden ihre Wissenschaft mit Astrologie und Mathematik (vergl. Tacitus' Annal. VI. 20 ff.). Besonders Erbschleicher benutzten, gläubig oder ungläubig, die Astrologie, um die Todesstunde umworbener Kranken und Greise zu berechnen.

⁶) Damit hing der Glaube an gewisse Stufenjahre zusammen, ja, an bestimmte auf Stunde und Minute berechnete Momente im Leben des Einzelnen, in denen das Leben desselben in ganz besonderer Gefahr schweben sollte. Dabei spielten die heiligen Zahlen 3, 7 und 9, nebst ihren Multiplicationssummen, also die Jahre 21, 42, 63, 81, besonders aber 49, eine große Rolle.

⁷) Weissager aus den Eingeweiden von Opferthieren, besonders aus der Leber.

Menschen, der ihr bei dem Leben seines Sohnes seinen Meineid bekräftigt habe. Es ist das ein eben so scheußliches als häufiges Verfahren 6 bei Regulus, daß er die Rache der Götter, die er tagtäglich belügt, auf das Haupt des unglücklichen Kindes herabbeschwört⁸).

Vellejus Bläsus, jener reiche Consular, kämpfte mit seiner letzten 7 Krankheit. Er wünschte sein Testament zu ändern. Regulus, der bei der neuen Abfassung etwas für sich erhoffte, weil er seit Kurzem Jagd auf ihn gemacht hatte, redete den Aerzten zu und bat, Alles aufzuwenden, um das Leben des Mannes zu fristen. Sobald das Testament 8 versiegelt war, wechselt er die Rolle und ändert seinen Ton gegen die Aerzte: „wie lange quält ihr den Armen? wozu mißgönnt ihr ihm einen sanften Tod, da ihr ihm doch das Leben nicht retten könnt?" Bläsus stirbt und, als wenn er Alles mit angehört hätte, nicht einen Heller bekommt Regulus!

Diese beiden Geschichtchen genügen wol; oder meinst Du, aller 9 guten Dinge seien drei? Ich kann aufwarten. Aurelia hatte sich in Putz geworfen, da sie ihr Testament unterzeichnen wollte, und kostbare Kleider angelegt⁹). Als Regulus zum Unterzeichnen gekommen¹⁰), 10 sagte er: „bitte, die vermach mir." Aurelia hielt das für einen 11 Scherz; er aber drang alles Ernstes in sie. Kurz, er zwang die Frau, das Testament zu öffnen und ihm die Kleider, welche sie trug, zu vermachen; er behielt sie während des Schreibens im Auge und sah hinein, ob sie es auch niedergeschrieben habe. Und der Mensch nimmt 12 Erbschaften, der Mensch Legate hin, als wenn sie ihm von Rechtswegen gebührten. Mais pourquoi tant d'échauffement in einer Stadt, in welcher Büberei und Niedertracht schon seit langer Zeit auf gleichen, nein auf größeren Lohn zu rechnen haben als Zartgefühl und innerer Werth? Sieh Dir nur den Regulus an, der aus Armuth und Be- 13 drängniß durch seine Schandthaten sich zu einem solchen Vermögen hinaufgeschwindelt hat, daß er mir selbst erzählte, als er geopfert, um zu

---

⁸) Man bekräftigte eine Versicherung, einen Eid oft dadurch, daß man die Strafen einer Täuschung, eines Meineides auf das Haupt des Theuersten im Leben herabwünschte.

⁹) Zu feierlichen Gelegenheiten, zu denen man auch die Abfassung von Urkunden und Testamenten rechnete, war auch ein festlicher Anzug Sitte.

¹⁰) Vgl. Anm. 2 zu I. 5.

erfahren, wie bald er 60 Millionen¹¹) voll haben werde, habe er doppelte Eingeweide gefunden, woraus er ersehen, daß er 120 Millionen bekommen müsse. Und er wird sie bekommen, wenn er nur, wie er begonnen, mit der scheußlichsten Art von Betrügerei fortfährt, wildfremden Menschen ihre eigenen Testamente zu dictiren. Lebe wohl!

---

¹¹) Nahe an 4½ Millionen Thaler.

## Drittes Buch*).

### 1.
### C. Plinius an Calvisius.

Ich weiß nicht, ob ich je eine Zeit angenehmer verlebt habe, als vor Kurzem, wo ich bei Spurinna war. Wirklich, wenn ich je alt werden sollte, so möchte ich im Alter mir Niemanden lieber zum Muster nehmen als ihn; denn es gibt keine geregeltere Lebensweise als die seinige. Für mich aber hat, wie der gemessene Lauf der Gestirne, so 2 ein planmäßiges Leben der Menschen, zumal bei Greisen, etwas Anziehendes. Denn mag gleich bei jungen Leuten ein noch regelloses und so zu sagen wirres Leben nichts Anstößiges haben, so ziemt dem Alter doch in allen Stücken Ruhe und Ordnung; denn für dieses ist es zu spät, geschäftig, für dieses erniedrigend, ehrsüchtig zu sein. Diesen 3 Grundsatz wahrt Spurinna unverbrüchlich; ja selbst das Kleinliche (man könnte es so nennen, wenn es nicht tagtäglich wiederkehrte) verläuft bei ihm in einer gewissen Ordnung und, wenn ich so sagen darf, im bestimmten Kreislaufe. Während der Frühstunden sitzt er am 4 Schreibtisch; um die zweite Stunde steht er auf und geht drei Meilen²) spazieren, wobei er den Geist nicht minder als den Körper in Thätig-

---

*) Die Briefe dieses Buches gehören in das Jahr 101, zum Theil vielleicht noch in das Jahr 102.
1. ¹) Vgl. Anm. 1 zu II. 20.
²) Es gehen deren fünf auf eine geographische, so daß die römische Meile der englischen ziemlich nahe kommt.

keit setzt. Sind Freunde da, so werden die gebildetsten Gespräche geführt; wenn nicht, so wird ein Buch gelesen, manchmal auch in Gesellschaft von Freunden, jedoch nur wenn es diesen genehm ist. Darauf geht er wieder an die Arbeit; abermals wird ein Buch zur Hand genommen oder ein Gespräch geführt, das einem Buche vorzuziehen ist. Dann fährt er aus und nimmt seine Frau, ein wahres Muster in ihrer Art, oder irgend einen seiner Freunde, wie neulich mich, mit.

6 Wie schön, wie wohlthuend ist diese heimliche Vertraulichkeit! wie vieles erinnert dort an die gute alte Zeit! von welchen Thaten, welchen Männern bekommt man zu hören! in welche Lehren wird man eingeweiht! Und doch benimmt er sich dabei mit einem so maßvollen Zartgefühl, daß jeder Schein von beabsichtigter Belehrung wegfallen muß.

7 Nach einer Fahrt von sieben Meilen geht er wieder eine Meile spazieren und setzt sich dann wieder hin oder begibt sich in sein Zimmer und arbeitet. Denn er schreibt, und zwar in beiden Sprachen, meisterhafte lyrische Gedichte von einer wundervollen Zartheit, einer wundervollen Anmuth, einem wundervollen Humor³), dessen Reiz noch durch

8 die reine Unschuld des Verfassers erhöht wird. Ist die Stunde zum Baden gemeldet⁴) (es ist im Winter die neunte, im Sommer die achte)⁵), so geht er, wenn es windstill ist, leicht bekleidet in der Sonne spazieren⁶). Dann macht er sich mit dem Ballspiel⁷) eine starke und anhaltende Bewegung; denn auch in dieser Art Leibesbewegung macht er

---

³) Die unter Spurinna's Namen von Caspar Barth herausgegebenen, angeblich 1612 zu Merseburg aufgefundenen 4 Gedichte haben von diesen Eigenschaften nichts an sich und sind ohne Zweifel gefälscht und untergeschoben.

⁴) Das Geschäft, dem Herrn die Tageszeit anzumelden, war besonderen Sklaven anvertraut.

⁵) Nach unserer Rechnung im Winter etwa 1½, im Sommer 12¼ Uhr Nachmittags.

⁶) Die Römer machten, nachdem sie sich zuvor zum Bade gesalbt und den Körper mit Oel eingerieben, einen Spaziergang in der Sonne, und zwar meist auf dem Söller (d. h. dem Sonnenplatz des Hauses), der in Terrassenform, einem Balkon nicht unähnlich, über dem ersten Stockwerke angelegt und mit Bäumen, Sträuchern, Weinreben, Blumen bepflanzt oder besetzt war. Man hielt dieß für ein Mittel zur Kräftigung der Gesundheit. Doch beschränkte sich diese Gewohnheit meist auf die geschäftslosen Tage (vgl. III. 5. 10), und besonders das Alter übte dieselbe.

⁷) Vgl. Anm. 13 zu II. 17.

dem Alter seine Herrschaft streitig. Nach dem Bade ruht er liegend aus und wartet noch eine Zeitlang mit dem Essen; währenddem läßt er sich etwas Leichteres und Gefälliges vorlesen. Während dieser ganzen Zeit steht es den Freunden frei, ein Gleiches zu thun, oder, wenn sie es vorziehen, etwas Anderes vorzunehmen. Dann wird 9 das ebenso anständige als frugale Mahl auf glattem und altem Silbergeschirr aufgetragen; auch korinthische Gefäße 8) sind dabei im Gebrauch, an denen er seine Freude hat, ohne gerade sein Herz daran zu hängen. Nicht selten wird auch durch einen Komiker 9) Abwechs= lung in die Tischfreuden gebracht, um den Sinnenreiz auch durch geistige Genüsse zu würzen. Man sitzt, selbst im Sommer, bis in die Nacht zusammen; Niemanden wird die Zeit dabei lang, so gemüthlich verläuft die ganze Tafel. Daher hat er denn trotz seiner sieben und 10 siebenzig Jahre noch den vollen Gebrauch seines Gesichtes und Gehörs, daher noch die Beweglichkeit und Lebendigkeit des Körpers und vom Alter selbst nichts, als die reife Erfahrung. Ein solches Leben ist es, 11 in das ich mich in Wunsch und Gedanken schon jetzt versetze und das ich mit der freudigsten Bereitwilligkeit antreten werde, sobald die Zeit gekommen ist, die mir zum Rückzuge zu blasen gestattet. Mittlerweile martere ich mich mit tausend Arbeiten ab, für die Spurinna mir ebenfalls Trost und Vorbild ist. Denn auch er hat, so lange es mit Ehren geschehen konnte, sich Geschäften unterzogen, Staatsämter be= kleidet, Provinzen regiert und durch viele Arbeit die gegenwärtige Ruhe verdient. Also ich stecke mir dieselbe Bahn ab und bestimme 12 für mich dasselbe Ziel, und Das will ich schon jetzt bei Dir untersiegelt haben, damit, falls Du mich über die Grenzen solltest hinausgehen sehen, Du mich angesichts dieses Briefes vor Dein Gericht ziehen und mir Ruhe auferlegen kannst, sobald ich über den Vorwurf träger Be= quemlichkeit hinaus bin. Lebe wohl!

---

8) Statuen, Vasen und Geräthschaften aus korinthischer Bronze, deren Ur= sprung und Mischung man in das Geheimniß des Mythus einhüllte, waren zumal im kaiserlichen Rom, besonders von den Verehrern des Luxus und der Antiquitäten außerordentlich gesucht.

9) Vgl. Anm. 4 zu I. 15. Die Komiker spielten oder lasen Scenen aus alten Komödiendichtern, meist aus Menander.

## 2.
### C. Plinius an Maximus¹).

Was ich, wenn ich gleiche Macht dazu hätte, Deinen Freunden unaufgefordert entgegengebracht haben würde, das darf ich bei dieser 2 Gelegenheit wol von Deiner Seite für die meinigen erbitten. Arrianus Maturus²) ist der bedeutendste Mann zu Altinum³). Wenn ich ihn den bedeutendsten nenne, so rede ich nicht von seinem Vermögen, obwol dasselbe ein recht ansehnliches ist, sondern von seiner Sittenreinheit seinem Gerechtigkeitssinn, seiner Gesinnungstüchtigkeit und seiner ge- 3 schäftlichen Gewandtheit. Sein Rath kommt mir in meinen Geschäften, sein Urtheil bei meinen Studien zu statten; denn an Zuverlässigkeit, Treuherzigkeit und Einsicht ist er wahrhaft ausgezeichnet. Er liebt mich (ich weiß keinen schärfer bezeichnenden Ausdruck dafür) wie 4 Du. Frei von Ehrgeiz, begnügt er sich mit dem Ritterstande, obwol er leicht zur höchsten Stufe emporsteigen könnte⁴). Aber ich fühle 5 doch die Verpflichtung, ihn mehr und höher emporzuheben. Darum liegt mir viel daran, seiner Würde, ohne daß er es ahnt, ohne daß er es weiß, ja ohne daß er es wünscht sogar, etwas zuzusetzen, jedoch 6 so, daß es ihn hebt, ohne ihm lästig zu werden. Etwas Derartiges könntest Du ihm, ich bitte darum, bei der ersten vorkommenden Gelegenheit übertragen; Du würdest dadurch mich, Du würdest ihn selbst zu Deinem dankbarsten Schuldner machen. Denn strebt er gleich nicht danach, so nimmt er es doch mit derselben Dankbarkeit an, als wenn er Verlangen danach trüge. Lebe wohl!

---

1. ¹) Vgl. Anm. 1 zu II. 14. Welches Amt Maximus bekleidete, das ihm die Macht gegeben hätte, etwas zu Arrianus Maturus' Erhebung zu thun, ist unbekannt.

²) An ihn sind auch IV. 8 und 12 gerichtet. Vielleicht ist er identisch mit dem Arrianus, an den I. 2, II. 11 und 12, VI. 2, VIII. 21 gerichtet sind.

³) Jetzt Altino, ein Dorf in Venetien.

⁴) Vgl. Anm. 5 zu I. 14.

## 3.
### C. Plinius an Corellia Hispulla¹).

Hegte ich schon gegen Deinen würdigen und verehrungswürdigen Vater, ich weiß nicht ob mehr Hochachtung oder Liebe, und verehre ich Dich sowohl im Gedächtniß an ihn, als auch um Deiner selbst willen vor allen Anderen, so muß wol in mir der Wunsch rege und das Streben lebendig werden, soviel in meinen Kräften liegt, dazu behülflich zu sein, daß Dein Sohn seinem Großvater ähnlich werde, und 2 zwar, wenn es nach meinem Wunsche geht, mehr dem Großvater mütterlicherseits, abgesehen davon, daß er das Glück hatte, auch vom Vater her einen hochangesehenen und verdienstvollen Großvater zu besitzen, und daß auch sein Vater sowol wie sein Oheim sich durch glänzende Vorzüge auszeichneten. Aber aller dieser würdig wird er nur dann heranwachsen können, wenn er in die schönen Künste eingeweiht wird, und dabei kommt gar sehr viel darauf an, wer sein Lehrer werden soll. Bisher hat ihn sein zartes Alter noch unter Deiner 3 persönlichen Obhut gehalten, er hatte seine Lehrer im Hause²), wo es wenig oder gar keinen Anlaß zu Fehltritten gibt. Jetzt aber muß sein weiterer Unterricht außerhalb des mütterlichen Hauses gesucht werden, und es wird nöthig, sich nach einem lateinischen Lehrer der Redekunst umzusehen³), dessen Schule für die nöthige Strenge und Sittsamkeit und vorzugsweise für die Keuschheit bürgt. Denn unser 4 junger Freund besitzt neben den andern ihm zu Theil gewordenen Gaben der Natur und des Glückes noch eine auffallende Schönheit der äußeren Erscheinung, für die man in diesem schlüpfrigen Alter nicht blos einen Lehrer, sondern auch einen Wächter und Leiter suchen

---

2. ¹) Auf sie bezieht sich wol IV. 17.

²) Es war das meist ein griechischer Sklave oder Freigelassener, der neben den Kindern seines Herrn manchmal noch andere Kinder im Hause unterrichtete. Schon damals wurde die Frage viel besprochen, ob man die Kinder besser zu Hause oder in den öffentlichen Privatschulen erziehen lasse.

³) Nach dem Elementarunterrichte bei dem Hauslehrer kamen die Knaben in der Regel erst zu dem Lehrer der Grammatik, Geschichte, Geographie und Literatur, und dann erst zu dem Rhetor oder Lehrer der Beredtsamkeit. Die letzteren waren bis zum Jahre 92 v. Ch. ausschließlich Griechen,

5 muß⁴). Da glaube ich Dich denn nun auf Julius Genitor hinweisen zu können. Ich liebe ihn; doch verblendet nicht etwa die Liebe zu dem Manne mein Urtheil, sondern diese ist vielmehr erst aus meinem Urtheile entsprungen. Er ist ein ganzer und gesetzter Mann, vielleicht nach dem Zuschnitte unserer zügellosen Zeit etwas zu fest und entschie-
6 den. Was er in der Beredtsamkeit leiste, darüber kannst Du bei vielen Anderen Dir Raths erholen; liegt doch das Redetalent offen und zu Tage, so daß es sofort erkannt wird. Aber das innerste Wesen der Menschen hat grundlose Tiefen und verborgene Gänge, und in
7 dieser Hinsicht halte Dich an meine Bürgschaft für Genitor. Von diesem Manne wird Dein Sohn nichts hören, als was ihm nützen kann, nichts lernen, was ihm besser unbekannt bliebe, und er wird von ihm ebensosehr als von Dir und mir daran gemahnt werden, was seine Ahnen von ihm fordern und welcher und wie großer Namen Ruhm er aufrecht zu erhalten hat. Also vertraue ihn dem Lehrer, unter dem er zunächst einen braven Charakter und dann Beredtsamkeit sich aneignen mag, die ohne einen braven Charakter nur zum Unheil erworben wird. Mögen die Götter ihren Segen dazu geben! Lebe wohl!

## 4.
### C. Plinius an Macrinus¹).

So sehr auch die Freunde, welche eben um mich waren, und die allgemeine Stimme des Publikums mit meinem Verfahren einverstanden zu sein scheinen, so liegt mir doch viel daran, Deine Ansicht zu
2 hören. Denn wie ich, ehe noch die Entscheidung erfolgt war, nur zu gern gerade Deinen Rath hätte einholen mögen, so fühle ich selbst jetzt, wo sie gefallen ist, ein sehnliches Verlangen, Dein Urtheil zu

---

⁴) Plinius weist auf das damals weit verbreitete Laster der Päderastie hin. Ueberhaupt aber galten die Rhetorenschulen für sittenverderblich: das Schamgefühl wurde dort vielfach erstickt, die Unverschämtheit in der Zungenbrecherei und den dialektischen Verdrehungen groß gezogen.

4. ¹) An ihn ist auch II. 7 gerichtet. Der Brief ist im Herbst 101 geschrieben.

erfahren. Als ich nach eingeholtem Urlaub, den ich als Schatzpräfekt ²) nehmen mußte, zur Grundsteinlegung eines auf meine Kosten unternommenen öffentlichen Baues einen Ausflug in's Insterland ³) gemacht hatte, erbaten sich Gesandte der Provinz Bätica ³), welche über die Amtsführung des Proconsuls Cäcilius Classicus Klage führen wollten, mich vom Senate als Beistand. Meine braven und gegen mich sehr freundschaftlich gesinnten Collegen sprachen dagegen von den dringenden Geschäften unseres gemeinsamen Amtes und suchten mich zu entschuldigen und frei zu machen. Darauf wurde der höchst ehrenvolle Senatsbeschluß gefaßt, ich solle den Bewohnern der Provinz zum Anwalt gegeben werden, wenn sie meine eigene Einwilligung dazu erlangen könnten. Die Gesandten erhielten eine zweite Audienz und verlangten mich, der wieder anwesend war, abermals zu ihrem Vertreter, indem sie dabei meinen Schutz anriefen, den sie bereits gegen Bäbius Massa ⁴) erfahren hätten, und sich auf das zwischen uns bestehende Patronatsverhältniß bezogen. Es erfolgte darauf die laute Beistimmung des Senates, welche dessen Beschlüssen vorauszugehen pflegt. Dann erklärte ich: „ich gebe es auf, versammelte Väter, zu glauben, daß die von mir vorgebrachten Entschuldigungsgründe stichhaltig sind." Die Bescheidenheit und die ganze Art meiner Worte gefiel. Mich bewog zu diesem Entschlusse, wenn auch hauptsächlich, doch nicht allein die Einstimmigkeit des Senates, sondern auch andere Gründe, die zwar von minderer, aber doch immer von einiger Bedeutung sind. Ich bedachte, daß unsere Altvordern selbst gegen die einzelnen Gastfreunden widerfahrenen Unbilden mit freiwilligen An-

---

²) Vgl. Anm. 3 zu I. 10. Das Urlaubsgesuch an Trajan findet sich im achten Briefe an den Kaiser. Die angedeutete Reise ging nach Tifernum Tiberinum, das ihn schon in früher Jugend zu seinem Patron ernannt hatte (IV. 1. 4) und wo er damals den Grund zu einem auf seine Kosten zu erbauenden Tempel legen wollte, der IV. 1 bereits vollendet erscheint. Der Ort lag an den Quellen des Tiberflusses jenseits des Apennin; die Familie des Plinius besaß dort bedeutende Grundstücke.

³) Vgl. Anm. 3 zu I. 7.

⁴) Ein habsüchtiger und blutdürstiger Denunciant und Ankläger aus Domitians Zeit, der im Jahre 93, weil er als Procurator das bätische Spanien gebrandschatzt hatte, auf die im Auftrage des Senats von Plinius und Herennius Senecio für die Provinz geführte Anklage zur Verbannung verurtheilt wurde.

klagen ⁵) aufgetreten seien, und hielt es für um so unziemlicher, das Gastrecht eines ganzen Staates unbeachtet zu lassen. Und da ich nicht vergessen hatte, wie großen Gefahren ich mich bei meinem früheren Auftreten für dieselben Bätiker unterzogen hatte, so glaubte ich mir das Verdienst jener vergangenen Vertretung durch ein neues wahren zu müssen. Denn es liegt einmal in der Natur, daß alle Wohlthaten keinen Bestand haben, wenn man nicht später neue hinzufügt; pflegt doch, wenn man sich die Menschen auch noch so sehr verpflichtet hat, sobald man ihnen eine einzige Bitte abschlägt, eben nur das, was man ihnen nicht gewährte, im Gedächtniß zu bleiben. Auch bewog mich der Umstand, daß Classicus verschieden, also gerade Dasjenige aus dem Wege geräumt war, was bei derartigen Fällen in der Regel am Schmerzlichsten berührt, nämlich die Gefährdung eines Senators. Ich sah also, daß diese Vertretung mir ebensoviel Dank, als wenn er noch lebte, einbringen und nicht die geringste Feindschaft zuziehen würde. Kurz, ich bedachte, daß, wenn ich dieses Amt nun schon zum dritten Male ⁶) übernähme, mir für den Fall, daß es Jemand beträfe, den ich füglich nicht anklagen dürfte, eine entschuldigende Ablehnung weit leichter werden muß. So hast Du denn die Beweggründe zu meinem Verfahren gehört und kannst nun für oder wider Dein Urtheil abgeben, wobei Du überzeugt sein darfst, daß mir die aufrichtige Aussprache Deiner Mißbilligung ebenso willkommen sein wird als die gewichtige Erklärung Deines Beifalls. Lebe wohl!

## 5.
### C. Plinius an Bäbius Macer ¹).

Es ist mir außerordentlich angenehm, zu hören, daß Du die

---

⁵) D. h. ohne daß die geschädigte, in Gastfreundschaft mit einem angesehenen römischen Bürger, der dadurch ihr Patron wurde, oder mit Rom selbst stehende Provinz oder Gemeinde besonders darum zu bitten brauchte; denn das Recht der Gastfreundschaft galt, mochte es Einzelne oder Gesammtheiten betreffen, für ein heiliges und stand unter dem Schutze der Götter.

⁶) Zuerst für dieselben Bätiker gegen Massa, dann für die Africaner gegen Priscus (vgl. II. 11).

5. ¹) Er wird noch IV. 9. 16 und IV. 12. 4 erwähnt. Ob der, an welchen VI. 24 gerichtet, mit ihm oder mit Calpurnius Macer (V. 18, an Trajan

Werke meines Oheims ²) mit so großem Eifer liesest, daß Du sie alle zu besitzen wünschest und ein vollständiges Verzeichniß derselben verlangst. So will ich denn die Rolle des Bibliographen übernehmen und 2 Dir sogar mittheilen, in welcher Reihenfolge sie geschrieben sind; denn auch das zu wissen, kann dem Gelehrten nur wünschenswerth sein.

„Ueber den Speerwurf bei der Reiterei, ein Buch." Dieses mit 3 ebensoviel Geist als Genauigkeit geschriebene Werk verfaßte er als Befehlshaber einer Reiterschwadron.

„Ueber das Leben des Pomponius Secundus, zwei Bücher" ³), ein Werk, in dem er dem Andenken des innig geliebten Freundes gewissermaßen ein schuldiges Denkmal errichtete.

„Zwanzig Bücher über die Kriege mit den Deutschen," in denen 4 alle von uns mit den Deutschen geführten Kriege zusammengefaßt sind. Er begann dieses Werk während seiner Kriegsdienste in Deutschland, und zwar in Folge eines Traumgesichtes. Denn es erschien ihm im Schlafe das Bild des Drusus Nero ⁴), der, nachdem er den Ruhm seiner Waffen weit durch Deutschland getragen, dort starb; er legte ihm sein Gedächtniß an's Herz und bat, ihn unverdienter Vergessenheit zu entreißen.

„Der junge Redner, drei Bücher" wegen ihres Umfangs auf 5

---

42. 2, 61. 5, 62. 77. 1) identisch oder von beiden verschieden ist, muß dahin gestellt bleiben.

²) C. Plinius Secundus, zum Unterschiede von unserm Plinius, seinem Neffen und Adoptivsohn, auch wol der Aeltere zubenannt, im Jahre 23 zu Novocomum geboren. Im Jahre 50 diente er in Deutschland als Befehlshaber der Reiterei unter demselben ihm befreundeten Pomponius Secundus, dessen Leben er später beschrieb. Diese Stellung veranlaßte ihn zur Abfassung der Werke über den Speerwurf der Reiterei und über die Kriege mit den Deutschen. Im Jahre 79 war er Befehlshaber der bei Misenum aufgestellten Flotte und wurde als solcher bei dem am 24. August erfolgten Ausbruche des Vesuvs ein Opfer seiner Wißbegierde (vgl. VI. 16).

³) Er entging als Anhänger des Sejanus nach siebenjähriger Haft nur durch den Tod des Tiberius dem Verderben (Tacit. Ann. V. 8). Unter Claudius Legat in Obergermanien, erhielt er durch glückliche Bekämpfung der Chatten triumphalische Ehren (Tacit. Ann. XII. 27). Ob er der VII. 17. 11 erwähnte Tragödiendichter sei, läßt sich nicht entscheiden.

⁴) Nero Claudius Drusus, der Bruder des Kaisers Nero, starb während seiner glücklichen Feldzüge gegen die Deutschen am 14. September des Jahres 9 nach Chr.

sechs Bände vertheilt, in denen er den Redner von der Wiege an unterweist und bis zu seiner vollen Ausbildung begleitet.

„Vom Schwankenden und Zweifelhaften im Sprachgebrauch, acht Bücher." Er schrieb diese unter Nero in dessen letzten Jahren, als die Tyrannei jedes nur einigermaßen freiere und selbständigere Studium bereits mit Gefahren umgeben hatte⁵).

6 „Vom Tode des Aufidius Bassus, einunddreißig Bücher"⁶).

„Wissenswürdiges aus der Natur, siebenunddreißig Bücher"⁷), ein weitschichtiges gelehrtes Werk, nicht minder mannigfaltig als die Natur selbst.

7 Du bist wol verwundert, daß ein so beschäftigter Mann so viele und große und darunter so viele Werke der heikelsten Art hat zu Stande bringen können. Du wirst Dich noch mehr wundern, wenn Du erfährst, daß er eine zeitlang fleißig Processe geführt, daß er in seinem sechsundfünfzigsten Jahre gestorben ist und die dazwischen liegende Zeit unter Zerstreuungen und Hindernissen in Folge theils bedeutender Aemter, theils seiner engen Beziehungen zu den Kaisern ver-
8 lebt hat. Allein er war ein scharfer Kopf und besaß eine unglaubliche Arbeitskraft bei sehr geringem Schlafbedürfniß. Er fing an den Vulcanalien⁸) an bei Licht zu arbeiten, nicht um der bloßen Vorbedeutung⁹), sondern im Ernst um des Studirens willen, und zwar noch in tiefer Nacht, im Winter aber von der siebenten, wenn es sehr spät wurde, von der achten, oft sogar von der sechsten Stunde an. Dabei hatte er freilich einen vortrefflichen Schlaf, der ihn manchmal, sogar

---

⁵) Da unter Nero jede freie Meinungsäußerung Gefahr für Freiheit und Leben brachte, wählte Plinius das neutrale Feld der Grammatik.

⁶) Diese Geschichte seiner Zeit, in welcher er das Werk des Aufidius Bassus fortsetzte, umfaßte die Regierung Nero's und seiner Vorgänger, wol von Caligula an (Suetons Caligula 1), und scheint auch noch die Zeit Vespasians, wenigstens zum Theil, behandelt zu haben. Tacitus legt ihr bei verschiedenen Gelegenheiten (Annal. XIII. 30, XV. 53, Histor. III. 28) einen hohen Werth bei.

⁷) Die noch erhaltene Naturgeschichte.

⁸) Dieses dem Vulcan geweihte Fest fiel auf den 23. August.

⁹) Man stand nämlich aus einem religiösen Aberglauben, der in jedem Beginne eines Amtes oder Zeitabschnittes bereits den Fortgang vorangedeutet sah, überhaupt an diesem Tage früher auf und arbeitete bei Licht, ließ aber meist schon am nächsten oder den nächsten Tagen wieder davon ab. Vgl. Ovids Festkalender i. 169 meiner Uebersetzung.

inmitten seiner Studien überrumpelte und wieder verließ. Vor Tageslicht¹⁰) ging er in der Regel zum Kaiser Vespasian (denn auch dieser nahm die Nächte zu Hülfe), von da an das ihm angewiesene Geschäft. Kehrte er nach Hause zurück, so verwandte er die noch übrige Zeit wieder auf seine Studien. Nach dem Essen, das nach der Sitte der Vorfahren leicht und einfach war und welches er zu früher Stunde einnahm, legte er sich oft, wenn er eben keine weiteren Geschäfte hatte, in die Sonne¹¹), ließ sich ein Buch vorlesen und machte sich seine Bemerkungen und Excerpte. Denn er las nichts, ohne sich Auszüge daraus zu machen; pflegte er doch zu sagen, kein Buch sei so schlecht, daß es nicht zu irgend etwas nütze. Nach dem Sonnen nahm er in der Regel ein kaltes Bad; dann genoß er etwas und schlief ein wenig, und dann, als wäre wieder ein neuer Tag angebrochen, studirte er bis zur Zeit der Hauptmahlzeit¹²). Während derselben wurde ein Buch vorgelesen und Bemerkungen dazu gemacht, und zwar in flüchtigster Form. Ich erinnere mich noch, daß, als der Vorleser sich etwas versprochen hatte und einer der Freunde meines Oheims ihn innehalten und das Vorhergegangene wiederholen ließ, dieser jenen fragte: „du hattest es ja doch wol verstanden?"; und als er die Frage bejahte, entgegnete der Oheim: „warum ließest du ihn denn noch einmal lesen? wir haben zehn Zeilen und darüber durch deine Unterbrechung verloren." So groß war seine Sparsamkeit mit der Zeit. Im Sommer stand er noch bei Tage, im Winter vor der ersten Stunde der Nacht¹³), und zwar wie nach einem bindenden Gesetze, vom Tische auf. Das alles mitten unter seinen Geschäften und mitten im Geräusche der Stadt. War er auf dem Lande, so wurde nur die Zeit des Bades von den Studien ausgenommen, d. h. ausgenommen insofern, als es sich um ernstere Studien handelte; denn während des

---

¹⁰) Zu den Vorrechten und Pflichten der Freunde des Kaisers (vgl. Anm. 3 zu I. 17) gehörte es, daß sie beim Kaiser an jedem Morgen ihre Aufwartung machen durften. Gerade Vespasian nahm diese Besuche gern schon in der Morgendämmerung an und unterhielt sich mit den Erschienenen im Bett und während des Anziehens.

¹¹) Vgl. Anm. 6 zu III. 1.

¹²) Im Sommer gegen 3, im Winter gegen 2 Uhr Nachmittags.

¹³) Also bereits gegen 4 Uhr.

Frottirens und Abtrocknens ¹⁴) ließ er sich vorlesen oder diktirte etwas.
15 Auf der Reise, wie aller übrigen Sorgen enthoben, verwandte er seine
Zeit hierauf allein, ihm zur Seite saß ein Schnellschreiber mit einem
Buche und einer Schreibtafel ¹⁵), der im Winter die Hände mit Hand=
schuhen verwahren mußte, damit die rauhe Witterung den Studien
keine Zeit entziehe. Deßhalb ließ er sich auch zu Rom in einer Porte=
16 chaise tragen. Ich erinnere mich, daß er mich einmal tadelnd fragte,
weßhalb ich denn spazieren gienge? „Du könntest," meinte er, „diese
Stunden besser verwenden." Denn er hielt jede Zeit für schlecht an=
17 gewandt, die nicht wissenschaftlichen Beschäftigungen diente. Durch
diesen angestrengten Fleiß brachte er viele Werke zu Stande und hinter=
ließ mir noch 160 Bände Kollektaneen, und zwar auf beiden Seiten ¹⁶)
und in kleinster Schrift geschrieben, wodurch die Zahl noch um ein
Bedeutendes erhöht wird. Er erzählte öfter, er habe diese Samm=
lungen, als er Procurator in Spanien ¹⁷) war, für 400,000 Sester=
zien ¹⁸) an Largius Licinus ¹⁹) verkaufen können, und damals waren
18 sie noch lange nicht zu dieser Bändezahl angewachsen. Sollte man,
wenn man bedenkt, wie viel er gelesen, wie viel er geschrieben, nicht
glauben, er habe außerdem weder irgend ein Amt bekleiden, noch in
freundschaftlichem Verkehr mit dem Kaiser stehen können? oder auf der
andern Seite, wenn man hört, wie viel Mühe und Arbeit er auf die
Wissenschaft verwendet, er habe noch nicht genug geschrieben und ge=
lesen? Denn was können nicht einerseits jene Beschäftigungen alles
19 verhindern und andrerseits diese Rastlosigkeit alles vollführen? Darum
muß ich gar oft lachen, wenn man mich strebsam nennt, mich, der in
Vergleich mit ihm der ärgste Müssiggänger ist. Doch was rede ich
nur von mir, den die Verpflichtungen theils gegen den Staat, theils

---

¹⁴) Vgl. Anm. 11 zu II. 17.
¹⁵) Die Reisewagen waren so bequem und raffinirt ausgestattet und einge=
richtet, daß man darin nicht nur lesen, sondern auch schreiben konnte. Die Erfin=
dung der Tachygraphie oder Stenographie wird dem Freigelassenen des Cicero,
Tiro, zugeschrieben.
¹⁶) Man beschrieb in der Regel das Papier nur auf einer Seite, was die
spätere Form des Buches schon (denn die Bücher waren Rollen) räthlich machte.
¹⁷) Vgl. Anm. 2 zu II. 12.
¹⁸) Nahe an 30,000 Thaler.
¹⁹) Vgl. Anm. 13 zu II. 14.

gegen meine Freunde hin- und herziehen? Wer von Denen, die ihr ganzes Leben über wissenschaftlichen Beschäftigungen brüten, müßte nicht, mit ihm gemessen, sich erröthend als einen Träumer und Tagedieb bekennen?

Mein Brief ist lang geworden, obwohl ich nur Deine Anfrage zu beantworten mir vorgenommen hatte, nämlich welche Schriften er hinterlassen habe. Allein ich bin der festen Ueberzeugung, daß Dir meine Mittheilungen nicht minder willkommen sein werden, als die Bücher selbst; denn sie könnten für Dich ein Sporn zur Nacheiferung sein, der Dich nicht nur antreibt, jene zu lesen, sondern auch etwas Aehnliches zu schaffen. Lebe wohl!

## 6.
### C. Plinius an Annius Severus [1]).

Ich habe vor Kurzem von der mir zugefallenen Erbschaft eine korinthische Statue [2]) gekauft, zwar klein, aber gefällig und hübsch ausgeprägt, so viel ich davon verstehe, der vielleicht überhaupt nicht viel, in diesem Fache aber sicherlich sehr wenig versteht. Allein dieses Bildwerk kann auch ich beurtheilen. Denn es ist nackt und verbirgt also die Fehler, die es etwa hat, nicht, noch läßt es die Vorzüge zu wenig hervortreten. Es stellt einen stehenden alten Mann dar; Knochen, Muskeln, Sehnen, Adern und Runzeln sogar geben ein volles Bild des Lebens. Das Haar ist dünn und im Schwinden begriffen, die Stirn breit, das Gesicht zusammengeschrumpft, der Hals schmächtig, die Armmuskeln schlaff, die Brustwarzen welk, der Leib eingefallen. Auch die Rückseite deutet, soweit eine Rückseite dieses kann, auf dasselbe Alter. Das Erz ist, so viel sich aus der ächten Farbe schließen läßt, alt und antik, überhaupt Alles von der Art, daß es das Auge eines Künstlers fesseln und den Laien erfreuen kann. Das hat denn auch mich, obwohl ich ein schwacher Dilettant bin, zum Ankauf verleitet. Doch habe ich es nicht gekauft, um es im Hause zu behal-

---

6. [1]) Vgl. Anm. 1 zu I. 22. Annius Severus ist, wie aus III. 6. 4 erhellt, Landsmann des Plinius aus Comum.
[2]) Vgl. Anm. 8 zu III. 1.

ten (denn ich habe bis jetzt in meinem Hause noch nichts Korinthisches), sondern um es in unserer Vaterstadt an irgend einem besuchten Platze aufstellen zu lassen, und zwar am liebsten im Tempel des Jupiter; denn es scheint mir ein des Tempels und des Gottes würdiges Geschenk. Also nimm Du, wie Du Dich allen meinen Aufträgen zu unterziehen pflegst, auch diese Mühe auf Dich und laß schon jetzt aus irgend einem Marmor nach Deinem Geschmack ein Fußgestell anfertigen, das meinen Namen und, falls Du auch diese hinzufügen zu müssen glaubst, meine Ehrentitel faßt [3]). Die Statue selbst schicke ich Dir, sobald ich Jemand finde, der sie gern mitnimmt, oder ich bringe sie, was Du noch lieber sehen wirst, selbst. Denn ich habe vor, wenn es anders meine Amtsgeschäfte [4]) erlauben, einen Ausflug zu Euch zu machen. Freuest Du Dich über das Versprechen meines Besuches, so wirst Du doch die Stirn runzeln, wenn ich hinzufügen muß, daß ich nur auf wenige Tage kommen kann. Denn dieselben Gründe, welche mir die Abreise jetzt noch nicht gestatten, verbieten mir auch eine längere Abwesenheit. Lebe wohl!

## 7.

### C. Plinius an Caninius Rufus [1]).

Soeben wird mir gemeldet, daß Silius Italicus [2]) auf seinem Landgute bei Neapel sein Leben durch freiwilligen Hungertod beschlossen hat. Der Grund zu diesem Tode lag in einem körperlichen Leiden.

---

[3]) Die Rangesunterschiede, Titel und Würden pflegte man, weil die ganze Familie durch dieselben miterhoben wurde, mit ängstlicher Sorgfalt überall genau anzugeben (vgl. Anm. 1 zu II. 6).

[4]) Plinius war noch Präfect des Staatsschatzes im Tempel des Saturn (vgl. Anm. 3 zu I. 10).

7. [1]) Vgl. Anm. 1 zu I. 3. Der Brief fällt in das Jahr 101.

[2]) Im Jahre 24 als Sohn einer angesehenen Familie geboren, bekleidete er im Jahre 68 das Consulat und erhielt darauf die Verwaltung der Provinz Asien. Dann zog er sich auf seine Landgüter zurück und lebte gelehrten Studien und der Dichtkunst, in der er sich als sklavischen Nachahmer Vergils erweist. Sein im 15. Jahrhundert wieder aufgefundenes episches Gedicht über den zweiten punischen Krieg („Punica" betitelt) in 18 Büchern bestätigt vollkommen das von Plinius über dasselbe ausgesprochene Urtheil. Ueber seinen Tod vgl. Anm. 4 zu I. 22.

Er bekam einen unheilbaren Auswuchs, der ihm das Leben so ver- 2
leidete, daß er mit unwandelbarer Festigkeit dem Tode entgegenging,
bis zu seinem letzten Tage im vollen und ungestörten Glück, nur daß
er den jüngeren seiner beiden Söhne verlor, den älteren und besseren
jedoch in glücklichen Verhältnissen und sogar als Consularen hinterließ.
Unter Nero hatte sein guter Ruf gelitten; man glaubte, er habe sich 3
freiwillig zum Ankläger hergegeben³). Aber in der Gunst des
Vitellius hatte er sich weise und leutselig benommen, war aus seinem
Proconsulate in Asien mit Ruhm heimgekehrt und hatte den Makel
seiner früheren Geschäftigkeit durch ein ehrenwerthes Stillleben abge=
waschen. Er lebte unter den ersten Männern des Staates ohne Ein= 4
fluß und ohne Neid: man machte ihm Morgenbesuche⁴), man bewies
ihm seine Hochachtung, und gar oft brachte er, im Bette liegend, in
einem nicht aus Rücksicht auf seine äußeren Verhältnisse viel besuchten
Zimmer die Tage in der gebildetsten Unterhaltung hin, wenn er näm=
lich nicht mit schriftstellerischen Arbeiten beschäftigt war. Er schrieb 5
Gedichte mit mehr Kunst als Geist und las dieselben dann und wann
vor, um das Urtheil Anderer zu erfahren. Vor einiger Zeit zog er 6
sich in Rücksicht auf seine Jahre aus der Stadt zurück, nahm in Cam=
panien seinen bleibenden Aufenthalt und ließ sich von dort selbst nicht
durch die Ankunft des neuen Kaisers fortbringen⁵). Viel Ehre für 7

---

³) Schon zur Zeit der Republik übernahmen in der Regel nur junge Redner,
um sich auf dem Forum einzuführen, Anklagen; für das gereiftere Alter hatte eine
Anklage immer etwas Abschreckendes und Gehässiges. So blieb es auch während
der Kaiserzeit, in der nur Denuncianten und Gunstbuhler bei der Despotie aus
freiem Antriebe sich zu Anklägern hergaben. Trug dagegen der Senat eine An=
klage auf, wie die gegen Marius Priscus (vgl. II. 11. 2) dem Tacitus und
Plinius, so galt das für ehrenvoll.

⁴) Der rege gesellschaftliche Verkehr in Rom legte den Einzelnen zahlreiche
Verpflichtungen der Etiquette auf. Darunter waren besonders die Morgenbesuche
meist in den ersten Stunden des Tages, welche nicht nur die unterthänigen Clien=
ten ihren Patronen und Brodherrn, sondern auch die vornehme Welt sich gegen=
seitig machte. Besonders wurden die Häuser der Reichen, Vornehmen und Einfluß=
reichen fast überlaufen. Um besto mehr Grund hatte Plinius, in den bem Silius,
einem vom öffentlichen Leben ganz zurückgezogenen Manne, gemachten Besuchen eine
Anerkennung des Charakters und der wissenschaftlichen Bedeutung desselben zu
sehen.

⁵) Trajan war zu der Zeit, wo Nerva starb (98), als Oberfeldherr beim

den Kaiser, unter dem Das frei stand, aber auch viel Ehre für den, der sich dieser Freiheit zu bedienen wagte. Er war ein Freund alles Schönen, in so hohem Grade sogar, daß er den Tadel der Kaufsucht
8 sich zuzog. Er besaß mehrere Villen in einer und derselben Gegend, zog aber immer die neuen auf Kosten der alten vor. Da fand man eine große Bibliothek⁶), viele Statuen und viele Bilder, die er nicht etwa nur besaß, sondern denen er einen förmlichen Cultus erwies, vor allen aber dem Bilde des Vergil, dessen Geburtstag er feierlicher als seinen eigenen beging, zumal in Neapel, wo er dessen Grab gleich einem
9 Tempel zu besuchen pflegte. In diesem Stillleben wurde er bei einem mehr zarten als schwächlichen Körper über fünfundsiebenzig Jahre alt, und wie er der letzte von Nero ernannte Consul war, so verschied er auch zuletzt unter Allen, welche Nero zu Consuln gemacht hatte.
10 Auch Das ist merkwürdig: gerade der mußte als der letzte unter den neronianischen Consularen sterben, unter dessen Consulate Nero umkam. Bei diesem Gedanken beschleicht mich der Jammer um die
11 menschliche Hinfälligkeit. Denn was ist gleich kurz und beschränkt wie das menschliche Leben, und wäre es ein noch so langes gewesen? oder ist es Dir nicht, als hätte Nero noch vor ganz kurzer Zeit gelebt? Trotzdem lebt von Denen, die unter ihm das Consulat bekleideten,
12 keiner mehr. Und doch, was verwundere ich mich darüber? Es ist noch gar nicht so lange her, als L. Piso, der Vater des Piso⁷), der

---

pannonischen Heere. Er trat die Regierung von Köln aus an und erschien erst im folgenden Jahre (99) in Rom.

⁶) Privatbibliotheken gab es schon im zweiten Jahrhundert vor Christo in Rom. Allein erst ein Jahrhundert später wurde es für jeden Gebildeten und Vermögenden zu einer Forderung des guten Tons, im Besitze bedeutender Bibliotheken zu sein. Besonders in der Kaiserzeit stieg das Bedürfniß und die Liebhaberei so, daß, weil fast jedes Haus eine Bibliothek besaß, selbst bei den Bauanschlägen bereits Rücksicht auf ein Bibliothekzimmer als auf ein wesentliches Zubehör genommen wurde. Seneca berichtet von so großen Privatbibliotheken, daß das ganze Leben der Besitzer kaum hinreiche, um nur die Verzeichnisse derselben zu lesen. Aehnlich war es im übrigen Italien und in den Provinzen. Daneben entstanden selbst in den kleinen Städten öffentliche Bibliotheken, wie in Como, welche Plinius seiner Vaterstadt geschenkt hatte (vgl. I. 8), aus denen Bücher zu häuslichem Gebrauche entliehen werden konnten.

⁷) Er war im Jahre 57 Consul, dann unter Vespasian 70 Proconsul von

unter der ruchlosen Mörderhand des Valerius Festus erlag, zu äußern pflegte, er sehe im Senate Keinen mehr, den er selbst als Consul zur Abstimmung aufgerufen habe. So enge sind die Grenzen, in welche 13 selbst die Lebenskraft einer so großen Menschenzahl eingeschlossen ist, daß mir die Thränen jenes Königs nicht nur verzeihlich, sondern selbst lobenswerth erscheinen. Als Xerxes nämlich sein unermeßliches Heer überschaute, soll er darüber geweint haben, daß von so vielen Tausenden über ein Kurzes Keiner mehr sein werde [8]). Um desto mehr laß 14 uns die kurze Spanne der flüchtigen Zeit, wenn nicht durch Thaten (dazu liegt ja der Anlaß nicht in unserer eigenen Hand), so doch durch wissenschaftliche Beschäftigung verlängern und, sofern uns ein langes Leben versagt wird, etwas hinterlassen, was ein Zeugniß von unserm einstigen Dasein gebe. Ich weiß, Du brauchst des Antriebes nicht; 15 doch drängt mich die Liebe zu Dir, Dir selbst im vollen Laufe noch den Sporn zu geben, wie Du es bei mir thust. „Schön ist der Kampf" [9]), wenn Freunde sich mit gegenseitigem Zurufe zum Streben nach der Unsterblichkeit anfeuern. Lebe wohl!

## 8.
### C. Plinius an Suetonius Tranquillus.

Das ist ja ganz wieder Deine alte rücksichtsvolle Förmlichkeit, die Du immer gegen mich einhältst, wenn Du mich so ängstlich bittest, das Tribunat [1]), welches ich bei dem hochwür-

---

Africa. Als solcher suchte er einen Aufstand zu erregen, wurde aber von dem Legaten Valerius Festus ermordet (Tacit. Histor. IV. 48—50).

[8]) Vgl. Herodot VII. 45.

[9]) Ilias VIII. 293.

8. [1]) Natürlich das Militärtribunat. Wie überhaupt die Titel der republikanischen Würden im Kaiserreich ohne deren Inhalt verliehen und maßlos erstrebt wurden, so selbst dieser militärische Titel. Das Amt dauerte freilich, wie die Verhältnisse es nicht anders erlaubten, auch in seiner frühern Bedeutung bei denjenigen Tribunen der Legionen fort, welche einem solchen Truppentheile wirklich im Felde vorstanden. Aber schon Claudius stiftete ein Tribunat imaginärer Art, das sogenannte supernumeräre oder sechsmonatliche (unsern Militärchargen à la suite entsprechend), welches man abwesend und dem bloßen Namen nach innehaben konnte. Solche Titulartribunen trugen ebenfalls den goldenen Ring. Ehrgeizige junge Leute

digen ²) Neratius Marcellus ³) für Dich ausgewirkt habe, auf Deinen
2 Verwandten Cäsennius Silvanus zu übertragen. Nun, so außerordentlich lieb es mir gewesen wäre, Dich selbst als Tribunen zu sehen,
so ist es mir nicht minder angenehm, einen Anderen durch Deine Ver-
mittlung dazu gelangen zu lassen. Denn ich meine, es will nicht recht
passen, einem Manne, den man zu Ehren erheben möchte, den Ehren-
namen eines zärtlichen Verwandten zu mißgönnen, der doch schöner
3 als alle Würden ist. Auch sehe ich, daß, da es gleich rühmlich ist,
Wohlthaten zu verdienen und zu erweisen, Du Dir beide Verdienste
zugleich erwerben wirst, wenn Du Das, was Du selbst verdient, auf
einen Anderen überträgst. Außerdem begreife ich, daß es auch mir
zum Ruhme gereichen wird, wenn durch diese Deine Handlung bekannt
wird, daß meine Freunde das Tribunat nicht nur führen, sondern auch
4 verleihen können. Darum willfahre ich Deinem höchst ehrenwerthen
Verlangen mit Freuden. Denn bis jetzt ist Dein Name noch nicht in
die Rollen eingetragen, und so habe ich freie Hand, den Namen des
Silvanus statt des Deinigen einzuschieben. Ich wünsche nur, daß ihn
Deine Gefälligkeit ebenso angenehm berühren möge, wie die meinige
Dich berührte. Lebe wohl!

## 9.
### C. Plinius an Cornelius Minicianus ¹).

Ich kann Dir jetzt ausführlich berichten, wie viel Mühe und
Arbeit ich in dem Staatsproceß der Provinz Bätica ²) durchzumachen
2 gehabt habe. Denn die Sache war weitverzweigt und es wurden
mehrere Verhandlungen mit großer Verschiedenheit des Ausganges
abgehalten. Woher diese Verschiedenheit? weßhalb mehrere Verhand-

---

erhielten durch diese Würde einen Rang in der Gesellschaft und einen Anspruch auf
weitere Beförderung. Verliehen wurde dieselbe vom Kaiser und seinen Günstlingen,
aber auch von den Commandanten der Heere.

²) Eigentliches Prädicat der Senatoren.

³) L. Neratius Marcellus war im Jahre 103 Statthalter von Britannien.

9. ¹) An ihn ist noch IV. 11 gerichtet. Er war, wie Plinius, aus Oberitalien
gebürtig (VII. 22. 2). Wahrscheinlich ist auch der Adressat von VIII. 12 dieser
Cornelius.

²) Vgl. Anm. 3 zu I. 7.

lungen? Cäcilius Classicus, ein gemeiner und offenkundig schlechter Mensch, hatte das Proconsulat in dieser Provinz mit eben so großer Tyrannei, als mit schmutziger Habsucht in demselben Jahre verwaltet, in welchem Marius Priscus³) Proconsul in Afrika war. Priscus 3 aber stammte aus Bätica, Classicus aus Afrika. Daher war denn ein nicht übles Bonmot der Bätiker (wie ja gar oft die Erbitterung auch witzig macht) im Schwange: „schlechte Ausfuhr, schlechte Einfuhr"⁴). Allein gegen Marius betrieb nur eine einzige Stadt von 4 Staatswegen und viele Privatleute die Klage bis zum Endspruch; über Classicus dagegen fiel eine ganze Provinz her. Er kam der 5 Anklage durch zufälligen oder freiwilligen Tod zuvor. War so sein Tod zwar kein ehrloser⁵), so war er doch ein anrüchiger; denn obwohl es glaublich erschien, daß er habe aus dem Leben gehen wollen, weil er sich nicht vertheidigen konnte, so fand man es doch wunderlich, daß ein Mann, der sich nicht schämte, Verdammungswürdiges zu begehen, sich der Schande der Verdammniß durch den Tod sollte entzogen haben. Trotzdem bestand die Provinz auf der Anklage selbst gegen den Ver- 6 storbenen. Dieser Fall ist im Gesetze vorgesehen, war aber nicht zur Anwendung gekommen und wurde jetzt erst nach langer Unterbrechung wieder zugelassen. Die Bätiker gingen noch weiter, indem sie zugleich die Genossen und Helfershelfer zur Anzeige brachten und mit Nennung der Namen eine Untersuchung gegen dieselben verlangten. Ich war 7 Beistand der Bätiker und mit mir Luccejus Albinus⁶), ein Mann von reicher, blühender Beredtsamkeit, den ich, obgleich er meine Gegenliebe schon früher besaß, seit diesem gemeinschaftlichen Geschäfte noch inniger lieben gelernt habe. Zwar hat der Ruhm, zumal auf dem 8 Felde der Wissenschaft, etwas Exclusives; aber unter uns bestand kein Streit, keine Eifersucht, da jeder von uns unter dem gleichen Joche

---

³) Vgl. Anm. 1 zu II. 11.
⁴) Etwa unser: „Wurst wider Wurst," d. h. in diesem Falle: führt ihr (die Afrikaner) euren Classicus zu uns aus, so führen wir (die Bätiker) unsern Priscus bei euch ein.
⁵) Ich lese mit Alf. Schottmüller (dritte These hinter dessen Doctordissertation de C. Plini Secundi libris grammaticis particula prima. 1858): non fuit mors eius infamis.
⁶) Er wird auch IV. 9. 13 erwähnt.

nicht für sich, sondern für die Sache zog, deren Wichtigkeit und Interesse zu fordern schien, daß wir uns nicht jeder in einer einzigen Rede
9 eine so erdrückende Last auflüden. Wir waren besorgt, es möge weder der Tag⁷), noch unsere Stimme und unsere Kraft ausreichen, wenn wir so viele Klagpunkte, so viele Angeklagte, so zu sagen in ein Bündel zusammenbänden; dann, es möchte die Aufmerksamkeit der Richter durch die vielen Namen und die vielen Einzelfälle nicht nur ermüdet, sondern dieselben sogar verwirrt werden; ferner, es möchten die Connexionen, welche die Einzelnen hatten, bei einer solchen Zusammenstellung und Vermischung selbst den Einzelnen in ihrer Gesammtwirkung zu Gute kommen; endlich, es möchten die Allerunbedeutendsten gewissermaßen als Opferlämmer hingegeben und die Angesehensten durch fremde
10 Wunden heil werden⁸). Denn Gunst und Intrigue treiben gerade dann am freiesten ihr Spiel, wenn sie sich hinter irgend einem Anschein
11 von Strenge verstecken können. Ein lehrreiches Exempel bot uns Sertorius mit dem stärksten und schwächsten Manne seines Heeres und dem Pferdeschweif⁹) — Du kennst das Uebrige ja. Denn auch wir sahen ein, daß eine so zahlreiche Schaar von Angeklagten sich nur dann würde bewältigen lassen, wenn wir sie einzeln vor die Klinge nähmen.
12 Und so beschlossen wir denn zunächst, die Strafbarkeit des Classicus selbst darzuthun. Das gab dann den besten Uebergang zu seinen Genossen und Helfershelfern, die als solche nur nach der Feststellung seiner Strafbarkeit überwiesen werden konnten. Zwei derselben, den Bäbius Probus und den Fabius Hispanus, nahmen wir gleich in der Anklage gegen Classicus mit vor, beide stark durch Connexionen,

---

⁷) Alle öffentlichen Verhandlungen mußten mit Sonnenuntergang des für dieselben bestimmten Tages vollendet sein; geschah dieses nicht, so mußte an einem andern Tage die ganze Verhandlung von neuem aufgenommen werden.

⁸) Plinius fürchtete also, es möchten, um einen Schein der Gerechtigkeit zu wahren, einige weniger Gravirte verurtheilt werden, damit man die Hauptschuldigen durchschlüpfen lassen könne.

⁹) Um seinem Heere anschaulich zu machen, wie vortheilhaft es sei, die feindliche Macht zu theilen und dann in ihrer Vereinzelung zu schlagen, ließ Sertorius den kräftigsten Soldaten vortreten und befahl ihm, einem altersschwachen Pferde den Schweif mit einem Male auszuziehen. Da dieß nicht gelingen wollte, mußte der schwächste Mann die einzelnen Haare aus dem Schweife eines jungen Rosses einzeln auszuziehen, was natürlich ohne jede Anstrengung vollführt wurde.

Hispanus außerdem noch durch Beredtsamkeit. Hinsichtlich des Classi-13 cus hatten wir kurze und leichte Arbeit. Er hatte ein eigenhändiges Verzeichniß hinterlassen, woraus sich ergab, was er aus jedem Gegenstande und aus jedem Handel gelöst hatte; er hatte sogar einen prahlerischen und ruhmredigen Brief an ein Liebchen in Rom geschrieben, worin wörtlich stand: „Triumph, Triumph! Ich komme frei zu Dir; bereits habe ich aus dem Verkaufe eines Theils meiner bätischen Errungenschaften 4 Millionen Sesterzien[10]) herein!" Desto mehr mach-14 ten uns Hispanus und Probus zu schaffen. Ehe ich auf ihre Verbrechen einging, glaubte ich es dahin bringen zu müssen, daß kein Zweifel mehr darüber obwalte, auch die Hülfeleistung sei ein Verbrechen; nämlich ehe ich dieses festgestellt, würde ich mich vergeblich bemüht haben, sie als Helfershelfer zu erweisen. Denn ihre Vertheidigung stützte sich 15 nicht darauf, daß sie läugneten, sondern daß sie als Entschuldigungsgrund Nöthigung anführten; sie seien nämlich Provinzbewohner und so durch die Furcht zum Gehorsam gegen jeden Befehl der Proconsuln gezwungen. Claudius Restitutus[11]), mein Gegner, ein geübter, nichts 16 übersehender und bei noch so unerwarteten Vorkommnissen schlagfertiger Mann, hat wiederholt erklärt, es sei ihm nie so dunkel vor den Augen, nie so verwirrt zu Muthe gewesen, als wie er gerade diejenigen Vertheidigungspunkte, auf die er sein ganzes Vertrauen gesetzt, sich vorweggenommen und entwunden gesehen. Der Erfolg unseres Plans 17 war: der Senat entschied, das Vermögen, welches Classicus vor seinem Abgange in die Provinz besessen, solle von dem übrigen geschieden und jenes der Tochter, dieses den Beraubten überlassen werden. Dazu kam der Zusatz, das Geld, welches er an seine Gläubiger gezahlt, solle wieder eingezogen werden. Hispanus und Probus wurden auf fünf Jahre verbannt. Als so gravirend wurde jetzt Das angesehen, bei dem man anfangs zweifelte, ob es überhaupt ein Verbrechen sei. Wenige Tage darauf erhoben wir die Anklage gegen Claudius Fuscus, den 18 Schwiegersohn des Classicus, und gegen Stilonius Priscus, welcher Cohortentribun unter Classicus gewesen war, allein mit ungleichem Erfolge: Priscus wurde auf zwei Jahre aus Italien verwiesen,

---

[10]) Nahe an 300,000 Thaler.
[11]) Wol derselbe, an den VI. 17 gerichtet ist.

19 Fuscus aber freigesprochen. Bei der dritten Verhandlung hielten wir es für das Angemessenste, Mehrere zusammen zu nehmen, damit nicht, wenn sich die Untersuchung zu lange hinauszöge, die strenge Gerechtigkeit der Richter vor einer gewissen Uebersättigung und vor Ueberdruß erlahme. Ueberdieß waren nur noch Beklagte von geringer Erheblichkeit übrig, die wir absichtlich für diese Gelegenheit aufgespart hatten, mit der einzigen Ausnahme der Frau des Classicus, welche, so schwere Verdachtsgründe auch gegen sie vorlagen, doch durch die Beweismittel
20 nicht hinlänglich compromittirt zu sein schien. Gegen die Tochter des Classicus aber, welche sich ebenfalls unter den Angeklagten befand, lag nicht einmal ein haltbarer Verdachtsgrund vor. Als ich daher am Schlusse der Anklagerede sie zu erwähnen hatte (denn ich hatte ja nicht mehr, wie im Anfange, zu befürchten, es möge dadurch das Gewicht der ganzen Anklage geschwächt werden), hielt ich es für eine Pflicht der Ehrlichkeit, eine Unschuldige zu verschonen und sprach das auch offen
21 und in verschiedenen Wendungen aus. Denn einmal richtete ich an die Abgeordneten die Frage, ob sie mir hinsichtlich ihrer irgend etwas angegeben hätten, was nach ihrer Ueberzeugung durch Thatsachen erwiesen werden könne; dann gab ich dem Senate zu bedenken, ob ich die Redegabe, die ich etwa besäße, wol wie einen Dolch an die Kehle einer Unschuldigen setzen dürfe, und schloß endlich die ganze Stelle mit den Worten: „da wirst mir vielleicht Einer ein: Du willst Dich also zum Richter aufwerfen? O nein, ich richte nicht, allein ich kann nicht vergessen, daß ich aus der Zahl der Richter heraus zum Sachwalter
22 bestellt bin" [12]). Das war der Ausgang dieser so weit verzweigten Sache, in der Einige freigesprochen, die Mehrzahl verurtheilt und sogar verbannt wurde, und zwar Einige auf eine bestimmte Zeit, Andere für
23 immer. Durch diesen Senatsbeschluß hat auch unser Fleiß, unsere Gewissenhaftigkeit und Ausdauer das vollgültigste Zeugniß erhalten, ein Lohn, wie er allein einer so großen Arbeit würdig und angemessen
24 ist. Du kannst Dir vorstellen, wie erschöpft wir uns fühlen, die so oft in Rede und Gegenrede auftreten, so viele Zeugen abhören, unter-

---

[12]) Die Richter waren Senatoren; also würde Plinius als Senator in diesem Processe Richter gewesen sein, wenn der Senat ihn nicht zum Ankläger bestimmt hätte.

stützen ¹³) und widerlegen mußten. Wie anstrengend und unangenehm 25
war schon das Eine, die geheimen Fürbitten so vieler Freunde der Angeklagten abzuweisen und ihrem offenen Widerstande entgegenzutreten!
Ich will Dir nur eine meiner Entgegnungen mittheilen. Als Einige
aus der Zahl der Richter selbst zu Gunsten eines besonders beliebten
Angeklagten laut gegen meine Worte auftraten, erwiderte ich: „ist er
unschuldig, so werden ihm alle meine Worte nichts anhaben können."
Du kannst daraus abnehmen, wie viele Wortwechsel, wie viele Ge- 26
hässigkeiten sogar wir haben auf uns nehmen müssen, freilich nur für
eine kurze Zeit; denn Pflichttreue stößt zwar für den Augenblick bei
Denen an, welchen sie entgegen tritt, wird aber in der Folge von ihnen
selbst hoch angesehen und gepriesen.

Anschaulicher konnte ich Dir die Sache nicht machen. Du wirst 27
freilich sagen: „unnütze Mühe; denn was soll ich mit einer so langen
Epistel?" Nun, dann frage mich aber auch nicht immer wieder, was
in Rom vorgehe. Und bedenke doch, daß ein Brief, der es mit so
vielen Tagen, so vielen Untersuchungen und vollends so vielen Beklagten und Fällen zu thun hat, nicht eben zu lang sei. Das alles glaube 28
ich Dir in möglichster Kürze und Genauigkeit geschildert zu haben.
Doch es war etwas unbesonnen, wenn ich von meiner Genauigkeit
sprach. Es fällt mir eben, wenn gleich zu spät, etwas ein, was ich
übergangen habe, und Du sollst auch dieses, wenn gleich an unrechtem
Orte, noch haben. So verfährt Homer ¹⁴), und es hat ihm an zahlreichen Nachahmern nicht gefehlt. Außerdem liegt darin noch ein besonderer Reiz, obgleich es von meiner Seite nicht deßwegen geschieht.

Einer der Zeugen, entweder erbost darüber, daß er wider seinen 29
Willen aufgerufen war, oder von einem der Angeklagten angestiftet, versetzte, um die Anklage zu entwaffnen, den Gesandten und

---

¹³) Die Zeugen kamen durch das Kreuzverhör leicht in die Gefahr, sich in
ihren Aussagen zu verwickeln und etwas auszusagen, was der Partei, von der sie
zum Zeugniß vorgefordert waren, nachtheilig werden konnte. In solchen Fällen
suchten die Anwälte sie durch Nebenfragen, durch erklärende Bemerkungen u. dgl.
wieder auf den rechten Weg zu bringen.

¹⁴) Die Beziehung auf Homer, welche sicher nicht ernstlich gemeint ist, hat
Plinius dem Cicero (Briefe an Atticus I. 16) entlehnt, welcher bei einem ganz
ähnlichen Gegenstande sich scherzend mit Homer entschuldigt.

Agenten [15]) Norbanus Licinianus förmlich in Anklage, indem er behauptete, derselbe treibe bei dem Processe der Casta, der Frau des
30 Classicus, zu Gunsten derselben ein faules Spiel [16]). Nun bestimmt das Gesetz, daß die Sache des Angeklagten erst entschieden und dann die Untersuchung hinsichtlich der geheimen Unterstützung des Angeklagten durch den Ankläger vorgenommen werden soll, weil sich nämlich aus der Anklage selbst die Pflichttreue des Anklägers am besten beurtheilen
31 läßt. Allein den Norbanus schützte nicht die gesetzliche Anordnung, nicht sein Name als Gesandter, nicht sein Amt als Agent; so tief verhaßt ist der auch sonst schuldbeladene Mensch, der, wie Viele, die Zeiten Domitian's ausgenutzt hat, und der seiner Zeit von der Provinz zum Agenten ersehen wurde, nicht weil man ihn als gut und treu, sondern weil man ihn als Feind des Classicus kannte. Denn er war
32 von diesem des Landes verwiesen worden. Er verlangte die Feststellung eines Termines und die Mittheilung der Klagepunkte. Beides wurde abgeschlagen und er im Gegentheil gezwungen, sich sofort zu verantworten. Es geschah; ob mit kecker Dreistigkeit oder mit fester Entschlossenheit, mag ich bei dem schlechten und verdorbenen Charakter des Menschen nicht entscheiden, aber jedenfalls mit großer Schlagfertig-
33 keit. Es wird ihm Vieles vorgeworfen, was ihm mehr schadete, als jene Pflichtverletzung; sogar zwei Consularen, Pomponius Rufus und Libo Frugi, sagten als Zeugen gegen ihn aus, daß er unter Domitian den Anklägern des Salvius Liberalis [17]) vor Gericht beigestanden.
34 Er wurde verurtheilt und auf eine Insel verwiesen. Bei der Anklage gegen Casta pochte ich daher auf nichts so sehr, als darauf, daß ihr Ankläger unter der Anklage geheimen Einverständnisses erlegen sei. Allein ich pochte vergeblich darauf; denn es geschah das gerade Gegentheil und etwas Unerhörtes, nämlich daß nach der Verurtheilung des Anklägers wegen heimlichen Einverständnisses die Angeklagte selbst freigesprochen wurde. Du wirst fragen, was wir begonnen, während
35 dieses vorging. Wir erklärten dem Senate, daß wir für die öffentliche

---

[15]) D, h. den von Seiten der Provinz mit der Sammlung und Herbeischaffung der Beweisstücke Beauftragten.

[16]) D. h. er beschuldigte ihn der Prävarication oder der bewußten und hinterlistigen geheimen Unterstützung und Begünstigung der Gegenpartei.

[17]) Vgl. Anm. 10 zu II. 11.

Verhandlung von Norbanus instruirt worden seien, also, falls
jener des heimlichen Einverständnisses überführt werde, uns von Neuem
instruiren müßten. So blieben wir also, so lange die Verhandlung
über ihn dauerte, ruhig sitzen ¹⁸). Später wohnte Norbanus allen
Untersuchungssitzungen bei und behauptete bis zum Schlusse dieselbe
Festigkeit oder Unverschämtheit.

Ich muß mich abermals fragen, ob ich nicht wieder etwas ver= 36
gessen habe, und beinahe hätte ich es wirklich wieder gethan.
Am letzten Tage ließ Salvius Liberalis die übrigen Abgeordneten gewaltig an, als hätten sie nicht Alle, gegen welche sie von der Provinz
das Mandat bekommen, zur Verantwortung gezogen, und brachte sie
bei der ihm eigenen Heftigkeit und Redegabe wirklich in Gefahr. Aber
ich nahm mich der trefflichen und zugleich so dankbaren Männer an;
wenigstens erklären sie offen, es mir zu verdanken, daß sie diesem
Sturme entgangen seien.

Da soll nun meine Epistel zu Ende, und zwar unwiderruflich zu 37
Ende sein; nicht ein Buchstabe mehr soll dazu kommen, und wenn mir
auch noch etwas Uebergangenes einfallen sollte.   Lebe wohl!

## 10.
### C. Plinius an Vestritius Spurinna¹) und an Cottia.

Bei meinem letzten Besuche habe ich Euch nicht gesagt, daß ich
etwas über Euren Sohn geschrieben habe, einestheils weil ich es nicht
deßhalb geschrieben hatte, um davon zu sprechen, sondern um meiner
Liebe und meinem Schmerze Genüge zu thun, anderntheils weil ich
glaubte, Du, Spurinna, der, wie Du mir selbst erzähltest, von einer
durch mich gehaltenen Vorlesung gehört hatte, würdest wol auch gehört
haben, was ich vorgelesen.   Außerdem fürchtete ich, Euch die Festfeier 2
zu verderben, wenn ich Euch Euren bittern Verlust wieder vor die
Seele führte.   Selbst jetzt noch war ich eine Weile unschlüssig, ob ich
Euch auf Euer Verlangen nur so viel, als ich vorgelesen habe, schicken,
oder gleich Das beilegen solle, was ich für ein anderes Bändchen auf=

---

¹⁸) D. h. wir mischten uns nicht in die Verhandlungen.
10. ¹) Vgl. Anm. 9 zu I. 5, Anm. 3 zu III. 1, Brief II. 7. 3.

zusparen gedenke. Denn es will meinem bewegten Herzen nicht genug erscheinen, ein mir so theures und heiliges Andenken nur in einer einzigen kleinen Schrift zu feiern; ich denke, es wird für seinen Nachruhm in weiteren Kreisen besser gesorgt werden, wenn man alles auf sein Gedächtniß Bezügliche nicht zugleich, sondern in Abtheilungen gibt. Allein inmitten meiner Unschlüssigkeit, ob ich Alles, was ich eben fertig habe, Euch übermachen oder noch Einiges zurückbehalten solle, schien es mir offener und freundschaftlicher gehandelt, Euch Alles zu übersenden, zumal Ihr mir versichert, es für Euch behalten zu wollen, bis ich mich zur Herausgabe entschließe. Ich habe damit nur noch die Bitte zu verbinden, mir mit gleicher Offenheit mitzutheilen, was nach Eurem Urtheile etwa hinzugefügt, abgeändert oder gestrichen werden sollte. Es mag Euch zur Zeit bei Eurem Schmerze schwer werden, darauf Eure Aufmerksamkeit zu richten. Ja, schwer ist das gewiß; allein Ihr würdet doch einem Bildhauer oder einem Maler, der ein Bild Eures Sohnes fertigte, Fingerzeige geben, was er darin ausprägen, was verbessern solle, und in dieser Weise, meine ich, sollt Ihr auch mich leiten und unterweisen, der nicht ein zerbrechliches und vergängliches, sondern, wie Ihr glaubt, ein unsterbliches Bild zu entwerfen sucht; denn dieses wird ein um so dauernderes sein, je treuer, besser und vollendeter es ist. Lebt wohl!

## 11.

### C. Plinius an Julius Genitor[1]).

Unser Artemidor ist überhaupt eine so gutherzige Seele, daß er die Gefälligkeiten seiner Freunde gern in gar zu glänzenden Farben darstellt. So ist denn auch das Lob, welches er meinen Verdiensten um ihn überall zollt, zwar ein wahrempfundenes, aber es geht weit über dieses Verdienst hinaus. Als die Philosophen aus der Stadt ausgewiesen waren [2]), befand ich mich bei ihm in seinem Hause vor der Stadt, und zwar, was die Sache desto auffälliger, also gefährlicher machen

---

11. [1]) Vgl. III. 3. 5. Gerichtet sind an ihn noch VII. 30. IX. 17.
[2]) Im Jahre 93 verbot Kaiser Domitian alle Philosophie und verbannte alle Philosophen und deren Anhänger aus der Stadt.

mußte, ich war gerade Prätor ³). Auch eine nicht unbedeutende Geldsumme, deren er damals zur Bezahlung seiner zu rühmlichen Zwecken gemachten Schulden bedurfte, nahm ich, während einige mächtige und begüterte Freunde hinter dem Berge hielten, auf und lieh sie ihm ohne Zinsen. Und das that ich, obwohl sieben meiner Freunde entweder 3 hingerichtet oder verwiesen waren (hingerichtet wurden nämlich Senecio ⁴), Rusticus ⁵) und Helvidius ⁶), verwiesen Mauricus ⁷), Gratilla ⁸), Arria ⁹) und Fannia) und ich selbst, von so vielen um mich herum niederschießenden Blitzen gewissermaßen gestreift, aus gewissen untrüglichen Anzeichen ahnen konnte, daß mir ein gleiches Unheil bevorstehe. Doch Das kann mir, denke ich, noch nicht, wie er überall 4 erklärt, zu besonderm Ruhme angerechnet werden; ich habe mich nur vor einem Benehmen gewahrt, das mich entehrt haben würde. Denn ich 5 habe seinen Schwiegervater C. Musonius ¹⁰), soweit es für mein Alter möglich war, hochgeschätzt und bewundert und mich an Artemidor selbst schon damals, als ich in Syrien bei dem Heere als Tribun

---

3) In demselben oder dem folgenden Jahre bekleidete Plinius die Prätur.
4) Der Stoiker Herennius Senecio; vgl. Anm. 5 zu I. 5.
5) Arulenus Rusticus; vgl. Anm. 3 zu I. 5.
6) Helvidius Priscus, Schwiegersohn und Gesinnungsgenosse des P. Pätus Thrasea, ein strenger Stoiker (Tacit. Hist. IV. 5), Quästor in Achaja unter Nero, freimütiger Volkstribun im Jahre 56 (Tacit. Annal. XIII. 28), wurde nach dem Tode des Pätus Thrasea 66 verbannt (Plinius' Briefe VII. 19. 4) und ging nach Apollonia in Macedonien, wurde aber 68 von Galba zurückgerufen. Als Prätor im Jahre 70 wurde er wegen seines unbeugsamen republikanischen Sinnes von Vespasian abermals verbannt und durch nachgesandte Mörder getödtet. Sein Sohn Helvidius, von dem hier die Rede ist, wurde unter Domitian wegen eines Gedichtes, das Domitian auf sich bezog, hingerichtet. Plinius spricht von diesem seinem Freunde IV. 21 und IX. 13. Dessen Stiefmutter ist die gleich folgende Fannia, des Vaters zweite Gemahlin (IX. 13. 4).
7) Vgl. Anm. 11 zu I. 5.
8) Pomponia Gratilla, Arulenus Rusticus' Gemahlin.
9) Gemahlin des Pätus Thrasea, Mutter der Fannia (IX. 13. 4).
10) C. Musonius Rufus, ein römischer Ritter, der berühmteste Stoiker seiner Zeit, aus Volsinii in Etrurien gebürtig, trat mit außerordentlichem Erfolge als Lehrer der Philosophie in Rom auf. Er wurde bei Gelegenheit der Pisonischen Verschwörung eingezogen (Tacitus' Annal. XV. 71) und im Jahre 66 nach der Insel Gyara verbannt. Der im Anfange unseres Briefes erwähnte Artemidorus war sein Schüler und Schwiegersohn.

stand¹¹), in inniger Freundschaft angeschlossen und dadurch das erste Anzeichen von einigem Geist gegeben, daß ich in ihm einen Weisen oder doch einen Mann zu erkennen glaubte, der dem Ideale eines Weisen
6 sehr nahe käme. Denn unter Allen, welche sich jetzt den Namen Philosophen beilegen, wird kaum einer oder der andere von gleicher Aufrichtigkeit und Wahrheitsliebe erfunden werden. Ich will nicht davon reden, wie wenig den abgehärteten Mann Winterfrost und Sommerglut rühren, wie er allen Mühseligkeiten Trotz bietet, wie wenig bei Speise und Trank der Reiz der Sinne ihm gilt und wie er
7 die Gelüste seiner Augen und seines Herzens zu zähmen weiß. Das sind große Eigenschaften, aber nur bei Anderen; bei ihm aber kommen sie gar nicht in Betracht, wenn man sie mit den übrigen Vorzügen vergleicht, die ihm die Ehre erwarben, vor allen Bewerbern aus allen Ständen von C. Musonius zum Schwiegersohn erlesen zu werden.
8 Wenn ich daran denke, so berührt mich das reiche Lob, womit er mich sowohl bei Dir als auch bei Andern überschüttet, allerdings angenehm; allein ich fürchte, daß er darin das Maß überschreite, welches er überhaupt bei seiner schon erwähnten Gutherzigkeit nicht innezuhal-
9 ten pflegt. Denn in dem einen Punkte ist der sonst so verständige Mann in einem zwar edlen Irrthum, aber doch immer in einem Irrthum befangen, daß er seine Freunde für mehr hält, als sie in Wahrheit sind. Lebe wohl!

## 12.
### C. Plinius an Catilius Severus¹).

Ich will zu Tische kommen, stelle aber im voraus die Bedingung, daß Du keine Umstände und keinen Aufwand machst; nur an sokratischen Gesprächen²) braucht es nicht zu fehlen, jedoch bitte ich auch da
2 um Maß und Ziel. Es wird manche Morgenbesuche vor Tageslicht geben, unter die selbst ein Cato nicht ungestraft gerathen

---

¹¹) Im Jahre 81 oder 82; vgl. Anm. 2 zu I. 10.
12. ¹) Vgl. Anm. 1 zu I. 22.
²) D. h. eine mit feinem Witz gewürzte, leichte und doch ernste gesellige Unterhaltung.

konnte ³). Und doch tadelt ihn C. Cäsar, freilich in einer Weise, die im Grunde ein Lob enthält. Er schildert nämlich, wie die, welche 3 ihm begegneten, als sie die Hülle vom Haupte des Trunkenen abgezogen ⁴), erröthet seien, und fügt dann hinzu: „man hätte glauben können, Cato sei nicht von ihnen, sondern sie vom Cato ertappt worden." Hätte man den Cato in seiner ganzen Hoheit besser bezeichnen können, als dadurch, daß er selbst im Rausche noch ehrwürdig blieb? Bei unserem Mahle aber müssen nicht nur die Vorkehrungen und der 4 Aufwand, sondern auch die Dauer desselben ihr festes Maß haben. Denn wir sind nicht danach, daß selbst unsere Feinde uns nicht tadeln könnten, ohne uns zugleich zu loben. Lebe wohl!

## 13.
### C. Plinius an Voconius Romanus ¹).

Ich schicke Dir auf Deine Bitte die Dankrede, welche ich vor Kurzem als Consul dem besten Kaiser gehalten habe ²), und ich würde sie Dir, auch ohne daß Du darum gebeten hättest, geschickt haben. Bitte, beachte dabei nicht allein die Schönheit des Gegenstandes, son- 2 dern auch die Schwierigkeit der Behandlung desselben. Denn bei sonstigen Stoffen hält schon die Neuheit den Leser in Spannung; hier aber hatte ich nur bekannte, allgemein verbreitete und schon vor mir gesagte Dinge zu behandeln. In solchem Falle pflegt dann der Leser, gleichsam unbeschäftigt und unbekümmert, nur auf die Darstellung zu

---

³) Plinius deutet leicht an, daß die Gesellschaft sich doch nicht bis in den Morgen des nächsten Tages ausdehnen möge; es könne sonst vorkommen, daß er manchem Clienten, der bereits seine Morgenbesuche abstatte (vgl. Anm. 4 zu III. 7), bei der späten Heimkehr vom Gastmahl als Nachtschwärmer erscheine. Cato ist der Jüngere, der Uticenser, wegen seiner strengen stoischen Grundsätze, seines diesen entsprechenden Lebens und Todes später typisch geworden.

⁴) Bei heiterem Wetter gingen die Römer stets baarhaupt; nur bei Regenwetter wurde ein Theil der Toga über den Kopf gezogen. Cato hatte das Haupt verhüllt, um nicht erkannt zu werden. Die angeführte Stelle fand sich wol im Anticato, einem von Cäsar gegen Cato geschriebenen Buche.

13. ¹) Vgl. II. 13. 4 u. ff.

²) Die von Plinius beim Antritte seines Consulates am 1. Sept. 100 dem Trajan im Senate gehaltene und noch erhaltene Dankrede.

achten, und wenn diese allein kritisirt wird, ist es um so schwerer, ihm
3 zu genügen. Wenn nur mindestens dabei noch auf die Anordnung,
die Uebergänge und die Redefiguren gesehen würde! denn eine tüchtige
Erfindung und ein glänzender Ausdruck gelingt manchmal selbst dem
Laien; aber eine geschickte Anordnung des Stoffes und Mannigfaltigkeit in Anwendung der Figuren bleibt immer der Vorzug des Gelehr-
4 ten. Freilich muß man auch nicht immer nach Schwung und Erhabenheit haschen. Denn gleichwie in der Malerei das Licht durch nichts
so sehr gehoben wird, als durch den Schatten, so muß man auch in
5 der Rede sich aufzuschwingen und herabzustimmen wissen. Aber wozu
sage ich das einem Meister wie Du? Da ist es vielmehr am Platze:
merke an, was Dir einer Besserung bedürftig scheint! Denn erst dann
kann ich glauben, daß Dir das Uebrige gefällt, wenn Du mir im
Einzelnen Deine Mißbilligung zu erkennen gibst. Lebe wohl!

## 14.
### C. Plinius an Acilius [1]).

Scheußlich und nicht blos eines Briefes werth ist die Behandlung,
welche Largius Macedo, ein Mann von prätorischem Range, von seinen
Sklaven erfahren hat. Er war freilich ein tyrannischer und grausamer
Herr, der nur zu sehr oder vielmehr zu wenig vergessen konnte, daß
2 sein eigener Vater Sklave gewesen war [2]). Er badete gerade auf seinem Landgute bei Formiä [3]); plötzlich umringen ihn seine Sklaven;
der eine packt ihn an der Kehle, der andere schlägt ihm in's Gesicht,
andere versuchen ihre Fäuste an seiner Brust, seinem Leibe und, man
schämt sich zu sagen, wo sonst noch. Als sie ihn für todt hielten,
warfen sie ihn auf das heiße Pflaster [4]), um zu sehen, ob er noch lebe.

---

14. [1]) Vielleicht Acilius Rufus, der VI. 13. 5 als Senator, V. 20. 6 als
designirter Consul genannt wird.

[2]) Je mehr Freigelassene und deren Söhne große Rollen unter den Kaisern
spielten und, wie es schon unter Augustus geschah, in den Senat aufgenommen wurden,
und je mehr in der Folge die Menge solcher Neulinge und Emporkömmlinge ebenso
wuchs, wie die Zahl der Senatoren von edler und alter Abkunft abnahm, desto
größer wurde der Stolz der adeligen Familien auf ihre alten Stammbäume.

[3]) Stadt am Busen von Gaëta.

[4]) Nämlich des von unten geheizten Badezimmers; vgl. Anm. 11 zu II. 17.

Mochte er nun in Wahrheit nichts mehr fühlen oder Gefühllosigkeit erheucheln, genug, er blieb unbeweglich und ausgestreckt liegen und bestärkte sie so in der Ueberzeugung, er sei wirklich todt. Dann erst wurde er, als 3 wäre er von der Hitze erstickt, herausgetragen; seine treueren Sklaven nahmen ihn in Empfang, und seine Concubinen⁵) liefen unter Heulen und Geschrei zusammen. So durch die lauten Stimmen geweckt und durch die Kühle des Ortes erfrischt, gab er durch Aufschlagen der Augen und Bewegung der Glieder, wie er es jetzt ohne Gefahr konnte, Zeichen des Lebens. Die Sklaven stoben flüchtend auseinander; ein großer 4 Theil ist ergriffen, auf die Uebrigen wird gefahndet. Er selbst, nur noch wenige Tage mit Mühe am Leben erhalten, verschied nicht ohne den Trost, sich gerächt zu wissen, und sah so gewissermaßen noch bei Lebzeiten seinen eigenen Mord geahndet. Du siehst, wie vielen Gefahren, 5 wie viel Unbilden und Mißhandlungen wir ausgesetzt sind. Es hat Niemand Grund, deßhalb außer aller Besorgniß zu sein, weil er sich für nachsichtig und mild halten darf; denn man mordet den Herrn nicht auf vorliegende Gründe hin, sondern aus kannibalischer Lust. Doch genug davon.

Was es sonst Neues gibt? Nichts. Sonst würde ich es noch 6 anfügen, da das Papier noch nicht zu Ende ist und der heutige Feiertag mir noch Zeit zu weiteren Mittheilungen ließe. Doch will ich hinzufügen, was mir gerade noch von eben jenem Macedo einfällt. Als er einmal in einem öffentlichen Bade zu Rom badete, passirte ein merkwürdiges und, wie der Ausgang gezeigt hat, sogar ominöses⁶) Ereigniß. Ein römischer Ritter erhielt von einem Sklaven des Macedo 7

---

⁵) Die Ehegesetze des Augustus (vgl. Anm. 5 zu II. 13) verboten die Ehe zwischen Personen senatorischen Ranges, wie Macedo es war, und Libertinen. Jede derartige Ehe galt als Concubinat. Doch konnte auch eine unbescholtene Freigeborene als Concubine mit den Rechten der Frau, ohne daß dem Namen etwas Ehrenrühriges anklebte, geheirathet werden, wenn der Mann Anzeige machte und das Verhältniß legalisiren ließ. Die Kinder aus einer solchen Ehe wurden zwar nicht als legitime, aber auch nicht als illegitime angesehen, sondern galten als „natürliche," zwischen beiden mitten inne stehende. Eingegangen wurde eine solche Ehe meist nach dem Tode der ersten rechtmäßigen Frau, um den Kindern der ersten Ehe nicht zu nahe zu treten. Zu diesen beiden Fällen zählen die Concubinen des Macedo schon wegen ihrer Mehrzahl nicht.

⁶) Inwiefern, gibt §. 8 an.

durch eine leise Berührung mit der Hand einen Wink, seinem Herrn Platz zu machen; der Ritter aber versetzte nicht dem Sklaven, der ihn angerührt hatte, sondern dem Macedo selbst einen so derben Schlag mit der flachen Hand, daß er beinahe niedergestürzt wäre. So wurde das Bad gewissermaßen stufenweise für ihn zunächst ein Ort der Beschimpfung und späterhin des Todes. Lebe wohl!

## 15.
### C. Plinius an Silius Proculus.

Du wünschest, ich möge Deine Gedichte in meiner ländlichen Zurückgezogenheit lesen und prüfen, ob sie der Herausgabe würdig seien. Du glaubst sogar der Bitten zu bedürfen und ziehst ein Beispiel heran, indem Du mich ersuchst, einen Theil meiner müßigen Zeit meinen eigenen Studien zu entziehen und für die Deinigen zu verwenden, und dabei bemerkst, daß M. Tullius mit seltener Freundlichkeit sich dichterischer Talente angenommen habe¹). Allein es bedarf bei mir weder der Bitten, noch der Ermunterung; denn einestheils ist mir die Dichtkunst an und für sich heilig, anderntheils habe ich für Dich eine entschiedene Hochachtung. So will ich denn Deinen Wunsch mit allem Ernst und mit Freuden erfüllen. Doch glaube ich Dir schon jetzt so viel sagen zu können, daß die Arbeit eine recht hübsche ist und nicht unterdrückt werden darf, das heißt, so weit ich mir ein Urtheil aus Dem bilden konnte, was Du in meiner Gegenwart daraus vorgetragen hast, es müßte denn sein, daß mich Dein Vortrag bestochen hätte; denn Du liesest höchst gefällig und mit Verstand. Aber ich denke doch von meinem Ohre nicht so sehr abhängig zu sein, daß die Schärfe meines Urtheils unter der Einwirkung des zauberischen Klanges sich ganz verlöre; sie mag vielleicht abgestumpft und ein wenig abgeschwächt werden, aber mir ganz benommen und entwunden werden kann sie doch nicht. Ueber das Ganze kann ich also schon jetzt ohne Uebereilung mein Urtheil abgeben; was aber die

---

15. ¹) Man will aus dieser Stelle schließen, daß nicht Cicero's Bruder Quintus, sondern M. Cicero selbst das Gedicht des Lucrez herausgegeben habe.

einzelnen Theile betrifft, so muß ich dieselben erst lesen und näher prüfen. Lebe wohl!

## 16.
### C. Plinius an Nepos¹).

Ich glaube die Bemerkung gemacht zu haben, daß von den Thaten und Aussprüchen berühmter Männer und Frauen einige zwar eine größere Verbreitung, andere aber eine größere Bedeutung haben. Bestärkt bin ich in dieser Ansicht durch die Unterhaltung, 2 welche ich gestern mit Fannia²) hatte. Es ist dies die Enkelin jener Arria³), welche ihrem Manne zugleich Trost und Vorbild im Sterben war. Sie erzählte viele Züge von ihrer Großmutter, die nicht minder bedeutend als folgender, nur minder bekannt sind, und ich denke, daß Du sie mit nicht geringerer Bewunderung lesen wirst, als ich sie angehört habe. Ihr Mann, Cäcina Pätus, und ihr 3 Sohn lagen krank, beide, wie es den Anschein hatte, lebensgefährlich. Der Sohn starb, ein Jüngling von ausnehmender Schönheit und nicht geringerer Sittsamkeit, den Eltern nicht blos, weil er eben ihr Sohn war, sondern ebenso sehr wegen anderer Eigenschaften theuer. Sie besorgte für ihn die Bestattung und hielt das Leichenbegängniß 4 so ab, daß der Mann nichts merkte; ja, so oft sie in sein Zimmer trat, gab sie vor, der Sohn lebe noch und es gehe sogar etwas besser, und gar oft, wenn er fragte, wie es um sein Kind stehe, antwortete sie, er habe gut geschlafen, mit Appetit gegessen. Wenn dann aber 5 die lang zurückgehaltenen Thränen mit Gewalt hervorbrachen, ging sie hinaus, und dann erst gab sie sich dem Schmerze hin. Hatte sie sich ausgeweint, so kehrte sie mit trockenen Augen und gefaßter Miene

---

16. ¹) Vgl. Anm. 1 zu II. 3.
²) Vgl. Anm. 6 zu III. 11.
³) Sie war die Gemahlin des Consularen Cäcina Pätus, der, weil er an Camillus Scribonianus' Empörung betheiligt gewesen, aus Illyrien nach Rom geschleppt wurde, um dort sein Urtheil zu empfangen. Als ihm hier die Wahl zwischen schimpflicher Hinrichtung und dem Tode durch eigene Hand gelassen wurde, er aber die Wahl zu treffen zögerte, stieß sich Arria den bereit liegenden Dolch in die Brust und reichte ihn dem zagenden Gatten mit den Worten: „Pätus, es thut nicht weh." Sie ist die Mutter der gleichnamigen Arria, der Gemahlin des P. Thrasea Pätus (vgl. Anm. 9 zu III. 11).

6 zurück, als wenn sie ihren Verlust draußen gelassen hätte. Es ist wahr, Arria handelte groß, als sie den Stahl zückte, die Brust durchbohrte, den Dolch herauszog und ihrem Manne mit den unsterblichen und fast göttlichen Worten darreichte: „Pätus, es thut nicht weh!" Aber bei dieser That, bei diesen Worten schwebten Ruhm und Unsterblichkeit vor ihren Augen; um desto größer ist es, ohne den Lohn der Unsterblichkeit, ohne den Preis des Ruhmes die Thränen zu verbergen, den Jammer zu verhüllen und selbst, nachdem man den Sohn verloren, noch die Mutter zu spielen.

7 Scribonianus [4]) hatte in Illyricum gegen Claudius die Waffen ergriffen; Pätus hatte auf seiner Seite gestanden und wurde nach der
8 Ermordung des Scribonianus nach Rom abgeführt. Er wollte eben das Schiff besteigen; Arria bat die Wache, auch sie an Bord zu nehmen: „Ihr würdet ja doch," sagte sie, „einem Consularen einige Sklaven gestatten, die ihn beim Essen bedienen, die ihn ankleiden und ihm die Schuhe anziehen könnten; das kann ich alles allein be-
9 sorgen." Man schlug es ihr ab. Da miethete sie einen kleinen Fischerkahn und folgte in diesem armseligen Fahrzeuge dem großen Schiffe nach.

Ebenso sagte sie zur Gemahlin des Scribonianus, als dieselbe vor Claudius sich zum Geständniß bereit erklärte: „Ich sollte Dich anhören, in deren Schooß Scribonianus ermordet wurde und die trotzdem noch das Leben erträgt?" Daraus geht klar hervor, daß ihr Tod nicht die Folge eines urplötzlichen Entschlusses war.

---

[4]) M. Furius Camillus Scribonianus erhob als Befehlshaber der dalmatischen Legionen im Jahre 42 gegen den im Jahre zuvor erhobenen Kaiser Claudius einen Aufruhr, verpflichtete sein Heer und forderte den Kaiser unter dem Versprechen persönlicher Sicherheit zur Abdankung auf. Schon zog der ängstliche Kaiser seine Entsagung in ernstliche Erwägung, als bereits am fünften Tage nach dem Ausbruche des Aufstandes das Heer dem Feldherrn den Gehorsam aufkündigte und, von unheilverkündenden Götterzeichen erschreckt, seine Officiere ermordete. Scribonian suchte auf der Insel Issa eine Zuflucht, wurde aber auch dorthin verfolgt und von einem gemeinen Soldaten erschlagen. Nun wüthete man gegen die Mitwisser und Mitschuldigen, und bei dieser Gelegenheit war es, wo die Wittwe des Scribonian, Junia, um sich selbst zu retten, sich zu umfassenden Geständnissen bereit erklärte. Die Scene fiel in der Senatssitzung, in welcher die angeklagten Männer und Frauen gerichtet wurden, vor.

Noch mehr. Als ihr Schwiegersohn Thrasea⁵) mit Bitten in sie drang, doch nicht auf dem Tode zu beharren, und unter Anderem sie fragte: „du wünschtest also, daß, wenn ich sterben muß, deine Tochter mit mir stürbe?" erwiderte sie: „ja, wenn sie so lange und so einträchtig mit dir gelebt hat, wie ich mit Pätus." Die Sorge der Ihrigen um sie wurde durch diese Antwort gesteigert: man bewachte sie sorgfältiger. Die bemerkte es und erklärte: „ihr macht euch unnütze Mühe; denn könnt ihr gleich es dahin bringen, daß mir der Tod erschwert wird, meinen Tod selbst könnt ihr nicht verhindern." Bei diesen Worten sprang sie vom Sessel auf und rannte mit solcher Gewalt mit der Stirn gegen die Wand, daß sie zusammenstürzte. Als man sie wieder zu sich gebracht, sprach sie: „ich hatte es euch ja gesagt, daß ich schon einen, wenn auch noch so schweren Weg zum Tode finden würde, falls ihr mir einen leichten versagtet."

Spricht aus diesen Zügen nicht mehr Größe als aus jenem: „Pätus, es thut nicht weh," zu dem sie durch diese Vorgänge erst gelangte? Und doch redet hiervon die ganze Welt, von jenen ist nirgends die Rede. Es folgt daraus, was ich im Anfange sagte, daß der bloße Ruhm einer That noch nicht der Maßstab ihrer Größe ist. Lebe wohl!

## 17.
### C. Plinius an Julius Servianus¹).

Ist etwas bei Dir vorgefallen, weil ich schon so lange vergeblich auf einen Brief von Dir warten muß? oder steht Alles gut und Du bist nur zu sehr mit Geschäften überladen? oder ist auch Dieses nicht der Fall und Du hast nur selten oder gar keine Gelegenheit, mir zu schreiben? Reiß mich aus dieser Besorgniß heraus, deren ich mich

---

⁵) Der große Volkstribun, P. Pätus Thrasea, der im Jahre 66 unter Nero, um der Hinrichtung zuvorzukommen, sich freiwillig die Adern öffnete.

17. ¹) Seiner Fürsprache verdankte Plinius die Gewährung des Dreikinderrechts (vgl. Anm. 5 zu II. 13) durch Trajan (vgl. Briefe an Trajan 2. 2). Erwähnt wird er noch VII. 6. 9. Ob der Servianus, an welchen VI. 26 gerichtet ist und dessen Plinius VII. 23. 5 gedenkt, derselbe sei, ist nicht mit Sicherheit zu ermitteln, aber wahrscheinlich.

nicht erwehren kann, ja, reiß mich heraus, und müßte es durch einen besonderen Boten geschehen²). Ich will gern das Botenlohn zahlen, ja noch ein Geschenk obendrein; möge er nur erwünschte Botschaft 3 bringen. Mir geht es gut, wenn man es gut nennen kann, in Hangen und Bangen zu leben, Stunde für Stunde zu zählen und für ein so theueres Haupt Alles zu fürchten, was uns Menschen begegnen kann. Lebe wohl!

## 18.
### C. Plinius an Curius Severus.

Mein Amt als Consul legte mir auf, dem Kaiser im Namen der Republik den Dank derselben auszusprechen¹). Obwohl ich dieses im Senate der Sitte gemäß mit gebührender Rücksicht auf den Ort und die Zeit gethan, so hielt ich es doch für einen guten Bürger angemessen, denselben Gegenstand in einer besondern Schrift weitläufiger 2 und vollständiger zu behandeln, einestheils, um dem geliebten Kaiser seine eigenen Tugenden durch ungeheucheltes Lob an's Herz zu legen, anderntheils, um künftige Fürsten nicht mit der Miene eines Lehrers, aber doch durch Aufstellung eines Musterbildes im voraus auf die Bahn hinzuweisen, auf der sie am füglichsten zu gleichem Ruhme ge-3 langen könnten. Denn nachzuweisen, wie ein Fürst sein solle, ist ein zwar schönes, aber mühseliges und fast übermüthiges Unternehmen; allein ein anerkennendes Bild des besten Fürsten zu entwerfen und in diesem dem künftigen Geschlechte gleichsam aus der Höhe ein Licht entgegen zu halten, das ihm ein Leitstern sein soll, darin liegt bei 4 gleichem Nutzen nicht die entfernteste Anmaßung. Nun war es keine geringe Freude für mich, daß, als ich diese Arbeit meinen Freunden vorlesen wollte und ich nicht durch besondere Billete oder Ankündigungen²), sondern mit dem Bemerken eingeladen hatte: „wenn es ihnen gerade genehm wäre oder sie überflüssige Zeit hätten" (bedenke

---

²) Vgl. Anm. 5 zu II. 12.
18. ¹) Vgl. Anm. 5 zu II. 1.
²) Vgl. Anm. 1 zu I. 13. Nicht selten wurden bevorstehende Vorlesungen, Gladiatorenkämpfe, Thierhetzen und andere Festlichkeiten durch Anschläge an Säulen und Mauerflächen angekündigt.

dabei, daß man in Rom niemals überflüssige Zeit oder Lust hat, eine Vorlesung anzuhören), sie sich dennoch, obendrein bei dem scheußlichsten Wetter, an zwei Tagen nacheinander einfanden und, als ich bescheiden meine Vorlesung schließen wollte, darauf bestanden, ich möge noch einen dritten Tag zugeben. Soll ich dieß als eine mir oder den Wissenschaften erwiesene Ehre ansehen? Ich hoffe, sie galt der Wissenschaft, die nach todesähnlichem Schlafe wieder zum Leben erwacht. Aber, wendet man wol ein, was war das auch für ein Gegenstand, dem man diese Aufmerksamkeit bewies? Nun, es war derselbe, dessen wir sonst selbst im Senate, wo wir doch aushalten mußten, oft schon im ersten Augenblicke überdrüßig waren und über den man jetzt drei Tage hindurch Vorlesungen nicht nur halten, sondern auch hören mag, nicht etwa, weil er jetzt beredter als früher, sondern weil er freimüthiger und deßhalb lieber behandelt wird. Also auch darin liegt ein neuer Zuwachs zu dem Ruhme unseres Fürsten, daß ein Anlaß, der früher ebenso widerwärtig war, als er verlogen behandelt wurde, jetzt ebensoviel Wahrhaftigkeit als offene Herzen findet. Aber ich persönlich war nicht minder über den Geschmack meiner Zuhörer, als über ihre Theilnahme erfreut; denn ich bemerkte, daß gerade die ernstesten Stellen am meisten befriedigten. Zwar verhehle ich mir nicht, daß ich nur Wenigen Das vortrug, was ich doch für Alle geschrieben habe; allein trotzdem freue ich mich des ernsten Maßstabes, den sie an mich legten, nicht minder, als läge darin bereits das künftige Urtheil des Publikums, und gleichwie früher die Theater schlechte Sänger erzogen, so neige ich mich jetzt der Hoffnung zu, es könne noch dahin kommen, daß sie auch wieder gute Sänger heranbilden. Denn Jeder, der um des Beifalls willen als Schriftsteller auftritt, wird so schreiben, wie der herrschende Geschmack es verlangt [3]). Ich meinestheils hege die Zuversicht, daß bei einem Stoffe von dieser Art eine blühendere Darstellung gerechtfertigt sei, indem diejenigen Stellen, welche knapper und gedrungener gefaßt sind, leichter den Anschein des Gesuchten und Weithergeholten erregen können, als diejenigen, in denen ich einen

---

[3]) Weil sie nur dem verdorbenen Geschmacke des Publikums huldigten, während Plinius jetzt die Zeit einer besseren Geschmacksrichtung gekommen glaubt.

heiteren Ton anschlug und mir gewissermaßen die Zügel schießen ließ. Trotzdem aber bleibt es mein heißester Wunsch, daß irgend einmal der Tag kommen möge (und wenn er doch schon da wäre!), wo dieser süßliche und kosende Ton jener ernsten und männlichen Rede seine 11 verjährten Rechte endgültig abtritt. Da hast Du meine Geschichte aus jenen drei Tagen; ich wünsche nur, daß die Mittheilung derselben Dir auch in der Ferne sowohl in Rücksicht der Wissenschaft als auch in Beziehung auf mich ebensoviel Vergnügen gewähren möge, als Du empfunden haben würdest, wenn Du zugegen gewesen wärest. Lebe wohl!

## 19.
### C. Plinius an Calvisius Rufus.

Ich muß Dich doch einmal wieder, wie ich schon oft gethan, mit in meinen Familienrath ziehen. Es steht ein an meine Besitzungen gränzendes, theils sogar darin eingeschobenes Gut zum Verkaufe. Manches dabei macht mir Lust, einiges nicht minder Erhebliche da-
2 gegen schreckt mich ab. Lust macht mir zunächst schon die Bequemlichkeit der Arrondirung, dann, was ebenso vortheilhaft als angenehm ist, der Umstand, daß ich beide mit ein und derselben Mühe, mit einem und demselben Reisegelde zugleich besuchen, beide unter demselben Oberaufseher[1]) und im Ganzen mit denselben Verwaltern halten kann, nur eine Villa einzurichten und hübsch auszustatten, die andere blos
3 im Stande zu halten brauche. Inbegriffen in dieser Berechnung ist der Aufwand für den Hausrath, für die Castellane[2]), Gärtnerburschen, Handwerker und sogar für das Jagdzeug, hinsichtlich deren es einen bedeutenden Unterschied macht, ob man sie an einem Orte
4 zusammenhaben oder auf verschiedene Plätze vertheilen muß. Anderntheils befürchte ich, es möchte unbesonnen sein, einen so großen Besitz allen Witterungs- und andern Unfällen zugleich auszusetzen, und es scheint sicherer, dem Unbestande des Glücks durch verschieden gelegene

---

19. [1]) D. h. der Bevollmächtigte des Herrn, dem die Verwalter, welche zugleich Geschäfts- und Kassenführer sind, Rechnung zu legen haben.

[2]) Der Haushofmeister der herrschaftlichen Villa, der die Oberaufsicht über das Ameublement, die Reinigung und Erhaltung derselben führt.

Besitzungen zu begegnen. Außerdem hat auch die Veränderung der Luft und des Bodens und schon das Reisen von einem Gute zum andern seine großen Annehmlichkeiten. Nun sind aber, was bei meinem Ueberschlage vorzugsweise in die Wagschaale fällt, die Ländereien fruchtbar, von fettem Boden und gut bewässert; sie bestehen aus Feldern, Weinbergen und Waldungen mit Bauholz, welches einen zwar nur mäßigen, aber doch bestimmten Ertrag abwirft. Allein diese Ertragsfähigkeit des Bodens wird durch die Dürftigkeit der Bebauer wieder abgeschwächt. Denn der frühere Besitzer hat wiederholt die ihm haftenden Pfänder³) verkauft und so zwar die Rückstände der Pächter für den Augenblick vermindert, aber ihre Hülfsquellen für die Folgezeit erschöpft, so daß durch diesen Ausfall die Rückstände von Neuem anwuchsen. Man muß also den Leuten, eben weil sie sonst tüchtig sind, mit desto größeren Kosten wieder Arbeiter⁴) beschaffen; denn weder ich selbst besitze irgendwo Ackersklaven, noch sonst Jemand in der Gegend.

Ich muß Dir nun zum Schluß noch den Preis mittheilen, um den das Gut zu erstehen sein möchte. Ich denke, zu 3 Millionen⁵). Nicht als ob es nicht einmal 5 Millionen⁶) werth gewesen; aber durch die Armuth der Pächter und die allgemeine Noth der Zeit ist mit dem Ertrage der Ländereien auch deren Preis zurückgegangen. Fragst Du, ob ich jene 3 Millionen leicht zusammenbringen könne, so bin ich zwar ganz in Landgütern angelegt, allein ich habe doch auch Einiges ausstehend, und es würde mir nicht schwer fallen, Geld aufzunehmen: ich kann es von meiner Schwiegermutter⁷) bekommen, über deren Kasse ich wie über meine eigene verfügen darf. Also das braucht Dich nicht zu kümmern, wenn Du im Uebrigen, das ich Dich auf das Sorgfältigste in Betracht zu ziehen bitte, kein Bedenken hast. Du hast ja

---

³) Der Pachter haftete dem Besitzer mit seinem Hab und Gut für die Bezahlung der Pachtgelder. Blieb er im Rückstande, so hatte der Gutsherr das Recht, sich durch Verkauf desselben schadlos zu halten. Meist wurden die Sklaven der Pachter zum Verkauf gebracht.
⁴) Natürlich Sklaven.
⁵) Gegen 218,000 Thaler.
⁶) 362,000 Thaler.
⁷) Pompeja Celerina; vgl. Anm. 1 zu I. 4.

nicht nur überhaupt, sondern gerade in Vermögensangelegenheiten so viel Umsicht und Erfahrung. Lebe wohl!

## 20.
### C. Plinius an Messius Maximus¹).

Du erinnerst Dich wol, öfter gelesen zu haben, wie viel Händel ein Stimmgesetz²) erregt und wie viel Lob oder Tadel es der Person 2 seines Urhebers gebracht hat. Und jetzt ist gerade dieß als das Allerbeste im Senate ohne Widerspruch durchgegangen: Jedermann forderte 3 am Comitientage³) Stimmtäfelchen. Wir hatten freilich in unseren früheren öffentlichen und mündlichen Abstimmungen die Rücksichtslosigkeit der Volksversammlungen überboten. Da war nicht von einer Beobachtung der zum Reden gestatteten Zeit⁴), nicht von einem rücksichtsvollen Schweigen, nicht einmal von einem anständigen Verweilen 4 auf den Plätzen die Rede. Ueberall lautes, durcheinander tönendes Geschrei; Jedermann drängte sich mit seinen Candidaten vor⁵), ganze

---

20. ¹) Der ebenfalls an Messius Maximus gerichtete Brief IV. 25 schließt sich auch im Inhalte an den vorliegenden Brief an.

²) Während früher für alle Gegenstände der Volksberathung (Wahlen, Gesetze, Criminalprocesse) öffentliche und mündliche Abstimmung gegolten hatte, wurde zuerst für die Magistratswahlen, im Jahre 139 v. Chr., dann für die Gesetzgebung und Processe geheime Abstimmung vermittelst Stimmtäfelchen eingeführt. Es wurden dabei an jeden Stimmberechtigten im Allgemeinen zwei Täfelchen verabreicht, das eine für, das andere wider den Antrag lautend. Nur bei Wahlhandlungen wurde ein einziges, mit Wachs überzogenes Täfelchen verabreicht, auf welches der Wähler selbst den oder die Namen schrieb oder schreiben ließ, für welche er stimmte.

³) Seit Tiberius' Regierungsantritt war die Wahl sämmtlicher republikanischen Beamten vom Volke auf den Senat übertragen (Tacit. Annalen I. 15), so daß dem ersteren nur insofern ein scheinbarer Antheil daran blieb, als die vom Senate Erwählten dem versammelten Volke in den Comitien vorgestellt und von diesem mit den üblichen Acclamationen empfangen wurden. Selbst der Name „Comitien" (Volksversammlungen) ging auf die betreffenden Senatssitzungen über.

⁴) Man erbat und erhielt in den Volks-, wie in den Senatsversammlungen das Wort; allein der zugelassene Redner wurde, wie Plinius erzählt, von andern Senatoren unterbrochen, oder man sprach, ohne das Wort zu haben.

⁵) Um dieselben vorzustellen. Eine solche Vorstellung war zur Zeit der Republik stets allein die Befugniß des Vorsitzenden.

Züge bewegten sich mitten durch, es bildeten sich eine Masse Einzelgruppen, es herrschte ein unanständiger Wirrwarr: so tief waren wir von der Väter Sitte herabgesunken, bei denen sich Alles in Ordnung, Maß und edler Ruhe hielt und die Majestät des Ortes zart zu wahren wußte⁶). Noch leben alte Männer, aus deren Munde ich Folgendes über den Verlauf der Comitien höre: Wenn der Name eines Candidaten verlesen war, trat tiefe Stille ein: er ergriff selbst für sich das Wort, er gab ein Bild seiner Vergangenheit, er nannte seine Zeugen und Empfehlungen, und das war entweder Der, unter dem er im Felde gedient hatte, oder Der, dessen Quästor er gewesen war, oder, wenn möglich, beide; er nannte auch die Namen einiger ihn unterstützenden Freunde, und diese sprachen ein gewichtiges und kurzes Wort für ihn. Und das wirkte mehr als alle Fürbitte. Dann und wann rügte er wol eines Mitbewerbers Herkunft, seine Jahre⁷) oder selbst seinen Charakter. Und der Senat lieh gleich strengen Sittenrichtern sein Ohr. Auf diese Weise fiel denn gar häufig die Würdigkeit stärker in die Wagschale als die persönliche Beliebtheit. Weil nun das alles durch maßlose Parteigunst zum Unheil sich gewendet hat, so soll die geheime Abstimmung so eine Art von Heilmittel dagegen abgeben. Und das ist sie mittlerweile allerdings gewesen; denn sie kam unerwartet und überraschend. Allein ich fürchte, daß im Verlaufe der Zeit das Heilmittel selbst neue Uebel erzeugt. Liegt doch die Sorge nahe, daß sich bei der geheimen Abstimmung die Unverschämtheit einschleiche. Denn wie viele sind Derer, die Pflicht und Ehre im Geheimen ebenso hoch halten, wie vor der Oeffentlichkeit? Scheut sich auch Mancher vor dem Urtheile der Welt, so hegen doch nur Wenige Scheu vor dem eigenen Gewissen. Doch das heißt wol gar zu vorschnell von der Zukunft geurtheilt. Jedenfalls werden wir, Dank den Stimmtäfelchen, mittlerweile Beamte haben, die es vollkommen zu werden verdienen. Denn, wie es dem

---

⁶) Plinius irrt: auch während der Republik boten die Volksversammlungen Scenen der rohesten, gewaltthätigsten Art.

⁷) Es galten seit 180 vor Chr. feste gesetzliche Bestimmungen über das Alter, welches zur Bewerbung um die einzelnen öffentlichen Aemter erforderlich war.

Recuperatorengerichte geht⁸), so ging es uns bei diesen Comitien: die Sache kam uns gewissermaßen über den Hals und wir zeigten uns als ehrliche Richter.

10 Ich habe Dir das mitgetheilt, einestheils, um etwas Neues zu berichten, anderntheils, um manchmal über Politik mit Dir zu reden — ein Gegenstand, den zu besprechen wir um so weniger versäumen dürfen, je seltener uns dazu im Vergleich mit unseren Vorfahren die
11 Gelegenheit geboten wird. Wollen wir uns denn um des Himmels willen ewig in den trivialen Floskeln bewegen: „wie gehts? Du befindest Dich doch im erwünschten Wohlsein?" Auch unsere Briefe sollen nicht immer am Gewöhnlichen und Gemeinen kleben und sich
12 nicht immer um das liebe Ich drehen. Zwar steht Alles unter dem leitenden Willen eines Einzigen, der im Interesse des Gesammtwohls die Sorgen und Mühen der Einzelnen auf sich genommen hat; allein in Folge einer heilsamen Vertheilung fließen doch aus jenem reichen Quell einige Bäche auch auf uns hernieder, aus denen wir nicht nur selbst trinken, sondern auch unsern abwesenden Freunden brieflich kredenzen können. Lebe wohl!

---

⁸) Ursprünglich ein völkerrechtliches Institut, eingeführt durch Verträge der Römer mit andern Nationen, wonach künftig die Streitigkeiten Einzelner nicht auf völkerrechtlichem Wege, sondern privatrechtlich durch ein aus Männern beider Nationen zusammengesetztes Schiedsgericht ausgemacht werden sollten. Diese entschieden also über Zurückgabe und Ersatz weggenommener Gegenstände und über alle anderen Privatansprüche, wovon sie sogar den Namen (= Gerichte über Wiedererstattung) erhielten. Daher kommen sie sehr oft in den Provinzialprocessen vor. In Rom selbst richteten sie nur in Processen zwischen Römern und Fremden oder zwischen Fremden auf beiden Seiten, bis sie endlich auch bei der ordentlichen römischen Rechtspflege angewendet wurden. Die Zahl der jedesmal richtenden Recuperatoren war in der Regel drei oder fünf. Ursprünglich, als die Parteien verschiedenen Nationalitäten angehörten, wählte jede Partei einen Richter, und dazu kam nach Uebereinkunft oder Loos ein dritter unparteiischer. Als aber das Gericht ein römisches Institut geworden war, hörte der Dualismus der Nationen auf, und es wurden stets mehrere römische Recuperatoren den Parteien vorgeschlagen, welche das Recht der Verwerfung hatten. Das recuperatorische Verfahren diente zur Beschleunigung des Processes, weil die eine Partei früher nicht selten aus weiter Ferne kam und eine rasche Beendigung wünschen mußte. Auf diese Raschheit der Wahl und des Verfahrens spielt Plinius an.

## 21.
### C. Plinius an Cornelius Priscus¹).

Ich höre eben mit Bedauern, daß Valerius Martialis²) gestorben ist. Er war ein Mann von Geist, ein scharfer und lebendiger Kopf, als Schriftsteller von großem Witz und beißender Galle, aber von gleich großer Lauterkeit des Herzens. Ich hatte ihm bei seiner 2 Abreise ein kleines Angebinde mitgegeben; das glaubte ich unserer Freundschaft, das auch den kleinen Versen schuldig zu sein, die er auf mich gemacht hat. In der guten alten Zeit war es Sitte, die, welche 3 etwas zum Lobe einzelner Persönlichkeiten oder ganzer Städte geschrieben hatten, mit Ehrengaben oder einem Geldgeschenk auszuzeichnen; in unseren Tagen ist, wie vieles Schöne und Herrliche, so vornehmlich dieser Brauch abgekommen. Denn seitdem wir es aufgegeben, etwas zu thun, was des Lobes werth wäre, halten wir es natürlich nicht mehr für passend, uns loben zu lassen. Du wirst wissen wollen, was 4 das für Verse gewesen, für die ich meinen Dank abtrug. Ich würde Dich auf die Sammlung selbst verweisen, wenn ich nicht einige im Gedächtniß hätte. Gefallen Dir diese, so kannst Du ja die anderen dort nachschlagen. Er wendet sich an die Muse und gibt ihr auf, mein 5 Haus auf den Esquilien³) zu suchen und demselben mit Ehrfurcht zu nahen:

> Aber hüte Dich, daß Du nicht zur Unzeit
> Trunken an die beredte Thüre klopfest.
> Ganze Tage der ernsten Pallas⁴) weiht er;
> Denn er schreibt für das Ohr der Hundertmänner⁵),

---

21. ¹) Er wird V. 20. 7 als Consular erwähnt.
²) M. Valerius Martialis, um das Jahr 40 zu Bilbilis (Bilbao) in Spanien geboren, kam früh nach Rom, wo er an Titus und Domitian wohlwollende Gönner fand. Später gerieth er in Bedrängniß und kehrte im Jahre 98, von Plinius unterstützt, in sein Vaterland zurück. Dort starb er im Jahre 101. Seine 14 Bücher Epigramme oder Sinngedichte sind erhalten.
³) Einer der größten Hügel Roms; an demselben wohnte Plinius.
⁴) Minerva als Schützerin der Wissenschaften.
⁵) Der Centumviralrichter, vor denen damals alle Civilprocesse verhandelt wurden; vgl. Anm. 6 zu 1. 5.

> Was Jahrhunderte, was die späte Nachwelt
> Gleich Arpinischen Werken⁶) schätzen könnten.
> Sichrer gehst Du bei spätem Lampenlichte.
> Dann ist's Zeit für Dich, wenn Lyäus⁷) schwärmet,
> Wenn die Rose da herrschet, wenn das Haar trieft.
> Dann mag selbst mich ein strenger Cato lesen.

That ich recht, wenn ich damals den Scheidenden mit einem Zeichen warmer Anerkennung entließ und jetzt den Todten wie einen lieben Freund betrauere? Gab er mir doch das Beste, was er geben konnte, und würde noch mehr gethan haben, wenn es ihm gestattet gewesen wäre. Und doch, kann der Mensch dem Menschen Besseres geben als Ehre und Ruhm und seines Namens Gedächtniß für die Ewigkeit? Allein, wendest Du vielleicht ein, seine Schriften sind nicht für die Ewigkeit. Möglich, daß sie es nicht sind; aber er schrieb sie doch in der Hoffnung, sie würden es sein. Lebe wohl!

---

⁶) D. h. gleich den Werken des in Arpinum geborenen M. Tullius Cicero.

⁷) Bacchus. Martial räth der Muse, dem Plinius erst am Abend zur Zeit eines Trinkgelages, zu dem man sich mit Rosen und anderen Blumen und wohlriechenden Kräutern bekränzte und mit duftenden Oelen salbte, mit seinen Gedichten zu nahen. Denn dann werde der Ernst des Plinius, wie einst des Cato von Utica (vgl. Anm. 3 zu III. 12), der heitersten Laune Platz gemacht haben und der Redner für solche leichtfertige Producte gestimmt sein.

Des

# C. Plinius Cäcilius Secundus Briefe.

Uebersetzt

von

Ernst Klußmann und Dr. Wilhelm Binder.

**Zweites Bändchen.**
(4. bis 7. Buch.)

Stuttgart.
Hoffmann'sche Verlags-Buchhandlung.
(Carl Hoffmann.)

# Viertes Buch.

## I.

**C. Plinius an Fabatus, den Großvater seiner Gattin.**

Du wünschest, nach langer Zeit deine Enkelin¹) und mich wieder einmal zusammen zu sehen. Welches Vergnügen für uns Beide ist dieser dein Wunsch, und — wahrhaftig! — auch wir wünschen es. Denn auch wir unserseits hegen eine unglaubliche Sehnsucht nach euch, die wir nicht länger mehr hinausschieben wollen. Und in der That machen wir uns jetzt schon mit Sack und Pack fertig und wollen eilen, so gut es unser Reiseplan gestattet. Nur ein einziger Aufenthalt, und das nur ein kurzer, wird stattfinden: ich will [nämlich] einen Abstecher nach Tusci²) machen, nicht, um die Ländereien und das Wirthschaftswesen in Augenschein zu nehmen, — denn das läßt sich noch aufschieben — sondern um eine nothwendige Pflicht zu erfüllen. Es liegt nämlich in der Nähe meiner Güter ein Städtchen, Namens Tifernum Tiberinum³), das mich, als ich fast noch ein Knabe war, zu seinem Patron erwählt hatte⁴): die Vorliebe [dieser Leute] für

---

¹) Calpurnia, mit welcher sich Plinius nach dem Tode seiner ersten Gattin vermählt hatte. Ihr Vater, ein Sohn des Fabatus, war damals schon gestorben.
²) So hieß ein Landgut des Plinius im tuscischen (etrurischen) Gebiete.
³) Der gegenwärtige Name dieser, an der Tiber, im bisherigen Kirchenstaate, gelegenen Stadt, welche zu Plinius' Zeit ein römisches Municipium war, ist Città di Castello.
⁴) Nicht blos einzelne Personen, sondern auch ganze Gemeinden und Länder-

mich war um so größer, je weniger sie es überlegt hatten. Meine Ankunft ist [jedesmal] ein Festtag, meine Abreise erfüllt sie mit Wehmuth, Alles, was mir Ehre bringt, macht ihnen Freude.
5 Um mich hiefür dankbar zu erweisen, — denn sich in der Liebe übertreffen lassen, ist die größte Schande — habe ich ihnen auf meine Kosten einen Tempel erbauen lassen, dessen Einweihung, da er nun fertig ist, länger hinauszuschieben Gottlosigkeit wäre.
6 Wir werden also den Einweihungstag, den ich mit einem Gastmahle zu feiern beschlossen habe, dort zubringen. Der Aufenthalt wird sich vielleicht auch noch über den folgenden Tag ausdehnen; aber um so mehr werden wir dann die eigentliche Reise
7 beschleunigen. Möge uns nur das Glück zu Theil werden, dich und deine Tochter im besten Wohlsein anzutreffen! Denn daß es euch Freude mache, wenn ihr uns glücklich angekommen sehet, ist gewiß. Lebe wohl!

## II.
### C. Plinius an Clemens.

Regulus hat seinen Sohn verloren: dieses einzige Unglück verdient er nicht, weil ich nicht weiß, ob er es für ein Unglück hält. Der Knabe hatte einen scharfen Verstand, aber einen zweideutigen Charakter; gleichwohl hätte er noch auf den rechten Weg gebracht werden können, wenn er nicht gewesen wäre, wie sein
2 Vater. Ihn hat Regulus emancipirt[1]), damit er der Erbe

---

gebiete wählten sich irgend einen angesehenen und einflußreichen Mann zu Rom, oder auch eine ganze Familie zu Patronen, die sich ihrer in allen Angelegenheiten, namentlich aber in Rechtshändeln, anzunehmen hatten.

[1]) Regulus hatte seinen Sohn aus der väterlichen Gewalt entlassen, damit derselbe — wie Plinius selbst sagt — seine Mutter beerben möchte; denn Letztere kannte ihren Gatten viel zu gut, als daß sie ihren Sohn, so lange er noch unter der Gewalt eines solchen Vaters stand, zum Erben eingesetzt hätte. Regulus, welcher dieß wohl wußte, versuchte deßhalb alle Mittel und Wege, um seinen Sohn auf andere Weise an sich zu fesseln und von sich abhängig zu machen (daher es zu Rom allgemein hieß: „er habe ihn mancipirt" d. h. gekauft), um ihn bereinst zu beerben; und in dieser — aber auch nur in dieser — Beziehung war freilich der Tod des Knaben höchst schmerzlich für ihn.

seiner Mutter würde. Und da er mancipirt war, — denn so
nannte man es, dem Charakter des Mannes gemäß, allgemein
— lockte er den Knaben durch eine eben so schändliche, als bei
Eltern ungewöhnliche Heuchelei in's Garn. Es ist unglaublich,
aber stelle dir nur den Regulus vor! Gleichwohl trauert er über
den Verlorenen ganz wahnsinnig. Der Knabe hatte viele kleine
Pferdchen zum Fahren und Reiten, hatte große und kleine Hunde,
hatte Nachtigallen, Papagayen, Amseln: diese alle hat Regulus
bei seinem Scheiterhaufen dem Tode geweiht. Das war aber
nicht [wirklicher] Schmerz, sondern nur ein Zuschaustellen von
Schmerz. Es ist zum Verwundern, was für eine Menge von
Leuten sich bei ihm einfindet²)! Alle verabscheuen, hassen ihn,
und doch laufen sie haufenweise zu ihm, als ob sie ihn schätzten
und liebten; und — um meine Ansicht kurz heraus zu sagen —
indem sie sich dem Regulus gefällig zeigen, machen sie es gerade
wie Regulus. Er hält sich jetzt in seinen Gärten jenseits der
Tiber auf, wo er eine mächtige Strecke Landes mit unermeß-
lichen Säulengängen, das Ufer mit seinen Bildsäulen bedeckt hat,
wie er denn neben dem größten Geiz Verschwendung, neben der
höchsten Niederträchtigkeit Ruhmliebe zur Schau trägt. Er plagt
somit die Einwohnerschaft [eben jetzt] in der ungesundesten Jahreszeit, und diese Plage ist, nach seiner Meinung, eine Beruhigung.
Er sagt: er wolle sich vermählen: auch hierin ist er, wie in allem
Andern, der verkehrte Mensch. Du wirst in kurzer Zeit von
der Hochzeit eines Leidtragenden, von dem Vermählungsfeste eines
Greises hören: zwei Dinge, von denen das eine zu früh, das
andere zu spät ist. Woher ich dieß vermuthe, fragst du? Nicht,
weil er es selbst behauptet — denn es gibt keinen größern Lüg-
ner, als er ist — sondern weil es eine ausgemachte Sache ist,
daß Regulus Alles thun wird, was er nicht thun sollte. Lebe
wohl!

---

²) Nämlich: um ihm ihr Beileid zu bezeugen.

## III.
### C. Plinius an Antoninus.

Daß du zweimal Consul warst, ähnlich jenen Alten; daß du Statthalter in Asien warst, wie vor dir, wie nach dir kaum Einer oder der Andere — denn deine Bescheidenheit gestattet mir nicht, zu sagen, wie noch Keiner — daß du durch Sittenreinheit, daß du durch Ansehen, auch hinsichtlich des Alters einer der Ersten im Staate bist: das ist nun zwar ehrwürdig und schön, dennoch bewundere ich dich noch mehr bei deinen Erholungen.
2 Denn jenen Ernst mit einem gleichen Grade von Heiterkeit zu würzen, und mit der höchsten Würde solch ein freundliches Wesen zu verbinden, das ist eben so schwer, als groß. Den Beweis hievon lieferst du nicht nur durch deine außerordentliche Anmuth in der mündlichen Unterhaltung, sondern namentlich auch
3 durch die Art und Weise, dich schriftlich auszudrücken. Denn wenn du sprichst, scheint dir, wie jenem Greise bei Homer, Honig von den Lippen zu fließen [1]), und was du schreibst, ist ebenso, als füllten es die Bienen mit Honig und Nectar. Diesen Eindruck wenigstens machte es auf mich, als ich deine griechischen Epigramme und Jamben ganz kürzlich erst las. Welch feine
4 Bildung, welche Schönheit [bekundet sich] darin! Wie anmuthig, wie classisch, wie witzig, wie regelrecht sind sie! Einen Callimachus, einen Herodes [2]), oder wo möglich etwas noch Besseres

---

[1]) Nestor, von dem Homer Ilias I, 248, 249 sagt:
Nestor mit holdem Gespräche, der tönende Redner von Pylos,
Dem von der Zung' ein Laut, wie des Honigs Süße, daherfloß.

[2]) Callimachus, aus Cyrene in Africa gebürtig, lebte zur Zeit der beiden Ptolemäer Philadelphus und Euergetes und war von ihnen hochgeschätzt. Von seinen zahlreichen Gedichten sind uns nur noch einige Epigramme und Hymnen nebst verschiedenen, nicht bedeutenden, Bruchstücken erhalten. — Unter Herodes kann nicht wohl, wie Einige wollen, Herodes Atticus gemeint sein, da dieser zur Zeit, wo gegenwärtiger Brief geschrieben wurde, noch viel zu jung war, als daß er schon einem Callimachus hätte zur Seite gestellt werden können. Ohne Zweifel meinte Plinius den weit ältern Jambographen Herodes, der freilich gar oft mit Herodes Atticus verwechselt wurde, dessen Fragmente sich in Fiorillo Diatribe in

glaubte ich in Händen zu haben; und doch hat Keiner in diesen beiden Fächern etwas Vollendetes geliefert, oder ist ihm auch nur nahe gekommen. Kann ein Römer sich so [meisterhaft] im Grie= chischen ausdrücken? Nein, bei Gott, von Athen selbst möchte ich nicht behaupten, daß es so [schön] attisch spreche! Kurz, ich beneide die Griechen, daß du es vorzogest, in ihrer Sprache zu schreiben. Denn es bedarf wohl nicht erst einer Vermuthung, wie du dich in deiner Muttersprache auszudrücken vermögest, da du in dieser fremden und ausländischen solche vortreffliche Werke zu Stande bringst. Lebe wohl!

## IV.
### C. Plinius an Sossius.

Den Calvisius Nepos liebe ich im höchsten Grade, als einen thätigen, beredten und — was bei mir allem Andern vor= geht — rechtschaffenen Mann. Er ist mit C. Calvisius, meinem Wohnungsgenossen, deinem Freunde, ganz nahe verwandt; er ist nämlich der Sohn seiner Schwester. Für ihn lege ich daher die Bitte ein: verleihe ihm das halbjährige Tribunat [1]), wodurch nicht nur er selbst, sondern auch sein Oheim sich in einer glänzenden Stellung fühlen wird. Du wirst mich, wirst unsern Calvisius, wirst ihn selbst dir verbinden, wirst keinen minder würdigen Schuldner an ihm haben, als du uns dafür halten darfst. Viele Wohlthaten hast du schon so Vielen erwiesen; gleichwohl wage ich die Behauptung, daß du noch keine besser, gleich gut kaum eine oder die andere angebracht hast. Lebe wohl!

---

Herodis Iambographi Fragmenta hinter seiner Ausgabe des H. Atticus, Lips. 1801, finden.

[1]) Man pflegte die von so vielen Bewerbern nachgesuchte Würde des Kriegs= tribunats nur auf die Dauer eines halben Jahres zu verleihen, um dieselbe desto Mehreren zukommen lassen zu können.

# V.
## C. Plinius an Sparsus.

Von Aeschines heißt es, daß er den Rhodiern auf ihre Bitte [zuerst] seine eigene, hierauf des Demosthenes Rede¹), unter 2 den lautesten Beifallszurufen über Beide, vorgelesen habe. Daß den Werken so großer Männer diese Ehre zu Theil wurde, wundert mich gar nicht, da ja erst vor ganz Kurzem kenntnißreiche Männer eine Rede von mir zwei Tage nach einander mit so viel Eifer, so viel Beifall, ja mit so viel Aufopferung angehört haben, obgleich diese Aufmerksamkeit durch keine Vergleichung, durch — um mich so auszudrücken — keinen Wettstreit ange- 3 feuert wurde. Denn die Rhodier wurden nicht nur durch die Vorzüge beider Reden selbst, sondern auch durch die Vergleichung angespornt; meine Rede fand ohne den Reiz des Wetteifers Beifall. Ob sie ihn verdiente, das wirst du finden, wenn du die Arbeit liesest: ihre Länge gestattet mir nicht, sie mit einer weit- 4 läufigen Vorrede einzuleiten. Denn ich muß wenigstens da, wo ich kann, kurz sein, damit ich eher Entschuldigung finde, daß ich die Rede selbst so in's Breite, jedoch nicht mehr, als der Gegenstand es erheischte, ausgedehnt habe. Lebe wohl!

# VI.
## C. Plinius an Naso.

Tusci ist vom Hagel getroffen worden, dagegen steht auf meinen Ländereien jenseits des Padus Alles in vollster Ueppigkeit, dabei aber herrscht ebenso große Wohlfeilheit; mein Lauren- 2 tinum¹) allein ist es, das mir einen Ertrag abwirft. Zwar

---

¹) Dem Demosthenes wurde für seine Verdienste um das Vaterland eine goldene Krone zuerkannt. Diese Auszeichnung zu hintertreiben, bot Aeschinas, als sein Gegner, alle Künste der Beredtsamkeit auf. Auf dieß hielt Demosthenes seine berühmte Rede Pro Corona.

¹) Ein Landgut des Plinius in der Nähe der alten Stadt Laurentum, der ehemaligen Residenz des Königs Latinus; es lag — wie wir aus dem Schluße des Briefes sehen — dicht an der Meeresküste.

besitze ich daselbst Nichts, außer einem Hause und einem Garten, und gleich daneben Sandboden; dennoch wirft es allein einen Ertrag für mich ab. Denn dort schreibe ich am meisten: ein Feld, das ich nicht habe, baue ich zwar nicht an, dafür aber mich durch Beschäftigung mit den Wissenschaften, und bereits kann ich dir, wie an andern Orten einen vollen Speicher, so dort einen vollen Schrank²) zeigen. Wenn daher du dir sichere und ertragreiche Güter wünschest, so erwirb dir auch eines an dieser Meeresküste! Lebe wohl!

## VII.
### C. Plinius an Lepidus.

Ich kann es dir nicht oft genug sagen, welche Gewalt Regulus besitzt. Es ist zum Verwundern, wie er Alles ausführt, was er sich in den Kopf gesetzt hat. So hat es ihm beliebt, seinen Sohn zu betrauern: er betrauert ihn, wie [dieß] Niemand [sonst thut]. So hat es ihm beliebt, eine Menge Statuen und Bildnisse von ihm anfertigen zu lassen: er thut dieß in allen Werkstätten. Er läßt ihn in Farben, läßt ihn in Wachs, läßt ihn in Erz, in Silber, in Gold, in Elfenbein, in Marmor abbilden. Er hat sogar selbst neulich, vor einem zahlreich eingeladenen Zuhörerkreise, eine Lebensschilderung von ihm vorgelesen — eine Lebensschilderung von einem Knaben vorgelesen! Und dazu noch hat er diese Schrift in tausend Abschriften in ganz Italien und allen Provinzen herumgeschickt. Er hat amtliche Schreiben erlassen, es solle von den Decurionen¹) Einer aus ihrer Mitte, mit einer sehr vernehmlichen Stimme, ausgewählt werden, um [das Schriftstück] dem Volke vorzulesen: es geschah! Hätte er diese Kraftentfaltung — oder welchen Namen man seinem Bemühen, Alles durchzusetzen, beilegen will — auf wichtigere Dinge gerichtet, wie viel Gutes hätte er ausführen können!

---

²) Von Erzeugnissen meiner Beschäftigung mit den Wissenschaften.
¹) So hießen die Rathsmitglieder in den Municipalstädten und Colonien. Sie waren dasselbe, was in Rom die Senatoren.

Freilich wohnt guten Menschen nicht der Gewaltdrang inne, wie schlechten; und gleichwie „Unwissenheit keckes Gebahren, vernünftige Ueberlegung Bedächtlichkeit im Gefolge hat" ²), ebenso schwächt die Bescheidenheit den Mann von richtigem Sinne ab, während 4 den mit verkehrtem die Keckheit nur noch hartnäckiger macht. Ein Beispiel hievon liefert Regulus. Seine Brust ist schwach, seine Sprache undeutlich, seine Zunge stotternd, seine Erfindungsgabe höchst träge, sein Gedächtniß gar Nichts; kurz, Nichts ist an ihm, als ein toller Kopf, und doch ist er durch Unverschämtheit und eben diese Tollheit so weit gekommen, daß er von sehr Vielen 5 für einen Redner gehalten wird. Daher hat Herennius Senecio auch mit vielem Glücke jene Aeußerung Cato's über den Redner, [nur] in umgekehrter Weise, auf ihn angewendet: „Der Redner ist ein schlechter Mann, der nicht zu reden versteht." Wahrhaftig, Cato selbst hat nicht so treffend den wahren Redner, wie 6 Dieser den Regulus, geschildert! — Hast du nun auch Etwas, womit du mir einen so herrlichen Brief hinreichend vergüten kannst? Du hast's, wenn du mir dafür schreibst, ob in eurer Freistadt Einer von meinen Bekannten, ob etwa gar du selber dieses betrübte Schriftstück des Regulus wie ein Marktschreier auf dem Marktplatze vorgelesen hast, nämlich, wie Demosthenes ³) sagt: „mit hocherhobener Stimme, und lustig und aus vollem 7 Halse schreiend." Denn es ist so geschmacklos, daß es Einen mehr zum Lachen, als zum Weinen bringen kann. Man ist versucht zu glauben, es sei nicht auf einen Knaben, sondern von einem Knaben verfertigt worden. Lebe wohl!

## VIII.
### C. Plinius an Arrianus.

Du beglückwünschest mich wegen des erhaltenen Augurats ¹); du hast Recht mit deinem Glückwunsche. Für's Erste ist die

---

²) Aus Thucydides. Die Stelle ist von Plinius griechisch angeführt: ἀμαθία μὲν θράσος, λογισμὸς δὲ ὄκνον φέρει.

³) In der Rede für den Kranz Cap. 90.

¹) Die Augurn bildeten zu Rom unter einem Vorsteher, welcher den Titel

gewonnene Anerkennung eines Fürsten von so gediegenen Grund=
sätzen schon in Dingen von minderer Bedeutung etwas
Schönes; sodann ist dieses priesterliche Amt sowohl durch sein
ehrwürdiges Alter, als auch durch seine Heiligkeit ein in jeder
Beziehung so ausgezeichnetes, daß es Einer, so lange er lebt,
nicht verliert. Denn die anderen Aemter, mögen sie diesem an 2
Würde auch nahezu gleichkommen, werden, wie verliehen, so auch
wieder genommen; bei diesem dagegen übt das Glück nur so
weit Einfluß aus, daß es verliehen werden kann. Aber auch der 3
Umstand scheint mir der Beglückwünschung werth zu sein, daß ich
der Nachfolger des Julius Frontinus ²), eines unserer trefflichsten
Männer, geworden bin, der mich am Ernennungstage in den
letzten Jahren immer wieder zu dieser Priesterwürde in Vorschlag
brachte, als ob er mich zu seinem Nachfolger bestimmt hätte:
was nun der Erfolg so sehr bewährt hat, daß es nicht als bloßer
Zufall erscheint. Dir macht zwar, wie du schreibst, mein Augu= 4
rat deßhalb so großes Vergnügen, weil Marcus Tullius [eben=
falls] Augur war. Denn es freut dich, daß ich in die Ehren=
stellen des Mannes eintrete, dem in seinen Studien nachzueifern
mein Bestreben ist. Ich habe nun zwar, gleich ihm, die Priester=
würde und das Consulat, und sogar als weit jüngerer Mann,
als er, erlangt: aber, könnte ich doch nur als Greis seinen Geist, 5
wenn auch nur zu einem bescheidenen Theile, bekommen! Aber
freilich: was in der Hand der Menschen liegt, das habe ich und 6
viele Andere erreicht; aber schwierig ist es, das zu erlangen, es
ist schon zu viel, das auch nur zu hoffen, was allein von den
Göttern beschert werden kann. Lebe wohl!

Magister Collegii führte, ein eigenes Collegium. Schon unter Romulus gab es
deren drei, deren Zahl im J. R. 449 oder nach Andern 500 auf neun, und
unter Sulla auf fünfzehn vermehrt wurde. Ihre Verrichtungen sind bekannt; ihr
Amt bekleideten sie lebenslänglich, wohl deßhalb, daß sie die damit verbundenen
Geheimnisse nicht verrathen sollten, denn sie gehörten zu den wichtigsten und
einflußreichsten Organen der römischen Politik.

²) Er lebte unter den Kaisern Domitian, Nerva und Trajan und war Ver=
fasser eines Werkes De aquaeductibus, sowie von „Vier Büchern Strategematum,"
welche beide Werke wir noch besitzen. Unter Nerva bekleidete er die Stelle eines
Praefectus aquarum.

## IX.
## C. Plinius an Ursus.

In den letztverflossenen Tagen wurde die Angelegenheit des Julius Bassus vor Gericht verhandelt, eines schwer gedrückten und durch sein Unglück allgemein bekannt gewordenen Mannes. Unter Vespasianus von zwei Privatpersonen angeklagt, wurde er an den Senat verwiesen, wo seine Sache lange hängen blieb; endlich wurde 2 er losgesprochen und erhielt Genugthuung. Als Freund des Domitian fürchtete er den Titus; von Domitian wurde er in die Verbannung geschickt. Zurückberufen von Nerva, erhielt er die Statthalterschaft über Bithynien ¹), kehrte aber als Angeklagter zurück. Bei der Anklage war nicht minder heftig verfahren worden, als die Vertheidigung redlich geführt wurde. Die Stimmen über ihn waren getheilt, doch fiel die Mehrzahl so aus, als lauteten sie zu seinen Gun= 3 sten. Zuerst trat Pomponius Rufus wider ihn auf, ein wohl= gerüsteter und heftiger Mann. Auf Rufus folgte Theophanes, einer von den Abgeordneten, die Fackel und der Urquell der An= klage. Diesem antwortete ich; denn Bassus hatte mir aufge= 4 tragen, den Grundstein zu der ganzen Vertheidigung zu legen: ich sollte von der Auszeichnung sprechen, die er durch den Glanz seines Geschlechtes und durch seine Gefahren selbst in hohem 5 Grade beanspruchen könne; sollte sprechen von der Verschwörung seiner Angeber, welche ein Gewerbe daraus machten ²); sollte sprechen von den Ursachen, wodurch er alle Parteimänner, und namentlich jenen Theophanes, vor den Kopf gestoßen hätte. Auch sollte eben ich der Anschuldigung entgegentreten, von der er am meisten gedrückt wurde; denn bei den anderen Anklagepunkten,

---

¹) Eine Landschaft in Kleinasien, zwischen der Propontis, dem thracischen Bosporus, dem schwarzen Meere und Galatien. — Nicomedes III, Philopator, der letzte König von Bithynien, vermachte dasselbe durch Testament den Römern (vgl. Cicero, Verr. II, 1, 24). In der Folge wurde auch noch das östlich an B. gränzende Pontus dazu geschlagen.

²) Den Angebern wurde nämlich der vierte Theil von dem consiscirten Ver= mögen des Verurtheilten zuerkannt.

obgleich dieselben härter lauteten, verdiente er nicht nur Freisprechung, sondern sogar Lob. Was ihm nämlich besonders zur 6 Last gelegt wurde, war das, daß er als ein Mensch voll Herzenseinfalt unvorsichtiger Weise von Bewohnern der Provinz, die er für seine Freunde hielt, Einiges angenommen hatte; denn er war in eben dieser Provinz Quästor gewesen. Dieß nannten seine Ankläger Diebstahl und Raub; er selbst [nannte es] Geschenke; allein das Gesetz verbietet auch die Annahme von Geschenken. Was sollte ich nun da thun? Welchen Weg der Vertheidigung 7 einschlagen? Sollte ich [die Thatsache] läugnen? Ich fürchtete, es würde nun erst vollends als Diebstahl erscheinen, was ich einzugestehen mich scheuete. Zudem hieß, eine offenbare Sache abläugnen, das Verbrechen vergrößern, nicht es widerlegen, namentlich, da der Angeklagte selbst seinen Anwälten in Nichts freie Hand gelassen hatte. Er hatte nämlich vielen Personen, und sogar dem Staatsoberhaupte selbst gesagt, daß er — freilich nur kleine — Geschenke an seinem Geburtstage oder an den Saturnalien[3] angenommen und auch an sehr Viele überschickt habe. Sollte ich also um Gnade bitten. Allein da hätte ich dem An= 8 geklagten vollends den Strick um den Hals gelegt, wenn ich sein Verbrechen so weit zugab, daß er lediglich durch Gnade gerettet werden konnte. Sollte ich behaupten, er habe recht gehandelt? Da würde ich ihm nicht genützt, sondern nur mich selbst als einen Unverschämten bekundet haben. In dieser Verlegenheit hielt ich 9 es für das Beste, einen Mittelweg einzuschlagen. Ich glaube auch, [das Richtige] getroffen zu haben. Meine Rede wurde, wie es bei Schlachten oft geschieht, von der Nacht unterbrochen. Ich hatte drei und eine halbe Stunde gesprochen; noch blieben mir anderthalb Stunden übrig. Denn da nach dem Gesetze dem Ankläger sechs, dem Angeklagten neun Stunden gewährt waren, so hatte Letzterer die Zeit zwischen mir und Demjenigen, welcher nach mir als Redner auftreten sollte, so getheilt, daß ich fünf Stunden für mich, Jener die übrigen für sich nehmen sollte. Der [günstige] Erfolg meines Vortrags machte es mir räthlich, 10

---

[3] S. die Anm. 20 zu Buch II, Br. 17.

zu schweigen und aufzuhören, denn es zeugt von Unbesonnenheit, sich, wenn man sich in glücklicher Lage befindet, nicht zu mäßigen. Zudem fürchtete ich, meine Körperkräfte könnten mich bei wiederholter Anstrengung verlassen: denn es ist schwerer, eine Arbeit
11 von Neuem aufzunehmen, als ununterbrochen abzuthun. Auch stand die Besorgniß nahe, der übrige Theil meines Vortrages könnte, da er einmal abgebrochen war, durch das Abbrechen Kälte und durch die Wiederaufnahme Langeweile erzeugen. Denn gleichwie eine Fackel nur durch anhaltendes Schwingen ihr Feuer wahrt, wenn man aber dasselbe hat ausgehen lassen, nur mit großer Mühe wieder anzufachen ist: so wird auch das Feuer des Redners und die Aufmerksamkeit des Zuhörers nur durch den ununterbrochenen Vortrag erhalten, durch Unterbrechung dagegen
12 und — so zu sagen — Pausiren ermatten Beide. Indessen hat Bassus mich wiederholt und bringend, und fast mit Thränen gebeten, meine Zeit ganz auszuhalten. Ich ließ mich bewegen und stellte seinen Vortheil dem meinigen voran. Es fiel gut aus. Ich fand die Senatoren so aufmerksam, so lebendig, daß sie durch meinen frühern Vortrag mehr gereizt, als gesättigt zu sein schienen.
13 nen. Auf mich folgte Lucius Albinus; [er sprach] so dem Zwecke gemäß, daß unsere Reden hinsichtlich der Mannigfaltigkeit für zwei, dem Zusammenhange nach nur für eine gelten konnten.
14 Den Gegenvortrag hielt Herennius Pollio mit Feuer und Nachdruck; dann kam Theophanes noch einmal. Auch hier bekundete er, wie immer, die größte Unverschämtheit, daß er nach zwei Consularen und [dazu noch] gewandten Rednern für sich noch eine über Gebühr lange Zeit beanspruchte. Er sprach, bis die Nacht anbrach, ja, noch als es bereits Nacht war und man die
15 Lichter hereinbrachte. Am folgenden Tage haben Titius Homullus und Fronto meisterhaft für Bassus gesprochen; den vierten
16 Tag nahm die Beweisführung ein. Bäbius Macer, der ernannte Consul, war der Meinung, es sei gegen Bassus nach dem Gesetze über Erpressung gerichtlich zu verfahren; Cäpio Hispo: man solle ihn, unter Belassung bei seiner [bisherigen] Würde, an die Ge-
17 richte verweisen. Beide hatten Recht. „Wie ist das möglich" — sagst du — „wo so verschiedene Ansichten sich kund geben?"

Macer [hatte Recht], indem er das Geſetz vor Augen hatte und ganz folgerichtig den verurtheilen mußte, der gegen das Geſetz Geſchenke angenommen hatte; und Cäpio, weil nach ſeiner Anſicht der Senat die Befugniß habe — wie er ſie denn auch wirklich hat — die Geſetze zu mildern und zu verſchärfen, fand nicht ohne Grund eine Handlung verzeihlich, die zwar verboten, aber eben nicht ungewöhnlich iſt. Die Oberhand blieb der Anſicht Cäpio's: ja, als er ſich nur erſt zum Abſtimmen erhob, wurde ihm Beifall zugerufen, was ſonſt nur zu geſchehen pflegt, wenn man ſich wieder niederſetzt. Hieraus kannſt du den Schluß ziehen, mit welchem Beifall ſeine Rede aufgenommen wurde, da ihm ſchon, als er erſt reden wollte, ſolche Gunſt entgegenkam. Gleichwohl ſind, wie im Senate, ſo auch unter der Bürgerſchaft die Urtheile der Leute in zwei Parteien getheilt. Denn diejenigen, welche ſich der Anſicht Cäpio's anſchließen, tadeln die Anſicht des Macer als eine harte und äußerſt ſtrenge; die Anhänger Macer's nennen die andere eine allzu gelinde und unangemeſſene. Denn ſie behaupten, es gebühre ſich nicht, einen dem Gerichte überwieſenen Mann im Senate zu behalten. Noch gab es eine dritte Anſicht. Valerius Paullinus ſtimmte dem Cäpio bei und war noch der weitern Meinung, man ſolle gegen Theophanes gerichtlich einſchreiten, ſobald er ſein Amt als Geſandter niedergelegt hätte [4]). Er beſchuldigte ihn nämlich, er habe im Verlaufe der Anklage Manches gethan, worüber man ihn nach demſelben Geſetze, auf welches hin er den Baſſus angeklagt hatte, zur Verantwortung ziehen könne. Allein die Conſuln gaben dieſer Meinungsäußerung keine Folge, obgleich ſie bei dem größten Theile des Senats außerordentlichen Beifall fand. Trotz dem trug Paullinus den Ruhm der Gerechtigkeit und eines charaktervollen Benehmens davon. Als der Senat auseinander ging, ward Baſſus von der hinzuſtrömenden Volksmenge mit lautem Zurufe und großer Freude begrüßt. Dieſe günſtige Aufnahme hatte ihm das erneuerte Andenken an ſeine vorigen Drangſale,

---

⁴) Einem Geſandten konnte, ſo lange er dieſes Amt bekleidete, der Proceß nicht gemacht, er überhaupt gerichtlich nicht belangt werden.

sein durch Gefahren bekannt gewordener Name, und sein, bei einer edeln Gestalt gramvolles Greisenalter und sein Traueranzug
23 verschafft. Nimm diesen Brief einstweilen als Vorläufer an; erwarte eine volle, schwerbeladene Rede. Du mußt aber lange warten; denn sie darf nicht nur so leicht und oberflächlich ausgearbeitet werden, da der Gegenstand von so hoher Wichtigkeit ist. Lebe wohl!

## X.

### C. Plinius an Sabinus.

Du schreibst mir, Sabina, die uns als Erben eingesetzt hat, habe ihren Sklaven Modestus nirgends für frei erklärt, und ihm dennoch ein Legat mit den Worten vermacht: „dem Modestus, welchen ich für frei erklärt habe." Du fragst mich um
2 meine Ansicht hierüber? Ich habe mit Sachkundigen darüber verkehrt. Alle stimmen darin überein, daß dem Mann weder die Freiheit, weil sie ihm [von seiner Herrin] nicht gegeben worden, noch das Legat, weil es einem Sklaven vermacht ward, gebühre. Allein mir scheint das ein offenbarer Irrthum zu sein, und darum halte ich dafür, daß wir so handeln müssen, als hätte Sabina wirklich das schriftlich erklärt, was sie schriftlich erklärt zu
3 haben glaubte. Ich bin versichert, daß du meiner Ansicht beitreten wirst, da du mit der größten Gewissenhaftigkeit den Willen Verstorbener heilig zu halten pflegst, und es rechtlichen Erben für einen Rechtsgrund gilt, ihn auch nur zu kennen. Denn nicht weniger gilt bei uns das Ehrenvolle, als bei Anderen die Noth-
4 wendigkeit. Bleibe er also mit unserer Zustimmung im Genusse der Freiheit und des Legats, als ob Sabina alle und jede rechtliche Vorsorge getroffen hätte. Und sie hat solche auch getroffen, da sie ihre Erben gut gewählt hat. Lebe wohl!

## XI.
### C. Plinius an Minutianus.

Haſt du ſchon gehört, daß Valerius Licinianus in Sicilien als Lehrer auftritt? Du haſt es wohl noch nicht gehört, denn die Nachricht iſt noch ganz neu. Dieſer Mann, der vor Kurzem noch Prätor war, galt für einen der beredteſten Rechtsanwälte; jetzt iſt er ſo weit herabgekommen, daß er aus einem Senator ein Verbannter, aus einem Redner ein Lehrer der Redekunſt wurde. Darum hat er auch bei Eröffnung ſeiner Vorträge voll 2 Wehmuth und Würde geſagt: „Wie treibſt du doch, o Glück, dein Spiel! Du machſt aus Schulmeiſtern Senatoren, aus Se= natoren Schulmeiſter!" In dieſem Ausſpruche liegt ſo viel Galle, ſo viel Bitterkeit, daß ich geneigt bin, zu glauben, er habe deß= wegen den Lehrerberuf ergriffen, um ihn thun zu können. Als 3 er ſodann im Griechenmantel in den Lehrſaal getreten war — denn die Geächteten verlieren das Recht, die Toga zu tragen — ſich in die gehörige Verfaſſung geſetzt und ſeinen Anzug von allen Seiten betrachtet hatte, ſagte er: „Ich werde meinen Vortrag lateiniſch halten." „Das iſt," — wirſt du ſagen, — „traurig und 4 beklagenswerth, aber ſo verdient es auch der Mann, der ſeine wiſſenſchaftlichen Kenntniſſe durch das Verbrechen der Blutſchande befleckt hat¹)." Er hat zwar die unzüchtige Handlung einge= 5 ſtanden, allein es iſt ungewiß, ob deßhalb, weil ſich die Sache wirklich ſo verhielt, oder weil er, im Fall er ſie läugnen würde, noch Härteres befürchtete. Denn Domitianus war ganz toll und raſend in ſeinem Grimme, weil es ihm an Beweiſen mangelte. Er wollte nämlich Cornelia, die oberſte Veſtalin²), lebendig be= 6

---

¹) Er hatte Unzucht mit einer Veſtalin getrieben, und dieſes mit einer ge= heiligten Perſon begangene Verbrechen wurde der Blutſchande (incostus) gleich ge= achtet, ja, von den Geſetzen noch härter, als dieſe, beſtraft.

²) Die römiſchen Veſtalinnen hatten in mehr als einer Beziehung eine ähn= liche Stellung, wie unſere chriſtlichen Kloſterfrauen. Sie waren dem Dienſte der Veſta, welchen Aeneas von Troja nach Italien verpflanzt hatte, geweiht, und hatten das „ewige Feuer", deſſen Symbol dieſe Göttin war, zu unterhalten,

graben laſſen, in der Meinung, ſeine Regierung durch ein ſolches
Beiſpiel zu verherrlichen; und als Oberprieſter ³), oder vielmehr
als unmenſchlicher Gewaltherrſcher, als Gebieter, der ſich Alles
erlaubte, berief er die anderen Prieſter, nicht in ſeinen Palaſt,
ſondern in ſein albaniſches Landhaus ⁴). Und durch kein ge-
ringeres Verbrechen, als das war, welches zu ahnden er ſich den
Anſchein gab, verurtheilte er die Abweſende ungehört wegen ſträf-
licher Unzucht: er, der ſelbſt mit der Tochter ſeines Bruders ſich
nicht nur blutſchänderiſch vergangen, ſondern ſie ſogar getödtet

---

woran die Römer die Idee von der beſtändigen Dauer ihres Staates knüpften.
Von dem Könige Numa Pompilius waren die erſten vier Veſtalinnen angeſtellt
worden, wozu ſpäter noch zwei weitere kamen, ſo daß es deren ſechs waren, welche
Zahl dann beſtehen blieb. Sie mußten dreißig Jahre im Dienſte der Göttin ver-
harren, nach deren Verfluß ſie austreten und, wenn es ihnen beliebte, auch hei-
rathen konnten. Eine Veſtalin, durch deren Schuld das heilige Feuer verlöſchte,
wurde dafür von dem Oberprieſter (pontifex maximus) mit Geißelhieben gezüchtigt. Den Veſtalinnen war ferner auch das Palladium, das heilige Reichskleinod
(pignus imperii) zur Verwahrung anvertraut, von deſſen Erhaltung das Schickſal
des römiſchen Staates abhing. Die älteſte Veſtalin hieß Vestalis Maxima, was
ich mit „oberſte Veſtalin" überſetzt habe. Dieſe heiligen Jungfrauen ſtanden in der
höchſten Achtung und genoßen große Vorrechte. Wann ſie ausgingen, ging ihnen
ein Lictor mit den Ruthenbündeln voran, und ſelbſt der Conſul, welcher gleicher
Ehre genoß, ließ, wann er ihnen begegnete, dieſe vor ihnen ſenken. Hatte ein
Verbrecher das Glück, bei ſeiner Abführung zur Hinrichtung einer Veſtalin zu begegnen, ſo konnte dieſe, wenn ſie wollte, ihn begnadigen. Im Theater hatten
die Veſtalinnen ihren eigenen Ehrenplatz, und wenn ſie ausfuhren, durften ſie
ſich, gleich andern vornehmen römiſchen Frauen, eines Staatswagens (carpentum)
bedienen. Ihre Kleidung war ein langes, weißes, mit Purpur verbrämtes Gewand und ihr Haupt war mit einer Binde umwunden. Gleich nach ihrer Er-
wählung wurden ihnen die Haare abgeſchnitten, die ſie jedoch wieder wachſen laſſen
durften. Verſündigte ſich eine Veſtalin gegen das Gebot der Keuſchheit, ſo wurde
ihr Mitverbrecher auf dem Comitium mit Ruthen bis auf den Tod geſtäupt, ſie
ſelbſt aber unter ſchrecklichen Ceremonien auf dem ſogenannten Campus sceleratus
lebendig begraben.

³) Von Auguſtus bis auf Gratian bekleideten die römiſchen Kaiſer, um ihre
Macht nach allen Seiten hin geltend zu machen, zugleich auch das Amt eines
Pontifex Maximus; dieſem aber ſtand, wie wir aus Anm. 2 erſehen, auch die
Aufſicht über die Veſtalinnen und eintretenden Falles deren Beſtrafung zu.

⁴) Dieſe kaiſerliche Villa lag in der Umgebung der alten Stadt Alba Longa,
auf dem ſogenannten albaniſchen Berge. Dorthin pflegte Domitian den römiſchen
Senat öfter zu beſcheiden, um „Geſchäfte mit demſelben zu verhandeln".

hatte, denn sie starb als Wittwe in Folge einer Frühgeburt. Unverzüglich wurden Priester abgesandt, um [die Vestalin] eingraben und tödten zu lassen. Jene, bald zu Vesta, bald zu den anderen Göttern die Hände emporhebend, rief unter vielem Andern am häufigsten die Worte aus: „Mich hält Cäsar für eine Unzüchtige, mich, welche das Opfer verrichtete, als er siegte, triumphirte [5])!" Ob sie aus Schmeichelei, ob aus Spott, ob im Gefühle ihrer Unschuld, ob aus Verachtung gegen den Kaiser sich so äußerte — es läßt sich nicht entscheiden. So rief sie, während sie, vielleicht unschuldig, jedenfalls aber als eine Schuldige [6]), zum Tode geführt wurde. Ja, selbst als sie in das unterirdische Behältniß hinabgelassen wurde, und beim Hinabsteigen ihr Gewand hängen blieb, drehte sie sich um und faßte es wieder zusammen; und als ihr der Henker die Hand darbot, wendete sie sich mit Abscheu ab und sprang zurück. So stieß sie denn die entweihende Berührung von ihrem keuschen und unbefleckten Körper, als letzten Beweis ihrer Sittenreinheit, zurück; mit vollkommenem Schamgefühle

„War eifrig sie besorgt, anständig hinzusinken [7])."

Zudem hatte Celer, ein römischer Ritter, den man eines sträflichen Umganges mit Cornelia beschuldigte, als er auf dem Comitium mit Ruthen gepeitscht wurde, auf der Aeußerung bestanden: „Was habe ich gethan? Ich habe Nichts gethan!" Domitian gerieth also darüber in Hitze, daß ihn die Schmach der Grausamkeit und Ungerechtigkeit traf. Er ließ den Licinianus ergreifen, weil er auf seinen Gütern eine Freigelassene der Cornelia versteckt

---

[5]) „Wenn es" — bemerkt Schäfer hier treffend — „Spott sein sollte, so geht es auf den Triumph über die Markomannen, die — ihn geschlagen hatten, oder auf andere ähnliche Farcen, die er gespielt hat." — Eine ähnliche Triumphcomödie erzählt Persius VI, 43—47 von Caligula.

[6]) Ich ziehe die Lesart tanquam nocens, für welche sich auch Heusinger erklärt, der gewöhnlichen, tanquam innocens, vor. Im letztern Falle wäre der Sinn: „als Eine, die nach der allgemeinen Meinung für unschuldig gehalten wurde."

[7]) Aus der „Hecuba" des Euripides, wo der Herold Talthybios sich dieser Worte bei der Meldung von dem Opfertode der Polyxena bedient.

habe; diesem wurde von Personen, welche für ihn besorgt waren, zu verstehen gegeben, wenn er sich der Geißelung auf dem Comitium nicht unterziehen wolle, zum Geständniß, als [zum Wege]
12 zur Begnadigung, seine Zuflucht zu nehmen. Er that es. Für ihn führte in seiner Abwesenheit Herennius Senecio das Wort, ungefähr auf die Art: „Patroclus ist todt³)!" Er sagte nämlich: „Aus einem Rechtsanwalt bin ich ein Bote geworden;
13 Licinianus hat sich entfernt." Willkommen war dieß dem Domitianus, und zwar so sehr, daß er sich in seiner Freude verrieth und sagte: „Licinianus hat mich losgesprochen." Er setzte noch hinzu: „es vertrage sich mit der [ihm gebührenden] Ehrfurcht nicht, weiter in ihn zu bringen." Ihm selbst aber gestattete er, von seinen Habseligkeiten zusammenzuraffen, so viel er könne, ehe sein Vermögen eingezogen werde; auch gewährte er ihm, gleichsam
14 als Belohnung, eine milde Verbannung. Aus dieser wurde er jedoch später durch die Gnade des göttlichen Nerva nach Sicilien versetzt, wo er jetzt als Lehrer auftritt, und sich in seinen Vor=
15 reden an dem Glücke rächt. Du siehst, mit welcher Bereitwilligkeit ich mich dir gefällig erweise, indem ich dir nicht nur über Dinge, welche sich in der Stadt, sondern auch über solche, welche sich auswärts ereignen, so fleißig schreibe, so daß ich sie bis weit zurück verfolge. Und in der That glaubte ich auch, du werdest, wegen deiner damaligen Abwesenheit, über Licinianus Nichts weiter gehört haben, als daß er wegen sündhafter Unzucht verbannt worden sei. Denn nur die Begebenheiten im Allgemeinen
16 meldet das Gerücht, nicht den genauen Verlauf. Nun bin ich doch werth, daß auch du mir berichtest, was in deinem Städtchen und in der Umgegend vorgeht — denn es fällt doch immer ein und das andere Bemerkenswerthe vor —. Schreibe mir am Ende, was du willst, wenn nur dein Brief ebenso lang ist, wie der meinige. Ich werde nicht blos die Seiten, sondern auch die Zeilen und Silben zählen. Lebe wohl!

---

³) Mit diesen Worten meldet Antilochus, der Sohn des Nestor, bei Homer 18, 20 dem Achilles den Tod seines Freundes Patroclus: Πάτροκλος κεῖται.

## XII.

### C. Plinius an Arrianus.

Du liebst den Egnatius Marcellinus, und empfiehlst ihn mir auch zu wiederholten Malen; du wirst ihn noch mehr lieben und empfehlen, wenn du erfährst, was er erst neulich gethan hat. Er war als Quästor in die Provinz gegangen, als er den ihm 2 durch das Loos zugetheilten Schreiber [durch den Tod] verlor, ehe der Gehalt, welchen er für denselben empfangen hatte, verfallen war. Da war es sein erster Gedanke, daß er dieses Geld nicht behalten dürfe. Er fragte daher bei seiner Zurückkunft bei 3 dem Kaiser, und auf des Kaisers Befehl bei dem Senate an, was mit dem Gehalte geschehen solle. Eine unbedeutende Frage, aber doch immer eine Frage. Die Erben des Schreibers sprachen das Geld für sich, die Schatzbeamten für das Volk an. Die 4 Sache kam zur gerichtlichen Verhandlung; zuerst sprach der Anwalt der Erben, hierauf der des Volkes, Beide sehr gut. Cäcilius Strabo war der Ansicht, man müsse es dem Schatze zuweisen, Bäbius Macer, man solle es den Erben verabfolgen lassen. Strabo behielt die Oberhand. Lobe du [jetzt] den Mar= 5 cellinus, wie ich es sogleich gethan habe. Denn wenn ihm auch der Beifall des Staatsoberhauptes und des Senats vollkommen genügt, so wird es ihn doch freuen, wenn auch du ihm dasselbe Zeugniß gibst. Denn Jedem, der nach Ruhm und Ehre strebt, 6 macht es außerordentliche Freude, wenn ihm Lob und Zustimmung auch aus dem Munde geringerer Personen zu Theil wird. Für dich aber hegt Marcellinus eine solche Verehrung, daß er deinem Urtheile den höchsten Werth beimißt. Dazu kommt 7 noch, daß, wenn er erfährt, seine Handlung sei bis zu dir[1]) gedrungen, er sich nothwendig über die weite und rasche Verbreitung seines Lobes freuen muß. Denn es haben — ich weiß nicht warum — die Menschen eine größere Freude an weit verbreitetem, als an großem Ruhme. Lebe wohl!

---

[1]) D. h. bis nach Altinum im Gebiete der Veneter, wo Arrianus Grundbesitzungen hatte.

## XIII.
## C. Plinius an Tacitus.

Daß du glücklich in der Hauptstadt angekommen bist, freut mich. Wenn jemals, so ist mir deine Ankunft jetzt im höchsten Grade erwünscht. Ich selbst werde nur noch ganz wenige Tage auf meinem Tusculanum verweilen, um das Werkchen, das ich 2 unter den Händen habe, zu vollenden. Ich fürchte nämlich, wenn ich in meinem Eifer jetzt, wo ich bereits am Schlusse bin, nachlasse, nur schwer wieder daran zu kommen. Damit indessen bei meinem [dermaligen] Arbeitseifer Nichts verloren gehe, so will ich dir eine Bitte, die ich augenblicklich an dich zu thun habe, 3 in diesem vorläufigen Briefe vortragen. Zuvor aber vernimm die Veranlassung zu dieser meiner Bitte, hernach sie selbst. Als ich kürzlich in meiner Heimat war, kam der Sohn eines Landsmanns von mir, welcher noch die verbrämte Toga trug [1]), um mich zu besuchen. Ich fragte ihn: „Studirst du?" Er antwortete: „Ja wohl!" „Wo?" „Zu Mediolanum [2])." „Warum nicht hier?" Da gab sein Vater, der auch dabei war und den Knaben zu mir gebracht hatte, mir den Bescheid: „Weil wir 4 hier keine Lehrer haben." „Warum nicht? Es muß ja doch euch, die ihr Väter seid," — und glücklicherweise hörten dieß mehrere [anwesende] Väter — „gar viel daran liegen, daß euere Kinder vorzugsweise hier geschult werden. Denn wo sollten sie lieber ihren Aufenthalt nehmen, als in ihrer Vaterstadt? wo besser in der Zucht gehalten werden, als unter den Augen ihrer 5 Eltern? wo weniger kosten, als zu Hause? Was für eine Kleinigkeit wäre es also, Geld zusammenzulegen und Lehrer anzu-

---

[1]) Der also das fünfzehnte Jahr noch nicht zurückgelegt hatte, wo die jungen Söhne der Römer die verbrämte Knabentoga ablegten und unter gewissen Feierlichkeiten die männliche Toga (toga virilis) erhielten.

[2]) Das heutige Mailand. Schon vor der Zeit des Kaisers Augustus befand sich daselbst eine öffentliche Schule, in welcher auch Virgil den ersten Grund zu seiner wissenschaftlichen Bildung legte. Vgl. die Einleitung zu unserer Uebersetzung Virgils S. 3.

ſtellen, und das, was ihr jetzt für Wohnung, für Reiſekoſten, für das, was ihr auswärts kaufet — denn auswärts wird ja doch Alles gekauft — aufwendet, dem [Lehrer=] Gehalte zuzu=legen? Und ſogar ich, der ich noch keine Kinder habe, bin bereit, für unſer Gemeinweſen, als für eine Tochter oder Mutter, den dritten Theil von dem, was ihr zuſammenzulegen geneigt ſeid, 6 beizuſchießen. Ich würde mich ſogar zu dem Ganzen bereit er=klären, wenn ich nicht fürchtete, dieſes mein Geſchenk möchte ein=mal durch Umtriebe mißbraucht werden, was, wie ich ſehe, an vielen Orten, wo Lehrer öffentlich angeſtellt werden, vorkommt. Dieſem Uebelſtande kann nur durch ein einziges Mittel begegnet 7 werden, wenn den Eltern allein das Anſtellungsrecht überlaſſen und ihnen zugleich durch die Nothwendigkeit, ihren Beitrag zu leiſten, die Verpflichtung auferlegt wird, eine richtige Wahl zu treffen. Denn Wer vielleicht auch fremdes Eigenthum nicht achtet, 8 hängt gewiß mit Liebe an dem ſeinigen, und wird ſich Mühe geben, daß nur ein Würdiger mein Geld bekommt, wenn er auch das ſeinige bekommen wird. Werdet einig, verbindet euch, 9 ſtählet euern Muth an meinem Beiſpiel, der ich nur den Wunſch habe, ſo viel als möglich beitragen zu dürfen. Nichts, was euch mehr Ehre bringt, könnet ihr eueren Kindern, nichts Willkom=meneres euerer Vaterſtadt erweiſen. Hier mögen auch die ihren Unterricht erhalten, die hier geboren ſind und gleich von Kindheit an ſich gewöhnen, den heimatlichen Boden zu lieben und gerne darauf zu wohnen. Und, o möchtet ihr doch Lehrer hierher 10 bringen, die ſo berühmt ſind, daß man ſich aus den benachbarten Städten zum Studiren hierher begibt, und daß, wie jetzt euere Kinder an fremde Orte, ſo bald Fremde hierher ſtrömen." — Dieß glaubte ich etwas weiter her und gleichſam aus der Quelle 11 holen zu müſſen, um es dir recht nahe zu legen, wie ſehr du mich verbindeſt, wenn du meinen Auftrag übernimmſt. Ich trage dir aber auf, und bitte dich ſo, wie es die Wichtigkeit des Gegen=ſtandes erheiſcht, unter der Menge von Gelehrten, welche die Bewunderung deines Geiſtes bei dir verſammelt, dich nach Leh=rern umzuſehen, denen wir etwa Anträge machen können, doch unter der Bedingung, daß ich mich Keinem durch eine beſtimmte

Zusage verbindlich mache. Denn ich belasse in Allem den Eltern freie Hand. Sie mögen urtheilen, sie wählen; ich behalte
12 mir nur die Sorge und die Kosten vor. Im Falle sich daher Einer finden sollte, der Vertrauen auf sein Talent hat, so möge er immerhin hingehen, unter der Bedingung, daß er keine andere Gewißheit mit sich nimmt, als sein Selbstvertrauen. Lebe wohl!

## XIV.
### C. Plinius an Paternus.

Du verlangst und erwartest vielleicht, wie das so deine Gewohnheit ist, eine Rede; dafür krame ich dir, als eine Art frem=
2 der und besonders feiner Waare, meine Scherzgedichte aus. Du erhältst mit diesem Briefe meine Hendecasyllaben[1]), womit ich mir im Wagen, im Bade, über Tische meine müssige Zeit vertreibe.
3 In ihnen habe ich Scherz, Tändelei, Liebe, Schmerz, Klage, Zorn ausgedrückt; in ihnen schildere ich Dieß und Jenes bald im schlichten, bald im erhabenen Tone und suche durch die Mannigfaltigkeit selbst zu bewirken, daß dem Einen Das, dem Andern
4 etwas Anderes, Manches vielleicht Allen gefalle. Sollte dir jedoch Einiges darunter muthwillig vorkommen, so möge deine Gelehrsamkeit bedenken, daß jene großen und höchst ernsten Männer, welche dergleichen geschrieben haben, nicht nur der schlüpferigen Gegenstände, sondern nicht einmal der nackten Ausdrücke sich nicht enthalten haben. Diesem bin ich ausgewichen, nicht weil ich ernster — wie sollte ich auch? — sondern weil ich schüchterner
5 bin. Zudem weiß ich auch, daß auf dieses Werkchen sich jener ganz richtige Grundsatz anwenden läßt, den Catullus[2]) also ausdrückt:

> Keusch soll der fromme Dichter für sich selber sein,
> Doch eben dieses thut nicht seinen Liebchen Noth,
> Denn diese haben dann erst Salz und feinen Witz,
> Wenn Wollust athmend sie und nicht gar züchtig sind.

---

[1]) Eilfsilbige Verse.
[2]) In seinem 16. Gedichte an Aurelius und Fuscus.

Wie hoch ich dein Urtheil anschlage, kannst du auch daraus ab= 6
nehmen, daß ich es vorziehe, das Ganze von dir gewürdigt, als
nur eine Auswahl von dir gelobt zu sehen. Und in der That,
auch das Trefflichste hört auf, als solches zu erscheinen, wenn es
[mit Anderem] in gleicher Reihe steht. Ueberdieß muß ein ver= 7
ständiger und feinfühlender Leser nicht Verschiedenartiges gegen
einander halten, sondern das Einzelne auf die Wagschale legen,
und nicht für schlechter, als etwas Anderes, das halten, was in
seiner Art vollkommen ist. Doch, wozu noch weitere Worte?
Durch eine noch längere Vorrede diese Thorheiten entschuldigen 8
oder [gar] empfehlen zu wollen, wäre die größte Thorheit. Nur
das Eine muß ich dir noch vorher sagen, daß ich diesen meinen
Tändeleien den Titel „Hendecasyllaben" zu geben gedenke, der sich
[jedoch] auf das Versmaß allein beschränkt. Magst du sie da= 9
her, nach Belieben, Epigramme, oder Idyllen, oder Eclogen, oder,
wie Viele, Gedichte [schlechtweg] nennen: ich lasse sie nur als
Hendecasyllaben passiren. Von deinem Biedersinne aber erbitte 10
ich mir das, daß du, was du Anderen über mein Büchlein etwa
sagst, ebenso mir selber sagest. Auch ist nicht schwer zu ge=
währen, was ich verlange. Denn, wenn dieses Werkchen mein
vorzüglichstes, oder mein einziges wäre, so könnte es vielleicht
hart erscheinen, wenn man sagte: „Suche dir eine andere Be=
schäftigung;" sanft und menschenfreundlich aber [klingt das]:
„Du hast eine andere." Lebe wohl!

## XV.
### C. Plinius an Fundanus.

Wenn ich überhaupt Etwas mit vernünftiger Ueberlegung
thue, so ist es das, daß ich dem Asinius Rufus mit ganz be=
sonderer Liebe zugethan bin. Er ist ein ausgezeichneter Mann
und der wärmste Freund aller Guten. Denn warum sollte ich
nicht auch mich zu den Guten rechnen? Auch mit Cornelius
Tacitus — du weißt ja, was das für ein Mann ist — ist er
durch das Band innigster Freundschaft verknüpft. Wenn du so= 2
mit auf uns Beide Etwas hältst, so mußt du auch das gleiche

Gefühl für Rufus hegen, da das stärkste Band, Freundschaften
3 zu knüpfen, die Gleichheit der Charaktere ist. Er hat mehrere
Kinder; denn auch hierin hat er seine Pflicht als trefflicher Bürger erfüllt, daß er die Fruchtbarkeit seiner Gattin so häufig in Anspruch nahm zu einer Zeit, wo den Meisten die Vortheile der Kinderlosigkeit¹) selbst ihre einzigen Kinder lästig machen. Derartige Vortheile aber verachtet er und führt jetzt schon den Namen Großvater. Denn das ist er, und zwar durch Saturius Firmus, den du [ebenso] lieben würdest, wie ich, wenn du ihn näher
4 kenntest. Dieß führe ich an, auf daß du wissest, welch große, welch zahlreiche Familie du dir durch eine einzige Wohlthat verbindlich machen kannst; dich hierum zu bitten, bestimmt mich für's Erste mein [eigener] Wunsch, sodann eine gewisse glückliche
5 Ahnung. Ich wünsche und prophezeie dir nämlich für das nächste Jahr das Consulat. Dieß lassen uns deine Tugenden, dieß das
6 Urtheil des Kaisers ahnen. Es trifft sich aber, daß in eben dem Jahre der älteste Sohn des Rufus, Asinius Bassus, sich um die Quästur bewirbt; ein junger Mann — ich weiß nicht, ob ich Etwas sage, wovon der Vater wünscht, daß ich es denke und sage, die Bescheidenheit des jungen Mannes aber mir ver-
7 bietet — der noch trefflicher ist, als der Vater. Es hält schwer, dich, wiewohl du mir sonst Alles glaubst, von einem Abwesenden glauben zu machen, daß er so vielen Fleiß, Rechtschaffenheit, Gelehrsamkeit, Talent, Eifer, Gedächtniß besitze, als du bei näherer
8 Bekanntschaft an ihm finden wirst. Möchte doch unser Jahrhundert so fruchtbar an guten Köpfen sein, daß du Einen nnd den Andern dem Bassus vorziehen könntest: dann wäre ich der Erste, der dich aufforderte und ermahnte, deine Augen umhergehen zu lassen und reiflich zu erwägen, wen du dir aus Allen

---

¹) Die Kinderlosigkeit gewährte, neben der Befreiung von aller Sorge für die Erziehung, Ausstattung ꝛc. der Kinder, auch noch das — freilich nur für gewisse Leute Angenehme — daß stets ein Heer von Erbschleichern sie umgab, die um ihre Gunst buhlten, durch Geschenke sie in ihr Interesse zu ziehen suchten und bei Wahlen durch ihre Stimmabgabe ihnen zu allen erdenklichen Staatsämtern verhalfen. — Dieß Alles galt natürlich nur von vermöglichen kinderlosen Personen.

herauswählen sollest. Nun aber — doch, ich will im Interesse meines Freundes nicht zu anmaßend sein — sage ich blos das, daß der junge Mann würdig ist, nach der Sitte unserer Vorfahren von dir an Sohnes Statt angenommen zu werden²). Es müssen aber weise Männer, wie du, gleichsam vom Staate solche Kinder empfangen, wie wir sie uns von der Natur gewöhnlich wünschen. Ehre wird dir, als Consul, ein Quästor bringen, der einen gewesenen Prätor zum Vater, Consularen zu Verwandten hat, denen er, nach ihrem eigenen Urtheile, so jung er auch noch ist, doch jetzt schon zur Zierde gereicht. Gewähre mir daher meine Bitte, befolge meinen Rath; vor Allem aber verzeihe mir, wenn ich dir zu voreilig erscheine: einmal eilt ja die Liebe gemeiniglich ihren Wünschen voraus, sodann kommen in einem Staate, wo Alles gleichsam von Denen betrieben wird, welche die Ersten auf dem Platze sind, Diejenigen, welche die gesetzliche Zeit abwarten, nie rechtzeitig, sondern [immer] zu spät; ferner hat bei Dingen, welche man zu erreichen wünscht, der Vorgenuß an sich schon sein Angenehmes. Schon jetzt verehre dich Bassus als seinen Consul; du liebe ihn als deinen Quästor; und schließlich lasse auch mich, der ich euch Beide so innig liebe, die doppelte Freude genießen. Denn da ich dich, da ich den Bassus so sehr liebe, daß ich Jenen, bei Wem immer er Quästor wäre, und Jeden, der es bei dir wäre, bei der Bewerbung um eine Amtswürde, mit allen Hilfsmitteln, aller Mühe, mit meinem ganzen Einflusse unterstützen würde, so wird es mir äußerst angenehm sein, wenn für eben diesen jungen Mann meine Zuneigung [zu ihm], meine Freundschaft [zu dir] und deine Maßnahmen als Consul zusammenwirken; wenn endlich du meinen Bitten vorzüglich deinen Beistand zukommen lassen wolltest, da ja deiner Stimme der Senat so gerne folgt und deinem Zeugniß so großen Glauben schenkt. Lebe wohl!

---

²) Der Quästor stand zu dem höhern Staatsbeamten, welchem er durch das Loos zugetheilt wurde, in einem ähnlichen Verhältnisse, wie der Sohn zum Vater.

## XVI.
### C. Plinius an Valerius Paullinus.

Freue dich für mich, freue dich für dich, freue dich auch für den Staat! Noch steht die Ehre fest, welche dem wissenschaft= lichen Streben zu Theil wird. Jüngst, als ich vor den Centum= virn reden wollte, konnte ich von dem Tribunal nur durch die Richter hindurch an Ort und Stelle gelangen, so dicht war das 2 Gedränge überall sonst. Noch mehr! Ein wohlgekleideter junger Mensch, welchem, wie es im Gedränge zu geschehen pflegt, die Tunica zerrissen wurde, blieb, lediglich in die Toga gehüllt, stehen, und zwar sieben [volle] Stunden; denn so lange dauerte mein Vortrag: ein schweres Stück Arbeit, aber desto größer war der 3 Erfolg. Fahren wir denn in unserem Fleiße fort und nehmen wir nicht fremde Trägheit zum Deckmantel unserer eigenen. Noch gibt es Leute, die uns zuhören, die uns lesen, laß uns nur Ar= beiten liefern, welche des Anhörens, des Niederschreibens werth sind. Lebe wohl!

## XVII.
### C. Plinius an Gallus.

Du ermahnst und bittest mich, die Sache der abwesenden Corellia gegen den ernannten Consul C. Cäcilius zu übernehmen. Für deine Aufmahnung statte ich dir meinen Dank ab; daß du mich bittest, darüber habe ich mich zu beklagen. Denn ermahnt muß ich werden, damit ich es weiß; zu bitten aber braucht man mich nicht, daß ich Etwas thue, was nicht zu thun die größte 2 Schmach für mich wäre. Sollte ich anstehen, mich der Tochter des Corellius anzunehmen? Zwar stehe ich mit Dem, gegen welchen du mich aufrufst, in keinem sehr vertrauten, aber doch in 3 einem freundschaftlichen Verhältnisse. Hiezu kommt noch die Würde des Mannes und das Ehrenamt selbst, für welches er bestimmt ist, und für das ich um so größere Achtung bezeigen muß, da ich es selbst schon bekleidet habe. Denn es ist ganz natürlich,

daß Einer das, was er selbst schon erreicht hat, so hoch als möglich gestellt wissen will. Allein bei dem Gedanken, daß ich der 4
Rechtsbeistand der Tochter des Corellius werden soll, erscheint mir das Alles als bedeutungslos und nichtig. Meinen Augen schwebt jener Mann vor, der würdigste, unbescholtenste, feinstgebildete, den unser Zeitalter hervorgebracht hat, den ich, weil ich ihn bewunderte, zu lieben begann und, wovon sonst das Gegentheil einzutreten pflegt, noch mehr bewunderte, als ich ihn genau kennen lernte. Denn ich lernte ihn durch und durch kennen, 5 da er kein Geheimniß vor mir hatte, weder im Scherz, noch im Ernst, weder in Leid, noch in Freude. Ich war noch 6 ein sehr junger Mensch, als mir bereits von ihm dieselbe Ehre und sogar — ich wage es zu sagen — dieselbe Hochachtung, wie wenn ich in gleichem Alter mit ihm stände, erwiesen wurde. Er war, als ich mich um Ehrenämter bewarb, mein Fürsprecher und Zeuge; er, als ich sie antrat, mein Führer und Begleiter [1]; er, während ich sie verwaltete, mein Rathgeber und Lenker; er endlich, obschon schwächlich und vorgerückten Alters, zeigte sich bei allen mir erwiesenen Gefälligkeiten als der, welcher noch in voller Jugendkraft steht. Wie sehr hat er meinen Ruf im Kreise der 7 Familie, wie sehr im öffentlichen Leben, wie sehr sogar bei dem Staatsoberhaupte selbst gehoben! Denn als einst zufällig bei 8 dem Kaiser Nerva die Rede auf tüchtige junge Männer kam, und die Meisten mich lobten, verhielt er sich eine Weile schweigend, was ihm nur desto mehr Gewicht gab, hierauf sagte er mit jener dir wohlbekannten Würde: „Nothwendig muß ich mit dem Lobe des Secundus sparsam verfahren, weil er Nichts ohne meinen Rath thut." Mit dieser Aeußerung ertheilte er mir ein 9 Lob, das auch nur zu wünschen schon unbescheiden gewesen wäre, [nämlich das]: daß ich Alles mit der größten Weisheit thue, weil ich Alles auf den Rath des weisesten Mannes thue. Ja,

---

[1] Es war in Rom Sitte, daß, wenn ein Bewerber ein Staatsamt erhalten hatte, ihn außer seinen Verwandten, Freunden und Clienten, auch noch andere hochgestellte und einflußreiche Staatsmänner zum Beweis ihrer Werthschätzung auf das Capitolium und von da nach Hause begleiteten. Der Terminus technicus für diese Art von Höflichkeitsbezeigung war deducere.

noch auf seinem Todtenbette sagte er zu seiner Tochter, die es oft wiederholt: „Viele Freunde habe ich dir während meines langen Lebens erworben, aber die vorzüglichsten unter ihnen sind Secundus und Cornutus." Wenn ich mir dieß in's Gedächtniß zurückrufe, so sehe ich wohl ein, daß ich alle Mühe aufbieten muß, um mir nicht den Schein zu geben, als hätte ich das Vertrauen, welches dieser so umsichtige Mann in mich setzte, irgendwie getäuscht. Ich werde daher der Corellia mit der größten Bereitwilligkeit meinen Beistand leisten, selbst Feindschaften mir zuzuziehn werde ich nicht achten; und nicht nur Verzeihung, sondern selbst Lob bei dem Manne, der, wie du sagst, gegen sie vielleicht nur als Frau eine neue Art von Proceß anstrengt, glaube ich zu erhalten, wenn ich dieses in dem gerichtlichen Vortrage selbst ausführlicher und umständlicher, als es die engen Gränzen eines Briefes gestatten, zu meiner Entschuldigung, ja vielleicht sogar zu meiner Empfehlung anführen darf. Lebe wohl!

## XVIII.

### C. Plinius an Antoninus.

Welch schlagenderen Beweis, wie sehr ich deine griechischen Epigramme bewundere, kann ich dir geben, als daß ich es versuche, einige davon nachzubilden und in's Lateinische zu übertragen? Freilich ziemlich mangelhaft. Der Grund hievon liegt für's Erste in meinem schwachen Talente, sodann in der Mangelhaftigkeit, oder vielmehr, wie Lucrez sagt, in der Armuth unserer Muttersprache. Scheint dir nun meine lateinische Nachbildung einige Schönheit zu haben: wie viel mehr Grazie muß dann wohl in deinem griechischen [Original] liegen! Lebe wohl!

## XIX.

### C. Plinius an Hispulla.

Da du ein [wahres] Muster von Liebe zu deinen Verwandten bist, und für deinen vortrefflichen Bruder dieselbe Liebe

hegteſt, wie er für dich; da du ſeine Tochter¹) wie deine eigene
liebſt, und ihr nicht blos die Zuneigung einer Tante, ſondern
auch die ihres dahingeſchiedenen Vaters erweiſeſt, ſo zweifle ich
nicht, daß es dir die größte Freude machen werde, wenn du er=
fährſt, daß ſie ſich würdig ihres Vaters, würdig deiner ſelbſt,
würdig ihres Großvaters zeigt. Sie beſitzt ſehr viel Scharfſinn, 2
iſt eine treffliche Haushälterin, liebt mich, was ein Beweis ihrer
Sittenreinheit iſt. Hiezu kommt noch ihre Vorliebe für die
Wiſſenſchaften, welche ſie aus Liebe zu mir gefaßt hat. Sie be= 3
ſitzt meine literariſchen Arbeiten, lieſt ſie oft und lernt ſie ſogar
auswendig. Welche Bangigkeit ergreift ſie, wenn ich als Redner
vor Gericht auftreten ſoll; wie freut ſie ſich, wenn meine Auf=
gabe vorüber iſt! Sie ſtellt Leute auf, welche ihr Nachricht
bringen müſſen, welchen Beifall, welches Zujauchzen ich hervor=
gerufen, welchen Erfolg ich bei dem Gerichte errungen habe.
Ebenſo ſitzt ſie, wann ich Etwas vorleſe, ganz in der Nähe hinter
einem Vorhange²) und horcht mit größter Begierde auf das mir
geſpendete Lob. Auch ſingt ſie meine Verſe und begleitet ſie mit 4
der Cither, ohne daß irgend ein Künſtler ſie darin unterrichtet
hätte, als nur die Liebe, welche die beſte Lehrmeiſterin iſt. Alles 5
dieß zuſammen genommen gewährt mir die zuverläßigſte Hoff=
nung, daß unſere Eintracht von beſtändiger Dauer ſein und von
Tag zu Tag noch zunehmen werde. Denn ſie liebt weder meine
Lebensjahre³), noch meine Perſon, welche allmälig vergehen und
altern, ſondern meinen Ruhm. Anders kann es auch gar nicht 6
ſein, da ſie unter deinen Händen erzogen, durch deine Lehre ge=
bildet worden iſt; da ſie im Umgange mit dir nur Sittenreinheit
und Ehrbarkeit geſehen, und endlich durch deine Empfehlung
[meiner Perſon] mich zu lieben ſich gewöhnt hat. Denn da du 7

---

¹) Die Calpurnia, die zweite Gattin des Plinius; vgl. oben Br. 1.
²) Die alten Römer hatten im Innern ihrer Häuſer vor denjenigen Zim=
mern, welche mit anderen in unmittelbarer Verbindung ſtanden, ſtatt der Thüren
Vorhänge; vgl. oben Buch II, 17, 21. Tacitus, Jahrb. 13, 5. Böttiger,
Sabina, Bd. 2 S. 54.
³) D. h. ſie liebt an mir nicht ein noch jugendliches Alter. Plinius ſtand,
nach Maſſon, damals im 36—37. Lebensjahre.

meine Mutter wie deine eigene verehrtest, pflegtest du auch mich von meiner frühesten Jugend an zu lieben, zu loben, und den Mann in mir zu ahnen, als der ich nun meiner Gattin er=
8 scheine. Wir statten dir daher um die Wette unsern Dank ab. ich, daß du sie mir, sie, daß du mich ihr gegeben hast, als hättest du uns für einander auserwählt. Lebe wohl.

## XX.
### C. Plinius an Maximus.

Was ich von den einzelnen Theilen deiner Schrift halte, das habe ich, so wie ich jeden derselben durchgelesen hatte, zu deiner Kenntniß gebracht. Vernimm nunmehr, wie ich über das
2 Ganze urtheile. Das Werk ist schön, kernhaft, scharfsinnig, er=haben, mannigfaltig, zierlich, rein, blühend, auch umfassend, und von einer für dich höchst lobenswürdigen Ausführlichkeit. Du bist darin mit den Segeln des Talents und des Schmerzes zu=gleich im weiten Raume umhergefahren, und beide haben ein=
3 ander gegenseitig unterstützt. Denn dem Schmerze hat das Talent Erhabenheit und Großartigkeit, dem Talente der Schmerz Kraft und Schärfe verliehen. Lebe wohl!

## XXI.
### C. Plinius an Velius Cerealis.

Welch tauriges und hartes Geschick, das die Schwestern Helvidia getroffen hat! Beide sind an der Geburt, beide nach
2 der Niederkunft mit Töchtern gestorben. Ich bin ganz nieder=geschlagen vom Schmerz, und doch ist mein Schmerz nicht maß=los: mit solcher Trauer ergreift mich der Gedanke, daß diese so ehrenwerthen jungen Frauen in ihrer Jugendblüthe das Opfer ihrer Fruchtbarkeit werden mußten. Mir ist bange für das Loos der Kinderchen, die so plötzlich, kaum geboren, ihrer Mütter be=raubt sind, bange für ihre trefflichen Gatten, bange für mich
3 selber. Denn ich liebe ihren Vater auch noch nach seinem Hin=

scheiden mit aller Beharrlichkeit, wie dieß meine Rede¹) und meine Schriften bezeugen. Ihm ist jetzt von drei Kindern nur noch ein Sohn übrig, welcher das jüngst noch auf mehreren Stützen ruhende Haus trostlos stützt und hält. Doch wird mein Schmerz eine große Linderung dadurch erlangen, wenn ihn wenigstens das Schicksal gesund und einem solchen Vater, einem solchen Großvater²) ähnlich erhält. Indeß bin ich für sein Leben, für seinen Charakter um so mehr in Angst, weil er der Einzige geworden ist. Du weißt ja, wie weich, wie ängstlich mein Herz in der Liebe ist. Um so weniger darfst du dich wundern, wenn ich viel für den fürchte, von dem ich so viel hoffe. Lebe wohl!

## XXII.
### C. Plinius an Sempronius Rufus.

Ich wurde zu einer Berathung beigezogen, welche unser bester Kaiser Behufs der Untersuchung eines Rechtsfalles vornahm. Es wurden nämlich zu Viennä,¹) gemäß dem Testamente einer gewissen Person, gymnastische Spiele²) gefeiert. Diese hatte Trebonius Rufinus, ein vortrefflicher Mann und mein Freund, während seines Duumvirats aufgehoben und abgeschafft. Man behauptete, er habe dieß ohne amtliche Befugniß gethan. Er führte seine Sache vor Gericht selbst, mit nicht weniger Glück, als Beredsamkeit. Seinem Vortrage gereichte zur [besondern] Empfehlung, daß er als Römer und guter Bürger in seiner eigenen Angelegenheit gemäßigt und mit Würde sprach. Bei Einholung der Stimmen erklärte Junius Mauricus, ein Mann von höchster Festigkeit und Geradheit des Charakters, man dürfe diese

---

¹) Vgl. B. IX. Br. 13.
²) Helvidius Priscus, welchen der Kaiser Vespasian hinrichten ließ, war der Vater des jüngern Helvidius, welcher unter Domitian ein Opfer seines Patriotismus wurde. Des Letztern Sohn und seine beiden Töchter sind es, von denen in diesem Briefe die Rede ist.

¹) Jetzt Vienne, Stadt im südöstlichen Frankreich.
²) Als Leichenfeier für einen Verstorbenen: eine Sitte, welche von Griechenland nach Rom gekommen war. Solche Spiele feierte schon Aeneas, wie wir aus Virgil Aen. B. V. wissen, zu Ehren seines Vaters Anchises.

Spiele in Viennä nicht wieder einführen, mit dem Beisatze: „ich wollte, man könnte sie auch in Rom abschaffen." „Folgerichtig"
4 — sagst du — „und herzhaft." Warum nicht so? Allein bei Mauricus ist das nichts Neues. Bei dem Kaiser Nerva äußerte er sich einst mit nicht geringerem Muthe. Nerva saß mit einer kleinen Gesellschaft bei der Abendtafel. Zunächst neben ihm, ja fast in seinem Schooße, lag Vejento³). Ich habe schon Alles
5 gesagt, wenn ich den Menschen nur nenne. Die Rede kam nun auf Catullus Messalinus, welcher das Augenlicht verloren hatte und seiner grausamen Gemüthsart noch alle Uebel der Blindheit beigesellte: keine Scheu, keine Scham, kein Mitleid kannte er, um so öfter wurde er von Domitian wie ein Geschoß, das auch blind und ohne sein Ziel zu kennen dahinfährt, auf jeden Rechtschaffe=
6 nen abgeschlendert. Als von dieses Menschen Schlechtigkeit und blutdürstigen Abstimmungen allgemein bei Tische die Rede war, sagte der Kaiser selbst: „wie, glaubet ihr, daß es ihm erginge, wenn er noch am Leben wäre?" worauf Mauricus erwiderte:
7 „er würde mit uns an der Tafel sitzen." Ich bin etwas zu weit [von meinem Thema] abgewichen, doch that ich's gerne. Der Beschluß lautete, die Spiele sollten abgeschafft werden, weil sie die Sitten der Viennenser verderbt hatten, wie die unserigen die der ganzen Welt. Denn die Laster der Viennenser beschränken sich auf diese allein, die unserigen verbreiten sich weit umher; und wie im menschlichen Körper, so ist auch im Staate das die schwerste Krankheit, welche vom Kopfe ihren Ausgang nimmt. Lebe wohl!

## XXIII.

### C. Plinius an Pomponius Bassus.

Mit großem Vergnügen erfuhr ich von unseren gemeinschaftlichen Freunden, daß du auf eine deiner Weisheit würdige Art

---

³) Fabricius Vejento, von Nero wegen einer von ihm verfaßten Schmähschrift in die Verbannung geschickt, spielte nachher unter Domitian und Nerva die Rolle des niederträchtigsten Schmeichlers.

deine Muße eintheilst und genießest, daß du höchst angenehm wohnst, bald zu Land, bald zu Wasser dir Bewegung machst, viel mit Gelehrten umgehst, viel hörest, viel liesest, und bei allem deinem Wissen doch täglich noch mehr hinzulernst. So muß ein 2 Mann in das Greisenalter eintreten, der die höchsten obrigkeit= lichen Aemter verwaltet, Heere befehligt, und, so lange es sich für ihn ziemte, sich ganz dem Staate gewidmet hat. Denn die 3 erste und mittlere Zeit unsers Lebens sind wir dem Vaterlande, die letzte uns selbst schuldig, wie ja auch die Gesetze es anord= nen, welche den, der das sechszigste Jahr zurückgelegt hat, der Ruhe überlassen. Wann wird diese mir vergönnt sein? Wann 4 werde ich Alters halber mit Ehren dein Beispiel der schönsten Muße nachahmen können? Wann wird man meinem Zurück= tritte [von den Geschäften] nicht den Namen „Trägheit," son= dern „Ruhe" beilegen? Lebe wohl!

## XXIV.
### C. Plinius an Valens.

Als ich kürzlich vor den Centumvirn[1]) in dem vierfachen Gerichtshofe einen Vortrag gehalten hatte, kam mir wieder in Erinnerung, daß ich in meinen jüngeren Jahren ebenfalls vor dem vierfachen Gerichtshofe als Anwalt aufgetreten war. Mein 2 Geist verfolgte, wie das so geht, den Gedanken weiter; ich be= gann darüber nachzudenken, was für Mitanwälte bei diesem Ge= richte ich jetzt, was für welche damals gehabt hatte. Ich war der Einzige, der in beiden als Redner aufgetreten war: solche Verände= rungen bewirkt die Hinfälligkeit des Lebens, oder die Unbestän= digkeit des Glückes! Einige von den damaligen Rechtsanwälten 3 sind mit Tod abgegangen, Andere leben in der Verbannung; diesem hat Alter und Kränklichkeit Stillschweigen räthlich gemacht, dieser genießt aus freiem Entschlusse der glücklichsten Muße; ein Anderer steht an der Spitze eines Heeres, Jenen hat die Freund= schaft des Kaisers vom Staatsdienste entbunden. Wie Vieles 4

---

1) Vgl. die Anm. 6 zu B. 1. Br. 5.

hat sich auch um mich selbst herum verändert! Die Beschäftigung mit den Wissenschaften ist es, die mich emporgehoben, dieselbe ist es, welche mich in Gefahren gestürzt und wieder emporgehoben hat. Die Freundschaft edler Männer hat mir Vortheil und Nachtheil gebracht, nun bringt sie mir wieder Vortheil. Berechnet man die Jahre: welch' kurze Zeit! Zieht man den Wechsel der Dinge in Betracht, so kommt es Einem wie eine Ewigkeit vor. Dieß kann uns als Lehre dienen, daß wir an Nichts verzweifeln, auf Nichts ein sicheres Vertrauen setzen sollen, wenn wir solche Veränderungen in einem so beweglichen Kreise vorgehen sehen. Bei mir aber ist es Gewohnheit geworden, alle meine Gedanken dir mitzutheilen und dich mit denselben Lehren und Beispielen zu ermahnen, deren ich mich auch zu meiner eigenen Ermahnung bediene; und dieß ist es, was mir Veranlassung zu diesem Briefe gab. Lebe wohl!

## XXV.
### C. Plinius an Messius Maximus.

Ich hatte dir schon einmal von meiner Besorgniß geschrieben, welche schädlichen Folgen aus der geheimen Abstimmung entstehen könnten: dieß ist jetzt eingetroffen. Bei den jüngsten Comitien fanden sich auf einigen Stimmtäfelchen allerlei Späße, ja sogar Zoten, auf einem, statt der Namen der Bewerber, die Namen ihrer Gönner. Der Senat gerieth in Entrüstung und wünschte mit lautem Geschrei dem Schreiber den Zorn des Kaisers an. Allein dieser blieb unentdeckt und verborgen, ja, er war vielleicht selbst unter denen, welche so in Unwillen geriethen. Was mag so ein Mensch erst zu Hause thun, der bei einer so wichtigen Sache, in einem so ernsten Zeitpunkte, solche gemeine Possen treibt? Der überhaupt im Senate den Spötter, den Witzbold, den Spaßmacher spielt? So sehr pochen gemein denkende Seelen auf die Zuversicht: „Wer erfährt's denn?" Er forderte das Stimmtäfelchen, nahm den Griffel, bückte sich [zum Schreiben], scheut Niemanden, hat vor sich selbst keine Achtung. Daher diese Possen, die auf's Theater, auf das Brettergerüst gehören. Wohin soll man sich nun wenden? Nach welchen Gegenmitteln sich umsehen? „Allein das geht über unsere Kräfte, die Sorge kommt einem Andern¹) zu," dem dieser unser träger, aber dabei doch zügelloser Muthwille täglich strengere Wachsamkeit, täglich mehr Mühe auferlegt. Lebe wohl!

## XXVI.
### C. Plinius an Nepos.

Du bittest mich, ich solle meine Schriften, auf deren Anschaffung du so viel Fleiß verwendet hast, durchsehen und verbessern lassen. Ich will es [gerne] thun. Denn welchem Auftrage sollte ich mich nicht mit mehr Freude unterziehen, namentlich da du ihn mir gibst? Denn wenn du, ein so angesehener, hochgelehrter, beredter, überdieß so sehr beschäftigter Mann, der demnächstige Verwalter einer der größten Provinzen, meine Schriften mit dir zu nehmen würdigst, wie sehr liegt mir ob, dafür zu sorgen, daß nicht dieser Theil deines Gepäckes dir überlästig werde? Vor Allem will ich es mir daher angelegen sein lassen, dir diese Begleiter so bequem wie möglich zu machen; dann aber sollst du bei deiner Zurückkunft noch andere finden, die du jenen vielleicht nicht ungern beigesellst. Denn ein Leser wie du muntert mich nicht wenig zu neuen Arbeiten auf. Lebe wohl!

## XXVII.
### C. Plinius an Falco.

Es sind nun drei Tage, daß ich den Sentius Augurinus mit höchstem Vergnügen, ja, mit [wahrer] Bewunderung vorlesen hörte. „Gedichtchen" waren es, wie er sie nennt. Viele sind ganz einfach, viele schwungreich, viele voll Grazie, viele zärtlich, viele [honig=] süß, viele voll Galle. Schon seit Jahren ist,

---

¹) Unter dem „Andern" ist wohl Niemand sonst, als der Kaiser gemeint. Plinius führt diese Worte aus irgend einem griechischen Schriftsteller an: ἀλλὰ ταῦτα τῶν ὑπὲρ ἡμᾶς ἄλλῳ μελήσει. Je nachdem man distinguirt, läßt sich auch übersetzen: „allein die Sorge kommt einem Andern zu, der über uns steht."

meines Dafürhaltens, in dieser Gattung nichts Vollendeteres geschrieben worden, wenn nicht etwa meine Liebe für ihn mich
3 täuscht, oder das Lob, womit er mich selbst erhoben hat. Er hat nämlich [unter Anderem] auch das als Stoff gewählt, daß ich selbst zuweilen in Versen tändele. Doch, ich will dich selbst zum Richter über mein Urtheil machen, wenn anders mir aus eben diesem Stücke der zweite Vers einfällt. Die übrigen weiß ich und — hier lege ich sie dir vor:

4
>In kurzen Versen sing' ich Liederchen,
Wie mein Catullus und mein Calvus einst,
Und wie die Alten; doch, was kümmert's mich?
Mein Plinius gilt statt der Alten mir:
Ein Versefreund, verläßt das Forum er,
Sucht Liebe, glaubt sich selbst der Liebe werth.
Er, Plinius, wie viel Catone wiegt
Der auf! Sei, wer du willst, du, der du liebst,
Geh' nun, erklär' als Feind der Liebe dich!

5 Du siehst, wie witzig, treffend, wie voll Leben das Alles ist. Nach diesem verspreche ich dir, das ganze Buch, sobald es ausgegeben ist, an dich verabfolgen zu lassen. Wende indessen dem jungen Manne deine Liebe zu und wünsche' unserer Zeit Glück zu einem solchen Talente, das er noch durch seinen Charakter ziert. Er geht beständig mit Spurinna, mit Antoninus um: mit
6 dem Einen ist er verwandt, von Beiden ein Hausfreund. Du magst hieraus den Schluß ziehen, wie sittlich vollkommen ein Jüngling ist, welcher von so würdigen Greisen so sehr geliebt wird. Denn sehr wahr ist jener Ausspruch [des Dichters]:¹)

— — — — — — — Jedweder ist
Wie der, mit dem er gern zusammenlebt.

Lebe wohl!

---

¹) Aus einer verloren gegangenen Tragödie des Euripides, welche den Titel „Phöniz" führte. Auch diese Stelle führt Plinius griechisch an:

— — — — — γιγνώσκων, ὅτι
Τοιοῦτός ἐστιν ἕκαστος, οἷσπερ ἥδεται ξυνών.

## XXVIII.
### C. Plinius an Severus.

Herennius Severus, ein hochgelehrter Mann, setzt einen großen Werth darein, in seinem Büchersaale den Bildnissen deiner Landsleute, des Cornelius Nepos, und des Titus Cassius, einen Platz anzuweisen, und ersucht mich, wenn sie, wie zu vermuthen steht, sich in der dortigen Gegend befinden, sie copiren und malen zu lassen. Diesen Auftrag lege ich nun vorzugsweise dir an's 2 Herz: einmal, weil du allen meinen Wünschen so freundschaftlich nachkommst; sodann, weil du ein so großer Verehrer der Wissenschaften, ein so warmer Freund der Gelehrten bist; endlich, weil du deiner Vaterstadt und Allen, welche ihren Ruhm gemehrt haben, ebenso, wie deiner Vaterstadt, mit Verehrung und Liebe zugethan bist. Ich ersuche dich aber, hiezu den allersorgfältigsten 3 Maler auszusuchen. Denn wenn es schon schwierig ist, ein genau ähnliches Abbild nach der Natur herzustellen, so ist es bei Weitem das Schwierigste, von einer Copie zu copiren. Von dieser — ich bitte dich — laß den von dir gewählten Künstler ja nicht abweichen, selbst wenn er etwas Besseres liefern wollte. Lebe wohl!

## XXIX.
### C. Plinius an Romanus.

Ei, daß du doch auf jeden Fall zu der nächsten Gerichtsverhandlung kommst! Auf mich darfst du dich nicht verlassen, wenn du dich auf das rechte Ohr legen und schlafen willst.[1]) Die Strafe für eine Versäumniß bleibt nicht aus. Sieh nur, 2 der Prätor Licinius Nepos, ein scharfer und herzhafter Mann, hat selbst einem Senator eine Strafe angesetzt. Dieser brachte

---

[1]) Plinius spielt hier auf das den Richtern eingeräumte Recht an, sich, wenn sie eine gesetzliche Abhaltung hatten, durch einen Dritten beim Prätor wegen ihres Ausbleibens entschuldigen zu lassen.

im Senate seine Vertheidigung vor, aber er benahm sich dabei so, als bitte er um Verzeihung. Die Strafe wurde ihm zwar nachgelassen, allein er hatte doch Angst, er bat, er bedurfte der Verzeihung. Du wirst sagen: „nicht alle Prätoren sind so streng." Du täuschest dich. Ein solches Beispiel aufstellen oder einführen, das können freilich nur strenge Männer, aber ein aufgestelltes oder wieder eingeführtes in Anwendung bringen, das können selbst die mildesten. Lebe wohl!

## XXX.
### C. Plinius an Licinius.

Ich habe dir aus meiner Heimat, statt eines kleinen Geschenks, eine Frage mitgebracht, die deiner hohen Gelehrsamkeit in ganz besonderem Grade würdig ist. Es entspringt eine Quelle auf einem Berge, welche über Felsen herabrinnt und von einem kleinen, künstlich angelegten Speiseplatz aufgenommen wird. Hier ein wenig verweilend, ergießt sie sich in den Larischen See.[1] Sie hat eine wunderbare Natur: dreimal in jedem Tage steigt und fällt sie bei regelmäßig zu- und abnehmendem Wasser. Man sieht dieß ganz deutlich und kann mit größtem Vergnügen diese Beobachtung machen. Man lagert sich daneben und hält seine Mahlzeit; man nimmt aus der Quelle selbst — denn sie ist sehr frisch — seinen Trunk; indessen nimmt sie in bestimmten, abgemessenen Zwischenräumen ab und zu. Legt man einen Ring, oder sonst Etwas, in das Trockene, so wird er nach und nach bespült und endlich ganz zugedeckt; dann kommt er wieder zum Vorschein und wird allmälig verlassen; setzt man die Beobachtung fort, so kann man dieses zum zweiten- und drittenmal sehen. — Ist es irgend eine verborgene Luft, welche die Mündung und den Schlund der Quelle bald öffnet, bald schließt, je nachdem sie hineindringt, oder hinausgestoßen wird? Dieß sehen wir auch bei Flaschen und anderen derartigen Gefäßen, welche keine weite und ganz freie Oeffnung haben. Denn auch bei diesen geräth,

---

[1] Der heutige Comer-See.

auch, wenn man sie schief und abwärts hält, durch einen gewissen Widerstand der Luft zurückgehalten, wie unter wiederholtem Schluchzen, das, was man ausgießt, in's Stocken. Oder, hat 7 die Quelle die gleiche Natur, wie der Ocean? Und steigt und fällt dieses kleine Wasser abwechselungsweise nach denselben Gesetzen, wie bei jenem Fluth und Ebbe eintritt? Oder ist, wie 8 bei den Flüssen, welche in das Meer münden, und durch widrige Winde und die entgegenbringende Fluth zurückgestaut werden, Etwas vorhanden, was den Ausfluß dieser Quelle zeitweise zurücktreibt? Oder haben die verborgenen Adern ein gewisses Maß, 9 so daß, während der Abfluß sich wieder sammelt, die Strömung geringer und träger ist, nach geschehener Ansammlung aber wieder rascher und reichlicher hervortritt? Oder ist irgend eine verbor= 10 gene und unsichtbare Wage da, welche, wann sie leer ist, den Quell in die Höhe und hinaus treibt, [dagegen,] wann sie sich füllt, ihn aufhält und verstopft? Forsche du — denn du bist 11 der Mann dazu — nach den Ursachen, die ein solches Wunder bewirken. Mir ist es genug, diese Erscheinung deutlich beschrieben zu haben. Lebe wohl!

# Fünftes Buch.

## I.
### C. Plinius an Severus.

Ein Vermächtniß ist mir zugefallen, zwar nur von mäßigem Belang, das mir aber angenehmer ist, als wenn es noch so beträchtlich wäre. Warum angenehmer, als ein noch so beträchtliches [fragst du]? Pomponia Gratilla[1]) hat ihren Sohn Assudius Curianus enterbt und mich zum Erben, zum Miterben den gewesenen Prätor Sertorius Severus und andere angesehene römische Ritter eingesetzt. Der Sohn Curianus bat mich, ihm meinen Antheil zu schenken und ihm durch diesen meinen Vorgang [bei den Anderen] behilflich zu sein; zugleich versprach er mir aber vermöge einer geheimen Uebereinkunft, ihn mir unangetastet zurückzugeben. Ich erwiderte ihm, es stimme nicht mit meinem Charakter überein, öffentlich so, insgeheim anders zu handeln, überdieß sei es nicht ganz ehrenhaft, einem reichen und kinderlosen Mann Etwas zu schenken; kurz und gut, ein Geschenk würde ihm von keinem Nutzen sein, wohl aber eine Verzichtleistung; hiezu aber sei ich bereit, sobald ich mich von der Unrechtmäßigkeit seiner Enterbung überzeugen könne. Hierauf versetzte er: „ich bitte dich, die Sache zu untersuchen." „Das will

---

¹) Sie war die Wittwe des unter Domitian hingerichteten stoischen Philosophen Rusticus Arulenus (vgl. Anm. 3 zu B. I. Br. 5) und war selbst in der Verbannung gestorben.

ich thun" — sagte ich nach einer kurzen Pause — „denn ich sehe nicht ein, warum ich selbst mich für geringer halten sollte, als wofür ich dir erscheine. Allein bedenke wohl, daß ich so viel Charakterfestigkeit besitze, mich, wenn meine Ueberzeugung mich dahinführt, im Sinne deiner Mutter auszusprechen." „Wie du 5 willst" — antwortete er — „denn du willst ja doch nur, was recht und billig ist." Ich zog zwei der damals in unserem Staate angesehensten Männer zu Rathe, den Corellius und Frontinus.²) Zwischen diesen nahm ich in meinem Zimmer meinen Platz. Curianus sagte, was er für sich anführen zu können glaubte. 6 Ich antwortete ihm kurz, (denn es war sonst Niemand zugegen, der sich der Ehre der Verstorbenen angenommen hätte); hierauf trat ich ab und erklärte ihm gemäß der in unserer Berathung gefaßten Entscheidung: „es scheint, Curianus, deine Mutter habe gerechte Gründe gehabt, böse auf dich zu sein." Auf dieß hin erhob er gegen die übrigen Erben Klage bei den Centumvirn, gegen mich aber nicht. Der Gerichtstag kam heran; meine Mit- 7 erben wünschten die Sache gütlich abzuthun und einen Vergleich einzugehen, nicht, weil sie kein Vertrauen auf ihre Sache hatten, sondern aus Furcht vor den Zeitverhältnissen.³) Sie fürchteten, was sie schon vielen Anderen begegnen sahen, aus dem Gerichte der Centumvirn nur als peinlich Angeklagte herauszukommen. Auch waren Einige unter ihnen, denen ihre Freundschaft zu 8 Gratilla und Rusticus hätte zum Vorwurfe gemacht werden kön- nen. Sie baten mich, mit Curianus zu sprechen. Wir kamen 9 in dem Tempel der Eintracht⁴) zusammen. Dort sagte ich zu ihm: „Wenn deine Mutter dich mit dem vierten Theile zum

---

²) Vgl. B. I. Br. 12, B. IV. Br. 8.

³) Nämlich vor der beliebten Methode des Kaisers Domitian, die Erben unter irgend einem Vorwande aus dem Wege zu schaffen, um dann als der alleinige Erbe auftreten zu können.

⁴) Die Göttin der Eintracht (Concordia) hatte in Rom nicht weniger als fünf Tempel; den ersten und vornehmsten unter denselben hatte Camillus nach Unterdrückung eines bürgerlichen Aufstandes erbauen lassen. Hier versammelten sich die Magistrate mit dem Senate zu gemeinschaftlichen Berathschlagungen, und hierher begaben sich auch die streitenden Parteien, um, nachdem sie einen Vergleich versucht hatten, denselben zu bestätigen. Nach einigen Angaben ließ Livia, die

Erben eingesetzt hätte, könntest du dich beklagen? Wie? Wenn sie dich zwar zum alleinigen Erben eingesetzt, die Erbmasse aber so durch Legate erschöpft hätte, daß dir nicht mehr, als der vierte Theil, übrig bliebe? Du mußt dich somit zufrieden geben, wenn du, als ein von deiner Mutter Enterbter, den vierten Theil von ihren Erben erhälst, wozu ich indessen noch zulegen will. Du weißt, daß du mich nicht gerichtlich belangt hast, daß bereits zwei Jahre verstrichen sind, mir somit in jeder Beziehung das Verjährungsrecht[5]) zu gut kommt. Damit aber meine Miterben dich [zu einem Vergleiche] bereitwilliger finden, und die Achtung, welche du mir bezeugst, dich in Nichts verkürze, so biete ich dir für meinen Theil eben so viel an." Meinen Gewinn fand ich nicht nur in meinem Bewußtsein, sondern auch in dem öffentlichen Rufe. Jener Curianus hat mir also ein Vermächtniß hinterlassen, und drückte meiner Handlung, — wenn dieß nicht anders zu schmeichelhaft für mich klingt — durch seine ehrenvolle Anerkennung den Stempel einer altrömischen auf. Dieses schreibe ich dir, weil ich über Alles, was mir Freude oder Kummer macht, mit dir nicht anders, als mit mir selbst, zu reden gewohnt bin, sodann, weil ich es für unfreundlich erachte, dich, meinen innigsten Freund, um das Vergnügen zu bringen, das ich selbst empfand. Auch ich bin nicht weise genug[6]), so daß mir Nichts daran läge, ob dem, was ich Ehrenvolles gethan zu haben glaube, einige Anerkennung, gleichsam als Belohnung, zu Theil werde. Lebe wohl!

---

Gemahlin des Kaisers Augustus, diesen Tempel, da er baufällig geworden, restauriren, nach anderen aber der Göttin Concordia einen neuen erbauen.

[5]) Nach den zwölf Tafeln trat in den ältesten Zeiten Roms Verjährungsrecht bei unbeweglichen Gütern nach zweijährigem ununterbrochenem Besitze ein, wo sie sodann in das Eigenthum des bisherigen Inhabers übergingen; bei beweglichen Gütern reichte schon ein einjähriger Besitz zur Verjährung hin. Unter den Kaisern aber ward für die Verjährung eine längere Frist festgesetzt; nach unserer Stelle — da das Vermögen der Gratilla doch wohl in Beweglichen bestand — für dieses mindestens zwei Jahre.

[6]) Anspielung auf den Grundsatz der Stoiker, daß man das Gute um seiner selbst willen thun müsse, ohne alle Rücksicht auf die mit dessen Ausübung etwa verbundenen äußeren Vortheile.

## II.
### C. Plinius an Flaccus.

Ich habe die herrlichen Meerdrosseln¹) erhalten, für die ich dir aber weder aus meinen Vorräthen zu Laurentinum²), noch, bei diesem stürmischen Wetter, mit Etwas aus dem Meere ein Gegengeschenk machen kann. Du empfängst also diesen leeren, 2 ganz undankbaren Brief, der nicht einmal jene List des Diomedes³) beim Geschenkaustauschen nachahmt. Allein nach deiner [bekannten] Güte wirst du ihm um so mehr Verzeihung schenken, weil er, nach seinem eigenen Geständniß, keine verdient. Lebe wohl!

## III.
### C. Plinius an Aristo.

So zahlreiche angenehme und willkommene Dienste du mir auch schon erwiesen hast, so ist mir am liebsten doch das, daß du mir nicht vorenthalten zu dürfen glaubtest, daß bei dir von meinen Versen viel und weitläufig die Rede gewesen und daß wegen der Verschiedenheit der Urtheile das Gespräch sich ziemlich lang hinausgezogen habe; ebenso, daß Einige mein Geschreibsel an und für sich zwar nicht mißbilligt, mich aber doch freundlich und aufrichtig getadelt haben, daß ich dergleichen schreibe und vorlese. Diesen gebe ich, um meine Schuld noch zu vergrößern, die 2 Antwort: „Ich mache zuweilen Verse [und zwar] nicht sehr ernsthafte, ich verfasse Lustspiele, ich höre und sehe mir die Mimen an, ich lese die Lyriker, finde Geschmack an den Sota=

---

¹) Die Meerdrosseln (turdus pilaris, was Andere auch als unsere Krammetsvögel erklären) gehörten bei den Römern unter die vornehmsten Delikatessen. Vgl. Horaz Epist. 1, 15. 40, 41: „Besseres nichts doch gibt's, als gemästete Drosseln."

²) Vgl. B. IV. Br. 6 und daselbst unsere Anm.

³) Homer Il. 6. 230 ffg. wird der Waffentausch des Glaukos mit Diomedes erzählt. Jener hatte eine goldene, dieser nur eine eherne Rüstung. Dieser thörichte Tausch wurde nachher sprichwörtlich.

bifern¹); außerdem lache, scherze, tändele ich manchmal, und — um alle Arten unschuldiger Erholung kurz zusammenzufassen — ich bin Mensch. Indessen lasse ich es mir recht gerne gefallen, wenn man von meinem Charakter eine solche Meinung hat, daß Personen, welche nicht wissen, daß [auch] die gelehrtesten, würdigsten, unbescholtensten Männer dergleichen geschrieben haben, sich wundern, daß ich es thue. Von denen aber, welchen bekannt ist, was für und welch' große Schriftsteller ich zu Vorgängern habe, hoffe ich es leicht zu erlangen, daß sie mich in einem Irrthum belassen, den ich mit Männern gemein habe, deren ernsthafte Beschäftigungen nicht nur, sondern auch deren Scherze man mit allen Ehren nachahmen kann. Oder sollte ich etwa fürchten — ich will keinen Lebenden nennen, um nicht dem Verdachte der Schmeichelei zu verfallen — daß mir nicht gezieme, was doch einem M. Tullius gezieme, einem C. Calvus, einem Asinius Pollio und einem M. Messala, einem Q. Hortensius, M. Brutus, L. Sulla, Q. Catulus, Q. Scävola, Servius Sulpicius, Varro, Torquatus (ja, beiden Torquati)²), C. Memmius, Lentulus, Gätulicus, Annäus Seneca, und ganz kürzlich noch einem Verginius Rufus, und, wenn Beispiele von Privatpersonen³) nicht genügend sind, einem göttlichen Julius, göttlichen Augustus, göttlichen Nerva, einem Kaiser Titus? Den Nero nämlich übergehe ich, obwohl ich weiß, daß das, was manchmal auch schlechte Menschen thun, darum nicht schlechter wird, daß aber das immer ehrenwerth bleibt, was von Guten öfter geschieht. Unter diese ist besonders zu rechnen P. Virgilius, Cornelius Nepos, und in früherer Zeit Ennius und Accius. Zwar waren diese keine Senatoren; allein hinsichtlich der Sittenreinheit findet kein Unterschied der Stände statt. „Doch, ich lese [meine Dichtungen] auch

---

¹) Sie hatten ihren Namen von dem Dichter Sotades aus Maronea, dem Verfasser mehrerer schalkhafter, beißender und obscener Gedichte, welche damals vielen Beifall und Nachahmer in Menge fanden. Vgl. Athenäus VII. p. 243. Salmasius zu Solin. S. 77.

²) Vater und Sohn.

³) Nach der damals bei den Römern üblichen Bezeichnungsweise hießen unter den Kaisern alle, selbst die höchst gestellten Staatsdiener, Privatpersonen.

vor." Ob Jene dieß auch gethan haben, weiß ich nicht. Sei dem, wie ihm wolle. Allein Jene konnten sich mit ihrem eigenen Urtheile begnügen; meine Meinung von mir selbst ist zu bescheiden, als daß ich das für vollendet genug halten sollte, was nur meinen Beifall hat. Ich lese sie also aus folgenden Gründen vor: für's Erste, daß der Vorleser selbst aus Achtung vor den Zuhörern seinen Schriften eine etwas genauere Aufmerksamkeit zuwendet; sodann, daß er über das, worüber er noch im Unklaren ist, sein Urtheil gleichsam auf Grund einer Stimmabgabe feststellen kann. Von Vielen erhält er auch vielerlei Winke; auch wenn auch dieß nicht der Fall ist, so kann er aus der Miene, den Blicken, den Winken, den Händen, aus dem Gemurmel, dem Stillschweigen deutlich abnehmen, was Jeder für eine Ansicht habe: was durch offen sich kund gebende Merkmale das [wirkliche] Urtheil von der Höflichkeit unterscheidet. Sollte sich daher Einer von Denen, welche [bei der Vorlesung] zugegen waren, die Mühe geben, das Nämliche noch einmal vorzulesen, so wird er sich überzeugen, daß ich Manches abgeändert oder ganz weggelassen habe, und zwar vielleicht nach seinem Urtheile, obgleich er selbst mir Nichts gesagt hat. Auch versetze ich mich dabei in eine Stellung, als hätte ich das ganze Volk in einen Zuhörerraum, nicht meine Freunde in mein Zimmer eingeladen, deren Mehrere zu haben, Vielen zur Ehre, Keinem zum Vorwurfe gereicht. Lebe wohl!

## IV.
### C. Plinius an Valerianus.

Es ist nur etwas Unbedeutendes, [was ich dir mittheile,] aber vielleicht von nicht unbedeutenden Folgen. Der gewesene Prätor Solers erbat sich von dem Senate die Erlaubniß, auf seinen Gütern Markt halten zu dürfen[1]). Hiegegen erhoben die

---

[1]) In Rom war von neun Tagen immer der erste und der letzte ein Markttag, wo die Landleute nach der Stadt kamen, um zu verkaufen und einzukaufen, oder auch ihre Streitigkeiten vor Gericht anzubringen. Solche Märkte durften,

Abgeordneten der Vicentiner ²) Einsprache; ihr Beistand war Tus-
2 cilius Nominatus. Die Sache wurde verschoben. In einer folgenden Senatssitzung traten die Vicentiner ohne Beistand ein und sagten: „sie seien getäuscht worden". Entfuhr ihnen das Wort nur so, oder war dieß wirklich ihre Meinung? Auf die Frage des Prätors Nepos: „wen sie zum Anwalt hätten"? erwiderten sie: „ihren früheren". Auf die weitere Frage: „ob er ihnen unentgeltlich seinen Beistand geleistet?" gaben sie zur Antwort: „für sechstausend Sesterzien" ³). „Ob sie ihm wiederholt Etwas ge-
3 geben hätten?" Sie sagten: „tausend Denare" ⁴). Nepos verlangte, Nominatus solle vorgeführt werden. Soweit wurde an diesem Tage verhandelt. Allein nach meiner Vermuthung wird sich die Sache noch weiter hinausspinnen; denn gar Manches, wenn man nur daran rührt, wenn man es überhaupt nur in
4 Bewegung setzt, greift weit und breit um sich. Nun hab' ich dir die Ohren gespitzt. Wie lange und wie freundlich wirst du mich nun bitten müssen, um auch das Uebrige zu erfahren; es wäre denn, daß du eben deßhalb vorher nach Rom kämest, um [die Sache] lieber mit anzusehen, als sie [blos] zu lesen. Lebe wohl!

## V.

### C. Plinius an Maximus.

Man hat mir das Hinscheiden des C. Fannius gemeldet; eine Nachricht, die äußerst schmerzlich und niederschlagend für mich ist: für's Erste, weil ich diesen feingebildeten und beredten Mann [wirklich] lieb hatte, sodann, weil ich häufig von seinem Urtheil [für mich] Gebrauch machte. Denn er hatte von Natur einen scharfen Blick, viele Erfahrung und konnte über das Verschiedenste

---

außerhalb Rom, nicht ohne Erlaubniß des Senats gehalten werden. Selbst der Kaiser Claudius (vgl. Sueton Claub. 12) suchte bei dem Senate um das Recht nach, auf seinen Gütern einen Markt zu halten.

²) Vicentia, h. z. T. Vicenza, eine römische Municipalstadt in Oberitalien (Gallia Transpadana) im Gebiete der Veneter.

³) Beiläufig 327 Thlr. oder 572 Gulden heutiger Währung.

⁴) Ungefähr 154 Thlr. oder 270 Gulden unseres Geldes.

rasch Auskunft ertheilen. Aber auch noch wegen sonst Etwas 2
ängstigt mich das Geschick des Mannes. Er starb mit Hinter=
lassung eines alten Testamentes, worin er die, welche er am lieb=
sten hatte, übergangen, [dagegen] Solche, denen er abhold war,
bedacht hat. Das könnte man sich noch gefallen lassen; allein
weit empfindlicher ist, daß er ein herrliches Werk unvollendet hin=
terlassen hat. Denn so viele Zerstreuungen ihm auch die Pro= 3
cesse, welche er führte, verursachten, so beschrieb er doch das Ende
der von Nero Gemordeten oder Verbannten, und bereits hatte er
drei Bücher vollendet, mit Geschmack und Fleiß und in reinem
Lateinisch, und die Mitte haltend zwischen dem rednerischen und
erzählenden Style. Und es war um so mehr sein Wunsch, die
übrigen noch zu vollenden, je häufiger diese gelesen wurden.
Nach meinem Gefühle aber ist immer der Tod solcher Männer 4
schmerzlich und zu frühe, welche für die Unsterblichkeit arbeiten.
Denn wer, den sinnlichen Vergnügen ergeben, gleichsam nur für
den [gegenwärtigen] Tag lebt, endigt auch mit jedem Tage den
Zweck seines Lebens; wer aber an die Nachwelt denkt und durch
[Geistes=] Werke sein Andenken zu verewigen sucht, für den ist
der Tod immer zu früh, weil er immer etwas Angefangenes ab=
bricht. C. Fannius indeß hat sein Geschick lange voraus geah=
net. Es träumte ihm Nachts, als liege er auf seinem Ruhebette 5
in der Stellung eines Studirenden und habe, wie gewöhnlich, sein
Schreibpult vor sich. Bald darauf — so kam es ihm vor —
sei Nero gekommen, habe sich auf sein Lager gesetzt, das erste
Buch, worin er seine Verbrechen geschildert hatte, genommen, das=
selbe [von Anfang] bis zu Ende durchblättert, ebenso habe er es
mit dem zweiten und dritten gemacht und sich darauf entfernt.
Fannius erschrack und deutete sich das Ergebniß so, als ob er 6
eben da aufhören würde zu schreiben, wo Jener aufgehört hatte
zu lesen: und so war es denn auch. Wenn ich hieran denke, so 7
ergreift mich ein wahrer Jammer über die vielen Nachtwachen,
über die viele Mühe, die er vergeblich aufgewendet hat. Meine
eigene Sterblichkeit, meine eigenen Schriften schweben mir vor
der Seele, und ich zweifle nicht, daß auch dich derselbe Gedanke
erschreckt für das, was du eben jetzt unter den Händen hast.

8 Laß uns also, so lange unser Leben noch dauert, alle Kraft anstrengen, daß der Tod so wenig als möglich vorfinde, das er zu vernichten vermag.

## VI.
### C. Plinius an Appollinaris.

Sehr erfreut bin ich über die Aufmerksamkeit und Sorgfalt, womit du, als du von meinem Vorhaben, auf mein Tuscisches Landgut[1]) zu gehen, Kunde erhieltest, mir davon abriethest, 2 weil du es für ungesund hältst. Und in der That ist die Tuscische Seeküste ungesund und gefährlich; allein mein Landgut liegt weit ab vom Meere, ja sogar am Fuße des Apennin, dem ge-3 sundesten unter allen Gebirgen. Laß dir daher, um aller Besorgniß für mich los zu werden, die Milde des Himmels, die Lage der Gegend, die Annehmlichkeit des Landgutes schildern, was dir eben so angenehm sein wird zu hören, als mir, es zu 4 erzählen. Die Luft ist im Winter frostig und kalt; Myrten, Oelbäume und andere Gewächse, die eine beständige Wärme lieben, duldet sie nicht und macht sie verderben; den Lorbeer jedoch duldet sie nicht nur, sondern bringt ihn sogar so schön, als man ihn nur sehen kann, hervor; nur zuweilen, aber nicht öfter, als 5 in der Nähe Roms, tödtet ihn der Frost. Der Sommer ist außerordentlich mild: fortwährend ist die Luft bewegt, doch häu-6 figer durch sanfte, als durch scharfe Winde. Daher sieht man viele alte Leute, Großväter und Urgroßväter von Personen, die selbst nicht mehr ganz jung sind; man hört alte Geschichten und Gespräche aus der Vorzeit, und wenn man hierher kommt, glaubt 7 man, man sei in einem andern Jahrhundert geboren[2]). Die Ansicht der Gegend ist ausgezeichnet schön. Stelle dir ein uner-

---

[1]) Dasselbe lag in Etrurien (daher der Name) an der Tiber; nach Cluver auf der linken, nach Cellarius auf der rechten Seite des Flusses.

[2]) Unter der Regierung des Kaisers Vespasian wurden in der Gegend, von welcher hier die Rede ist, gleichzeitig 124 Personen gezählt, von denen 121 über hundert, und 3 sogar hundert und vierzig Jahre alt waren; vgl. Hufeland, Makrobiotik.

meßliches Amphitheater vor, wie es nur die Natur zu schaffen vermag. Eine weite und ausgedehnte Ebene ist rings von Bergen umgeben; auf den Gipfeln der Berge stehen hohe und alte Wälder: Wild gibt es da in Menge und von allerlei Gattung. 8 Von da herab senkt sich mit dem Gebirge selbst schlagbare Waldung; dazwischen liegen fette und urbare Hügel — nicht leicht stößt man auf steinigen Boden, selbst wenn man ihn suchte — welche auch den ebensten Feldern an Fruchtbarkeit Nichts nachgeben und eine eben so reiche Ernte, nur etwas später, zur Reife bringen. Unter diesen dehnen sich auf der ganzen Seite Wein- 9 pflanzungen aus und gewähren weit und breit das Bild eines einheitlichen Ganzen. Da, wo sie aufhören, gleichsam an ihrem untersten Rande, sproßt Buschwerk hervor. Nun kommen Wiesen 10 und Felder: Felder, welche nur mit den größten Stieren und den stärksten Pflügen durchfurcht werden können. Der äußerst feste Boden wirft beim ersten Umbrechen so mächtige Schollen auf, daß er erst bei der neunten Umpflügung [ganz] bezwungen wird. Die Wiesen sind voll Blumen und wie mit Edelsteinen 11 besät, und tragen Klee und andere Kräuter, die stets so zart und saftig sind, als wären sie eben erst hervorgesproßt. Denn Alles wird von nie versiegenden Bächen bewässert; aber selbst da, wo noch so viel Wasser ist, befindet sich nirgends ein Sumpf, weil das Erdreich abhängig ist und alle Feuchtigkeit, die es empfängt und nicht einsaugt, in die Tiber abfließen macht. Diese 12 nimmt ihren Lauf mitten durch die Felder, ist schiffbar und führt alle Früchte in die Stadt, jedoch nur im Winter und im Frühling; im Sommer fällt sie und legt bei ihrem trockenen Bette den Namen eines großen Stromes ab; im Herbst nimmt sie ihn wieder an. Du wirst großes Vergnügen genießen, wenn du die 13 Lage dieser Gegend von einem Berge herab überschaust; denn keine wirkliche Landschaft, sondern das herrlich gemalte Ideal einer solchen würdest du zu sehen glauben: eine solche Mannigfaltigkeit, eine solche regelmäßige Gruppirung ist es, durch die das Auge, wohin es sich wendet, entzückt wird. Das Landhaus 14 liegt am Fuße des Hügels, und doch ist es, als blicke es von der Höhe herab: so sanft und allmälig, ohne daß man es wahr-

nimmt, erhebt sich der Hügel, auf dem es steht, daß, während man gar nicht zu steigen glaubt, man [am Ende] doch merkt, daß man gestiegen ist. Im Rücken, aber in ziemlicher Entfernung, hat es den Apennin. Von daher kommt, auch bei heiterem und ruhigem Wetter, ein Luftzug, der jedoch nicht scharf und schneidend, sondern, eben wegen des weiten Abstandes, nur schwach
15 und gebrochen ist. Es hat zum größten Theil die Aussicht gegen Mittag, und ladet im Sommer die Sonne von zwölf Uhr an, im Winter etwas früher, in eine breite und etwas hervortretende ³) Säulenhalle ein. Diese hat viele Abtheilungen, auch einen Vor-
16 hof nach dem Brauche der Alten. Vor der Säulenhalle ist eine offene, in eine Menge von Figuren getheilte Terrasse, mit Buchs eingefaßt. Von hier senkt sich ein Rasenstück schräg herab, auf welchem zu beiden Seiten Thierfiguren von Buchs einander gegenüber stehen. Auf der Ebene steht Bärenklau ⁴), der weich und,
17 fast möchte ich sagen, wie Schmelz ist. Von hier aus zieht sich ein Spazierweg mit dichten und mannigfaltig geschnittenen Hecken, und um diesen läuft eine Allee in Gestalt eines Circus um verschiedenartig gestalteten Buchs und niedrige und zurückgeschnittene Bäumchen. Das Ganze ist durch eine Mauer verwahrt, welche stufenförmig angebrachter Buchs überkleidet und dem Blicke ent-
18 zieht. Hierauf kommt eine Wiese, nicht minder sehenswerth wegen ihrer Natur, als die obigen Gegenstände wegen der Kunst; weiterhin Felder und viele andere Wiesenplätze und Gebüschwerk.
19 An dem einen Ende der Säulenhalle zieht sich ein Speisesaal hin, von dessen Thüren aus man das Ende der Terrasse, und weiterhin von den Fenstern die Wiese und vieles Feld erblickt. Hier übersieht man die Seite der Terrasse, und den hervorspringenden Theil des Landhauses, hier das belaubte Gehölze der

---

³) Nach der Lesart prominulam, welche auch Corte und Forcellini empfehlen; Andere lesen pro modo longum, „verhältnißmäßig lang".

⁴) Diese Gattung Bärenklau (acanthus sativus oder mollis) wurde nicht nur als das den Bienen liebste Futter, sondern auch, wegen ihrer schönen Schlingungen, als Zierpflanze in den Gärten der Vornehmen häufig angepflanzt, auch auf Kunstwerken, als Säulen, Vasen, Gewinden ꝛc. nachgebildet. Vgl. Voß zu Virgils Landbau 4, 123.

nebenan liegenden Rennbahn. Ungefähr der Mitte der Säulen= 20
halle gegenüber steht etwas zurück ein Sommerhaus; dasselbe
umschließt einen kleinen, von vier Platanen beschatteten Platz.
Zwischen diesen sprudelt aus einem marmornen Becken Wasser
hervor, welches die umherstehenden Platanen und den unter den
Platanen befindlichen [Gras=] Boden besprengt und erfrischt. In 21
diesem Sommerhause ist ein Schlafgemach, welches Tageslicht,
Geschrei und Geräusch ferne hält, und daneben das gewöhnliche
Speisezimmer für Freunde. Auf jenen kleinen Hof und auf
Alles, worauf man von der [ersteren] Säulenhalle die Aussicht
hat, gewährt sie auch noch eine andere Säulenhalle. Auch noch 22
ein anderes Schlafgemach befindet sich hier, das von der nächst
dabei stehenden Platane grün und beschattet und bis an das Ge=
simse mit Marmor verziert ist, und der Schönheit des Marmors
steht auch die Malerei nicht nach, welche Baumzweige und auf
denselben sitzende Vögel darstellt. Darunter befindet sich ein klei= 23
ner Springquell, aus dem mehrere, ringsherum angebrachte
Röhrchen mit höchst angenehmem Geplätscher das Wasser in ein
Becken ergießen. Am [andern] Ende der Säulenhalle tritt man
von dem Speisesaal aus in ein sehr geräumiges Zimmer, dessen
Fenster die Aussicht theils auf die Terrasse, theils auf den Wie=
senplatz gewähren, zunächst aber auf einen Fischteich, der dicht
unter den Fenstern liegt und Ohr wie Auge ergötzt. Das von 24
oben herabplätschernde Wasser bildet nämlich in dem Marmor=
becken, von welchem es aufgenommen wird, einen weißen Schaum.
Eben dieses Zimmer ist im Winter sehr warm, weil die Sonne
sehr stark hineinscheint. Mit demselben steht ein Heizezimmer in
unmittelbarer Verbindung, welches an trüben Tagen durch die in
jenes hinübergeleitete Wärme die Sonne ersetzt. Von hier ge= 25
langt man durch ein geräumiges und freundliches Auskleidezimmer
in das für kalte Bäder bestimmte Gemach, wo sich ein geräu=
miges und schattiges Schwimmbad befindet. Verlangt man einen
größeren oder laueren Raum zum Schwimmen, so ist im Hofe
ein Teich, und unmittelbar dabei ein Brunnen, aus welchem man
sich wieder abkühlen kann, wenn Einem die Wärme lästig wird.
Mit dem Gemach für kalte Bäder steht eines für Mittelbäder in 26

Verbindung, auf welches die Sonne auf's wohlthätigste einwirkt, doch nicht so sehr, wie auf das Warmbad=Gemach, denn dieses ist weiter hinaus angebracht. In diesem geht es drei Abstufungen hinab; zwei liegen in der Sonne, die dritte, der Sonne 27 weniger ausgesetzt, ist gleichwohl nicht minder hell. Ueber dem Auskleidezimmer liegt der Ballsaal, der für mehrere Arten von Körperübungen eingerichtet ist und verschiedene Abtheilungen enthält. Nicht weit von dem Bade befindet sich eine Treppe, welche nach einer bedeckten Halle, vorher aber in drei Zimmer führt. Von diesen geht das eine auf den kleinen Hof hinaus, wo die vier Platanen stehen, das andere auf den Wiesenplatz, das dritte auf die Weingelände, so daß jedes nach verschiedenen Seiten hin 28 die Aussicht hat. An dem obersten Ende der bedeckten Halle ist ein aus dieser selbst herausgeschnittenes Gemach, welches die Aussicht auf die Rennbahn, die Weingelände und die Berge bietet. An dieses stößt ein anderes Gemach, welches sehr sonnig ist, namentlich im Winter. Von hier beginnt eine Zimmerreihe, welche 29 die Rennbahn mit dem Landhause verbindet. Dieß ist die Gestaltung und Ansicht von vornen. Seitwärts ist auf der Höhe ein bedeckter Gang für den Sommer=angebracht, der nicht nur die Aussicht auf die Weingelände zu gewähren, sondern [geradezu] an sie zu stoßen scheint. In der Mitte empfängt der Speisesaal die wohlthätigste Luft aus den Thälern des Apennins; durch die sehr breiten Fenster der Hinterseite sieht man auf die Weingelände, ebenso durch die Thüren und den bedeckten Gang, als wären sie ganz nahe da. Auf der Seite des Speisesaals, welche 30 keine Fenster hat, läßt sich durch eine geheime Treppe Alles, was zu einem Gastmahle erforderlich ist, herbeischaffen. Am Ende [des Ganges] ist ein Zimmer, das eine nicht minder angenehme Aussicht auf den bedeckten Gang selbst, als auf die Weingelände bietet. Unter diesem befindet sich ein anderer bedeckter, fast unterirdischer Gang: in diesem ist Sommers die Kälte sehr groß, da er, zufrieden mit seiner eigenen Luft, keiner Luft bedarf und auch 31 keine zuläßt. Nach diesen beiden bedeckten Gängen beginnt da, wo der Speisesaal endigt, eine Säulenhalle, die Vormittags winterlich, gegen Abend sommerlich ist. Durch diese führt der Weg in zwei Wohnungsgelasse, von denen das eine vier, das andere drei Zimmer hat, welche, je nach dem Laufe der Sonne, Sonne oder Schatten haben. Diese zweckmäßige Eintheilung und Annehmlichkeit des Gebäudes wird jedoch von der Rennbahn noch weit übertroffen. Diese ist in der Mitte offen, bietet sogleich beim Eintritte eine Totalübersicht dar und ist rings von Platanen eingefaßt, welche mit Epheu umkleidet sind, so daß sie oben mit eigenem, unten mit fremdem Laube grünen. Der Epheu schlingt sich am Stamme und an den Zweigen hinauf und verbindet durch sein Hinüberranken die nahe beisammen stehenden Platanen mit einander. Zwischendarin steht Buchs. Außen um den Buchs zieht sich Lorbeer herum, und vermählt seinen Schatten mit dem der Platanen. Der gerade Lauf dieser Rennbahn bricht sich am Ende in einen Halbzirkel und gibt ihr eine andere Ansicht: sie ist ringsum von Cypressen eingefaßt und bedeckt, durch deren dichtern Schatten sie ganz dunkel und schwarz erscheint, in den innern Kreisen aber — und dieser sind es mehrere — herrscht das helleste Tageslicht. Darum wachsen hier sogar Rosen, und die Kühle des Schattens wechselt mit lieblichem Sonnenschein. Hat man diese mannigfaltigen Krümmungen hinter sich, so tritt man wieder in einen gerade fortlaufenden Weg, aber nicht blos in einen einzigen, denn durch den dazwischen stehenden Buchs werden mehrere Abtheilungen gebildet. Hier stößt man auf einen kleinen Grasplatz, dort auf den Buchs selbst, der in tausenderlei Formen gesetzt ist, bisweilen in Buchstaben, welche bald den Namen des Herrn, bald den des [Garten=] Künstlers angeben; kleine, kugelförmige Säulen wechseln mit dazwischenstehenden Obstbäumen ab, und mitten in dieser ganz städtischen Anlage findet man sich auf einmal mitten in ein ländliches Bild hineinversetzt, welches von beiden Seiten mit Platanen von kleinerem Wuchse geziert ist. Hinter diesen steht glatter und sich ringelnder Acanthus, nach diesem kommen noch mehrere Figuren und mehrere Namen. Am obern Ende befindet sich eine Bank von weißem Marmor, von Weinreben überdeckt, denen vier kleine carystische Säulen [5] zur

---

[5] Säulen von grünem carystischem Marmor. Diese Marmorart wurde

Stütze dienen. Aus dieser Bank fließt Wasser, gerade als würde es durch das Gewicht der darauf Liegenden herausgedrückt, in kleinen Röhren hervor; es fällt in einen ausgehöhlten Stein, wird von einem niedlich gearbeiteten Marmorbecken aufgenommen und hat einen derartigen verborgenen Abfluß, daß es stets voll
37 ist, ohne je überzufließen. Die Schüsseln mit dem Voressen und die schwereren Gerichte werden an den Rand des Beckens gestellt, die leichteren aber schwimmen auf Figuren, welche Schiffchen und Vögel vorstellen, umher. Gegenüber spritzt ein Springbrunnen Wasser empor und nimmt es wieder auf: das in die Höhe getriebene Wasser fällt nämlich wieder in sich zurück, indem es durch neben einander befindliche Oeffnungen eingesaugt und gehoben wird. Gegenüber der Bank ist ein Zimmer, welches dieser
38 eben so große Zierde verleiht, als es von ihr erhält. Es glänzt von Marmor, seine Thüren öffnen sich in's Grüne hinaus, und auf andere grüne Partieen hat man von den oberen und unteren Fenstern die Aussicht. In der Vertiefung [dieses Zimmers] ist ein kleines Kabinet, das man eben so gut für das gleiche, wie für ein anderes Gemach halten kann. Hier steht ein Bett und ringsum sind Fenster angebracht; gleichwohl ist das Licht, wegen
39 der Einwirkung des Schattens, nur dämmerungsartig. Denn eine äußerst üppige Rebenpflanzung, welche das ganze Gebäude umrankt, zieht sich bis zum obersten Theile hinauf. Man liegt dort nicht anders, als wie in einem Walde, nur ist man nicht, wie im Walde, dem Regen ausgesetzt. Auch hier entspringt eine
40 Quelle, die sogleich ihren weitern Lauf nimmt. An mehreren Orten sind Sitze von Marmor angebracht, welche den Spaziergängern, wenn sie müde geworden sind, ebenso, wie das Zimmer selbst, Erholung gewähren. Neben den Sitzen sind kleine Brunnen, und durch die ganze Rennbahn rauschen Bäche, welche, in Röhren gefaßt, ihren Lauf nehmen, wohin man sie leitet. Durch sie wird bald diese, bald jene grüne Partie, bisweilen alle zugleich, bewässert. Ich hätte schon längst den Schein der Ge-

---

nicht weit von der Stadt Carystus auf der Insel Euböa (jetzt Negroponte) gewonnen.

ſchwätzigkeit von mir abzuwälzen geſucht, wenn ich mir nicht vorgenommen hätte, alle Winkel mit dir meinem Briefe durchzu=
ſtöbern. Auch befürchte ich nicht, du möchteſt beim Leſen über 41
Etwas verdrießlich werden, worüber du es [gewiß] nicht würdeſt,
wenn du es ſäheſt, zumal, da du zwiſchen hinein nach Belieben
ausruhen, den Brief weglegen und dich zum öftern gleichſam er=
holen kannſt. Ueberdieß iſt es meine Vorliebe, der ich mich hier
überlaſſen habe. Denn Vorliebe habe ich für das, was ich
größtentheils ſelbſt angelegt, oder, wenn es ſchon angelegt war,
vollendet habe. Um es Alles zu ſagen — denn warum ſoll ich 42
dir meine Anſicht, richtig oder falſch, nicht frei herausſagen? —
ich halte es für die erſte Pflicht eines Schriftſtellers, den Titel
ſeines Werkes zu leſen und ſich wiederholt zu fragen, was er zu
ſchreiben begonnen habe, und ſich darüber klar zu werden, daß
er, wenn er bei ſeinem Stoffe bleibt, nicht langweilig wird, im
höchſten Grade langweilig aber, wenn er Fremdartiges beimiſcht
und hereinzieht. Du ſiehſt, in wie vielen Verſen Homer, in wie 43
vielen Virgil, dieſer die Waffen des Aeneas, jener die des Achilles
beſchreibt; dennoch ſind Beide kurz, weil ſie nur das thun, was
in ihrem Plane liegt. Du ſiehſt, wie Aratus auch die kleinſten
Geſtirne verfolgt und herzählt, und doch hält er Maß [und Ziel].
Denn es iſt dieß bei ihm keine Abſchweifung, ſondern das Werk
ſelbſt. Der gleiche Fall iſt es bei mir — um Kleines mit 44
Großem zu vergleichen —: wenn ich mein ganzes Landhaus dir
vor Augen zu ſtellen verſuche, von nichts Fremdartigem, von
Nichts, was, ſo zu ſagen, abwegs liegt, rede, ſo iſt nicht mein
Brief, ſondern das darin beſchriebene Landhaus groß. Doch, zu=
rück dahin, wovon ich ausgegangen bin, um mir nicht nach meinem eigenen Geſetze mit Recht eine Rüge zuzuziehen, wenn ich
mich bei Nebendingen länger aufhalte. Du kennſt nun die 45
Gründe, warum ich mein Tuſciſches Landgut meinem Tuſcula=
niſchen, Tiburtiniſchen, Präneſtiniſchen vorziehe. Denn außer dem
bereits Angeführten genieße ich dort eine tiefere, behaglichere und
darum ſicherere Muße; hier habe ich nicht nöthig, in der Toga
zu erſcheinen, Niemand iſt in der Nähe, der irgend ein Anſinnen
an mich macht. Alles iſt ruhig und ſtill: ein Umſtand, der noch

zu der gesunden Beschaffenheit der Gegend, ebenso wie der klarere Himmel und die reinere Luft, hinzukommt. Hier befinde ich mich an Leib und Seele durchaus wohl; denn ich beschäftige meinen 46 Geist mit Studiren, meinen Körper mit der Jagd. Auch meine Leute sind nirgends gesunder als hier; bis jetzt wenigstens habe ich Keinen von denen, die ich mit mir genommen hatte — übrigens ganz unberufen — verloren. Mögen nur die Götter auch fernerhin mir diese Freude und dem Orte diesen Ruhm erhalten! Lebe wohl!

## VII.

### C. Plinius an Calvisius.

Bekanntlich kann ein Gemeinwesen weder zum Erben eingesetzt werden, noch ein Erb=Voraus erhalten. Saturninus aber, der mich zum Erben eingesetzt hat, hat unserer Vaterstadt ein Viertheil vermacht, hernach aber, statt dieses Viertheils, ihr 2 400,000 Sesterzien[1]) zum Voraus gegeben. Faßt man hiebei das Recht in's Auge, so ist diese Verfügung ungiltig, nach dem Willen des Verstorbenen aber ist sie giltig und fest. Mir aber ist der Wille des Verstorbenen — ich fühle eine gewisse Bangigkeit, wie die Rechtsgelehrten diese Sprache aufnehmen werden — heiliger als das Gesetz, besonders hinsichtlich dessen, was er der gemeinschaftlichen Vaterstadt zukommen lassen wollte. 3 Sollte ich, der ich ihr von meinem eigenen Vermögen 1,100,000 Sesterzien[2]) geschenkt habe, ihr 400,000 Sesterzien, wenig mehr als den dritten Theil [dieses Betrages], von einem fremden Vermögen absprechen? Ich weiß, daß auch du nicht anders urtheilst, als ich, da du eben dieses Gemeinwesen als der beste Bürger 4 liebst. Es wäre daher mein Wunsch, daß du, wenn sich die Decurionen das nächstemal versammeln, ihnen mit Schonung und Bescheidenheit angäbest, was Rechtens sei, dann aber beifügtest, daß ich, der Verfügung des Saturninus gemäß, 400,000 Sester=

---

[1]) Nach heutiger Währung ungefähr 21,890 Thlr. oder 38,200 Gulden.
[2]) Circa 60,000 Thlr. oder 105,000 Gulden unseres Geldes.

zien herzugeben mich erbiete. Sein Geschenk, seine Freigebigkeit
ist es ja: mein Verdienst sei einzig der Vollzug. Ich hielt es
für überflüssig, hierüber amtlich zu schreiben, einmal, weil ich
wohl wußte, daß du bei unserer innigen Freundschaft und
bei der dir eigenen Klugheit eben so bereit als fähig bist, meine
wie deine Stelle zu vertreten; sodann, weil ich besorgte, das Maß,
welches dir beim mündlichen Vortrage einzuhalten ein Leichtes ist,
in einem Briefe nicht ebenso eingehalten zu finden. Denn der
Rede geben Miene, Geberden, und die Stimme selbst das [ge=
hörige] Maß; ein Brief dagegen, welcher aller dieser Empfeh=
lungen ermangelt, ist der Böswilligkeit der Ausleger ausgesetzt.
Lebe wohl!

## VIII.
### C. Plinius an Capito.

Du gibst mir den Rath, Geschichtschreiber zu werden, und
du bist nicht der Einzige, der mir diesen Rath gibt. Schon
Viele haben mich hiezu wiederholt aufgemuntert, und ich will es
auch, nicht weil ich mir getraute, etwas Rechtes zu liefern —
denn das zu glauben, ohne den Versuch gemacht zu haben, wäre
Vermessenheit — sondern weil es in meinen Augen eine der
schönsten Aufgaben ist, Männer, denen die Unsterblichkeit gebührt,
nicht untergehen zu lassen und mit dem fremden Ruhme zugleich
den eigenen zu verewigen. Mich aber reizt Nichts so sehr, als
die Sehnsucht und Begierde nach Fortdauer, wohl das Würdigste,
was der Mensch sich wünschen kann, besonders, wenn er sich
keiner Schuld bewußt ist und sein Andenken bei der Nachwelt
nicht scheuen darf. Ich habe daher Tag und Nacht nur den
einen Gedanken:

— — — — Ich suche mir Bahn, hoch
Ueber dem Staub — — —¹)

Denn dieses genügt meinem Wunsche; das aber ginge noch über
meinen Wunsch hinaus:

---

¹) Virgil Landbau 3, 8. 9.

— — — ein Triumph, auf den Lippen des Volkes zu schweben. Obwohl, ach!²)

Doch, jenes ist mir schon genug, wozu die Geschichte beinahe allein Aussicht geben kann. Denn Beredtsamkeit und Dichtkunst haben nur geringen Reiz, wenn nicht die Gewandtheit ein Ausdruck den höchsten Grad [der Vollkommenheit] erreicht hat; die Geschichte aber ergötzt, sie mag geschrieben sein, wie sie will.

4 Denn die Menschen sind von Natur neugierig; jede noch so einfache Schilderung von Begebenheiten fesselt sie, und selbst unbedeutende Geschichtchen und Mährchen ziehen sie an. Mich aber treibt zu diesem Fache auch noch ein Vorgang in meiner Fa-
5 milie. Mein Oheim, und durch Adoption zugleich mein Vater, schrieb [ebenfalls] Geschichte, und zwar mit der strengsten Gewissenhaftigkeit³). Ich weiß aber aus den [Werken der] Weisen, es sei höchst ehrenvoll, in die Fußstapfen der Vorfahren zu treten, wenn anders sie auf der rechten Bahn vorangegangen sind.
6 Warum zögere ich also noch? Ich habe große und wichtige Processe geführt. Diese — so wenig ich mir auch davon versprechen darf — beabsichtige ich noch einmal zu überarbeiten, damit diese so große Arbeit nicht zugleich mit mir vergehe, wenn
7 ich nicht den Fleiß, dessen sie noch bedarf, darauf verwende. Denn wenn man auf die Nachwelt Rücksicht nimmt, so ist alles Unvollendete so gut wie gar nicht angefangen. „Du kannst ja" — wirst du sagen — „zugleich deine Processe überarbeiten und [dabei doch] Geschichte schreiben." O, könnte ich das! Aber Beides ist ein so großes Unternehmen, daß es mehr als genug
8 ist, wenn man auch nur das Eine oder Andere ausführt. Neunzehn Jahre alt, begann ich als Redner auf dem Forum aufzutreten, und erst jetzt, und auch jetzt nur wie durch einen Nebel, sehe ich, was der Redner zu leisten hat. Wie nun, wenn zu
9 dieser Bürde noch eine neue hinzukommt? Rede und Geschichte haben zwar Vieles mit einander gemein, aber selbst in dem, was ihnen gemein zu sein scheint, sind sie noch weit mehr von ein-

---

²) Ebendaselbst und Aeneis 5, 195.
³) Vgl. oben Buch III. Br. 5.

ander verschieden. Diese erzählt, jene erzählt, aber [jede] auf
andere Weise. Diese hat meist Niedriges und Schmutziges und
aus dem gemeinen Leben Gegriffenes zum Gegenstande; für jene
schickt sich nur, was gewählt, glänzend, erhaben ist. In dieser
dürfen sich manchmal Knochen, Muskeln, Nerven sehen lassen,
jene muß einen vollen Körperbau und so zu sagen eine wallende
Mähne haben. Diese gefällt hauptsächlich durch Kraft, [eine ge=
wisse] Rauhheit und Bestimmtheit, jene durch Ausführlichkeit,
Anmuth und eine gewisse Süßigkeit. Kurz, Worte, Ton, Satz=
bau sind verschieden. Denn es kommt sehr viel darauf an, wie
Thucydides sagt, ob Etwas $\kappa\tau\tilde{\eta}\mu\alpha$ (unbestrittenes Eigenthum),
oder $\dot{\alpha}\gamma\acute{\omega}\nu\iota\sigma\mu\alpha$ (Streitobject) ist; jenes gilt von der Geschichte,
dieses von der Rede. Dieß sind die Gründe, warum ich mich
nicht bewegen lasse, zwei einander so unähnliche, und schon darum,
weil jedes von der größten Wichtigkeit ist, verschiedene Dinge zu
vermischen und durcheinander zu mengen, damit ich nicht, durch
ein solches Gemengsel irre geführt, hier thue, was ich dort thun
sollte, und deßhalb bitte ich mir einstweilen — um nicht von
meinen [Advokaten=] Ausdrücken abzugehen — Frist aus. Du
jedoch denke jetzt schon darüber nach, an welchen Zeitabschnitt ich
mich vorzugsweise machen soll. An einen alten und schon von
Anderen beschriebenen? Hier liegt das Aufsuchen nahe zur Hand,
aber die Zusammenstellung ist lästig. An einen neuen, woran
sich noch Niemand versucht hat? Da gibt es schweren Anstoß
und nur geringen Dank. Denn abgesehen davon, daß es bei
einem so lasterhaften Menschengeschlecht weit Mehreres zu tadeln
als zu loben gibt, so heißt es, wenn man lobt, immer, man thue
zu wenig, wenn man tadelt, man thue zu viel, und wenn man
auch bei jenem noch so freigebig, bei diesem noch so zurückhaltend
gewesen ist. Dieß hält mich aber nicht zurück, denn ich habe
Muth genug, unparteiisch zu verfahren; bahne nur du — um
das bitte ich dich — mir den Weg zu dem, wozu du mich auf=
forderst und wähle den Stoff für mich, damit mir nicht,
wenn ich schon zum Schreiben gerüstet bin, wieder ein anderer
und gerechter Grund zur Verzögerung erstehe. Lebe wohl!

## IX.

### C. Plinius an Saturninus.

Dein Brief hat einen verschiedenen Eindruck auf mich gemacht: denn theils war sein Inhalt erfreulich, theils betrübend. Erfreulich, weil er mir meldete, du hälteſt dich immer noch in der Hauptstadt auf. „Ganz wider meinen Willen" sagſt du, aber nicht wider den meinigen, weil er das Versprechen enthält, du werdeſt gleich nach meiner Ankunft eine Vorleſung halten. 2 Ich danke dir, daß du auf mich warteſt. Betrübend ist das, daß Julius Valens so schwer darnieder liegt, wiewohl auch das nicht einmal betrübend ist, wenn man seinen Vortheil in Anschlag bringt, da es für ihn am Beſten iſt, ſo bald als möglich von 3 einer unheilbaren Krankheit befreit zu werden. Das aber iſt nicht nur betrübend, sondern wahrhaft beklagenswerth, daß Julius Avitus auf der Rückreiſe von ſeiner Quäſtur[1]) mit Tod abgegangen ist, daß er den Tod auf dem Schiffe fand, ferne von seinem ihn so zärtlich liebenden Bruder, ferne von der Mutter, 4 von den Schweſtern. Das ist nun für den Todten ganz gleichgiltig, nicht aber für den Sterbenden, nicht für die, welche ihn 5 überleben. Und auch, daß in der Blüthe des Alters ein junger Mann von so herrlichen Anlagen hinſtarb, der das Höchſte würde erreicht haben, wenn ſeine Vorzüge zur Reiſe gelangt wären. Wie glühte er von Liebe zu den Wiſſenſchaften! Wie viel hat er geleſen, wie viel auch geſchrieben! Alles das iſt jetzt mit ihm 6 selbst ohne Frucht für die Nachwelt dahingewelkt. Doch, warum überlaſſe ich mich dem Schmerze, für den, wenn man ihm die Zügel läßt, jede Veranlaſſung höchſt wichtig wird? Ich will meinen Brief schließen, um auch den Thränen, welche er mir ausgepreßt hat, ein Ziel ſetzen zu können. Lebe wohl!

---

[1]) Er war also — bemerkt Schäfer — Quäſtor in einer römiſchen Provinz und hatte von nun an Anſprüche auf höhere Staatswürden.

## X.
### C. Plinius an Antoninus.

Wenn ich deine Verse[1]) nachbilde, dann erst empfinde ich recht, wie vortrefflich sie sind. Denn gleichwie die Maler ein vollkommen schönes Gesicht selten anders, als mit verschiedenen Mängeln, wiedergeben, ebenso sinke und falle auch ich unter dieses Urbild herab. Um so mehr muntere ich dich auf, so viele Geistes= 2 producte als möglich zu liefern, die Jeder nachzuahmen wünscht, aber nur die Allerwenigsten zu erreichen vermögen. Lebe wohl!

## XI.
### C. Plinius an Tranquillus.

Rette doch endlich das Versprechen meiner Hendecasyllaben,[1]) welche unseren gemeinschaftlichen Freunden deine Werke zugesagt haben. Täglich werden sie verlangt und gefordert, und schon ist zu befürchten, daß man sie gerichtlich zwinge, sich zu stellen. Zwar gehöre auch ich nicht zu denen, welche mit dem Heraus= 2 geben so eilig thun, doch hast du meine Zögerung und Langsamkeit noch übertroffen. Reiße dich also entweder von deinem Zaudern los, oder hüte dich, daß nicht jene Schriften, welche unsere Hendecasyllaben dir durch Schmeichelreden nicht ablocken können, durch beißende Skazonten[2]) dir abgedrungen werden. Das Werk 3 ist fertig und vollendet; es erhält durch die Feile keine [weitere] Abglättung mehr, sondern wird nur abgerieben. Vergönne mir, dich auf einem [Buch=] Titel zu sehen; vergönne mir zu hören,

---

[1]) Vgl. Buch IV. Br. 18.
[1]) S. Buch IV. Br. 14.
[2]) Ein von dem griechischen σκάζειν (hinken) abgeleitetes Wort; es heißt so, wegen des hinkenden Ganges des Metrums, eine iambische Versart, in welcher das letzte Versglied, statt aus einem Jambus, aus einem Trochäus besteht. Man findet diese Versart u. a. auch in dem Prolog zu den Satiren des Persius angewendet.

daß ein Werk meines Tranquillus abgeschrieben, gelesen, verkauft wird. Es ist billig, daß, da wir uns gegenseitig so lieb haben, ich dasselbe Vergnügen von deiner Seite genieße, das dir von mir aus zu Theil wird. Lebe wohl!

## XII.
### C. Plinius an seinen Großschwiegervater Fabatus¹).

Ich habe dein Schreiben erhalten, woraus ich ersehen habe, daß du eine prächtige Säulenhalle unter deinem und deines Sohnes Namen geweiht und Tags darauf zur Verschönerung der Thore eine Summe Geldes ausgesetzt hast, so daß die Vollziehung einer frühern Freigebigkeit [zugleich] der Anfang einer 2 neuen ist. Ich freue mich für's Erste wegen deines Ruhmes, wovon, unserer nahen Verwandtschaft halber, ein Theil auf mich zurückfällt; sodann, weil ich das Andenken meines Schwiegervaters durch so herrliche Werke verewigt sehe; endlich, weil unsere Vaterstadt so aufblüht, deren Verschönerung durch jeden Andern mir angenehm, durch dich aber im höchsten Grade erfreulich ist. 3 Im Uebrigen bitte ich die Götter, daß sie dir diese Gesinnung, und [zum Lohn] für diese Gesinnung dein Leben recht lange erhalten mögen. Denn es ist mir ganz einleuchtend, daß du nach Vollendung des zuletzt Versprochenen etwas Weiteres beginnen wirst. Denn die einmal in's Leben getretene Freigebigkeit, deren Schönheit durch die Nützlichkeit selbst ihre Empfehlung erhält, vermag nicht stille zu stehen. Lebe wohl!

## XIII.
### C. Plinius an Scaurus.

In der Absicht, eine kleine Rede, die ich herauszugeben gedenke, vorzulesen, habe ich einige Freunde eingeladen, um ihnen

---

¹) Er befand sich damals in Comum, einer Stadt in Oberitalien (Gallia cisalpina), jetzt Como. Sein Sohn, welcher der Schwiegervater von Plinius war, lebte bereits nicht mehr. S. Buch IV. Br. 1 und unsere Anm. das.

einen Beweis meiner Hochachtung zu geben, und [noch] einige wenige, um die Wahrheit zu hören. Ich habe nämlich einen doppelten Grund zu dieser Vorlesung: einmal, um eine gewisse Aengstlichkeit in mir erregen, und dann, um mich belehren zu lassen, wenn mir Eines oder das Andere aus Vorliebe für meine Arbeit entgangen sein sollte. Ich habe meine Absicht erreicht; 2 ich habe Leute gefunden, welche mir guten Rath ertheilten. Auch habe ich selbst einige Verbesserungen angemerkt. Ich habe das Buch, welches ich dir übersende, [wirklich] verbessert. Den In= 3 halt wirst du aus dem Titel kennen lernen, das Weitere wird dir das Buch selbst erklären, das sich schon jetzt daran gewöhnen muß, auch ohne Vorrede[1]) verstanden zu werden. Erfülle mei= 4 nen Wunsch und schreibe mir, was du von dem Ganzen, was von den einzelnen Theilen hältst; denn ich werde entweder vor= sichtig genug sein, es zurückzuhalten, oder entschlossen genug, es herauszugeben, je nachdem deine Entscheidung so oder so lautet. Lebe wohl!

## XIV.
### C. Plinius an Valerianus.

Du bittest mich, und ich habe versprochen[1]), auf deine Bitte dir zu schreiben, welchen Ausgang die gerichtliche Vorladung des Nepos gegen Tuscilius Nominatus genommen habe. Nominatus wurde in den Senat geführt; er vertheidigte sich selbst, da sich kein Ankläger eingefunden hatte. Denn die Abgeordneten der Vicentiner saßen ihm nicht nur nicht auf, sondern standen ihm vielmehr noch bei. Seine Vertheidigung bestand in der Haupt= 2 sache darin: „Nicht an redlicher Gesinnung habe es ihm bei der Vertretung der Vicentiner gefehlt, sondern nur an standhaftem

---

[1]) Es war üblich, den zum Vorlesen bestimmten schriftstellerischen Arbeiten Vorreden oder Eingänge voranzuschicken, worin die Zuhörer auf den Inhalt und die Art und Weise, wie der Stoff behandelt wurde, vorbereitet werden sollten; namentlich geschah dieß bei gerichtlichen Reden. Bei der Herausgabe der Schrift blieb dann natürlich diese Vorrede weg.

[1]) In Br. IV. dieses Buches.

Muthe; er sei [von Hause] hinweggegangen, um ihre Sache zu vertreten, sei auch auf der Curie erschienen, dann aber habe er sich, eingeschüchtert durch die Reden seiner Freunde, wieder zurückgezogen; denn diese hätten ihn gewarnt, er möge sich dem Verlangen eines Senators, der jetzt nicht mehr um die Markttage, sondern gewissermaßen für sein Ansehen, seinen guten Namen und seine Würde streite, nicht so hartnäckig widersetzen, zumal im Senate, und sich noch größern Haß, als neulich²), zu-
3 ziehen. Es wurde ihm freilich beim Hinausgehen Beifall zugerufen, jedoch nur von Wenigen. Hierauf begann er unter vielen Thränen mit Bitten; ja, er ließ sich in seinem ganzen Vortrage, als ein gewandter Redner, so an, daß derselbe mehr einer Abbitte, als einer Vertheidigung gleich sah, und das war auch das
4 Sicherste und was ihn am meisten empfehlen konnte. Er wurde freigesprochen auf den Antrag des ernannten Consuls Afranius Dexter, der in der Hauptsache dahin ging: „Nominatus würde zwar besser gethan haben, wenn er die Sache der Vicentiner eben so muthig hinausgeführt hätte, als er sie übernommen hatte, weil er sich aber dieses Versehens nicht in böser Absicht schuldig gemacht habe, auch keines strafbaren Vergehens überführt sei, so müsse man ihn freisprechen, den Vicentinern aber solle er das, was er von ihnen empfangen, widererstatten." Alle stimmten bei,
5 ausgenommen Flavius Asper. Dieser stellte den Antrag: „man solle ihm die Rechtspraxis auf fünf Jahre verbieten;" und obgleich er durch seine Abstimmung Niemanden auf seine Seite zog, verharrte er doch fest bei seiner Ansicht; ja, er nöthigte sogar den Dexter, der zuerst ganz anders gestimmt hatte, gemäß dem Gesetze über die Senatssitzungen³) zu schwören: „er habe bei seiner Abstimmung das Wohl des Staates im Auge gehabt."
6 Gegen diese Forderung, obgleich sie gesetzlich war, wurde von Einigen Einsprache erhoben, weil es den Anschein hatte, als werde

---

²) Nämlich: damals, als er sich aus der Curie wieder entfernt hatte.

³) Der Urheber dieses Gesetzes, welches die Geschäftsordnung zum Gegenstand hatte, kann mit Bestimmtheit nicht angegeben werden. Nach Casaubonus (zu Sueton Octav. Kap. 35) soll dasselbe von Augustus herrühren.

dem Abstimmenden der Vorwurf des Haschens nach Gunst gemacht. Allein noch vor der Abstimmung las der Volkstribun Nigrinus eine beredte und nachdrücklich abgefaßte Schrift vor, worin er sich beklagte: „daß die Anwaltsdienste, ja selbst die Pflichtverletzungen käuflich seien, daß man über die Rechtsstreitigkeiten förmliche Verträge mache⁴), und daß man an die Stelle der Ehre⁵) jetzt große und bestimmte Einkünfte aus der Beraubung der Bürger setze." Er verlas die [betreffenden] Stellen aus den Gesetzen, erinnerte an die Senatsbeschlüsse, und sagte am Ende: „man müsse den erhabenen Kaiser bitten, daß er, weil die Gesetze, weil die Senatsbeschlüsse nicht geachtet würden, selbst solch' argem Unfuge abhelfen möge." Es vergingen nur wenige Tage, da erschien eine strenge und doch gemäßigte Verordnung des Kaisers. Lies sie selbst, sie ist in den öffentlichen Protokollen enthalten. Wie freut es mich, daß ich bei allen von mir geführten Processen mich nicht nur jedes Vertrages, Lohnes, Geschenkes, sondern selbst der kleinsten Erkenntlichkeiten stets enthalten habe! Man muß zwar Alles, was nicht ehrenvoll ist, nicht des Verbotes, sondern der Schande wegen vermeiden; dennoch ist es angenehm, wenn man öffentlich verbieten sieht, was man selbst sich niemals erlaubt hat. Vielleicht oder aber vielmehr ohne allen Zweifel wird dieser meiner Handlungsweise minderes Lob und geringere Anerkennung zu Theil werden, wenn Jedermann nothgedrungen thut, was ich aus freiem Antrieb gethan habe. Indessen macht es mir Vergnügen, wenn die Einen mir die Gabe der Weissagung zuerkennen, die Anderen neckend und im Scherze sagen, man habe meinen Räubereien, meiner Habsucht entgegentreten wollen. Lebe wohl!

---

⁴) Die Sachwalter ließen sich von ihren Clienten auf den Fall eines guten Ausganges der streitigen Sache eine gewisse Summe Geldes zum Voraus versprechen, worüber dann förmliche Verträge aufgesetzt wurden.

⁵) Früher widmeten sich die Sachwalter in Rom diesem Berufe unentgeltlich, in der Ehre und öffentlichen Anerkennung fanden sie ihre einzige, aber genügende Belohnung; erst unter Kaiser Claudius ward ihnen gestattet, sich durch Geld entschädigen zu lassen, aber auch dieses erst nach Beendigung des Processes und nach einer gesetzlich regulirten Taxe.

## XV.

### C. Plinius an Pontius.

Ich hatte mich [so eben] nach unserer Freistadt¹) begeben, als mir die Nachricht zukam, Cornutus Tertullus habe die Aufsicht über die Aemilische Straße²) erhalten. Ich kann es gar nicht ausdrücken, welche Freude ich hierüber für ihn und für mich selbst empfand. Für ihn, weil ihm, wenn er auch von aller Ehrsucht — und dem ist wirklich so — weit entfernt ist, eine ganz ohne sein Zuthun ihm übertragene Stelle doch angenehm sein muß; für mich, weil mein eigenes Amt mir noch um ein Gutes willkommener ist, seitdem ich den Cornutus das gleiche bekleiden sehe. Denn selbst zu höheren Würden zu gelangen, ist nicht angenehmer, als rechtschaffenen Männern gleichgestellt zu werden. Wer ist aber besser, als Cornutus? Wer unbescholtener? Wer gleicht in jeder Art von Ruhm mehr den Vorbildern des Alterthums? Und zu dieser Kenntniß bin ich gekommen nicht durch den vortrefflichen und wohlverdienten Ruf, dessen er sonst genießt, sondern durch lange und vielfältige Erfahrung. Wir lieben, Einer wie der Andere, und haben, Einer wie der Andere, fast alle Personen geliebt, die unser Zeitalter von beiderlei Geschlecht als Muster zur Nachahmung aufgestellt hat, und eben diese Gemeinschaft unserer Freundschaften ist es, die uns zu

---

¹) Nämlich nach Comum.

²) Diese Straße hatte ihren Namen von ihrem Stifter und Erbauer, dem Consul M. Aemilius Lepidus, erhalten. Sie führte, nach Einigen, von Rimini nach Aequileja, nach Anderen nur nach Bononia (j. Bologna). Die Aufsicht über solche öffentliche Straßen führten Anfangs die Censoren, bis dann zuerst von Augustus eigene curatores viarum (Straßeninspectoren) angestellt wurden. Man wählte hiezu gewöhnlich Männer vom höchsten Range, woraus sich zugleich ein Schluß auf die Wichtigkeit dieses Amtes ziehen läßt; hielt es ja doch Augustus selbst nicht unter seiner Würde, die Aufsicht über die Staatsstraßen um Rom herum zu übernehmen. In gleichem Range, wie der curator viarum, welches Amt Cornutus erhalten hatte, stand der Inspector über das Flußbett der Tiber und ihre Ufer (curator alvei Tiberis et riparum), welches Amt Plinius damals bekleidete.

so inniger Vertraulichkeit verband. Hiezu kam noch das Band 5 unserer öffentlichen Wirksamkeit. Denn er war, wie du weißt, mein gleichsam von mir erbetener Amtsgenosse in der Verwaltung des Staatsschatzes³); er war es auch im Consulate. Damals lernte ich ihn als den vortrefflichen und großen Mann genau kennen, als ich ihm wie meinem Lehrer folgte, ihn wie meinen Vater verehrte, was er nicht sowohl durch die Reife seines Alters, als durch die seines Lebens verdiente. Aus diesen Gründen wünsche 6 ich ihm, aber ebenso auch mir Glück, und zwar nicht nur als Mensch, sondern auch als Bürger, daß doch endlich einmal die Menschen wegen rechtschaffener Gesinnung nicht mehr, wie früher, in Gefahr kommen, sondern zu Ehrenstellen gelangen. Ich würde 7 meinen Brief unendlich weitläufig machen, wenn ich mich meiner Freude ganz überließe. Ich wende mich daher lieber zu den Geschäften, bei welchen mich der Bote hier antraf. Ich war bei 8 meinem Großschwiegervater, bei der Tante meiner Frau, bei Freunden, nach denen ich mich lange gesehnt hatte. Ich wandelte auf meinem kleinen Feldbezirk umher, hörte viele Klagen meiner Bauern, las, doch nur ungern und oberflächlich, die Rechnungen durch, — denn die Papiere und Schriften, in die ich eingeweiht bin, sind ganz anderer Art —; auch hatte ich bereits mit Anstalten zur Abreise begonnen. Denn ich bin in meinem 9 Urlaube sehr beschränkt und eben dadurch, daß dem Cornutus das [bewußte] Amt übertragen worden ist, werde ich an mein eigenes erinnert. Ich wünsche nur, daß auch dich zur gleichen Zeit dein Campanien entlasse, damit bei meiner Wiederankunft in der Stadt unserem Beisammensein kein Tag verloren gehe. Lebe wohl!

---

³) Der Staatsschatz wurde im Tempel des Saturnus aufbewahrt und stand Anfangs unter der Aufsicht der Stadtquästoren. Augustus übertrug dieselbe wirklichen oder gewesenen Prätoren und seit Nero waren hierfür eigene Verwalter (praefecti) angestellt.

## XVI.

### C. Plinius an Marcellinus.

In tiefster Betrübniß schreibe ich dir Gegenwärtiges. Die jüngste Tochter unsers Fundanus ist gestorben: das munterste, liebenswürdigste Mädchen, das nicht nur länger, sondern — fast möchte ich sagen — ewig zu leben verdient hätte. Noch war sie nicht volle vierzehn Jahre alt, und doch besaß sie schon die Klugheit des gereiftesten Alters, die Würde einer Matrone; mit der Anmuth des Mädchens ging bei ihr die Sittsamkeit der Jungfrau Hand in Hand. Wie sie an dem Halse ihres Vaters hing! Wie sie uns Hausfreunde so liebevoll und bescheiden um= armte! Mit welcher Liebe sie ihren Ammen, Erziehern, Lehrern, jedem nach seinem Berufe, zugethan war! Wie fleißig, mit welchem Verstande sie las! Wie selten und mit welchem An= stande sie spielte! Mit welcher Gelassenheit, mit welcher Geduld, ja, mit welcher Standhaftigkeit sie ihre letzte Krankheit ertrug! Sie folgte den Aerzten, tröstete Schwester und Vater, und als ihr Körper bereits völlig entkräftet war, erhielt sie sich noch durch ihre geistige Kraft aufrecht. Diese behielt sie bis zu ihrem letz= ten Athemzuge, und weder durch die lange Dauer der Krankheit, noch durch die Furcht vor dem Tode wurde dieselbe gebrochen, um uns desto mehrere und gewichtigere Gründe für unsere Sehn= sucht und unsern Schmerz zurückzulassen. Welch trauriger und höchst schmerzlicher Todesfall! Welch ein Zeitpunkt ihres Todes, noch grausamer, als der Tod selbst! Schon war sie einem treff= lichen jungen Mann bestimmt, schon die Wahl des Vermählungs= tages getroffen, schon war die Einladung an uns ergangen. Wie

---

1) Diese Erzieher (paedagogi), welche gewöhnlich dem Sklavenstande ange= hörten, waren Privatlehrer der Kinder angesehener Familien; sie hießen auch comites, weil sie ihre Zöglinge überallhin, selbst in die Schule, begleiten und unter ihrer steten Aufsicht haben mußten (vgl. Horaz Sat. 1, 6, 78—80). Verschieden von ihnen waren die praeceptores, die Lehrer an den öffentlichen Anstalten.

trat hier Trauer an die Stelle der Freude! Nicht vermag ich mit Worten auszudrücken, welche Wunde meinem Herzen geschlagen wurde, als ich den Fundanus selbst — so reich ist der Schmerz an traurigen Erfindungen — die Anordnung treffen hörte, es solle die für Kleider, Perlen und Edelsteine ausgesetzte Summe auf Weihrauch, Salben und Wohlgerüche ²) [aller Art] verwendet werden. Er ist nun freilich ein gebildeter und weiser Mann, denn er hat sich von Jugend auf den höheren Studien und Künsten gewidmet; aber jetzt weiß er Alles, was er so oft gehört, so oft selbst gesagt hat, von sich; Alles, was sonst den Mann ehrt, verbannt er, ganz seinem väterlichen Schmerze sich hingebend. Du wirst ihm das zu gut halten, wirst ihn sogar loben, wenn du bedenkst, was er verloren hat. Er hat ja eine Tochter verloren, welche nicht nur hinsichtlich des Charakters, sondern auch in Gesicht und Miene sein Ebenbild war, und in Allem mit dem Vater die vollkommenste Aehnlichkeit zeigte. Wenn du daher aus Anlaß seines so gerechten Schmerzes an ihn schreibst, so sei darauf bedacht, deinen Trost so einzurichten, daß er nicht einen zurechtweisenden und allzu heftigen, sondern einen milden und theilnehmenden Ton einhält. Daß derselbe leichter Eingang bei ihm finde, dazu wird viel beitragen, wenn du noch einige Zeit zuwartest. Denn gleichwie eine noch frische Wunde die Hand des Arztes scheuet, später sich gerne gefallen läßt, ja, selbst darnach verlangt: ebenso stößt auch der noch neue Seelenschmerz den Trost zurück und sucht sich ihm zu entziehen, bald sehnt er sich selbst darnach und beruhigt sich, wenn er auf sanfte Weise angebracht wird. Lebe wohl!

---

²) Um sie bei der Leichenfeier auf den Scheiterhaufen der Verstorbenen zu werfen.

## XVII.

### C. Plinius an Spurinna.

Ich weiß, wie sehr du den schönen Wissenschaften zugethan bist, welch große Freude du empfindest, wenn Jünglinge von edler Geburt etwas ihrer Voreltern Würdiges thun; um so mehr beeile ich mich, dir die Nachricht zu geben, daß ich heute 2 in dem Hörsaale des Calpurnius Piso war. Er las [ein Gedicht über die] „Versetzung unter die Sterne" (καταστερισμός) vor: gewiß ein gelehrter und reichhaltiger Stoff. Es war in elegischen Versen verfaßt, fließend, weich, schmeidig und, wo es am Platze war, auch erhaben. Denn in angemessenem Wechsel erhob er sich bald, bald senkte er sich herab, brachte durch Erhabenes und Niederes, Schwächeres und Stärkeres, Ernstes und lieblich Ansprechendes [die gehörige] Abwechselung hervor: Alles 3 mit dem gleichen Talente. Dem Allem diente seine höchst angenehme Stimme, dieser selbst seine Bescheidenheit zur [weitern] Empfehlung. Hohes Erröthen, Schüchternheit im Aussehen, sind keine geringe Zierden des Vorlesers. Denn — ich weiß nicht, wie das kommt — bei wissenschaftlichen Gegenständen steht dem 4 Manne Schüchternheit weit besser an, als Selbstvertrauen. Genug — obgleich ich gern noch Mehreres sagte, was bei einem Jünglinge so schön, bei einem solchen von edler Abkunft gar selten ist — nach beendigter Vorlesung küßte ich den Jüngling oft und lange, und feuerte ihn durch Lobsprüche, den stärksten Sporn der Aufmunterung, an: „auf der betretenen Bahn fortzufahren, und mit dem Lichte, womit seine Vorfahren ihm vorgeleuchtet hätten, seiner Seits den Nachkommen vorzuleuchten." 5 Ich beglückwünschte seine vortreffliche Mutter, beglückwünschte seinen Bruder, der aus dem Hörsaale eben so großen Ruhm der Bruderliebe, als Jener [Ruhm] der Beredtsamkeit davontrug: so unverkennbar war, während der Bruder vorlas, zuerst 6 seine Angst, bald darauf seine Freude. Geben die Götter, daß ich dir dergleichen öfter berichten kann! Denn ich gönne es unserm Jahrhundert, daß es nicht unfruchtbar und kraftlos sei, und habe den sehnlichsten Wunsch, daß unser Adel in seinen Wohnungen noch weiteres Schöne habe, als nur — seine Ahnen= bilder. Diese scheinen mir jetzt stillschweigend diese Jünglinge zu loben, sie aufzumuntern und — was dem Ruhme beider volle Genüge schafft — sie auch anzuerkennen. Lebe wohl!

## XVIII.
### C. Plinius an Macer.

Ich befinde mich wohl, weil du dich wohl befindest. Du hast deine Gattin, hast deinen Sohn bei dir. Du genießest das Meer, die Quellen, das Grün, das Feld, alle Reize deines Land= hauses. Denn ganz gewiß muß der Ort höchst reizend sein, wo einst ein Mann[1]) seinen Aufenthalt gewählt hatte, welcher glück= licher war, ehe er der Glücklichste wurde. Ich beschäftige mich auf meinem Tusci mit der Jagd und mit Studiren, manchmal abwechslungsweise, manchmal mit beiden zugleich, und doch kann ich bis jetzt noch nicht mit Gewißheit sagen, was schwerer ist, Etwas zu fangen, oder Etwas zu schreiben. Lebe wohl!

## XIX.
### C. Plinius an Paullinus.

Ich sehe, wie gelinde du deine Leute behandelst, um so rückhaltloser will ich dir gestehen, wie nachsichtig ich mit

---

[1]) Wer unter diesem „Manne" zu verstehen sei, darüber weichen die An= sichten der Erklärer ab. Einige meinen (und dieß scheint auch mir das Wahr= scheinlichere, weil näher Liegende) der Kaiser Nerva, welchen Domitian nach Tarent geschickt hatte, um ihn aus seiner Nähe zu entfernen. Dagegen versteht Corte unter dem „Manne" den Sulla, weil dieser sich selbst den Namen „der Glückliche" beigelegt hatte, und es auch in vielfacher Beziehung mehr war, als nachher, da er Dictator (dem Namen und der äußern Stellung nach der Glücklichste) wurde. In diesem Falle wäre das Landhaus gemeint, welches Sulla bei Pu= teoli besaß.

den meinigen umgehe. Mir liegt immer der Homerische Aus=
spruch ¹):

— — — — der euch mit Vaterliebe beherrschte,

und unser Wort „Familienvater" im Sinne. Wäre ich von
Natur rauher und härter, so würde mich doch die Krankheit
meines freigelassenen Zosimus rühren, gegen den ich ein um so
gefühlvolleres Benehmen beobachten muß, je mehr er desselben
gegenwärtig bedarf. Er ist ein rechtschaffener, dienstwilliger, unter=
richteter Mensch; seine Kunst, und gleichsam seine Aufschrift
[heißt] ²) „Schauspieler": hierin leistet er sehr viel. Sein Vor=
trag ist lebhaft, verräth Verstand, ist natürlich und auch anstän=
dig, er spielt die Cither mit mehr Fertigkeit, als es für einen
Schauspieler nöthig ist. Auch liest er Reden, Geschichten und
Gedichte so gut, daß man glauben sollte, es sei dieß das Einzige,
was er gelernt habe. Dieß setze ich deßhalb so umständlich aus=
einander, um dich zu überzeugen, wie viele und welch angenehme
Dienste mir dieser einzige Mensch leistet. Hiezu kommt noch
meine lange Zuneigung zu ihm, welche die Gefahren selbst noch
erhöht haben. Denn es liegt so in unserer Natur, daß Nichts
uns gleich sehr zur Liebe reizt und anfeuert, als die Furcht vor
dem Verluste, die ich für ihn nicht blos einmal ausstehe. Schon
vor einigen Jahren nämlich, als er mit Anstrengung und in hef=
tigem Tone declamirte, warf er Blut aus; ich schickte ihn deß=
halb nach Aegypten ³), von wo er nach langer Abwesenheit erst
kürzlich gekräftigt wieder zurückkam. Als er hierauf einige Tage
nacheinander seiner Stimme wieder zu viel zumuthete, mahnte
ihn ein leichter Husten an seinen früheren leidenden Zustand und
er warf abermals Blut aus. Deßhalb habe ich beschlossen, ihn
auf deine Güter nach Forojulium ⁴) zu schicken. Ich habe dich

---

¹) Homer Odyssee 2, 47 und 135: πατὴρ δ' ὡς ἤπιος ἦεν.

²) Anspielung auf das Täfelchen, welches man den Sklaven, die man zu
verkaufen beabsichtigte, anhängte, und worauf die Kunst oder sonstige Fertigkeit,
die sie besaßen, benannt war.

³) Vermuthlich in die Gegend von Alexandria, welche von dem Arzte Celsus
allen an der Lunge Leidenden als besonders zuträglich empfohlen wurde.

⁴) Jetzt Cividale, eine Stadt in Umbrien, welches die heutige Delegation

nämlich oft sagen gehört, daß die dortige Luft gesund und die
Milch für derartige Kuren besonders zuträglich sei. Ich bitte 8
dich daher, deinen Leuten zu schreiben, daß ihm in deinem Land=
hause eine Wohnung angewiesen werde, und daß man ihm auch
bei sonstigen Bedürfnissen das Nöthige reiche; er wird aber nicht
viel bedürfen. Denn er ist so sparsam und hält [in Allem] so 9
an sich, daß er nicht nur das, was blos zum Vergnügen dient,
verschmäht, sondern sogar bei dem für seine Gesundheit Noth=
wendigen aus Wirthschaftlichkeit sich einschränkt. Ich werde ihm
bei seiner Abreise so viel Reisegeld mitgeben, als für Einen, der
sich auf deine Güter begibt, eben erforderlich ist. Lebe wohl!

## XX.

### C. Plinius an Ursus.

Die Bithynier haben kurze Zeit, nachdem sie den Julius
Bassus gerichtlich belangt hatten[1]), eine neue Klage gegen den
Proconsul Rufus Varenus angebracht: gegen Varenus, den sie
kurz zuvor als Rechtsbeistand gegen Bassus verlangt und erhal=
ten hatten. In den Senat eingeführt, verlangten sie eine Unter= 2
suchung[2]); hierauf bat Varenus, daß auch ihm gestattet werden
möchte, behufs seiner Vertheidigung Zeugen aufzurufen. Da die
Bithynier sich dem widersetzten, wurde die Untersuchung eingeleitet.
Ich vertrat die Sache des Varenus nicht ohne Erfolg: ob gut
oder schlecht, wird meine Rede dir zeigen. Denn bei gerichtlichen 3
Verhandlungen übt das Glück zum Nutzen, wie zum Schaden
[der Parteien] seine Herrschaft aus. Gar sehr mindert oder för=
dert den Eindruck das Gedächtniß, die Stimme, die Haltung, die
Zeit selbst; endlich die Liebe oder der Haß gegen den Angeklag=

---

Urbino im Venetianischen, nebst einem Theile der Delegationen Ancona und
Spoleto begriff.
 [1]) S. Buch IV. Br. 9.
 [2]) Durch von dem Senate in die Provinz abzusendende Commissäre, welche
an Ort und Stelle sich über die Amtsführung des Angeklagten Kenntniß ver=
schaffen, Zeugen aufbringen und schriftliche Beweismittel beischaffen sollten.

ten; dagegen ist eine geschriebene Rede frei von Abneigung wie von Zuneigung, frei von glücklichen, wie von unglücklichen Zu=
4 fällen. Mein Gegenredner war Fontejus Magnus, einer von den Bithyniern, mit sehr vielen Worten, aber sehr wenigen Gedanken. Die meisten Griechen³) haben, wie er, statt [rednerischer] Fülle, nur ein geläufiges Mundstück: die längsten und nichts= sagendsten Perioden haspeln sie in einem Athem, wie in einem
5 Strome, heraus. Daher pflegt Julius Candidus nicht unwitzig zu sagen: „ein Anderes sei die Beredtsamkeit, ein Anderes die Redsamkeit." Denn die Beredtsamkeit ist kaum Einem oder dem Andern, ja, wenn wir dem Marcus Antonius glauben, gar Keinem beschert worden; das aber, was Candidus „die Redsamkeit" nennt, gar Vielen, und gerade den Unverschämtesten im reichlich=
6 sten Maße. Am folgenden Tage sprach Homullus für Varenus, scharfsinnig, feurig und zierlich; gegen ihn Nigrinus, gedrungen, nachdrücklich und voll Schmuckes. Der ernannte Consul Acilius Rufus sprach seine Ansicht dahin aus: es sei den Bithyniern die Untersuchung zu bewilligen; die Forderung des Varenus über= ging er mit Stillschweigen. Dieß sah einer Verweigerung gleich.
7 Der gewesene Consul Cornelius Priscus gewährte den Anklägern und dem Angeklagten ihr Verlangen und siegte durch Stimmen= mehrheit. So haben wir denn Etwas durchgesetzt, was weder im Gesetze enthalten, noch durch das Herkommen gehörig begrün=
8 det, jedoch gerecht war. Warum gerecht? das will ich dir in diesem Briefe nicht auseinandersetzen, damit du die Rede selbst verlangst. Denn wenn jener Ausspruch Homers⁴) wahr ist:

Denn der neuste Gesang erhält vor allen Gesängen
Immer das lauteste Lob der aufmerksamen Versammlung,

so muß ich mich bei dir vorsehen, daß ich nicht den Reiz und die Blüthe der Neuheit, welche meine Rede am meisten empfeh= len, durch die Geschwätzigkeit meines Briefes schon zum Voraus abpflücke. Lebe wohl!

---

³) Es bezieht sich dieß auf die asiatischen Griechen, deren Beredsamkeit Nichts weiter, als eine weitschweifige, gedankenleere Wortmacherei war.
⁴) Odyssee 1, 351. 352.

## XXI.
## C. Plinius an Rufus.

Ich war in die Julische Basilica¹) hinabgegangen, um diejenigen zu hören, gegen die ich in der nächsten Gerichtssitzung als Gegenredner auftreten sollte. Die Richter saßen [bereits], die 2 Decemvirn waren erschienen, die Rechtsanwälte gingen umher. Langes Stillschweigen [herrschte]; endlich kam ein Bote vom Prätor. Die Centumvirn wurden entlassen, der Gerichtstag ward eingestellt — zu meiner großen Freude, da ich nie so vorbereitet bin, daß ein Aufschub mir nicht willkommen wäre. Die Ursache 3 des Aufschubs war der Prätor Nepos, welcher die Untersuchungen über die Erpressungen führt. Er hatte ein kurzes Edict ergehen lassen, worin er den Anklägern, sowie den Angeklagten eröffnete, daß er sich streng nach dem Inhalt des Senatsbeschlusses richten werde. Dem Edicte war der Senatsbeschluß beigefügt: „Jeder= 4 mann, was er auch für eine Rechtssache hätte, solle vor der Gerichtsverhandlung schwören, daß er keinem Rechtsanwalte Etwas gegeben, versprochen oder verschrieben habe." Denn in diesen und noch tausend anderen Ausdrücken wurde verboten, die Dienstleistungen der Rechtsanwälte zu kaufen oder zu verkaufen. Nach beendigtem Geschäfte jedoch ward eine Belohnung von zehntausend Sesterzien²), doch nicht mehr, zu geben gestattet. Dieses Ver= 5 fahren des Nepos machte auf den Prätor, der im Centumviralgerichte den Vorsitz führte, den Eindruck, daß er sich bedachte, ob er solch unerwartetem Beispiel folgen solle, und er entließ uns. Indeß wurde das Edict des Nepos bei der ganzen Einwohner= 6 schaft Gegenstand des Tadels wie des Lobes. Viele sagten: „Nun haben wir doch den Mann gefunden, der das Krumme

---

¹) Die Basiliken waren öffentliche, mit wahrhaft königlicher Pracht aufgeführte Gebäude, welche um das Forum herum lagen und zu Zusammenkünften der Kaufleute, ähnlich unseren Börsen, vorzüglich aber zu Lokalen für die Gerichte dienten. Ueber die Basilica Julia und das Gericht der Centumvirn s. Anm. 6 zu Buch 1 Br. 5.

²) Beiläufig 544 Thlr. oder 952 Gulden unseres Geldes.

gerade macht. Wie? Gab es vor diesem keine Prätoren? Wer ist er denn, er, der die öffentlichen Sitten verbessern will?" Andere sagten: „Er hat ganz recht gehandelt beim Antritte seines Amtes; er hat die Gesetze studirt, er liest die Senatsbeschlüsse, er unterdrückt die niederträchtigsten Verträge, er duldet nicht, daß mit der schönsten Sache der schändlichste Schacher getrieben werde."

7 Solche Reden fielen aller Orten; indessen wird nur der Erfolg zeigen, ob die eine oder die andere das Feld behaupten wird. Es ist allerdings unbillig, jedoch nun einmal gebräuchlich geworden, daß man edle oder unedle Absichten, je nach dem glücklichen oder unglücklichen Erfolge, gutheißt oder tadelt. Darum werden auch gemeiniglich dieselben Handlungen bald wohlüberlegt, bald schwindelhaft, bald freisinnig, bald toll genannt. Lebe wohl!

# Sechstes Buch.

## I.
### C. Plinius an Tiro.

So lange ich jenseits des Padus¹) war und du im Picenischen²), vermißte ich dich weniger; seitdem ich aber in der Hauptstadt bin und du noch im Picenischen, weit mehr: sei es, weil die Orte selbst, wo wir beisammen zu sein pflegen, mich lebhafter an dich erinnern, oder weil die Sehnsucht nach Abwesenden durch Nichts mehr gesteigert wird, als wenn sie uns nahe sind, und weil man, je näher die Hoffnung eines genußreichen Umganges gerückt ist, um so ungeduldiger die Entbehrung erträgt. Was aber auch der Grund sein mag, so entreiße mich dieser Qual. Komme doch, oder ich kehre wieder dahin zurück, von wo ich so unbedachtsamer Weise weggeeilt bin, wenn auch bloß deßwegen, um zu erfahren, ob mir, wenn du ohne mich in Rom bist, eben solche Briefe von dir zukommen. Lebe wohl!

## II.
### C. Plinius an Arrianus.

Ich vermisse manchmal bei den Gerichten den M. Regulus; ich will nicht gerade sagen, daß ich mich nach ihm sehne. Warum

---
¹) Wahrscheinlich zu Comum, welches jenseits des Padus (jetzt Po) lag.
²) Eine Landschaft in der Gegend von Ancona.

2 ich ihn vermisse? Er hielt die Beredtsamkeit in Ehren: er fühlte Bangigkeit, er erblaßte, er schrieb¹); obgleich er es sich nicht abgewöhnen konnte, bald das rechte, bald das linke Auge zu bestreichen²): — das rechte, wenn er für den Kläger, das linke, wenn er für den Beklagten auftrat, so daß er sein weißes Schönpfläſterchen bald auf dieses, bald auf jenes Augenlid hinklebte und ſtets die Eingeweideſchauer über den Erfolg ſeiner ſachwalteriſchen Thätigkeit befragte: allerdings ein Altweiber-Aberglaube, der aber doch von der großen Verehrung herkam, welche er der
3 Beredtsamkeit erwies. Auch das war äußerst angenehm für seine Mitredner, daß er sich unbeschränkte Zeit zum Sprechen erbat, daß er sich Zuhörer zusammenbettelte. Denn was ist angenehmer, als auf Kosten eines Andern, so lange man will, und wie in einem fremden Hörsaale, unter dem Scheine, überrascht wor-
4 den zu sein, ganz nach Bequemlichkeit zu sprechen? Doch, dem mag sein wie ihm will, Regulus hat wohl daran gethan, daß er starb, und noch besser wäre es gewesen, wenn er früher gestorben wäre. Denn jetzt hätte er ohne Nachtheil für das Publikum unter einem Fürsten leben können, unter dem er nicht schaden konnte. Darum aber ist es doch wohl erlaubt, ihn bisweilen zu
5 vermissen. Denn seitdem er gestorben ist, ist hie und da die Gewohnheit eingerissen und hat festgewurzelt, zwei oder eine Stunde, bisweilen nur eine halbe, zu bewilligen und zu verlangen. Denn die Sachwalter wollen lieber ihren Vortrag gehalten haben, als ihn halten, und Die, welche ihn anhören müssen, lieber fertig sein, als [erst] ihr Urtheil sprechen. So groß ist die Hintansetzung, so groß der Mangel an Eifer, so groß die Gering-

---

¹) D. h. er schrieb seine gerichtlichen Vorträge daheim nieder.

²) Dieses Bestreichen der Augen — es geschah mit einem schwärzlichen Balsam, collyria nigra, vgl. Horaz Sat. 1, 5, 30 — sollte die Leute glauben machen, daß dem Redner durch vieles Studiren die Augen schwach geworden seien; allein den wahren Grund dieses Bestreichens, und warum jetzt das rechte, jetzt das linke Auge bestrichen wurde, gibt ja Plinius deutlich genug an, und so scheint denn auch die „anilis superstitio" nicht viel mehr, als ein nichtssagender Beisatz zu sein; denn wo der eigentliche Zweck so klar ausgesprochen ist, wie hier, braucht das Gebiet des Aberglaubens nicht mehr hereingezogen zu werden.

schätzung der Beredtsamkeit, und der Gefahren [der Clienten]. Sind wir etwa weiser, als unsere Vorfahren? Sind wir gerechter, als die Gesetze selbst, welche so viele Stunden, so viele Tage, so viele Termine bewilligen? Waren Jene abgestumpft und über die Maßen langsam? Sprechen wir offener, begreifen wir schneller, urtheilen wir gewissenhafter, wir, die wir Rechtsfragen in weniger Stunden abhaspeln, als man sonst Tage brauchte, sie zu entwirren? O Regulus, der du durch deinen Ehrgeiz von Allen erlangtest, was nur sehr Wenige dem Pflichtgefühle gewähren! Ich für meine Person, so oft ich Richter bin — was öfter geschieht, als daß ich Sachwalter bin — bewillige Jedem so viel Zeit, als er nur verlangt. Denn ich halte es für die größte Unbesonnenheit, den Umfang einer Rechtssache voraussehen zu wollen, die man noch nicht angehört hat, und das Zeitmaß für ein Geschäft festzusetzen, dessen Gränzen man noch nicht kennt, namentlich, da die erste und heiligste Pflicht des Richters die Geduld ist, welche einen großen Theil der Gerechtigkeit bildet. „Allein, es wird doch so manches Ueberflüssige gesprochen." Zugegeben; aber es ist immerhin besser, dieses werde gesprochen, als daß das Nothwendige nicht gesprochen werde. Zudem kann man ja nicht wissen, ob Etwas überflüssig ist, wenn man es nicht gehört hat. Doch hierüber, sowie über mehrere Gebrechen unseres Staatswesens lieber mündlich. Denn auch du wünschest an dem allgemeinen Gebrauche [Manches] gebessert zu sehen, was sich jetzt nicht mehr ganz abschaffen läßt. Jetzt noch einen Blick auf unsere häuslichen Angelegenheiten. Steht Alles gut bei dir? Bei mir gibt es nichts Neues. Mir wird das Gute um so angenehmer sein, wenn es von Dauer ist, und das Widrige erträglicher, wenn ich es gewohnt bin. Lebe wohl!

## III.
### C. Plinius an Verus.

Ich danke dir, daß du das Gütchen, welches ich meiner Amme ¹) geschenkt hatte, zu bauen übernommen hast. Es hatte,

---

¹) Die Ammen — wir erinnern nur an die hohe Ehre, welche Aeneas

als ich es ihr schenkte, einen Werth von hunderttausend Sesterzien²); nachher verminderte sich, mit der Abnahme des Ertrages, auch der Werth, der sich jetzt, unter deiner Besorgung, wieder [auf den früheren Fuß] herstellen wird. Bedenke du nur, daß ich dir nicht blos Bäume und Boden — wiewohl auch diese — sondern ein kleines Geschenk an's Herz lege, an dessen möglichst reichem Ertrage ihr, der Empfängerin, nicht mehr liegen kann, als mir, dem Geber. Lebe wohl!

## IV.

### C. Plinius an seine Gattin Calpurnia.

Noch nie habe ich mich mehr über meine Geschäfte beklagt, [als eben jetzt,] weil sie mir nicht gestatteten, dich nach Campanien, wohin du deiner Gesundheit wegen reisest¹), zu begleiten, oder dir gleich auf dem Fuße zu folgen. Denn jetzt wünschte ich ganz besonders bei dir zu sein, um mich mit eigenen Augen zu überzeugen, wie dein zarter Körper sich wieder kräftigt, ob du die Vergnügungen dieses Aufenthaltes, den Reichthum der Gegend an Allem, an dir vorübergehen läßest, um deiner Gesundheit nicht zu schaden. Ich würde dich, auch wenn du vollkommen gesund wärest, doch nicht ohne Sorgen vermissen. Denn es ist immer ein beunruhigendes und beängstigendes Gefühl, von Jemand, den man so heiß liebt, zuweilen keine Nachricht zu haben. Nun aber versetzt mich nicht blos deine Abwesenheit, sondern auch dein leidender Zustand, wegen der Ungewißheit, hin und wieder in Angst. Ich befürchte Alles, ich bilde mir Alles ein, wie es bei Denen, welche in Furcht sind, immer zu gehen pflegt; ich stelle mir gerade

---

seiner Amme Cajeta (Virgil Aen. 7, 1 ffg.) erwies — genoßen bei den Griechen und Römern vorzügliche Achtung, fast gleichgroße, wie die Mütter selbst, und blieben mit ihren Pfleglingen gewöhnlich ihr ganzes Leben hindurch in Verbindung.

²) Beiläufig 5550 Thlr. oder 9540 Gulden unseres Geldes.

¹) Die Naturreize und das herrliche Clima Campaniens veranlaßten nicht nur Gesunde zu häufigen Lustreisen dahin, sondern namentlich auch Leidende aller Art, um ihre verlorene Gesundheit wieder zu erhalten.

das vor, was für mich das Schrecklichste ist. Um so dringender bitte ich dich, meiner Furcht durch einen oder auch zwei tägliche Briefe zu Hilfe zu kommen. Denn ich werde etwas ruhiger sein, so lange ich lese, sogleich aber wieder voll Besorgniß, wenn ich mit dem Lesen fertig bin. Lebe wohl!

## V.
### C. Plinius an Ursus.

Ich habe dir geschrieben [1]), daß Varenus die Erlaubniß erhalten habe, Zeugen für sich aufzurufen, was den Meisten billig, Einigen unbillig erschien; und zwar blieben beide Theile hartnäckig bei ihrer Ansicht, besonders Licinius Nepos, welcher in der nächstfolgenden Senatssitzung, als ganz andere Dinge zum Vortrage kamen, sich über den letzten Senatsbeschluß ausließ und die bereits abgethane Sache wieder hervorzog. Er setzte auch noch hinzu, man müsse die Consuln angehen, nach dem Beispiele des Gesetzes über rechtswidrige Aemterbewerbung, auch über das Gesetz wegen Erpressung Anfrage zu halten: ob man es für gut finde, diesem Gesetze noch beizufügen, daß in Zukunft auch den Angeklagten, wie den Anklägern, die Befugniß eingeräumt werden solle, Untersuchung zu verlangen und Zeugen aufzurufen. Einigen mißfiel dieser sein Vorschlag als verspätet, unzeitgemäß und ordnungswidrig, indem er, nachdem er die Zeit zur Einsprache unbenützt habe vorübergehen lassen, nunmehr eine abgethane Sache tadele, der er hätte entgegentreten können. Der Prätor Iubentius Celsus wenigstens griff ihn vielfach und heftig darüber an, daß er sich zum Meister des Senates aufwerfe. Nepos blieb keine Antwort schuldig, Celsus ebenso wenig; Keiner von Beiden ließ es an anzüglichen Reden fehlen. Ich will nicht wiederholen, was für Aeußerungen ich zu meinem großen Verdrusse von ihm vernehmen mußte. Um so mehr habe ich das Benehmen Einiger aus unserer Mitte mißbilligt, welche aus Begierde, zu hören, was der Eine oder Andere sprach, bald zu Celsus, bald zu Nepos

―――――――
[1]) Vgl. Buch V, Br. 20.

hinliefen; jetzt, gleichsam um aufzureizen und anzufeuern, jetzt wieder, um zu besänftigen und zu versöhnen, öfter jedem Einzelnen, zuweilen Beiden, wie bei einem Fechterspiele, die Gnade des Kaisers anwünschten. Auch das war mir sehr widerwärtig, daß Jeder vorher erfuhr, was der Andere vorbringen würde. Denn Celsus antwortete dem Nepos aus seinem Concepte, Nepos dem Celsus aus seiner Schreibtafel. So groß war die Schwatzhaftigkeit ihrer Freunde, daß die Menschen, die erst mit einander streiten wollten, dieses von einander schon wußten, als ob sie sich darüber verständigt hätten. Lebe wohl!

## VI.
### C. Plinius an Fundanus.

Wenn je, so wünschte ich jetzt deine Anwesenheit zu Rom, und ich bitte dich darum. Ich bedarf eines Freundes für meine Wünsche, für meine Arbeit, für meine Sorgen. Julius Naso bewirbt sich um Staatsämter; er hat viele, hat tüchtige Mitbewerber, vor denen den Vorrang zu behaupten ebenso rühmlich, als schwierig ist. Ich bin somit in steter Ungewißheit, schwebe zwischen Hoffnung und Furcht, und denke gar nicht daran, daß ich schon Consul war. Denn es kommt mir gerade so vor, als bewärbe ich mich selbst wieder um alle die Ämter, welche ich bereits bekleidet habe. Er verdient diese Sorgfalt durch die Liebe, die er schon so lange her zu mir hatte. Meine Freundschaft für ihn schreibt sich zwar nicht von seinem Vater her, auch war dieß schon wegen meines Alters nicht möglich; doch wurde mir, als ich noch sehr jung war, sein Vater oft als ein Mann von großem Verdienste gezeigt. Er war nicht nur ein warmer Freund der Gelehrsamkeit, sondern auch der Gelehrten, und erschien fast täglich bei den Vorträgen des Quinctilianus und Nicetes Sacerdos [1]), welche auch ich damals besuchte. Auch sonst war er ein ausge-

---

[1]) Ein berühmter griechischer Redner, der zu Rom eine Schule der Rhetorik gegründet hatte, welche in hoher Achtung stand und von den jungen Männern aus den ersten Familien häufig besucht wurde.

zeichneter und würdevoller Mann, der durch sein Andenken seinem Sohne noch nützlich sein sollte. Allein jetzt befinden sich Viele 4 im Senate, denen er nicht bekannt war, Viele [freilich auch], die ihn noch kannten; aber diese fühlen nur Hochachtung für die Lebenden: um so mehr muß er, ohne sich auf den Ruhm seines Vaters zu berufen, der zwar große Zierde, aber nur wenig Gunst verleiht, sich selbst anstrengen, sich selbst Mühe geben. Dieß hat 5 er zwar stets, als hätte er diesen Zeitpunkt vorausgesehen, mit allem Fleiße gethan: er hat sich Freunde erworben, die erworbenen sich zu erhalten gewußt; mich wenigstens hat er, sobald er sich ein eigenes Urtheil gestattete, zum Gegenstand seiner Liebe und Nacheiferung auserwählt. Meinen Vorträgen wohnt er sorg= 6 fältigst an; lese ich vor, so nimmt er seinen Sitz neben mir; auch ist er der Erste, der bei meinen Werkchen, wenn sie eben erst im Werden sind, anwesend ist, jetzt allein, früher mit seinem Bruder, den er vor Kurzem verloren hat und dessen Stelle ich jetzt übernehmen und ausfüllen muß. Denn ich fühle [doppelten] Schmerz: 7 um den Bruder, den ein frühzeitiger Tod so schonungslos weggerafft hat, und um ihn, der des Beistandes des trefflichsten Bruders beraubt und seinen Freunden allein überlassen ist. Dieß 8 sind die Gründe, warum ich dich dringend ersuche, zu kommen, und deine Empfehlung mit der meinen zu vereinigen. Es liegt mir sehr viel daran, dich zu zeigen und mit dir herumzugehen. Dein Ansehen ist ein solches, daß ich glaube, meine Bitten, gemeinschaftlich mit dir angebracht, werden selbst bei meinen Freunden von größerer Wirksamkeit sein. Reiße dich von Allem los, 9 was dich etwa zurückhält: dieß erheischt meine dermalige Lage, dieß mein gegebenes Wort, dieß meine Ehre. Ich habe mich des Bewerbers [einmal] angenommen, und daß ich dieß gethan, ist bekannt. Nun bin ich der Bewerber, die Gefahr ist die meinige. Mit Einem Worte: erhält Naso, um was er sich bewirbt, so ist die Ehre sein, fällt er durch, so bin ich es, den die Abweisung trifft. Lebe wohl!

## VII.

### C. Plinius an seine Gattin Calpurnia.

Du schreibst mir, meine Abwesenheit gehe dir in hohem Grade nahe, und den einzigen Trost findest du darin, daß du statt meiner meine Schriften besitzest und sie oft an meinen Platz 2 neben dich hinlegest. Es macht mir Freude, daß du mich vermissest, daß du dich bei diesen Ersatzmitteln beruhigst. Auch ich meinerseits lese deine Briefe gar oft, und nehme sie immer wieder zur Hand, als ob es neue wären, aber desto heißer wird 3 auch meine Sehnsucht nach dir. Denn da deine Briefe schon so viele Anmuth athmen, wie süß muß erst die mündliche Unterhaltung mit dir sein! Dennoch schreibe mir recht oft, so große Qual mir auch dieses Vergnügen verursacht. Lebe wohl!

## VIII.

### C. Plinius an Priscus.

Den Attilius Crescens kennst du und liebst ihn auch. Denn welcher Mann von auch nur einiger Bedeutung kennt und liebt ihn nicht? Ich aber liebe ihn nicht nur so, wie Viele [dieß 2 thun], sondern mit aller Innigkeit. Unsere Vaterstädte sind nur eine einzige Tagereise von einander entfernt, und wir selbst — und dieß ist die feurigste Liebe — fingen schon als Jünglinge an, einander zu lieben. Sie dauerte auch in der Folge fort, und erkaltete nicht bei reiferem Urtheile, sondern wurde nur noch stärker. Dieß wissen Diejenigen, welche mit dem Einen oder Andern von uns genauer bekannt sind. Denn er spricht sich über meine Freundschaft allenthalben in den wärmsten Ausdrücken aus, und auch ich sage es ohne allen Rückhalt, wie sehr mir seine Bescheidenheit, seine Ruhe und seine Zufriedenheit am Herzen liegt. 3 Ja, als er einst vor dem Uebermuthe eines Gewissen, welcher eben im Begriffe war, das Volkstribunat anzutreten, in Furcht schwebte, und mich davon in Kenntniß setzte, antwortete ich ihm:

„Keiner, so lang' ich leb' und das Licht auf Erden noch schaue¹),
Soll bei den räumigen Schiffen mit frevelnder Hand dich berühren."

Wozu nun dieß? Damit du wissest, dem Attilius dürfe, so lange ich lebe, keine Beleidigung zugefügt werden. Du wirst wiederholt fragen: wozu dieß? Valerius Varus war ihm Geld schuldig; diesen erbt unser Maximus, den ich selbst liebe, du aber noch viel inniger. Ich bitte dich daher, und verlange es nach dem Rechte unserer Freundschaft von dir, daß mein Attilius nicht nur sein Capital, sondern auch den mehrjährigen Zins ungeschmälert bekomme. Er ist ein Mann, der nach fremdem Eigenthum nicht im Entferntesten trachtet, das Seinige aber zu Rathe hält; er lebt nicht vom Erwerbe, außer seinem Ersparten hat er keine Einkünfte. Die Wissenschaften, worin er sehr viel leistet, treibt er blos zu seinem Vergnügen und als Ehrensache. Schwer fällt ihm selbst der geringste Verlust, weil es ihm auch schwerer wird, das Verlorene wieder zu ersetzen. Benimm doch ihm, benimm auch mir diese Unruhe, erhalte mir den Genuß seines anmuthigen Umganges, seiner witzigen Unterhaltung; denn ich kann den nicht traurig sehen, dessen Heiterkeit mich nicht traurig sein läßt. Kurz und gut, du kennst die fröhliche Laune des Mannes, gib also wohl Acht, daß sie nicht durch Unrecht in Galle und Bitterkeit verwandelt werde. Welch' starken Eindruck eine Kränkung auf ihn machen müsse, kannst du aus der Innigkeit seiner Liebe abnehmen. Ein großer und freidenkender Geist erträgt nicht auch noch Schimpf zum Schaden hin. Gesetzt aber, er ertrüge ihn auch, so werde ich ihn als meinen Schimpf, als meinen Schaden betrachten, aber ihn nicht nur wie meinen eigenen, nein — um so empfindlicher rächen. Doch, wozu diese Verkündigungen und sogar Drohungen? Lieber will ich, wie ich begonnen, bitten, flehen, du möchtest dir alle Mühe geben, daß nicht er — was ich am meisten fürchte — sich von mir, ich mich von dir für vernachlässigt halte. Du wirst es aber gewiß thun, wenn dieses Letztere dir eben so sehr am Herzen liegt, wie mir das Erstere. Lebe wohl!

---

¹) Homer Ilias I, 88. 89.

## IX.
### C. Plinius an Tacitus.

Du empfiehlst mir den Julius Naso bei seiner Amtsbewerbung. Den Naso mir? Wie, wenn du mich selbst empfohlen hättest? Doch, ich nehme es hin und verzeihe dir. Denn denselben Mann hätte ich dir empfohlen, wenn du zu Rom gewesen 2 wärest und ich abwesend. Das Eigene hat die Aengstlichkeit, daß sie Alles für nothwendig hält. Indeß bin ich der Meinung, du solltest Andere bitten: ich will dann deine Bitten mit aller Bereitwilligkeit unterstützen und sie ganz zu den meinigen machen. Lebe wohl!

## X.
### C. Plinius an Albinus.

Als ich neulich auf das Landgut meiner Schwiegermutter bei Alsium¹) kam, welches einst dem Rufus Verginius gehörte, erneuerte der Ort selbst in mir auf schmerzliche Weise die Sehnsucht nach diesem vortrefflichen und großen Manne. Dieser Ort der Zurückgezogenheit war es, wo er sich gewöhnlich aufhielt, und 2 den er das „Nest seines Alters" zu nennen pflegte. Wohin ich mich begab, suchte ihn mein Herz, suchten ihn meine Augen. Ich wollte auch sein Grabmal sehen, und — es hat mich gereut, daß ich es sah. Denn es ist noch unvollendet; allein der Grund hievon ist nicht die Schwierigkeit des Werkes, das von mir mäßigem, oder vielmehr geringem Umfange ist, sondern in der Träg-3 heit Dessen, der mit der Sorge dafür betraut ist. Unwille und Mitleid ergreift mich, daß zehn Jahre nach dem Tode des Mannes, dessen ruhmvolles Gedächtniß über den ganzen Erdkreis verbreitet ist, seine Reste und seine Asche unbeachtet, ohne Inschrift, 4 ohne Namen daliegen. Und doch hatte er verordnet und [die er-

---

¹) Stadt in Etrurien. Das jetzige Lustschloß Palo, Eigenthum der berühmten Familie Orsini, soll auf demselben Platze stehen.

forderliche] Vorkehrung getroffen, daß jene herrliche und unsterb=
liche That²) in folgenden Versen auf seinem Grabmal verewigt
werde:
Hier liegt Rufus, der einst, nachdem er den Vindex geschlagen,
Nicht sich selbst die Gewalt, sondern dem Vaterland schuf.
So selten ist in der Freundschaft die Treue, so bald sind die
Todten vergessen, daß wir uns selbst noch unsere Grabmäler
bauen und alle Pflichten unserer Erben im Voraus erfüllen müs=
sen. Denn wer hat nicht eben das zu befürchten, was — wie
wir sehen — dem Verginius begegnet ist: eine Beleidigung, welche
sein weit ausgebreiteter Ruhm nicht blos noch entehrender, sondern
auch bekannter macht. Lebe wohl!

## XI.
### C. Plinius an Maximus.

O Tag der Freude! Von dem Stadtpräfecten zu der Ge=
richtssitzung beigezogen, hörte ich zwei junge Männer von großen
Hoffnungen, von ausgezeichnetem Talente gegen einander auftreten,
den Fuscus Salinator und den Numidius Quadratus: ein herr=
liches Paar, das nicht nur unserer Zeit, sondern den Wissen=
schaften selbst noch zur Zierde gereichen wird. Beide zeichnen sich
aus durch strenge Rechtschaffenheit, unantastbare Beharrlichkeit,
edeln Anstand, volle Stimme, männlichen Ton, starkes Gedächt=
niß, großes Talent und eben so scharfes Urtheil. Alles dieses
machte mir schon Vergnügen, namentlich aber auch das, daß sie
auf mich, als auf ihren Führer und Lehrer sahen, und den Zu=
hörern den Glauben beibrachten, als ob sie mir nacheiferten und
in meine Fußstapfen träten. O Tag der Freude — noch einmal
wiederhole ich es — — den ich mit dem weißesten Steinchen²)

---

²) Vgl. die Anm. 3 zu Buch II, Br. 1.
¹) Die thracischen Völkerschaften, auf welche die alten Schriftsteller, nament=
lich die Dichter, häufig anspielen (Horaz Od. 1, 22, 2. Epod. 5, 13. Virgil
Aen. 6, 120; 11, 659. Juvenal 6, 404) pflegten nach weißen und schwar=
zen Steinchen, die sie in eine Urne warfen, die glücklichen und unglücklichen Le=
benstage zu bestimmen. Auch Horaz Od. 1, 36, 10 will den festlichen Tag der

bezeichnen muß! Denn was ist erfreulicher für den Staat, als wenn Jünglinge aus den edelsten Geschlechtern Namen und Ruf in den Wissenschaften suchen, oder was erwünschter für mich, als wenn ich Denen, welche nach dem streben, was recht und gut ist, mich gleichsam als Muster vorgestellt sehe? Diese Freude stets genießen zu dürfen, darum bitte ich die Götter; ebenso bitte ich sie — du bist mein Zeuge — daß die, welche mich für würdig halten, mir nachzustreben, noch besser werden möchten, als ich. Lebe wohl!

## XII.
### C. Plinius an seinen Großschwiegervater Fabatus.

Mit solcher Schüchternheit mußt du mir denn doch Diejenigen nicht empfehlen, denen du deine Unterstützung zuwenden zu müssen glaubst. Denn so sehr es dir zukommt, Vielen nützlich zu sein, eben so sehr ist es meine Aufgabe, mich Allem zu unterziehen, was Gegenstand deiner Sorge ist. Ich werde also dem Vectius Priscus beistehen, so gut ich immer kann, namentlich auf dem Boden, worauf ich kämpfe, das heißt, bei den Centumvirn. Die Briefe, welche du mir, wie du sagst, mit offenem Herzen geschrieben hast, heißest du mich vergessen; allein an Nichts denke ich lieber, als eben an sie, denn sie sind es, aus denen ich vorzüglich wahrnehme, wie sehr du mich liebst, da du es mit mir ebenso hältst, wie du es mit deinem Sohne zu halten pflegtest. Auch verhehle ich nicht, daß sie mir um so angenehmer waren, weil meine Sache eine gute war, da ich den mir von dir ertheilten Auftrag mit dem größten Eifer besorgt hatte. Daher bitte ich dich recht sehr, mir, wenn ich dir saumselig vorkomme — ich werde es aber nie sein — immer mit der gleichen Offenheit deinen Verweis zu ertheilen; ich werde es als den Ausfluß deiner größten Liebe betrachten, und dir wird es Freude machen, wenn ich [einen solchen Verweis] nicht verdient habe. Lebe wohl!

---

glücklichen Heimkehr seines Freundes Plotius Numida mit dem „cretischen", d. h. dem weißen Kreibenstriche bezeichnet wissen. Ebenso fordert Persius Sat. 2, 1 seinen väterlichen Freund Macrinus auf, seinen Geburtstag „nach glücklichen Steinchen zu zählen."

## XIII.
### C. Plinius an Ursus.

Hast du jemals einen so geplagten und von allen Qualen heimgesuchten Menschen gesehen, als meinen Varenus? Was er nur mit höchster Anstrengung erlangt hatte, darum mußte er sich noch herumstreiten und es gleichsam von Neuem erbitten. Die 2 Bithynier erfrechten sich, den Senatsbeschluß bei den Consuln anzufechten und zu entkräften, und selbst bei dem Kaiser, welcher damals abwesend war, Klage zu führen. Von diesem an den Senat zurückverwiesen, standen sie dennoch nicht ab. Claudius Capito machte für sie auf eine mehr unehrerbietige, als muthige Weise den Sprecher, indem er den Senatsbeschluß bei dem Senat selbst anklagte. Fronto Catius antwortete ihm würdig und fest; 3 der Senat selbst benahm sich vortrefflich. Denn auch Diejenigen, welche den Varenus vorher abschlägig beschieden hatten, gaben jetzt ihre Ansicht dahin ab, daß man ihm gewähren müsse, was ihm einmal gewährt worden sei. „Einzelne können, so lange die Sache 4 noch in der Schwebe sei, immerhin eine andere Ansicht haben, sei aber einmal, nach der Ansicht der Mehrzahl, eine Entscheidung gegeben, so müssen Alle darauf halten." Nur Acilius Rufus 5 und mit ihm sieben oder acht — nein [es waren nur sieben] — blieben fest bei ihrer früheren Meinung. Unter dieser geringen Zahl waren Einige, deren augenblicklicher, oder vielmehr nur angenommener Ernst Lachen erregte. Ziehe du hieraus den Schluß, 6 was für ein harter Kampf bei der Hauptschlacht meiner wartet, da schon das Vorspiel und so zu sagen das Plänkeln solche Streitigkeiten hervorgerufen hat. Lebe wohl.

## XIV.
### C. Plinius an Mauricus.

Du läßt mich dringend auf dein Formianum[1]) ein. Ich

---

[1]) Ein Landgut bei Formiä, einem durch seinen trefflichen Wein (Horaz Od. 1, 20, 11) berühmten Städtchen in Latium.

will kommen, jedoch unter der Bedingung, daß du Nichts thust, was deine Bequemlichkeit stört: eine Bedingung, womit auch ich meinerseits mich verwahre. Denn nicht dem Meer und seinem Gestade, sondern dir, der Muße und Freiheit gehe ich nach; außer-
2 dem bleibe ich lieber in der Stadt. Man muß nämlich entweder ganz nach fremdem, oder nach seinem eigenen Willen leben. Meinem Magen wenigstens ist es angeboren, nur nach etwas Ganzem und Unvermischtem zu verlangen. Lebe wohl!

## XV.
### C. Plinius an Romanus.

Du hast einen höchst komischen Auftritt versäumt; ich zwar ebenfalls, allein das Geschichtchen wurde mir noch ganz frisch zugetragen. Passienus Paullus, ein römischer Ritter von hohem Ansehen und hervorragender Gelehrsamkeit, verfaßt Elegien. Es ist dieß bei ihm Familiengut: er ist nämlich ein Landsmann von Propertius[1]) und zählt den Propertius auch unter seine Ahnen. Beim Vorlesen [seiner Gedichte] begann er also: „Priscus, befiehlst
2 du?" Hierauf erwiderte Javolenus Priscus[2]), der, als vertrauter Freund des Paullus, [der Vorlesung] beiwohnte: „Ich befehle Nichts." Stelle dir das Gelächter und die Späße der Leute vor!
3 Priscus ist überhaupt Einer, von dem man nicht recht weiß, ob

---

[1]) Sextus Aurelius Propertius, der berühmte römische Elegiker, dessen Gedichte in IV Büchern wir noch haben, wurde im J. R. 798 zu Hispellum (jetzt Spello), einer Stadt in Umbrien, aus einer nach Stand und Vermögen mittleren Familie geboren. Er war ein Zeitgenosse und Freund Ovids, starb aber noch vor diesem.

[2]) Javolenus Priscus, ein berühmter römischer Rechtsgelehrter. Wegen des über Javolenus in diesem Briefe gefällten Urtheils, namentlich wegen des Ausdrucks „dubiae sanitatis", hat sich Plinius bittere Gegner unter den Juristen auf den Hals geladen, die zum Theil in eigenen Dissertationen (wie z. B. Jenichen, De Prisco Javoleno, Icto. incomparabili, Lips. 1736 u. A.) gegen ihn zu Felde zogen. „Dessen ungeachtet" — bemerkt Schott ganz richtig — „ist die Anekdote völlig aus dem Leben gegriffen und ein Beleg, daß man ein sehr gelehrter Jurist und im Leben doch ein feiner Besinnung nicht mächtiger und sehr abgeschmackter Mensch sein kann."

es bei ihm richtig im Kopfe ist, und doch bekleidet er Aemter, wird zu Berathungen beigezogen und ertheilt bei Gegenständen des bürgerlichen Rechts öffentlich Bescheid. Um so lächerlicher und auffallender war sein damaliges Benehmen. Indessen hat dieses 4 unsinnige Gebahren eines Andern den Paullus in Etwas abgekühlt. So ängstlich haben Diejenigen, welche Etwas vorlesen wollen, sich vorzusehen, daß nicht nur bei ihnen selbst Alles richtig ist, sondern daß sie auch nur Leute einladen, bei denen es gleichfalls richtig ist. Lebe wohl!

## XVI.
### C. Plinius an Tacitus.

Du ersuchst mich, dir über das Ende meines Oheims zu schreiben, um es der Nachwelt desto getreuer überliefern zu können. Ich danke dir, denn ich weiß, daß seinen Tod, wenn du ihn schilderst, unsterblicher Ruhm erwartet. Denn obgleich er 2 unter den Trümmern der schönsten Landstriche umkam, und wie Völker, wie Städte, durch diesen merkwürdigen Unfall gleichsam ewig leben wird; obgleich er selbst sehr viele und bleibende Werke verfaßt hat, so wird doch die Unsterblichkeit deiner Schriften viel zu seiner Verewigung beitragen. Ich erachte Diejenigen für 3 glücklich, denen es durch der Götter Huld beschert ist, zu thun, was des Niederschreibens, oder zu schreiben, was des Lesens werth ist, für die Glücklichsten aber Die, denen beides zu Theil wurde. Diesen wird mein Oheim durch seine und deine Schriften beizuzählen sein. Um so bereitwilliger unterziehe ich mich also deinem Auftrage, ja, ich bitte dich sogar darum. Er befand sich zu Mi= 4 senum¹), wo er die Flotte in Person befehligte. Am 23. August, ungefähr um ein Uhr Nachmittags, meldete ihm meine Mutter, es zeige sich eine Wolke von außergewöhnlicher Größe und Gestalt. Er hatte sich in der Sonne ergangen, dann kalt gebadet, 5

---

¹) Ein Vorgebirge, nebst gleichnamiger Stadt und Seehafen in Campanien. Der Name soll von Misenus, einem der Begleiter des Aeneas, dem dieser daselbst ein Grabmal errichtete (Virgil Aen. 6, 234) seinen Ursprung haben.

auf dem Eßpolster liegend Etwas genossen und studirte. Er forderte seine Sandalen, stieg auf eine Anhöhe, von wo aus man die wunderbare Erscheinung am besten betrachten konnte. Die Wolke stieg auf — von welchem Berge, war aus der Ferne nicht genau zu unterscheiden; daß es der Vesuv war, erfuhr man erst nachher —: sie sah ihrer ganzen Gestaltung nach nur einem
6 Baume, und zwar einer Fichte gleich. Sie hob sich nämlich, wie mit einem sehr langen Stamme, empor und zertheilte sich dann in verschiedene Aeste; wahrscheinlich verlor sie sich in die Breite, weil sie durch den frischen Luftstoß [zuerst] in die Höhe getrieben, sodann, als dieser an Kraft abnahm, oder durch ihr eigenes Gewicht wieder herabgedrückt wurde. Sie erschien zuweilen glänzend weiß, dann wieder schmutzig und fleckig, je nachdem
7 sie Erde oder Asche mit sich führte. Wichtig und näherer Untersuchung werth erschien ihm, als einem so gelehrten Manne, die Sache. Er gab Befehl, eine leichte Yacht in Bereitschaft zu setzen; mir stellte er es frei, ihn zu begleiten, wenn ich Lust hätte. Ich erwiderte: ich wolle lieber studiren, und zufälligerweise hatte er
8 selbst mir Etwas zu schreiben aufgegeben. Er trat eben aus dem Hause, als er ein Schreiben erhielt. - Das Schiffspersonal zu Retina²), durch die drohende Gefahr erschreckt — denn das Oertchen lag am Fuße des Berges, und man konnte sich nur zu Schiffe retten — bat ihn, sie doch einer so großen Gefahr zu entreißen.
9 Er änderte nun seinen Plan, und was er als Gelehrter begonnen hatte, verfolgte er mit Heldenmuth. Er läßt Vierruderer unter Segel gehen, geht selbst an Bord, um nicht nur Retina, sondern auch noch vielen Anderen — denn die Küste war ihrer Anmuth
10 wegen sehr bevölkert — Hilfe zu bringen. Er eilt dahin, von wo Andere entfliehen, und steuert in gerader Richtung der Gefahr zu, so sehr aller Furcht baar, daß er alle Bewegungen, alle Gestalten dieser unglückseligen Erscheinung, wie sie sich seinen
11 Augen darstellten, dictirte und aufzeichnen ließ. Bereits fiel Asche in die Schiffe, und je näher er hinzukam, desto heißer und dichter; schon auch Bimssteine und schwarzes, ausgebranntes und vom

---

²) Ein kleiner Ort in der Bai von Neapel, jetzt Resina.

Feuer zerbröckeltes Gestein. Jetzt zeigte sich plötzlich eine Untiefe, und der Schutt vom Berge her machte das Ufer unzugänglich. Er bedachte sich eine kurze Weile, ob er zurücksteuern solle; bald aber sagte er zu dem Steuermann, welcher ihm dieses anrieth: „Frisch gewagt ist halb gewonnen ³), fahre zu, Pompejanus!" Dieser war zu Stabiä ⁴), auf der entgegengesetzten Seite der Bucht; denn das Meer tritt hier in das allmälig sich krümmende und herumziehende Ufer hinein. Obgleich hier die Gefahr noch nicht so nahe war, hatte man sie dennoch vor Augen, und wenn sie zunahm, war sie ganz nahe. Er hatte daher sein Gepäcke in das Schiff schaffen lassen, fest entschlossen, zu fliehen, sobald der widrige Wind sich gelegt haben würde. Als mein Oheim, welchem derselbe im höchsten Grade günstig war, gelandet hatte, umarmt er den Zitternden, tröstet und ermuntert ihn; und um dessen Furcht durch seine eigene Furchtlosigkeit zu lindern, ließ er sich in's Bad bringen, legte sich nach dem Bade zu Tische, speiste heiter, oder, was eben so groß ist, [wenigstens] mit der Miene eines Heitern. Indessen leuchteten aus dem Berge Vesuv an mehreren Stellen weithin sich ausbreitende Flammen und hohe Feuersäulen, deren Glanz und Helle durch das Dunkel der Nacht noch erhöht wurde. Um der Furcht zu steuern, sagte er, es seien dieß die Bauernhöfe, welche von den Landleuten in der Angst verlassen und dem Feuer preisgegeben worden seien und jetzt leer daständen und brennten. Hierauf begab er sich zur Ruhe und genoß wirklich eines ganz festen Schlafes; denn sein Athemholen, das wegen seines starken Körpers etwas schwer und schnarchend war, wurde von den Leuten, welche sich vor der Thüre seines Gemaches befanden, vernommen. Allein der Hof, von dem aus der Zugang in das Zimmer führte, war bereits von mit Bimssteinen vermischter Asche so hoch angefüllt, daß ihm, wenn er noch länger in dem Schlafgemache verweilt hätte, das Herauskommen

---

³) Fortes Fortuna juvat, wörtlich: den Muthigen kommt das Glück zu Hilfe.
⁴) Jetzt Castello a mare in der Bai von Neapel, zwischen der Mündung des Sarno und der Stadt Sorrento. Uebrigens ist Stabiä nicht bei diesem Ausbruche des Vesuv, sondern erst 471 n. Chr. völlig verschüttet worden; vgl. Böttiger Sabina IV. S. 34.

nicht mehr möglich gewesen wäre. Man weckte ihn; er ging heraus und begab sich zu Pompejanus und den Anderen, welche
15 wach geblieben waren. Sie beriethen sich gemeinschaftlich, ob sie im Hause bleiben, oder im Freien herumgehen wollten. Denn die Häuser wankten von den vielen und heftigen Erdstößen, und wie wenn sie aus ihrem Grunde gehoben wären, schienen sie sich bald von der Stelle zu bewegen, bald wieder an der vorigen zu stehen.
16 Anderseits fürchtete man im Freien das Herabfallen der, wenngleich leichten und ausgebrannten, Bimssteine. Doch wählte man, bei Vergleichung der Gefahren, das Letztere. Und zwar siegte bei ihm ein Grund über den andern, bei den Anderen eine Furcht über die andere. Sie banden sich mit Tüchern Kissen um den
17 Kopf: dieß diente zum Schutze wider den Steinregen. Schon war es anderwärts Tag, dort war es Nacht, dichter und schwärzer als [sonst] alle Nächte, doch wurde dieselbe durch viele Fackeln und sonstige Beleuchtung erhellt. Man beschloß, an das Gestade hinauszugehen, um aus der Nähe zu sehen, ob das Meer befahr-
18 bar wäre; dieses blieb aber immer noch wild und ungestüm. Hier legte er sich auf ein hingebreitetes Tuch, verlangte zu wiederholten Malen frisches Wasser und trank. Nun trieben die Flammen und der den Flammen vorausgehende Schwefelgeruch die Anderen
19 in die Flucht: ihn machten sie nur munter. Auf zwei Sklaven gestützt, erhob er sich, sank aber plötzlich wieder nieder; wie ich vermuthe, hatte ihm der dichte Dampf den Athem gehemmt und den Magen gesperrt, der bei ihm ohnedieß von Natur schwach
20 und eng war und häufige Krämpfe veranlaßte. Als es wieder Tag wurde — es war der dritte nach dem, welchen er zuletzt erblickt hatte — fand man seinen Körper unversehrt, ohne Verletzung und mit derselben Bekleidung, welche er angehabt hatte; das Aussehen seines Körpers war mehr das eines Schlafenden,
21 als eines Todten. Während dessen war ich und meine Mutter zu Misenum. Doch, das gehört nicht zu der Geschichte; du hast
22 ja auch sonst Nichts, als sein Ende, zu wissen verlangt. Ich will also schließen. Nur das Einzige will ich noch beifügen, daß ich Alles, wobei ich selbst zugegen war, und was ich sogleich, wo man die Wahrheit noch am getreuesten erzählt, vernommen hatte,

wahrheitsgemäß aufgezeichnet habe. Du wirst nun das Wichtigste
[daraus] ausziehen. Denn etwas Anderes ist es, einen Brief,
etwas Anderes, eine Geschichte, etwas Anderes, für einen Freund,
etwas Anderes, für das große Publikum zu schreiben. Lebe wohl!

## XVII.
### C. Plinius an Restitutus.

Ich kann mich nicht enthalten, den kleinen Aerger, der mich
in dem Hörsaale eines gewissen Freundes erfaßt hat, da es mir
persönlich nicht möglich ist, wenigstens in einem Briefe bei dir
auszuschütten. Es wurde eine wirklich meisterhafte Abhandlung 2
vorgelesen. Diese hörten zwei oder drei Männer mit an, die nach
ihrer eigenen und sonst einiger Wenigen Meinung [gute] Redner
sind, als ob sie taubstumm wären. Sie verzogen keine Lippe, be=
wegten keine Hand, ja, sie standen nicht einmal auf, wäre es auch
nur aus Müdigkeit vom Sitzen gewesen. Welch' große Würde! 3
welch' hohe Weisheit! O nein! Welche Faulheit, welche An=
maßung, welch' linkisches oder vielmehr unsinniges Benehmen,
einen ganzen Tag damit hinzubringen, einen Mann zu beleidigen,
ihn als Feind zurückzulassen, zu dem man als der beste Freund
gekommen ist! Bist du selbst beredter? Um so weniger brauchst 4
du ihn zu beneiden; denn wer [einen Andern] beneidet, ist immer
der Schwächere. Kurz, du magst mehr oder weniger, oder gleich=
viel leisten, so lobe Den, der über oder unter dir, oder dir gleich=
steht; Den, welcher über dir steht, weil man, wenn er kein Lob
verdient, dich selbst nicht loben kann; Den, welcher unter dir oder
dir gleich steht, weil es im Interesse deines eigenen Ruhmes liegt,
daß der für so groß als möglich gehalten werde, welchem du vor=
gehst oder gleichkommst. Ich für meine Person pflege Jeden, der 5
Etwas in den Wissenschaften leistet, zu verehren und zu bewun=
dern. Denn es ist etwas Schwieriges, Mühevolles und Heikeles
um diese Sache, die ihre Verächter ebenfalls wieder verachtet; es
müßte nur sein, daß du hierüber anders urtheiltest, als ich. Und
doch, wer könnte diese Beschäftigung höher verehren, wer sie güti=
ger würdigen, als gerade du? Dieß war der Grund, gegen dich 6

vor Allen meinen Unwillen zu äußern, da du es vorzüglich bist, der ebenso denkt, wie ich. Lebe wohl!

## XVIII.
### C. Plinius an Sabinus.

Du bittest mich, die öffentliche Rechtssache der Firmaner¹) zu führen, was ich, obgleich von einer Menge von Geschäften in Anspruch genommen, nach Kräften thun will. Denn ich wünsche, mir eine solch treffliche Colonie durch meine Dienstleistung als Sachwalter, und dich durch ein dir so angenehmes Entgegenkom=
2 men zu verbinden. Weil du nämlich meine Freundschaft, wie du bei jeder Gelegenheit es offen aussprichst, als Schutz und Ehre für dich in Anspruch nimmst, so darf ich dir unter keinen Um= ständen Etwas abschlagen, zumal, wenn du für deine Vaterstadt bittest. Denn was ist ehrenvoller, als die Bitte eines warmfüh= lenden Bürgers, was wirksamer, als die eines lieben Freundes?
3 Gib also deinen, oder vielmehr jetzt meinen Firmanern mein Wort, daß sie meiner Bemühung und meines Eifers würdig sind, dafür bürgt mir ihr eigener Glanz, dann aber vorzüglich auch das, daß sie zu dem Glauben berechtigen, sie seien ganz recht= schaffene Leute, da ein Mann wie du sich unter ihnen befindet. Lebe wohl!

## XIX.
### C. Plinius an Nepos.

Weißt du schon, daß die Güter, namentlich die, welche nahe bei der Stadt liegen, im Preise gestiegen sind? Die Ursache dieses plötzlichen Werthzuwachses ist ein vielfach besprochener Ge= genstand, welcher den Senat bei den letzten Comitien zu der ihm

---

¹) Die Bewohner von Firmum, einer Stadt im Picenischen, jetzt Fermo in der Mark Ancona. Sie wurde schon im J. 313 v. Chr. als römische Colonie gegründet und war die erste Stadt, welche bei der großen Staatsumwälzung unter Octavianus und Antonius dem Staate Geld gegen Letztern anbot und dafür von dem Senate ein Belobungsdecret erhielt.

alle Ehre machenden Verordnung veranlaßte: „Die Bewerber um Aemter sollen keine Schmausereien veranstalten, keine Geschenke geben, keine Gelder hinterlegen." Von diesen Dingen wurden die beiden erstern eben so offen, als ohne Maß und Ziel getrieben: das Letzte, obgleich nur insgeheim, war so gut als weltbekannt. Nun verlangte unser Homullus, diese Stimmung des Senats mit der ihm eigenen Beobachtungsgabe benützend, anstatt abzustimmen, es sollen die Consuln diesen allgemeinen Wunsch zur Kenntniß des Kaisers bringen und ihn bitten, auch diesem Mißbrauche, gleichwie anderen, durch seine Fürsorge zu steuern. Dieß geschah. Denn der Kaiser hat diesen schmutzigen und entehrenden Aufwand der Candidaten durch ein Gesetz über die Aemterbewerbung abgeschafft; auch befahl er ihnen, den dritten Theil ihres Vermögens auf Grund und Boden zu verwenden, da er es für nicht anständig halte — was es auch nicht war — daß die Bewerber um Ehrenämter die Hauptstadt und Italien nicht als ihr Vaterland, sondern, gleich Reisenden, nur als eine Herberge oder gewissermaßen als ein Einstellocal betrachteten. So laufen denn nun die Candidaten in die Wette; wo sie nur hören, daß Etwas feil ist, kaufen sie es einander weg und machen dadurch gar Manches erst noch feil. Sind dir daher deine Landgüter in Italien entleidet, so ist, wahrlich, jetzt der Zeitpunkt da, sie zu verkaufen, wie auch dich in den Provinzen anzukaufen, indem eben diese Candidaten dort verkaufen, um sich hier anzukaufen. Lebe wohl!

## XX.
### C. Plinius an Cornelius Tacitus.

Du sagst, der Brief, den ich dir auf dein Verlangen über den Tod meines Oheims schrieb, habe in dir den Wunsch rege gemacht, zu erfahren, was ich zu Misenum, wo ich zurückgeblieben, nicht blos für Angst, sondern auch für Ungemach ausgestanden habe.

    Wie auch die Seele sich sträubt der Erinnerung — — —
    Dennoch will ich beginnen[1]).

---
[1]) Virgil Aeneis 2, 11. 12.

2 Nachdem mein Oheim fortgegangen war, verbrachte ich die übrige
Zeit mit Studiren; denn dieß war der Grund meines Zurück=
bleibens. Hierauf badete ich, speiste und schlief, aber unruhig
3 und nur kurz. Schon mehrere Tage vorher hatte sich ein Erd=
beben spüren lassen, was aber eben zu keiner großen Furcht An=
laß gab, weil dieß in Campanien etwas Gewöhnliches ist; in
jener Nacht aber wurde es so stark, daß Alles nicht nur sich zu
4 bewegen, sondern zusammenzustürzen schien. Meine Mutter stürzte
in mein Schlafzimmer; ich stand eben auf, um meinerseits sie zu
wecken, wenn sie etwa noch schliefe. Wir setzten uns in den Hof
des Hauses, welcher das Meer von den Häusern durch einen
5 mäßigen Zwischenraum trennte. Ich bin im Zweifel, ob ich es
Unerschrockenheit oder Unüberlegtheit nennen soll, denn ich stand
damals erst in meinem achtzehnten Jahre. Ich ließ mir das Ge=
schichtswerk des Titus Livius geben und las so gleichsam zum
Zeitvertreib darin, auch machte ich mit den begonnenen Auszügen
daraus fort. Siehe, da erschien ein Freund meines Oheims, der
erst vor kurzem aus Hispanien zu ihm gekommen war; und als
er mich und meine Mutter so dasitzen und mich sogar lesen sah,
schalt er sie wegen ihrer Gleichgiltigkeit und mich wegen meiner
Sorglosigkeit; ich aber widmete mit nicht geringerem Eifer meine
6 Aufmerksamkeit dem Werke. Es war schon sechs Uhr Morgens,
und noch war der Tag nicht recht da und — wenn ich so sagen
darf — träge im Werden; da die umliegenden Gebäude bereits
heftige Erschütterungen erlitten hatten, so war, da der Platz zwar
frei, aber doch beschränkt war, die Furcht vor einem Einsturze
7 groß und wohl begründet. Jetzt erst schien es uns gerathen, die
Stadt zu verlassen. Die bestürzte Menge folgte uns nach; sie
zog — was in der Angst für Klugheit gilt — fremden Rath
dem eigenen vor, und in dichte Haufen geschaart drückte und trieb
sie uns im Gehen vorwärts. Als wir die Häuser hinter uns
8 hatten, blieben wir stehen. Vieles [gab es auch hier], was
uns staunen, was uns erschrecken machte. Denn die Wagen,
welche wir hatten hinausführen lassen, wurden auf völlig freiem
Felde hin= und hergeworfen, und selbst als man Steine unter=
9 legte, blieben sie nicht fest stehen. Und auch das Meer gewährte

einen Anblick, als ob es sich selbst verschlänge und durch die Erd=
erschütterung zurückgetrieben würde. Wenigstens war das Gestade
weiter vorgerückt, und es befanden sich darauf viele auf dem trocke=
nen Sande zurückgebliebene Seegeschöpfe. Auf der andern Seite
zerbarst eine schwarze, schreckliche Wolke, aus welcher geschlängelte
Feuermassen nach allen Seiten herausguckten, und entlud sich in
langen Flammenstrahlen, welche Blitzen ähnlich, aber weit größer
waren. Nun führte eben jener Freund aus Hispanien eine hef= 10
tige und dringendere Sprache: „wenn dein Bruder, wenn dein
Oheim noch lebt, so will er euch gerettet wissen; ist er todt, so
wollte er [doch gewiß], daß ihr ihn überlebet: was säumet ihr
also noch mit der Flucht?" Wir erwiderten: „daß wir so lange
nicht an unsere Rettung denken könnten, als wir über die seinige
noch in Ungewißheit wären." Er zögerte nun nicht länger mehr, 11
stürzte fort und entzog sich in raschem Laufe der Gefahr. Nicht
lange darauf ließ sich jene Wolke auf die Erde herab und be=
deckte das Meer. Sie hatte Capreä²) ringsum eingehüllt und
auch das Vorgebirge Misenum unseren Blicken entzogen. Jetzt 12
bat, ermahnte, befahl meine Mutter, ich solle mich, so gut ich
könnte, retten; ich sei noch jung und könne es; sie, auf der die
Jahre und körperliche Leiden lasteten, wolle gerne sterben, wenn
sie nur nicht an meinem Tode schuldig wäre. Ich aber entgeg=
nete, daß ich nur mit ihr mich retten würde; hierauf faßte ich
sie bei der Hand und zwang sie, ihre Schritte zu beschleunigen.
Ungern gab sie nach, sich selbst Vorwürfe machend, daß sie mich
aufhalte. Schon fiel Asche, doch noch nicht stark. Ich blicke zu= 13
rück: ein dicker Dampf kam hinter uns her, der uns gleich einem
auf die Erde sich ergießenden Strome nachzog. „Wir wollen
ausbeugen," — sagte ich — „so lange wir noch sehen, damit
wir nicht auf dem Wege umgeworfen und in der Finsterniß von
der Masse unserer Begleiter zertreten werden." Kaum hatten 14
wir uns gesetzt, als es Nacht ward, nicht so, wie wenn der Mond
nicht scheint oder der Himmel umwölkt ist, sondern, wie wenn
man an verschlossenen Orten das Licht auslöscht. Man hörte

---

²) Eine kleine Insel am Eingange in den Golf von Neapel, j. Capri.

Geheul von Weibern, Gewimmer von Kindern, Geschrei von
Männern: die Einen riefen ihren Eltern, Andere ihren Kindern,
wieder Andere ihren Gatten, welche sie an ihren Stimmen er=
kannten; diese bejammerten ihr eigenes Geschick, jene das der
Ihrigen; auch waren darunter Solche, welche sich, aus Furcht
15 vor dem Tode, den Tod wünschten. Viele hoben die Hände zu
den Göttern empor; noch Mehrere sagten: es gebe jetzt gar keine
Götter mehr, und erklärten jene Nacht für die ewige und letzte
in der Welt. Auch fehlte es nicht an Solchen, welche durch er=
dichtete und erlogene Schrecknisse die wirklichen Gefahren noch ver=
größerten. Einige Anwesende erzählten, sie seien zu Misenum
gewesen, dieses sei eingestürzt, dieses stehe in Flammen; es war
16 nichts Wahres daran, doch wurde es geglaubt. Es wurde wieder
ein wenig helle, was uns nicht wie der [wirkliche] Tag, sondern
wie ein Vorbote des annahenden Feuers vorkam, doch blieb dieses
Feuer in ziemlicher Entfernung; hierauf wurde es wieder finster
und es fiel wieder dichte Asche in großer Menge. Wir mußten
zu wiederholten Malen aufstehen, um sie abzuschütteln, sonst wä=
17 ren wir verschüttet und von ihrer Last erdrückt worden. Ich
könnte mich rühmen, daß kein Seufzer, kein einziger verzagter
Laut mir in dieser so großen Gefahr entfahren sei, wenn ich nicht
— ein unglückseliger, aber großer Trost für die Menschheit —
geglaubt hätte, daß ich mit Allem, und Alles mit mir untergehe.
18 Endlich löste sich jener dichte Dampf in eine Art Rauch oder
Nebel auf; es wurde bald wirklicher Tag, auch die Sonne glänzte
hervor, aber nur ganz blaß³), wie dieß bei einer Sonnenfinster=
niß zu sein pflegt. Alles zeigte sich dem noch zitternden Blicke
verändert und hoch mit Asche, wie mit Schnee bedeckt. Nach
19 Misenum zurückgekehrt, pflegten wir unseres Leibes, so gut es
ging, und brachten eine angstvolle Nacht zwischen Furcht und
Hoffnung zu: die Furcht behielt die Oberhand. Denn das Erd=

---

³) Nach Hamilton soll die Sonne einen Schein gehabt haben, wie der,
wenn man sie durch ein mit Rauch geschwärztes Stück Glas betrachtet; auch soll
die am letzten Tage des Auswurfs umhergestreute Asche fast so weiß wie Schnee
gewesen sein.

beben dauerte noch fort und sehr Viele trieben in völliger Verrücktheit mit erschrecklichen Prophezeihungen über eigenes und fremdes Unglück ihr Spiel. Doch wir konnten uns, obgleich wir die 20 Gefahr kannten und sie noch zu erwarten hatten, auch jetzt noch nicht entschließen wegzugehen, bis wir Nachricht von dem Oheim hätten. — Dieses magst du, doch ohne es deiner Geschichte, deren es auch nicht werth ist, einzuverleiben, [für dich] lesen, und du hast es nur auf Rechnung deiner eigenen Aufforderung zu setzen, wenn es dir nicht einmal eines Briefes werth scheinen sollte. Lebe wohl!

## XXI.
## C. Plinius an Caninius.

Ich gehöre auch zu Denen, welche die Alten bewundern; doch verachte ich darum nicht, wie so Manche, die ausgezeichneten Köpfe unserer Zeiten. Denn die Natur ist nicht gleichsam so ermüdet und erschöpft, um nichts Lobenswürdiges mehr hervorzubringen. Habe ich ja doch erst kürzlich den Verginius Romanus 2 einem kleinen Kreise ein Lustspiel vorlesen gehört, welches nach dem Muster der alten Komödie[1]) so trefflich verfaßt war, daß es dereinst selbst ein Muster werden kann. Ich weiß nicht, ob 3

---

[1]) Bekanntlich wurde die Komödie bei den Griechen in die alte, die mittlere und die neue eingetheilt. In der erstern wurden lebende Personen mit Namen, Gestalt, Kleidung, ja selbst ganz porträtmäßig auf die Bühne gebracht, denn die Masken waren den natürlichen Gesichtszügen auf's Täuschendste nachgebildet; vgl. Aelian verm. Gesch. 2, 13. So war denn auch in dem Lustspiele des Verginius Romanus Plinius namentlich und ganz kenntlich aufgeführt, und auch an gestreutem Weihrauch mag es, wie wir aus dem Schlusse des Briefes ersehen, nicht gefehlt haben. — Die zum Theil unverantwortlichen Ausschreitungen, welche sich die Lustspieldichter bei Aufführung der höchstgeachteten Männer oft erlaubten, veranlaßten ein Gesetz, durch welches verboten wurde, wahre Namen auf das Theater zu bringen. Allein dieß half nur wenig: man mußte die Personen nach außen und innen so ähnlich darzustellen, daß das Publikum nicht im Geringsten im Zweifel darüber sein konnte, wer gemeint sei: dieß war die mittlere Komödie. Ein zweites Gesetz verbot, um auch den eben genannten Uebelstand zu beseitigen, überhaupt die Darstellung wirklicher Begebenheiten und individueller Charaktere, und hiemit begann dann die Periode der neuen Komödie.

du den Mann kennst, wiewohl du ihn kennen solltest. Denn er zeichnet sich durch seine Rechtschaffenheit, durch seinen gebildeten Geist und durch die Mannigfaltigkeit seiner Werke in hohem
4 Grade aus. Er schrieb Komödien in Jamben, ausgezeichnet durch Feinheit, Witz und Anmuth, und Meisterstücke von Beredtsamkeit in dieser Gattung. Denn jede Art [von Geisteserzeugniß], wenn sie nur vollkommen ist, kann auch ein Meisterstück von Beredtsamkeit heißen. Er schrieb auch Lustspiele, worin er den Menander und Andere desselben Zeitalters zu Mustern nahm. Man
5 darf sie denen des Plautus und Terentius gleichstellen. Jetzt hat er sich zum ersten Male in der alten Komödie, aber nicht als [bloßer] Anfänger, gezeigt. Nicht mangelt es ihm an Kraft, nicht an Erhabenheit, nicht an Feinheit, nicht an Lauge, nicht an Lieblichkeit, nicht an gefälligem Scherze. Er ist Lobredner der Tugend, er züchtigt das Laster, gebraucht erdichtete Namen mit
6 Anstand, wirkliche da, wo es am Platze ist. Nur bei mir hat er aus allzu großem Wohlwollen das Maß überschritten, es sei denn, daß man den Dichtern die Freiheit gestattete, von der Wahrheit
7 abzuweichen. Kurz, ich will ihm die Schrift abnöthigen und sie dir zum Lesen, oder vielmehr zum Auswendiglernen zusenden. Denn ich weiß zuverlässig, daß du sie nicht weglegst, wenn du sie einmal zur Hand genommen hast. Lebe wohl!

## XXII.
### C. Plinius an Tiro.

Es hat sich Etwas ereignet, wichtig für alle künftigen Statthalter von Provinzen, wichtig für Alle, die sich ihren Freunden
2 arglos anvertrauen. Lustricus Bruttianus hatte den Montanus Atticinus, Einen aus seinem Gefolge, über vielen schändlichen Streichen ertappt und es an den Kaiser berichtet. Atticinus beging zu seinen [andern] Schändlichkeiten noch die weitere, daß er Den, welchen er betrogen hatte, auch noch anklagte. Die Sache kam zur Untersuchung; ich selbst war im Richterrathe: beide Theile führten ihre Angelegenheit selbst, allein summarisch und nur über die Hauptpunkte: eine Weise, wobei die Wahrheit so-

gleich augenfällig wird. Bruttianus legte sein Testament vor, und behauptete, dasselbe sei von Atticinus eigenhändig geschrieben. Denn dieß war nicht nur ein Beweis ihrer vertrauten Freundschaft, sondern auch davon, wie unerläßlich es war, sich über den Mann zu beklagen, den er so sehr geliebt hatte. Er zählte eine 4 Reihe schändlicher und offenbarer Verbrechen auf. Jener benahm sich [1]), als er sich nicht rein waschen konnte, so, daß er sich bei seiner Vertheidigung als ein niederträchtiger Mensch, bei der Anklage als ein Verbrecher erwies. Er hatte nämlich den Sklaven eines Schreibers bestochen, [auf diesem Wege] die Protocolle in die Hand bekommen und gefälscht und machte so auf die abscheulichste Weise sein eigenes Verbrechen zur Waffe gegen den Freund. Der Kaiser benahm sich ganz vortrefflich; denn er ließ nicht über 5 den Bruttianus, sondern sogleich über den Atticinus abstimmen. Dieser wurde verurtheilt und auf eine Insel verwiesen; Bruttianus erhielt das gerechteste Zeugniß seiner Unschuld und mit diesem auch den Ruhm eines standhaften Charakters. Denn nachdem er sich mit der größten Fertigkeit vertheidigt hatte, trat er 6 energisch als Kläger auf und zeigte sich nicht minder scharf, als rechtschaffen und bieder. Dieses schreibe ich dir, um dich hinsichtlich der erhaltenen Statthalterschaft aufmerksam zu machen, daß 7 du deine Hauptstütze nur bei dir selbst suchen, sonst aber Niemanden zu viel Vertrauen schenken mögest; sodann, daß du wissest, welch' schnelle Genugthuung zu erwarten sei, wenn dich — was die Götter verhüten mögen — je Einer betrügen sollte. Sei übrigens ja recht auf der Hut, einer solchen Genugthuung gar nicht zu bedürfen. Denn es ist weit nicht so angenehm, gerächt 8 zu werden, als es heillos ist, sich betrogen zu sehen. Lebe wohl!

---

[1]) Ich übersetze mit Schäfer nach der Lesart se gessit, da mir die gewöhnliche, recessit, schon wegen des nachfolgenden ut keinen ganz passenden Sinn zu geben scheint.

## XXIII.
### C. Plinius an Triarius.

Du bittest mich bringend, eine deiner Sorge überwiesene, übrigens glänzende und die allgemeine Aufmerksamkeit auf sich ziehende Rechtssache zu führen. Ich will es thun, jedoch nicht umsonst. „Ist das möglich" — sagst du — „du, nicht umsonst?" Allerdings; denn ich werde eine Belohnung verlangen, die ehrenvoller für mich ist, als wenn ich dir meine Anwaltschaft unentgeltlich gewährte. Ich verlange, und mache es dir sogar zur Bedingung, daß Cremutius Ruso mein Mitanwalt sei. Es ist dieß so meine Gewohnheit, und ich habe es mit mehreren hervorragenden Jünglingen schon oft so gehalten. Denn es gehört unter meine liebsten Wünsche, hoffnungsvolle Jünglinge auf dem Forum einzuführen und ihnen den Weg zu bezeichnen, bekannt zu werden. Wenn irgend Einem, so bin ich diesen Dienst meinem Ruso schuldig, theils wegen seiner Geburt, theils wegen seiner ganz besondern Liebe zu mir, und ich setze einen hohen Werth darein, daß er vor demselben Gericht, auf derselben Seite, wie ich, gesehen und gehört werde. Mache mich, mache mich dir verbindlich, bevor er auftritt; denn nach seinem Auftreten wirst du mir danken. Ich bürge dir dafür, daß er deiner Besorgniß, daß er meiner Hoffnung, daß er der Wichtigkeit der Sache entsprechen wird. Er hat die herrlichsten Anlagen; bald wird er Andere einführen, wenn er einmal von uns wird eingeführt sein. Denn kein Talent ist gleich von Anfang so glänzend, daß es sich hervorthun kann, wenn ihm nicht Stoff und Gelegenheit geboten wird und wenn es nicht einen Gönner und Beschützer findet. Lebe wohl!

## XXIV,
### C. Plinius an Macer.

Wie viel kommt doch darauf an, von Wem Etwas geschieht! Denn die nämlichen Handlungen werden bis in den Himmel erhoben oder auf's Tiefste erniedrigt, je nachdem Die, welche dabei thätig sind, berühmt oder unbekannt sind. Ich fuhr auf unserem 2 Lerischen See, als mir ein schon bejahrter Freund ein Landhaus und auch ein Schlafzimmer zeigte, das auf den See hinausgeht. „Aus diesem" — sagte er — „hat sich einst eine Landsmännin von uns mit ihrem Gatten hinabgestürzt." Ich fragte nach der 3 Ursache. „Ihr Mann hatte eine langwierige Krankheit und bekam faule Geschwüre an den Theilen des Körpers, die man nicht gerne nennt. Die Frau verlangte, sie zu besichtigen, da Niemand ihm mit mehr Aufrichtigkeit sagen würde, ob er heilbar sei. Sie 4 nahm Augenschein, gab alle Hoffnung auf, ermahnte ihn zu sterben, war selbst seine Begleiterin, ja seine Führerin zum Tode; sie gab ihm das Beispiel, stellte ihm die Nothwendigkeit dar. Denn sie band sich mit ihrem Ehegatten zusammen und stürzte sich so in den See." Und von dieser That habe selbst ich, ein 5 dortiger Bürger, erst ganz kürzlich gehört, nicht weil sie geringer war, als jene hochberühmte That der Arria, sondern weil die Person eine geringere war. Lebe wohl!

## XXV.
### C. Plinius an Hispanus.

Du schreibst mir, Robustus, ein hochangesehener römischer Ritter, sei mit meinem Freunde Attilius Scaurus gemeinschaftlich nach Ocriculum [1]) gereist und habe sich von da an nicht mehr sehen lassen. Du ersuchst mich, den Scaurus kommen zu lassen, damit er uns, wo möglich, auf einige Spuren zur Nachforschung führe. Es soll geschehen, allein ich fürchte, es wird vergeblich 2 sein. Ich vermuthe nämlich, es möchte dem Robustus etwa dasselbe begegnet sein, wie einst meinem Landsmann Metilius Crispus. Diesem hatte ich eine Hauptmannsstelle ausgewirkt und ihm, um 3 dieselbe antreten und sich einrichten zu können, bei seiner Abreise vierzigtausend Sesterzien [2]) geschenkt, und nie habe ich nachher

---

[1]) Stadt in Umbrien, unweit der Einmündung des Nar in die Tiber, an der sogenannten Flaminischen Straße.
[2]) Ungefähr 2180 Thlr. oder 3915 Gulden heutiger Währung.

einen Brief von ihm oder eine Nachricht von seinem ferneren
4 Schicksale erhalten. Ob er von seinen eigenen Leuten, oder mit
diesen den Tod gefunden, blieb stets unaufgeklärt, wenigstens kam
weder er selbst, noch einer von seinen Sklaven je wieder zum
Vorscheine. Möchten wir doch nur mit Robustus nicht die gleiche
5 Erfahrung machen! Dessen ungeachtet will ich den Scaurus kommen
lassen. Schuldig bin ich das deinen Bitten, schuldig den
edlen Bitten des trefflichen Jünglings, der seinen Vater mit solcher
Zärtlichkeit, solcher Erfindsamkeit aufsucht. Geben die Götter,
daß er auch ihn so finde, wie er bereits seinen Gefährten
gefunden hat. Lebe wohl!

## XXVI.
### C. Plinius an Servianus.

Ich freue mich und wünsche dir Glück, daß du deine Tochter
dem Fuscus Salinator[1]) bestimmt hast. Die Familie gehört
zu den patricischen; sein Vater steht in höchster Achtung, die
Mutter genießt gleiches Lob. Er selbst ist ein Freund der Wissenschaften,
wohl unterrichtet, selbst ein guter Redner; an Herzenseinfalt
ein Kind, an Freundlichkeit ein Jüngling, an Sittenstrenge
ein Greis. Ich täusche mich gewiß nicht aus Vorliebe für ihn.
2 Ich liebe ihn zwar über die Maßen — dieß hat er durch die
stete Dienstbereitwilligkeit und Achtung, die er gegen mich zeigte,
verdient — dennoch urtheile ich auch, und zwar um so schärfer,
je mehr ich liebe, und ich bin dir, da ich ihn genau geprüft habe,
Bürge dafür, daß du an ihm einen Schwiegersohn haben wirst,
3 den du nicht besser denken und wünschen kannst. Nun fehlt Nichts
mehr, als daß er dich baldigst zum Großvater von Kindern mache,
die ihm ähnlich sind. Welch' glückliche Zeit wird das sein, wo
ich seine Kinder, deine Enkel, als ob sie meine Kinder, meine

---

[1]) Derselbe war ein Nachkömmling des M. Livius Salinator, welcher als
Censor eine Abgabe auf das Salz einführte, und wegen dieser dem Publikum
höchst mißfälligen Finanzoperation den (ursprünglichen Spott-) Namen Salinator
erhalten hatte; vgl. Livius 29, 37.

Enkel wären, werde aus euren Armen nehmen und sie mit gleichem Rechte in den meinigen halten dürfen! Lebe wohl!

## XXVII.
### C. Plinius an Severus.

Du bittest mich, es zum Gegenstande meines Nachdenkens zu machen, was du als ernannter Consul zur Ehre des Kaisers sprechen sollst [1]). Die Erfindung ist leicht, nicht leicht [dagegen] die Auswahl; denn seine Tugenden bieten reichlichen Stoff dar. Doch will ich dir meine Ansicht schreiben, oder noch lieber mündlich mittheilen, zuvor aber dich von einer Bedenklichkeit, die ich habe, in Kenntniß setzen. Ich bin noch nicht mit mir darüber im Reinen, ob ich dir das Nämliche rathen soll, was ich selber gethan habe. Als ernannter Consul habe ich mich aller dieser, 2 wenn auch nicht wirklichen, so doch scheinbaren Schmeicheleien enthalten, nicht um den freisinnigen und selbstständigen Mann zu machen, sondern weil ich unsern Kaiser kannte, dessen vorzüglichstes Lob ich eben darin erblickte, wenn ich keine Aeußerung thäte, die gewissermaßen als eine abgenöthigte erschiene. Auch erinnerte 3 ich mich, wie man selbst die Allerschlechtesten mit den höchsten Ehrenbezeugungen überhäufte: von diesen konnte dieser vortreffliche Regent auf keine andere Art besser unterschieden werden, als wenn man bei der Stimmabgabe das Gegentheil that [2]). Indeß überging ich dieses [Herkommen] weder mit Rückhalt, noch mit Stillschweigen, damit es nicht den Schein gewinne, es sei [bloße] Vergeßlichkeit und nicht meine Ueberzeugung. So handelte ich damals; allein was dem Einen gefällt, gefällt nicht Allen, und es

---

[1]) Die ernannten (designirten) Consuln waren bis zum Tage ihres Amtsantrittes die Ersten, welche im Senate um ihr Votum befragt wurden. Da war es denn zur Kaiserzeit allgemeiner Brauch, daß sie, ehe sie dasselbe zum ersten Male abgaben, eine Art Lobrede auf den jeweiligen Kaiser hielten. Hierauf beziehen sich denn die obigen Worte: „zur Ehre des Kaisers." Daß unter dem „Kaiser" kein Anderer, als Trajan, gemeint ist, versteht sich von selbst.

[2]) D. h. hier: nicht Etwas sagte, was nicht zu seinem Lobe gereichte, sondern einfach: keine Notiz von dem hergebrachten Brauche nahm, d. h. schwieg.

paßt auch nicht einmal für Alle. Ueberdieß ändert sich der wahre
Grund, Etwas zu thun oder nicht zu thun, mit den Verhältnis=
sen der Menschen selbst, sowie auch der Zeit und der Umstände.
5 Denn die neuesten Thaten des erhabenen Kaisers bieten Veran=
lassung zu neuen, großen und wahren Lobeserhebungen. Aus
diesen Gründen nehme ich, wie ich oben bemerkte, Anstand, ob
ich dir rathen soll, jetzt dasselbe zu thun, was ich damals that.
Darüber aber bin ich im Reinen, daß es meine Schuldigkeit war,
[wenigstens] deiner Erwägung anheimzustellen, was ich selber ge=
than hatte. Lebe wohl!

## XXVIII.
### C. Plinius an Pontius.

Ich kenne den Grund, welcher dich verhindert hat, früher in
Campanien [1]) einzutreffen, als ich. Allein obgleich abwesend, bist
du doch mit Leib und Seele hier: eine solche Menge an Allem,
was Stadt und Land bietet, ward mir in deinem Namen ge=
bracht, was ich Alles — freilich war es nicht gar höflich — an=
2 genommen habe. Denn deine Leute baten mich, ich solle es thun,
und ich fürchtete, du möchtest mir böse werden, wenn ich es nicht
thäte. In Zukunft aber, wenn du nicht Maß einhältst, werde
ich es einhalten. Auch habe ich deinen Leuten angekündigt, sie
müßten, wenn sie wieder so viel brächten, Alles wieder mit fort=
3 nehmen. Du wirst vielleicht sagen, ich müsse deine Sachen gerade
so, wie die meinigen ansehen, allein ich gehe ebenso sparsam da=
mit um, wie mit meinem Eigenthum. Lebe wohl!

## XXIX.
### C. Plinius an Quadratus.

Avidius Quietus, der mich ganz einzig liebt und mir,
worüber ich mich nicht minder freue, auch seinen Beifall schenkte,
erzählte mir unter vielem Andern von Thrasea — er war näm=

---

[1]) Nämlich auf dem Landgute, welches Pontius in Campanien besaß.

lich ein vertrauter Freund desselben — zum öftern auch das, es habe Jener gewöhnlich die Regel aufgestellt, man müsse dreierlei Arten von Processen übernehmen: solche von Freunden, solche, die Einem aufgegeben worden seien, und solche, die als Beispiele bedeutsam werden können. Warum die von Freunden? Das bedarf 2 wohl keiner Erklärung. Warum die aufgegebenen? Weil bei diesen vorzüglich der beharrliche Muth und das menschliche Gefühl sich zeige. Warum die, welche als Beispiel bedeutsam werden können? Weil sehr viel davon abhängt, ob ein gutes oder böses Beispiel aufgestellt wird. Diesen Gattungen von Rechtssachen 3 will ich — es schmeckt vielleicht nach Eitelkeit — noch die glänzenden und berühmten beifügen. Denn es ist billig, zuweilen die Sache des Rufes und des Ruhmes, das heißt seine eigene zu führen. Dieß sind die Gränzen, die ich, weil du mich nun einmal um meinen Rath gefragt hast, deiner Würde und deiner Bescheidenheit setze. Ich weiß gar wohl, daß Uebung die beste 4 Lehrmeisterin der Beredtsamkeit ist und auch dafür gilt. Auch sehe ich, daß schon Viele mit geringem Talente und ohne wissenschaftliche Bildung auf [rein] praktischem Wege gute Sachwalter geworden sind. Allein auch das, was Pollio [1]) von sich sagte, 5 oder doch gesagt haben soll, finde ich vollkommen bewährt: „Durch guten Vortrag kam es dahin, daß ich oft Vorträge zu halten bekam; durch häufiges Auftreten aber, daß meine Vorträge minder gut waren." Denn durch allzu häufige Uebung erwirbt man sich mehr Gewandtheit als Tüchtigkeit, nicht Selbstvertrauen, sondern Keckheit. Galt ja doch Isocrates für einen der größten Redner, 6 obgleich seine schwache Stimme und seine Schüchternheit ihn hinderte, öffentlich aufzutreten. Daher lies, schreibe und studire nur fleißig, damit du reden kannst, wann du willst; reden aber wirst du, wann du wirst wollen müssen. Diesen Mittelweg habe ich selbst fast immer eingehalten. Manchmal habe ich auch der Noth= 7

---

[1]) C. Asinius Pollio war Staatsmann, Feldherr und Gelehrter, und zeichnete sich in letzterer Beziehung als Redner, Dichter und Geschichtschreiber gleich sehr aus. Nicht minder bekannt, als durch seine eigenen schriftstellerischen Leistungen, war er als Kritiker, und schwang seine Geißel über Cicero, Cäsar, Sallust und Livius. Von seinen Schriften ist uns keine mehr erhalten.

wendigkeit, welche einen Theil der Klugheit bildet, mich gefügt. Einige Processe nämlich führte ich auf Befehl des Senats, welche in die dritte Classe jener Eintheilung des Thrasea gehörten, nämlich zu denen, die als Beispiel von Wichtigkeit sind. Ich war Sachwalter der Bätifer[2]) gegen Bäbius Massa: es handelte sich darum, ob ihnen eine Untersuchung gestattet werden solle; sie

8 wurde ihnen gestattet. Wiederum vertrat ich sie bei ihrer Klage gegen Cäcilius Classicus[3]). Bei dieser handelte es sich darum, ob Provincialen als Theilnehmer und Helfershelfer des Proconsuls zur Strafe zu ziehen seien; sie wurden zur Strafe gezogen.

9 Ich trat als Ankläger wider Marius Priscus[4]) auf, der nach dem Wiedererstattungsgesetze verurtheilt wurde und sich die Milde des Gesetzes zu Nutze machte, das, wenn es auch auf das strengste angewendet worden wäre, in gar keinem Verhältnisse zu seinen

10 ungeheuren Verbrechen stand; er wurde verbannt. Ich vertheidigte den Julius Bassus[5]), der zwar allzu wenig Vorsicht und Achtsamkeit auf sich selbst beobachtet hatte, aber durchaus kein schlechter Mensch war; die Sache kam vor das (Civil=) Gericht

11 und er verblieb in dem Senate. Erst ganz kürzlich sprach ich für Varenus[6]), welcher verlangte, daß auch ihm die Beibringung von Zeugen bewilligt werde; sie wurde ihm bewilligt. Für künftig wünsche ich mir hauptsächlich solche Aufträge, die ich mit Anstand übernehmen kann und auch unaufgefordert übernehmen würde. Lebe wohl!

## XXX.
### C. Plinius an Fabatus.

Wir müssen wahrlich deinen Geburtstag ebenso feiern, wie unsere eigenen, da die Freude über diese lediglich von dir abhängt; denn deine Aufmerksamkeit und Sorgfalt ist es, welche uns hier

---

[2]) Vgl. Buch III. Br. 4, und Buch VII. B. 33.
[3]) Vgl. Buch III: B. 4.
[4]) Vgl. Buch II. Br. 11.
[5]) Vgl. Buch IV. Br. 9.
[6]) Vgl. Buch V. Br. 20.

ein frohes und bei dir ¹) ein ruhiges Leben bereitet. Das Camilische Landhaus, welches du in Campanien besitzest, leidet zwar sehr vom Alter, doch haben dessen werthvollste Bestandtheile noch gar keine, oder nur ganz unbedeutende Beschädigungen befahren. Ich bin daher darauf bedacht, dieselben mit den möglichst geringen Kosten ausbessern zu lassen. Ich glaube zwar viele Freunde zu haben, allein von der Art, wie du sie verlangst und die Sache sie erheischt, fast keinen. Denn alle sind Leute, die immer in der Toga einhergehen, und Städter; dagegen erfordert die Verwaltung ländlicher Besitzungen einen abgehärteten und an das Landleben gewohnten Mann, dem jene Arbeit nicht schwer, die Besorgung nicht unehrenhaft, das einsame Leben nicht traurig vorkommt. Ich halte es für ganz am Platze, daß du hiefür an Rufus denkst, denn er war ein vertrauter Freund von deinem Sohne. Indeß weiß ich nicht, wie viel er uns dort leisten kann, aber daß er den besten Willen hat, davon bin ich fest überzeugt. Lebe wohl!

## XXXI.
### C. Plinius an Cornelianus.

Unser Kaiser hat mich zu einer Berathung nach Centumcellä ¹) — so heißt jetzt der Ort — berufen, wo ich außerordentlich vergnügt war. Denn was ist angenehmer, als Augenzeuge zu sein von der Gerechtigkeit, der Würde und dem liebreichen Benehmen dieses Fürsten auch in der Zurückgezogenheit, wo diese Tugenden am meisten sich erschließen? Es fanden verschiedene Untersuchungen statt, und darunter solche, welche dem Richter Gelegenheit gaben, seine trefflichen Eigenschaften auf mancherlei Weise zu zeigen. Claudius Aristo, einer der angesehensten Einwohner von Ephesus ²), führte seine Sache: ein freigebiger Mann, der

---

¹) Nämlich in Comum (j. Como), dem Wohnorte des Fabatus.
¹) Ein Ort in Etrurien, wo Trajan ein schönes Landgut mit einem prächtigen Hafen angelegt hatte. Aus dem Beisatze: hoc loco nomen zieht Gesner den Schluß, daß der Ort diesen Namen erst damals erhalten habe. Nach mehreren Angaben soll die jetzige Stadt Civita Vecchia das alte Centumcellä sein.
²) Eine der hervorragendsten unter den zwölf Städten Joniens, vorzüglich

sich, ohne dadurch Jemand zu schaden, die Gunst des Volkes erworben hatte; daher der Haß gegen ihn und die Aufstellung eines Anklägers durch Leute, die ihm durchaus unähnlich waren; er
4 wurde daher freigesprochen und erhielt Genugthuung. Tags darauf wurde die Galitta vernommen, welche des Ehebruchs angeklagt war. Diese Frau war mit einem Kriegstribun verheirathet, der im Begriffe war, sich um Staatsämter zu bewerben, und hatte ihre und ihres Gatten Ehre durch ein Liebesverhältniß mit einem Centurio befleckt. Ihr Gatte hatte es dem Consular=
5 legaten ³), dieser dem Kaiser berichtet. Nach genauester Ermittelung der Beweise entsetzte der Kaiser den Centurio seiner Stelle und schickte ihn in die Verbannung. Nun war bei diesem Verbrechen, welches nur von Zweien begangen werden konnte, noch der andere Theil zur Bestrafung übrig; allein den Gatten, dessen geduldiges Zusehen nicht ungerügt blieb, hielt die Liebe zu seiner Gattin zurück; er hatte sie, auch nach geschehener Anzeige des Ehebruchs, bei sich zu Hause behalten, als hätte es ihm schon
6 genügt, seinen Nebenbuhler beseitigt zu haben. Aufgefordert, die Anklage durchzuführen, that er es zwar, doch nur ungerne. Allein die Frau mußte, auch wider den Willen des Anklägers, verurtheilt werden; sie wurde verurtheilt und fiel der Bestrafung nach dem Julischen Gesetze ⁴) anheim. Der Kaiser ließ in das Straferkenntniß den Namen des Centurio mit Hinweisung auf die

---

berühmt durch ihren Handel und den prächtigen Dianentempel, eines der sieben Wunder der alten Welt; jetzt nur noch ein unbedeutendes türkisches Dorf in dem Paschalik Natolien, mit nur unbedeutenden Trümmern der frühern Herrlichkeit, das den Namen Ajasobloue führt.

³) Zur Kaiserzeit gab es bei den römischen Heeren zweierlei Legaten: legatos consulares, solche, welche die Consulswürde entweder wirklich bekleideten, oder vorher schon bekleidet hatten, und legatos praetorios; erstere führten den Oberbefehl über ein ganzes Armeecorps, letztere nur über eine einzelne Legion. Während jenen das Strafrecht auch über die Officiere zustand, konnten die legati praetorii nur an gemeinen Soldaten Strafen vollziehen lassen.

⁴) Nach dem von dem Kaiser Augustus gegebenen Gesetze de adulteriis verloren die Ehebrecherinnen die Hälfte ihres Heirathsgutes und ein Drittel ihres Vermögens und wurden auf eine Insel verbannt. Später stand sogar Todesstrafe auf dem Verbrechen des Ehebruchs.

Kriegszucht eintragen, um nicht das Ansehen zu haben, als wolle
er alle dergleichen Sachen an sich gebracht wissen. Am dritten 7
Tage kam Etwas zur Verhandlung, worüber schon viel gesprochen
worden war und verschiedene Gerüchte umliefen: [es betraf] das
Codicill des Julius Tiro, welches zum Theil als ächt anerkannt,
zum Theil für verfälscht ausgegeben wurde. Die Fälschung wurde 8
dem Sempronius Senecio, einem römischen Ritter, und dem Eu=
rythmus, einem kaiserlichen Freigelassenen und Procurator [5]), zur
Last gelegt. Die Erben hatten den Kaiser, als er in Dacien
war, in einer gemeinschaftlichen schriftlichen Eingabe gebeten, die
Untersuchung selbst vorzunehmen, und er hatte ihnen willfahrt. Er 9
hatte nach seiner Zurückkunft einen Termin festgesetzt, und da
Einige von den Erben gleichsam aus Achtung für den Eurythmus
auf die Anklage verzichten wollten, sagte er die herrlichen Worte:
„weder ist Jener ein Polyklet [6]), noch ich ein Nero." Doch ver=
willigte er ihnen auf ihre Bitten eine Frist, nach deren Ablauf
er sich anschickte, das Verhör vorzunehmen. Von Seiten der Er=10
ben fanden sich nur zwei ein; diese verlangten, man solle entweder
sämmtliche Erben zwingen, die Klage weiter zu verfolgen, weil
Alle dieselbe vorgebracht hätten, oder auch ihnen erlauben, davon
abzustehen. Der Kaiser sprach mit der höchsten Würde, mit der 11
größten Mäßigung, und als der Anwalt des Senecio und Euryth=
mus erklärt hatte, daß der Verdacht auf den Angeklagten lasten
bleibe, wenn sie nicht gehört würden, erwiderte er: „das kümmert
mich nicht, ob auf Jenen der Verdacht lasten bleibt, aber auf mir
bleibt er es" [7]). Hierauf, zu uns gewendet [sagte er]: „Ihr müßt 12
wissen, was mir zu thun obliegt; denn Jene wollen sich darüber
beschweren, daß man ihnen das Nichtanklagen bewilligt hätte."

---

[5]) Procuratores Caesaris hießen diejenigen Beamten in den Provinzen, welche die öffentlichen Abgaben einzucassiren und auch die Zahlungen an diejenigen Behörden und Personen, wozu sie ermächtigt waren, zu besorgen hatten.

[6]) Ein Freigelassener und Liebling Nero's, der zu den höchsten Würden em=
porstieg, wo er seine Ehr= und Habsucht rückhaltlos befriedigen durfte.

[7]) Hätte nämlich der Kaiser den Erben gestattet, von der Anklage abzu=
stehen, so hätte er sich den Schein gegeben, er habe es deßhalb gethan, weil ein
Freigelassener von ihm dabei im Spiele war.

Hierauf ließ er, nach dem Gutachten des Gerichtes, alle Erben bedeuten, daß sie entweder die Klage fortzuführen, oder jeder Einzelne die Gründe, warum er dieß nicht thun wolle, auf glaubhafte Weise anzugeben hätte; andernfalls werde er über sie, als 13 über falsche Ankläger, das Erkenntniß fällen. Du siehst, welch' ehrenvolle, welch' ernste Tage dieß waren, und stets folgten auf sie die angenehmsten Erholungen. Wir wurden täglich zur Tafel gezogen; sie war, als eine kaiserliche betrachtet, nur mäßig. Bisweilen gab es auch einen Ohrenschmaus; manchmal verstrich auch 14 die Nacht unter den angenehmsten Unterhaltungen. Am letzten Tage erhielten wir bei unserer Abreise — so aufmerksam ist der menschenfreundliche Kaiser — Xenien[8]). Aber mir war nicht nur die Wichtigkeit der zur Verhandlung gekommenen Gegenstände, die Ehre der Beiziehung zu denselben, die Anmuth und Ungezwungenheit des Umganges, sondern auch der Ort an sich im 15 höchsten Grade angenehm. Das prachtvolle Landhaus liegt mitten in den schönstens grünenden Feldern, hart am Gestade, in dessen Bucht gegenwärtig ein Hafen angelegt wird. Sein linker Arm ist durch ein überaus festes Werk geschützt, an dem rechten wird 16 noch gearbeitet. Am Eingange zu dem Hafen erhebt sich eine Insel, an welcher sich die vom Winde herangetriebenen Wogen brechen und den Schiffen von beiden Seiten sichern Einlauf gewähren. Sie erhebt sich aber durch ein [wahres] Wunder der Kunst. Ein sehr breites Fahrzeug führt ungeheure Steinmassen herbei; diese, über einander [in das Meer] versenkt, sitzen kraft ihres eigenen Gewichtes fest und bilden sich so nach und nach zu 17 einer Art von Damm. Schon ragt der steinerne Rücken sichtbar hervor und bricht und hebt die anschlagenden Wellen zu unermeßlicher Höhe. Gräßlich ist hier das Getöse und ringsumher das Meer weiß von Schaum. Auf diese Steinmassen werden nun noch Pfeiler gebaut, so daß im Laufe der Zeit das Ganze einer natürlichen Insel gleichsehen wird. Der Hafen wird den Namen

---

[8]) Geschenke, welche man den Gästen bei ihrer Abreise zum Andenken gab oder nachschickte. Sie bestanden meist in Victualien, bisweilen auch in baarem Gelde.

seines Erbauers erhalten und vom größten Nutzen sein. Denn die langhin sich erstreckende Küste, welche [bisher] keinen Hafen hatte, wird hiedurch einen sichern Zufluchtsort bekommen. Lebe wohl!

## XXXII.
### C. Plinius an Quinctilianus.

Du hast zwar selbst äußerst wenige Bedürfnisse, und hast auch deine Tochter so erzogen, wie es sich für deine Tochter, die Enkelin des Tutilius, geziemt; da sie aber jetzt im Begriffe ist, sich mit einem höchst achtungswürdigen Manne, dem Nonius Celer, zu vermählen, dem seine Stellung als Staatsdiener ein gewisses glänzendes Auftreten zur Nothwendigkeit macht, so muß sie den Verhältnissen ihres Gemahls entsprechende Kleidung und Dienerschaft erhalten, wodurch zwar nicht ihre Würde, aber doch ihre äußere Erscheinung gewinnt. Du besitzest, wie ich wohl weiß, 2 einen überreichen Geist, dabei aber nur mäßiges Vermögen. Darum spreche ich einen Theil deiner Last für mich an und gebe, als ein zweiter Vater, für unsere Tochter einen Zuschuß von fünfzigtausend Sesterzien [1]). — Mein Beitrag würde noch größer sein, wenn ich nicht von deiner Bescheidenheit die Gewißheit hätte, daß nur die Geringfügigkeit meines Geschenkes dich bestimmen kann, es nicht zurückzuweisen.

## XXXIII.
### C. Plinius an Romanus.

„All' das" — ruft er — „hinweg; entfernt die begonnene Arbeit [1])!"

Du magst schreiben oder lesen, was du willst, laß es weg-

---

[1]) 2734 Thlr. oder 4774 Gulden unseres Geldes. — Was Plinius hier von Quinctilian sagt, stimmt nicht mit der Angabe Juvenals 7, 186 ffg., der ihn viel reicher schildert. Allein beide Angaben sind am Ende eben doch nur relativ: Plinius vergleicht ihn mit sich, Juvenal mit den andern Rednern und Rhetoren.

[1]) So lautet bei Virgil Aen. 8, 439 der Zuruf Vulcans an die Cyklopen, als er ihnen den Befehl ertheilt, Waffen für den Aeneas zu schmieden.

nehmen, laß es beseitigen, und nimm meine Rede, welche göttlich ist, zur Hand, wie Jene die Waffen. Könnte ich mich stolzer benehmen? Aber in der That, als eine von meinen Reden ist sie [wirklich] schön; denn mir genügt's, mit mir selbst zu wett-
2 eifern. Sie ist für die [Vertheidigung der] Accia Variola verfaßt und zeichnet sich durch die hohe Stellung der Person, die Seltenheit des Falles und das zahlreiche Gerichtspersonal aus. Denn diese Frau von glänzender Herkunft, Gattin eines Mannes, welcher die Prätur verwaltet hatte, war von ihrem achtzigjährigen Vater innerhalb der eilf Tage, als dieser ihr eine Stiefmutter, in welche er verliebt war, in's Haus gebracht hatte, enterbt worden und verlangte vor den vier Gerichtshöfen der Centumvirn
3 ihr väterliches Vermögen heraus. Es saßen einhundert und achtzig Richter zu Gerichte — denn so viele sind ihrer in den vier Gerichtsabtheilungen —, eine Menge von Rechtsanwälten trat beiderseits auf, alle Bänke waren dicht besetzt; außerdem hatte sich eine gedrängte Schaar von Zuhörern in mehrfachen Kreisen
4 um den Gerichtssaal, so geräumig dieser war, herumpostirt. Das Tribunal[2]) selbst war dicht besetzt, und selbst von der obern Galerie guckten Frauen und Männer herab, um, was freilich schwer war, Etwas hören, oder doch, was weniger Schwierigkeit hatte, Etwas sehen zu können. Groß war die Erwartung der Väter,
5 groß die der Töchter, groß auch die der Stiefmütter. Der Erfolg war ein verschiedener. In zwei Gerichtsabtheilungen siegten, in zweien unterlagen wir. Ein überaus merkwürdiger und ganz sonderbarer Fall! In einer und derselben Rechtssache, vor denselben Richtern, mit denselben Sachwaltern, zu einer und derselben Zeit, erfolgte ein so verschiedenes Urtheil: es war Zufall,
6 doch schien es, als sei es nicht bloßer Zufall. Die Stiefmutter verlor und erbte für ihre Person nur den sechsten Theil. Auch Suberinus[3]) verlor, der, von seinem [leiblichen] Vater enterbt,

---

[2]) Diesen Namen führte die in Gestalt eines Halbzirkels in dem Gerichtssaale herumlaufende Erhöhung, wo der Stuhl des Prätors und die Bänke, auf denen die Richter ihren Platz hatten, sich befanden.

[3]) Wahrscheinlich ein leiblicher Sohn der Stiefmutter aus einer frühern Ehe.

mit einer seltenen Unverschämtheit auf das Vermögen eines fremden Vaters Jagd machte, weil er es nicht wagte, das des eigenen zu beanspruchen. Ich theile dir dieß darum so ausführlich 7 mit, damit du für's Erste aus meinem Briefe das erfahrest, was dir die Rede nicht sagt; sodann — ich will dir meinen Kunstgriff offen gestehen — damit du meine Rede lieber lesest, wenn du glaubst, du lesest sie nicht blos so für dich, sondern wohnest der Gerichtsverhandlung selbst bei; und wenn sie auch lang ist, so verläßt mich doch die Hoffnung nicht, sie werde dir ebenso gut gefallen, als wenn sie noch so kurz wäre. Denn sie bietet durch 8 den Reichthum des Stoffes, durch die scharfe Eintheilung, durch mehrere kleine [darin verwobene] Erzählungen und durch Abwechslung im Ausdrucke, immer eine neue Seite dar. Es kommen darin — dieß wage ich aber nur dir zu sagen — viele erhabene, viele zum Kampfe herausfordernde, aber auch viele trockene Stellen vor. Denn zwischen den feurigen und erhabenen Redestrom hinein war ich häufig genöthigt, [die Verhältnisse] zu berechnen und beinahe die Steinchen und die Rechnungstafel zu fordern, so daß das Centumviralgericht mit einem Male das Aussehen eines Privatgerichts zu bekommen schien. Bald war es 10 Unwille, bald Zorn, bald Schmerz, was mir die Segel schwellte, und ich steuerte in dieser so hochwichtigen Sache, wie auf offener See, mit allen Winden umher. Kurz, einige von meinen Freunden pflegen diese Rede — ich muß es noch einmal sagen — unter meinen Reden für eine vorzügliche, gleichsam für meine Rede „für den Ktesiphon" 4) zu erklären. Ob mit Recht, kannst du am leichtesten beurtheilen, weil du alle im Gedächtniß hast, um sie mit der vorliegenden, wenn du sie nur liesest, vergleichen zu können. Lebe wohl!

## XXXIV.
### C. Plinius an Maximus.

Du hast recht daran gethan, unseren Veronesern ein Fechter-

---

4) „ὡς ὑπὲρ Κτησιφῶντος." Diesen Titel führte auch die Rede des Demosthenes „um die Bürgerkrone", welche für seine vorzüglichste gehalten wird.

spiel zu versprechen, von denen du so lange schon geliebt, geachtet und verehrt wirst. Von dort aus hast du ja auch deine so innig geliebte und bewährte Gattin erhalten, deren Andenken du irgend ein Denkmal oder Schauspiel schuldig warest, namentlich ein solches, wie es sich für eine Leichenfeier gehört. Ueberdieß wurdest du auch so einstimmig darum gebeten, daß ein abschlägiger Bescheid nicht als Charakterfestigkeit, sondern als Mangel an Gefühl erschienen wäre. Auch das war vortrefflich, daß du dich bei der Aufführung ebenso willig, als freigebig gezeigt hast; denn auch hierin zeigt sich eine große Seele. Ich hätte nur gewünscht, daß die afrikanischen Thiere, deren du so viele gekauft hast, auf den bestimmten Tag eingetroffen wären; indeß, wenn sie auch, durch einen Sturm aufgehalten, nicht eintrafen, so hast du dir gleichwohl Dank verdient, da es ja nicht deine Schuld war, daß du nicht damit aufwarten konntest. Lebe wohl!

# Siebentes Buch.

## I.
### C. Plinius an Restitutus.

Bange macht mir deine gegenwärtige hartnäckige Krankheit, und obgleich mir die große Gewalt, welche du über dich selbst hast, wohl bekannt ist, so fürchte ich doch, sie möchte auch auf deine Gemüthsstimmung einigen Einfluß bekommen. Daher ermahne ich dich, leiste ihr standhaften Widerstand: das ist löblich, das ist heilsam. Was ich dir rathe, geht nicht über die menschliche Natur hinaus. Ich selbst pflege wenigstens schon in gesunden Tagen mich mit den Meinigen über folgende Punkte zu besprechen: „Ich hoffe zwar, daß ich, wenn mich einmal eine Krankheit befallen sollte, Nichts verlangen werde, dessen ich mich zu schämen, oder das ich zu bereuen hätte; sollte jedoch die Krankheit die Oberhand über mich bekommen, so erkläre ich, daß man mir Nichts gebe, außer mit Bewilligung der Aerzte; und wer es dennoch thut, der wisse, daß ich ihn ebenso strafen werde, wie man sonst Die straft, die Einem Etwas verweigern." Ja, selbst als ich einmal bei einem sehr heftigen hitzigen Fieber, nachdem schon Besserung eingetreten und ich gesalbt war, von dem Arzte einen Trank erhielt, reichte ich ihm die Hand, um mir den Puls fühlen zu lassen und — gab den schon an die Lippen gesetzten Becher zurück. Als ich hernach am zwanzigsten Tage meines Krankseins Anstalt zu einem Bade machen ließ, und die Aerzte plötzlich mit einander flüstern sah, fragte ich nach der Ur-

sache. Da erhielt ich die Antwort: „ich könne zwar ohne Gefahr baden, doch nicht ganz ohne einige Besorgniß." „Wie" — fragte
6 ich — „ist es denn nothwendig?" Ich ließ also die Hoffnung auf ein Bad, in das ich mich [im Geiste] bereits tragen sah, mit aller Ruhe und Gelassenheit fahren, und wandte mich mit dem=
selben Sinn und derselben Miene wieder der Entsagung zu, wie
7 ich mich so eben erst zum Bade angeschickt hatte. — Dieses schreibe ich dir, um für's Erste meine Ermahnung nicht ohne Beispiel zu lassen; sodann, um mich für die Zukunft an dieselbe Enthaltsamkeit zu binden, wenn ich mich durch diesen Brief, wie durch ein Unterpfand, dazu verpflichtet hätte. Lebe wohl!

## II.

### C. Plinius an Justus.

Wie reimt es sich, daß du mich versicherst, du seiest bestän=
dig von Geschäften in Anspruch genommen, und doch zugleich meine Schriften verlangst, die kaum von Solchen, welche sonst Nichts zu thun haben, einige verlorene Zeit für sich erhalten kön=
2 nen? Ich will also den für euch so unruhigen und geschäftvollen Sommer vorübergehen lassen, und erst auf den Winter, wann du, wie es wahrscheinlich ist, wenigstens die Nächte frei haben wirst, Etwas aus meinen Tändeleien aussuchen, um es dir zuzustellen.
3 Bis dahin ist es schon mehr als genug, wenn dir meine Briefe nur nicht lästig sind. Sie sind es aber, und darum sollen sie auch um so kürzer sein. Lebe wohl!

## III.

### C. Plinius an Präsens.

Willst du denn unausgesetzt bald in Lucanien, bald in Cam=
panien sein? „Nun ja" — sagst du — „ich selbst bin aus Lucanien, meine Gattin aus Campanien." Ein giltiger Grund für eine längere Abwesenheit, jedoch nicht für eine fortwährende.
2 Wirst du denn nicht endlich einmal in die Hauptstadt zurückkeh=
ren, wo Rang, Ehre, Freundschaften bei Hohen und Niederen dich

erwarten? Wie lange noch willst du den König spielen? Wie lange noch wach bleiben, wie lange noch schlafen, so lange es dir beliebt? Wie lange noch keinen Schuh¹) anziehen? Die Toga an den Nagel hängen? Den ganzen Tag frei haben? Es ist 3 [hohe] Zeit, daß du wieder einmal einen Blick in unsere Plackereien wirfst, wäre es auch nur einzig deßhalb, daß jene Vergnügungen nicht aus Ueberfättigung gleichgiltig werden. Mache nur wieder eine kurze Zeit Besuche, um die Gegenbesuche desto angenehmer zu finden; lasse dich in diesem Menschengetümmel herumstoßen, um an der Einsamkeit wieder Behagen zu finden. Doch, 4 was halte ich Unbesonnener den zurück, den ich zurückzurufen bemüht bin? Denn vermuthlich lässest du dich gerade dadurch bewegen, dich mehr und mehr in die Ruhe einzuhüllen, der ich dich jedoch nicht gänzlich entreißen, sondern sie nur unterbrechen will. Denn gleichwie ich, wenn ich ein Gastmahl für dich herrichtete, 5 die süßen Gerichte mit sauren und pikanten abwechseln ließe, daß der durch erstere abgestumpfte und erschlaffte Magen wieder [neuen] Reiz bekäme: ebenso ermahne ich dich jetzt, deine so herrliche Lebensweise zuweilen gleichsam durch einige Säuren zu würzen. Lebe wohl!

## IV.
### C. Plinius an Pontius.

Du sagst, du habest meine Hendekasyllaben¹) gelesen; du fragst mich auch, wie ich dazu gekommen sei, so Etwas zu schreiben, ich, in deinen Augen ein so ernhafter Mann, und nach meinem eigenen Geständnisse kein Freund von Lappalien. Niemals 2 war ich — denn ich muß etwas weiter ausholen — der Dichtkunst abgeneigt, ja, ich habe sogar schon in meinem vierzehnten Jahre ein griechisches Trauerspiel verfaßt. „Was für eines?" —

---

¹) Der Schuh (calceus), welcher bis an das Schienbein heraufreichte, und nur bei Ausgängen angelegt wurde, ist entgegengesetzt der bequemeren solea, welche man zu Hause trug, und die, eine bloße Sandale, etwa unserem Pantoffel entsprach.
¹) Vgl. unsere Anm. zu Buch IV. Br. 14.

fragst du. Ich weiß es nicht; man nannte es eben ein Trauer=
spiel. Als ich bald nachher, auf der Rückreise aus dem Kriegs=
dienste²), von widrigem Winde auf der Insel Icaria³) festgehal=
ten ward, machte ich eine lateinische Elegie auf jenes Meer und
die genannte Insel. Auch versuchte ich mich einmal in der heroi=
schen Gattung, aber jetzt erst in Hendekasyllaben, deren Ansichts=
treten folgende Veranlassung hat. Ich ließ mir auf meinem
laurentinischen Landgute die Schrift des Asinius Gallus⁴) über
die Vergleichung seines Vaters mit Cicero vorlesen; da stieß ich
auf ein Epigramm Cicero's auf seinen Tiro. Als ich mich
darauf um Mittag — denn es war Sommer — zurückzog, um
ein Schläfchen zu machen, und dieses sich nicht einstellen wollte,
kam mir der Gedanke, daß die größten Redner in dieser Art von
Beschäftigung nicht nur ihr Vergnügen, sondern selbst ihren Ruhm
gefunden hätten. Ich sann weiter nach, und wider Erwarten
brachte ich, obgleich ich schon lange hierin Nichts mehr gethan
hatte, in ganz kurzer Zeit das, was mich zum Schreiben getrie=
ben hatte, in folgende Verse:

Als ich die Schrift von Gallus gelesen, worin er dem Vater
Auszeichnung und Palme vor Cicero wagte zu geben,
Stieß auf ein schlüpfriges Lied ich von Cicero, aber doch würdig
Jenes Talents, das Ernstes hervorbracht' und ein Beweis ist,
Daß bei gewürztem Scherz gar oft und bei mancherlei Schwänken
Selber der Geist vorragender Männer mit Freuden verweilet:
Klaget er doch, daß Tiro den Liebenden böslich getäuscht und
Die beim Mahl ihm versprochenen wenigen lieblichen Küsse
Ihm in der Nacht abschlug. Nachdem ich dieses gelesen,
Sprach ich: „Was berg' ich länger mein eigenes Liebesgetändel?
Scheue mich immer noch, kund es zu geben, und einzugestehn, daß
Tiro's tückisch Gebahren und Tiro's schmeichelndes Sprödthun,
Wie auch die List, die neu nur die Flamm' anfacht, mir bekannt ist?"

---

²) Plinius war damals Kriegstribun in Syrien.

³) Eine Insel im ägäischen Meere, jetzt Nicaria. Sie erhielt ersteren Na=
men von der Mythe, daß Icarus, der Sohn des Dädalus, als er „pennis non
homini datis," wie Horaz Ob. 1, 3 sagt, sich in die Lüfte erhob, hier in das
Meer herabstürzte, welches ebenfalls von da an das Icarische hieß.

⁴) Er war der Sohn des berühmten Asinius Pollio. Das Nähere über die
genannte Schrift s. Sueton Claudius 13.

Nun ging ich zu elegischen Versen über; auch diese gingen mir
ebenso rasch aus der Hand. Durch die Leichtigkeit verführt,
machte ich noch weitere, die ich nach meiner Rückkehr nach Rom
meinen Freunden vorlas. Sie fanden ihren Beifall. Sodann
machte ich, wenn ich Muße hatte, namentlich auf der Reise, Ver=
suche in mehreren Versweisen. Zuletzt entschloß ich mich, nach
dem Vorgange vieler Andern, einen Band Hendekasyllaben allein
herauszugeben, und es reut mich nicht. Sie werden gelesen, ab=
geschrieben, sogar gesungen: selbst von Griechen, welche aus Liebe
zu diesem Büchlein lateinisch gelernt haben, werden sie bald mit
Cither=, bald mit Lautenbegleitung gesungen. Doch, warum
mache ich so viel Rühmens? Es ist zwar den Dichtern gestattet,
zu rasen; allein ich spreche ja nicht von meinem eigenen, sondern
von Anderer Urtheil: mag dasselbe richtig oder falsch sein, immer=
hin freut es mich. Nur das Einzige wünsche ich noch, daß
ebenso auch die Nachwelt — richtig oder falsch — urtheilen möge.
Lebe wohl!

## V.

### C. Plinius an seine Gattin Calpurnia.

Du kannst dir nicht vorstellen, welch' große Sehnsucht ich
nach dir habe. Der Hauptgrund ist meine Liebe zu dir; dann
aber auch, daß wir nicht gewohnt sind, von einander getrennt zu
sein. So kommt es denn, daß ich einen großen Theil meiner
Nächte mit deinem Bilde wachend zubringe; so kommt es, daß
mich bei Tage, in den Stunden, da ich dich zu besuchen pflegte,
meine Füße selbst, buchstäblich gesagt, zu deinem Zimmer hinfüh=
ren; daß ich dann, [liebes=] krank und traurig, wie ein Abge=
wiesener, die öde Schwelle wieder verlasse. Nur allein die Zeit
enthebt mich dieser Qual, welche ich auf dem Forum und mit
den Rechtshändeln meiner Freunde zubringe. Erwäge nun selbst,
was für ein Leben ich habe, ich, der seine Ruhe in der Arbeit,
seinen Trost in Elend und Sorgen finden muß. Lebe wohl!

## VI.
### C. Plinius an Macrinus.

Etwas Seltsames und Merkwürdiges ist dem Varenus zu=
gestoßen, obgleich die Sache noch nicht im Reinen ist. Es heißt,
die Bithynier seien von ihrer Anklage¹), als von einer voreilig
begonnenen, wieder abgestanden. „Es heißt" — sage ich? Es
ist ein Abgeordneter aus der Provinz hier; derselbe hat einen
Beschluß ihres Rathes an den Kaiser überbracht, ebenso an viele
der höchstgestellten Männer, ja auch an uns, die Anwälte des
2 Varenus. Dessen ungeachtet beharrt jener Magnus auf seiner
Anklage, und sogar den Nigrinus, diesen trefflichen Mann, quält
er auf das Hartnäckigste. Durch diesen stellte er an die Consuln
die Forderung, man solle den Varenus zwingen, seine Rechnungen
3 vorzulegen. Ich stand jetzt dem Varenus lediglich als Freund bei
und hatte mir vorgenommen zu schweigen. Denn Nichts wäre so
zweckwidrig gewesen, als wenn ich, der vom Senate aufgestellte
Sachwalter, Den als Angeklagten vertheidigt hätte, der [vor
Allem] nöthig hatte, gar nicht als Angeklagter angesehen zu wer=
4 den. Als jedoch Nigrinus mit seinem Antrage zu Ende war, und
die Consuln ihre Blicke auf mich gerichtet hatten, da sagte ich:
„Ihr werdet euch von dem Grunde, warum ich auf meinem Still=
schweigen beharre, überzeugen, wenn ihr die wahren Abgeordneten
der Provinz gehört haben werdet." Hiegegen Nigrinus: „An
Wen wurden sie gesandt?" Ich): „Auch an mich; ich besitze
5 einen Beschluß [des Rathes] ihrer Provinz²)." Er hinwiederum:
„Hierüber kannst du im Klaren sein." Darauf ich: „Wenn du,
als Anwalt des Gegenparts, im Klaren bist, so kann auch ich
darüber, was bei der Sache das Bessere ist, im Klaren sein."
6 Hierauf setzte der Abgeordnete Polyänus die Gründe, warum die
Anklage zurückgenommen worden, auseinander, und verlangte, man
solle der Untersuchung durch den Kaiser nicht vorgreifen. Magnus

---

¹) Vgl. Buch V. Br. 20. — Buch VI. Br. 13. — Buch VII. Br. 11.
²) Nach der Interpunction: ad me quoque; habeo decretum provinciae.

antwortete ihm, sodann nahm Polyänus nochmals das Wort. Ich selbst sprach nur selten und kurz dazwischen und beobachtete in der Hauptsache Schweigen. Denn ich habe gelernt, daß es bisweilen kein geringerer Vorzug des Redners sei, zu schweigen, als zu reden, und ich erinnere mich sogar, daß ich einigen auf Leben und Tod Angeklagten mehr durch Stillschweigen, als durch die sorgfältigst ausgearbeitete Rede genützt habe. — Es hatte eine Mutter, welche ihren Sohn verloren hatte (denn was hindert mich, obgleich mein Brief eine andere Veranlassung hat, von meinen Geschäften zu reden?), dessen Freigelassene, die zugleich ihre Miterben waren, der Fälschung und des Giftmordes bei dem Kaiser angeklagt, und den Julius Servianus zum Richter erhalten. Ich vertheidigte die Angeklagten unter außerordentlichem Zulaufe, denn die Sache war weit und breit bekannt, überdieß traten beiderseits Männer von hervorragendem Talente auf. Die Untersuchung schloß mit der Folter, welche zum Vortheile der Angeklagten ausfiel. Hierauf ging die Mutter zu dem Kaiser und behauptete, sie habe neue Beweise aufgefunden. Dem Servianus wurde der Befehl ertheilt, die bereits zu Ende geführte Sache noch einmal aufzunehmen, falls sie etwas Neues vorbrächte. Beistand der Mutter war Julius Africanus, ein Enkel des Redners Julius, zu dem einst Passienus Crispus, nachdem er eine Rede von ihm gehört hatte, sagte: „Gut, beim Herkules, gut, aber wozu denn so gut?" Nachdem also dieser Enkel des Julius, ein zwar talentvoller, aber nicht sehr gewandter junger Mann, viel gesprochen und die ihm zugetheilte Zeit ausgefüllt hatte, sagte er: „Servianus, erlaube mir, nur noch ein einziges Wort beizufügen." Wie nun Alle auf mich, in der Erwartung, ich würde eine lange Rede halten, ihre Blicke richteten, da sagte ich: „Ich würde antworten, wenn Africanus jenes einzige Wort noch beigefügt hätte, worin, wie ich nicht zweifle, alles Neue enthalten gewesen wäre." Nicht leicht habe ich, so viel ich mich erinnere, durch einen rednerischen Vortrag mir so großen Beifall erworben, als damals durch Nichthalten eines solchen. Ebenso wurde es auch jetzt beifällig aufgenommen, daß ich für Varenus nur nicht gar schwieg. Die Consuln behielten, wie Polyänus es verlangt hatte, Alles der Entscheidung des Kaisers vor, welcher ich mit gespannter Erwartung entgegensehe [3]). Denn jener Tag wird mir für Varenus entweder Sicherheit und Ruhe bringen, oder die vorige Arbeit mit erneuerter Besorgniß wieder aufbürden. Lebe wohl!

## VII.
### C. Plinius an Saturninus.

Erst kürzlich und dann noch einmal, weil du es so verlangt hast, habe ich unserem Priscus meinen Dank abgestattet, und zwar mit dem größten Vergnügen. Denn es ist mir äußerst angenehm, daß ihr zwei trefflichen, mir so innigst befreundeten Männer so an einander hänget, daß ihr euch wechselsweise verpflichtet zu sein glaubet. Denn auch Er gesteht es offen, welch ganz besondern Genuß er aus deiner Freundschaft schöpft, und tritt mit dir in den ehrenvollsten Wettkampf gegenseitiger Zuneigung, den die Zeit selbst noch erhöhen wird. Daß dich Berufsgeschäfte anderwärts in Anspruch nehmen, bedauere ich deßhalb, weil du dich deinen Studien nicht gänzlich widmen kannst. Wenn du indeß die eine Rechtssache durch den Richter, die andere, wie du sagst, in eigener Person beendigt haben wirst, so kannst du anfangen, zuerst dort der Muße zu genießen, und dann gesättigt zu uns zurückkehren. Lebe wohl!

## VIII.
### C. Plinius an Priscus.

Ich vermag dir nicht auszudrücken, wie angenehm es mir ist, daß unser Saturninus, um seinen innigsten Dank gegen dich auszusprechen, mir Briefe über Briefe schreibt. Fahre fort, wie du begonnen hast, und bewahre diesem vortrefflichen Manne deine innigste Liebe; seine Freundschaft wird dir hohen Genuß gewähren, und zwar nicht nur auf kurze Zeit. Denn er besitzt alle Tugenden im reichsten Maße, vorzüglich aber die, daß er in der Freundschaft die größte Beständigkeit bethätigt. Lebe wohl!

---

[3]) Vgl. Br. 10 dieses Buches.

## IX.
### C. Plinius an Fuscus.

Du fragst mich, wie ich glaube, daß du in der Zurückgezogenheit, deren du schon lange genießest, studiren sollest. Es ist 2 von besonderem Nutzen, und Viele empfehlen es, aus dem Griechischen in das Lateinische, oder aus dem Lateinischen in das Griechische zu übersetzen. Durch diese Art von Uebung erwirbt man sich Richtigkeit und Schönheit des Ausdrucks, Reichthum an Figuren, Stärke in der Erklärung, überdieß durch die Nachahmung des Besten die Fähigkeit, Aehnliches zu erfinden; zugleich aber kann, was der Leser etwa übersehen haben sollte, dem Uebersetzer nicht entgehen. Dadurch gelangt man zu Einsicht und [richtigem] Urtheile. Auch kann es Nichts schaden, dasjenige, was du 3 bis daher gelesen, so daß du Gegenstand und Inhalt aufgefaßt hast, gleichsam wetteifernd niederzuschreiben, mit dem Gelesenen zu vergleichen und sorgfältig zu erwägen, was du, was Jener besser gemacht hat. Groß ist die Freude, wenn Manches dir besser gelungen ist; groß die Scham, wenn Alles ihm. Bisweilen kannst du auch das dir am meisten Bekannte auswählen und mit dem Ausgewählten wetteifern. Kühn ist dieser Wettkampf, 4 aber doch nicht unrecht, weil er insgeheim geschieht; und doch sehen wir, daß Viele in derartige Kämpfe sich mit vielem Ruhme eingelassen haben und dadurch, daß sie den Muth nicht sinken ließen, Denen, welchen zu folgen sie sich begnügt hätten, vorangekommen sind. Du kannst auch einen gehaltenen Vortrag, der 5 dir aus dem Gedächtniß gekommen ist, wieder vornehmen, Vieles daraus beibehalten, Mehreres ausstreichen, Einiges beisetzen, Anderes abändern. Freilich ist das ein mühsames und verdrießliches 6 Geschäft, aber eben seiner Schwierigkeit wegen nutzbringend, sich von Neuem in's Feuer zu setzen und in einem Schwung, der bereits seine Kraft verloren hat, oder aus dem man schon ganz hinausgekommen ist, wieder hinein zu arbeiten, kurz, gleichsam neue Glieder in einen schon vollendeten Körper einzufügen, und doch dabei die alten nicht zu verrücken. Ich weiß, daß jetzt dein 7 hauptsächlichstes Studium die Beredtsamkeit ist, allein deßhalb möchte ich dir doch nicht für immer zu einem kampflustigen und gleichsam kriegerischen Styl rathen. Denn gleichwie das Erdreich durch verschiedene und abwechselnde Samen, so wird auch unser Geist bald durch diese, bald durch jene Beschäftigung angebaut.

8 Ich wünsche, daß du zuweilen ein Stück aus der Geschichte vornähmest; ich wünsche, daß du einen Brief mit mehr als gewöhnlicher Sorgfalt schriebest; [ich wünsche,] daß du auch Gedichte machtest. Denn auch bei Reden tritt oft die Nothwendigkeit ein, daß man Etwas nicht nur geschichtlich, sondern fast dichterisch darstelle, und die gedrängte und natürliche Schreibart eignet

9 man sich aus Briefen an. Auch ist es wohl erlaubt, sich durch ein Gedicht zu erholen; ich rede nicht von einem fortlaufenden und langen (denn ein solches läßt sich nur bei gehöriger Muße zu Stande bringen), sondern von einem witzigen und kurzen, das auch die angestrengtesten Geschäfte und größten Sorgen angemessen

10 unterbricht. Man nennt dieß Tändelei; allein solche Tändeleien erwerben Einem oft nicht geringern Ruhm, als ernsthafte Beschäftigungen. Und so also — denn warum sollte ich dich zum Versemachen nicht auch in Versen aufmuntern? —

11 Wie man am Wachs es lobt, wenn weich es sich formt und geschmeidig
In kunstfertiger Hand, wird zu dem Werk, das man will,
Jetzt sich gestaltet zum Mars, und jetzt zur keuschen Minerva,
Jetzt von Venus ein Bild, jetzt von Cupido uns gibt;
Und wie der heilige Quell nicht Feuerbrände nur löschet,
Sondern Blumen auch oft labet und Auen im Lenz:
So auch ziemt es dem Geist, wenn ihn durch erheiternde Künste
Edele Strebsamkeit bildet und lenkt auf der Bahn.

12 Daher haben die größen Redner, ja selbst die höchstgestellten Männer sich auf diese Weise geübt oder ergötzt, oder vielmehr sich er-

13 götzt und geübt. Denn es ist erstaunlich, wie durch solche kleine Arbeiten der Geist zugleich angestrengt wird und Erholung findet. Denn sie nehmen Liebe, Haß, Zorn, Mitleid, Scherz, kurz Alles auf, was im [täglichen] Leben, ja sogar, was auf dem Forum

14 und bei Rechtshändeln vorkommt. Auch haben sie denselben Vortheil, wie dieß bei andern Gedichten der Fall ist, daß wir, von dem Zwange des Silbenmaßes entfesselt, uns der ungebundenen

Rede wieder erfreuen und lieber in der Weise, welche uns die Vergleichung als die leichtere zeigt, schreiben. Du hast nun vielleicht mehr, als du verlangtest; Eines jedoch habe ich vergessen. Denn ich habe nicht gesagt, was du nach meinem Dafürhalten lesen sollst, und doch habe ich es gesagt, indem ich dir sagte, was du schreiben sollst. Sei nur darauf bedacht, eine sorgfältige Auswahl unter den Schriftstellern jeder Gattung zu treffen; denn es heißt: „Viel soll man lesen, nicht Vieles." Wer diese sind, das ist so bekannt und allgemein anerkannt [1]), daß es keines nähern Nachweises bedarf, und ohnedieß ist auch mein Brief so weitläufig geworden, daß, während ich dir rathe, wie du studiren sollst, ich dir die Zeit zum Studiren raube. So nimm denn deine Schreibtafel wieder zur Hand und schreibe Etwas von dem, [was ich dir vorgeschlagen habe,] oder fahre in dem schon von dir Begonnenen fort. Lebe wohl!

## X.
### C. Plinius an Macrinus.

Da ich selbst, wenn ich den Anfang weiß, das Ende, als gleichsam davon abgerissen, daran zu knüpfen wünsche, so glaube ich, daß auch du den Rest von Varenus und den Bithyniern zu erfahren wünschen werdest. Die Sache wurde für den einen Theil von Polyänus, für den andern von Magnus geführt. Nachdem die Vorträge beendigt waren, sagte der Kaiser: „Keiner von beiden Theilen soll sich über Verzögerung beklagen. Es wird meine Sorge sein, die Willensmeinung der Provinz zu erfahren. Viel hat indessen Varenus gewonnen. Denn, wie zweifelhaft ist es, ob die Anklage eine rechtmäßige ist, da es noch ungewiß ist, ob er überhaupt angeklagt wird? Nur das fehlt noch, daß der Provinz nicht wieder beliebe, was sie verworfen haben soll, und daß ihre Reue sie nicht wieder reue. Lebe wohl!

---

[1]) In meiner Uebersetzung „allgemein anerkannt" ist die Bedeutung der beiden Lesarten probatum und provocatum gewissermaßen mit einander verschmolzen.

## XI.
### C. Plinius an Fabatus.

Du wunderst dich, daß Hermes, mein Freigelassener, die ererbten Ländereien, welche ich zur Versteigerung auskündigen ließ, ohne die Versteigerung abzuwarten für die mir zuständigen fünf Zwölftheile von dem Anschlage zu siebenmalhunderttausend Sesterzien [1]) der Corellia überlassen hat. Du fügest bei, sie hätten um neunmalhunderttausend [2]) verkauft werden können, und fragst 2 mich um so mehr, ob ich sein Verfahren genehmige. Ich genehmige es, aus welchen Gründen, das vernimm nun. Ich wünsche nämlich, sowohl bei dir gerechtfertigt, als bei meinen Miterben entschuldigt zu sein, daß ich mich, vermöge eines höhern Pflicht-3 gebotes, von ihnen lossage. Die Corellia schätze und verehre ich hoch, als die Schwester des Corellius Rufus, dessen Andenken mir hochheilig ist; sodann als die innige Freundin meiner Mut-4 ter. Auch stehe ich mit ihrem Gatten Minutius Fuscus, einem vortrefflichen Manne, in einem alten Freundschaftsverhältniß, und mit ihrem Sohne unterhielt ich das allervertrauteste, so daß er bei den Spielen, welche ich als Prätor gab [3]), den Vorsitz führte. 5 Diese Frau ließ mich, als ich kürzlich in dortiger Gegend war, wissen, daß sie sich ein Besitzthum an unserem Larischen See wünsche. Ich bot ihr nun von meinen Gütern an, was und wie viel sie wolle, mit Ausnahme der von Vater und Mutter ererbten, denn diese kann ich auch nicht einmal einer Corellia abtreten. 6 Als mir daher die Erbschaft zugefallen war, bei der sich auch jene Güter befanden, schrieb ich ihr, daß dieselben zum Verkaufe kämen. Dieses Schreiben brachte ihr Hermes, und auf ihr dringendes Ansuchen, ihr meinen Antheil sogleich zu überlassen, schlug

---

[1]) Beiläufig 37,137 Thlr. oder 66,846 fl. unserer Währung.
[2]) Ungefähr 47,748 Thlr. oder 85,945 fl.
[3]) Es waren dieß die dem Apollo zu Ehren alljährlich am fünften Julius gegebenen sogenannten Ludi Apollinares, wobei der Stadtprätor die Oberleitung hatte. Diese konnte er jedoch auch an einen Andern abtreten, und es galt als keine geringe Auszeichnung für Den, welchen er hiezu erwählte.

er ihn ihr zu. Siehst du nun, welche Verbindlichkeit ich habe, zu genehmigen, was mein Freigelassener ganz in meinem Sinne gethan hat? Nur bleibt mir noch der Wunsch übrig, meine Mit= 7 erben möchten sich dabei zufrieden geben, daß ich für mich allein verkauft habe, was ich zu verkaufen allerdings berechtigt war. Indeß sind sie ja nicht gezwungen, mein Beispiel nachzuahmen; 8 denn sie stehen nicht in dem gleichen Verhältnisse zu Corellia, wie ich. Sie können also [immerhin] ihren Nutzen in's Auge fassen, anstatt dessen mir die Freundschaft galt. Lebe wohl!

## XII.
### C. Plinius an Minucius.

Die Schrift, welche ich nach deinem Verlangen so eingerichtet habe, daß sie dein, somit unser Freund — denn was haben wir nicht gemeinschaftlich? — erforderlichen Falles gebrauchen kann, sende ich dir darum so spät, damit du keine Zeit zum Verbessern, das heißt, zum Verderben habest. Zeit wirst du immerhin haben; 2 ob zum Verbessern, weiß ich nicht, gewiß aber zum Verderben — denn ihr seid schlechte Kritiker¹) — wenn du das Beste hin= wegnimmst. Und thust du dieß, nun, ich lasse es mir gefallen; 3 denn künftig werde ich, bei sich darbietender Gelegenheit, mich dieser Stellen als meines Eigenthums bedienen und — Dank deinem eklen Geschmacke — das Lob selbst einernten, was auch da der Fall sein wird, wo du Etwas angestrichen und durch darüber gesetzte Bemerkungen anders ausgedrückt finden wirst. Denn da ich vermuthete, du werdest das Wohlklingende und Er= 4

---

¹) Dieß steht im Urterte griechisch: ὑμεῖς γὰρ κακόζηλοι. Es ist dieß jedenfalls ein aus irgend einem, damals bekannten, griechischen Schriftsteller ent= lehnter Ausdruck. — Diese κακόζηλοι sind die Leute, welche, indem sie das Schöne in jeder Gattung übertreiben, allenthalben gegen das Richtige anstoßen. Horaz schildert sie, Dichtkunst V. 25—29:

Alle wir werden getäuscht [wir Dichter] vom Scheine des Guten. Nach Kürze
Streb' ich und werd' unklar; es verliert, wer jaget nach Glätte,
Kraft und belebenden Geist, auch schwillt, wer Erhabnes verheißen;
Stets auf der Erd' hin kriecht, wer allzu gesichert den Sturm scheut.

habene für schwülstig halten, so schien es mir nicht unangemessen, um dir die Qual zu ersparen, sogleich etwas Schlichteres und Einfacheres, oder vielmehr Gemeineres und Schlechteres, nach eurem Urtheile aber Besseres, beizusetzen. Denn warum sollte ich nicht bei jeder Veranlassung euere Armseligkeit verfolgen und herumhetzen? Dieß mag dir zwischen deine Geschäfte hinein auch einmal Etwas zum Lachen geben. Nun aber im Ernste! Sei darauf bedacht, mir die Auslagen, welche mir die Absendung eines eigenen Boten verursachte, wieder zu ersetzen. — Nun ja, wenn du dieses liesest, wirst du nicht blos einzelne Stellen, sondern die ganze Schrift verwerfen und ihr allen Werth absprechen, weil du dafür bezahlen sollst. Lebe wohl!

### XIII.
### C. Plinius an Ferox.

Ein und derselbe Brief besagt, daß du studirest und nicht studirest. Ich spreche da in Räthseln; ganz richtig, aber nur so lange, bis ich mich deutlicher erkläre. Er sagt nämlich, du studirest nicht, ist aber so fein abgefaßt, daß nur Einer, der [fleißig] studirt, ihn schreiben konnte; oder du müßtest der überaus Glückliche sein, der solche Briefe bei Nichtsthun und Müßiggehen zu Stande bringt. Lebe wohl!

### XIV.
### C. Plinius an Corellia.

Du handelst zwar sehr edel, daß du mich so angelegentlich und dringend bittest, ich möchte dich den Preis für die Grundstücke nicht nach dem Verhältnisse von siebenmalhunderttausend¹) Sesterzien, wie du sie von meinem Freigelassenen, sondern von neunmalhunderttausend, wie du den zwanzigsten Theil von den Staatspächtern²) gekauft hast, bezahlen lassen. Ich meines Theils

---

¹) Vgl. Anm. 1 und 2 zu Br. 11.

²) Die Staatspächter, publicani, waren Personen aus dem Ritterstande,

dagegen bitte und fordere von dir, nicht blos das, was sich für dich, sondern auch das, was sich für mich ziemt, in's Auge zu fassen und zu gestatten, daß ich dir in diesem einzigen Punkte mit eben der Gesinnung Widerpart halte, mit der ich dir sonst in Allem zu willfahren gewohnt bin. Lebe wohl!

## XV.
### C. Plinius an Saturninus.

Du fragst, was ich mache? Ich bin durch das Amt, welches du kennst, vielfach in Anspruch genommen; ich diene meinen Freunden; zuweilen studire ich, was nicht nur zuweilen, sondern ausschließlich und immer zu thun — ich wage es nicht zu sagen, besser — gewiß beglückender wäre. Daß du [gegenwärtig] so 2 ganz andere Geschäfte hast, als wozu deine Neigung dich hinführt, würde ich bedauern, wenn nicht das, was du thust, dir die größte Ehre brächte. Denn den Staatsgeschäften sich widmen und die Streitigkeiten zwischen Freunden schlichten, ist vor Allem lobenswerth. Daß dir der Umgang mit unserem Priscus angenehm 3 sein würde, wußte ich. Ich kannte seine Aufrichtigkeit, kannte sein artiges Benehmen; daß er aber auch — was mir weniger bekannt war — in so hohem Grade dankbar ist, erfahre ich jetzt ebenfalls, da du mir schreibst, mit welchem Vergnügen er sich der ihm von mir erwiesenen Dienste erinnert. Lebe wohl!

## XVI.
### C. Plinius an seinen Großschwiegervater Fabatus.

Dem Calestrius Tiro, mit welchem ich durch Privat- und

---

welche eine große Gesellschaft bildeten und die verschiedenen Einkünfte des Staates, als Steuern, Zölle, und seit Augustus auch das Zwanzigstel von allen Erbschaften, als Abgabe für die Kriegskasse, um eine bestimmte, alljährlich in das Aerarium zu bezahlende Summe gepachtet hatten. Als sehr reiche Leute, standen sie zu Rom in hohem Ansehen, um so verhaßter dagegen waren sie in den Provinzen, wo ihre Agenten sich die größten Bedrückungen erlaubten, um die Einkünfte möglichst hoch hinaufzutreiben.

öffentliche Verhältnisse auf das engste verbunden bin, bin ich mit inniger Liebe zugethan. Wir thaten mit einander Kriegsdienste, und waren mit einander kaiserliche Quästoren¹). Im Tribunate kam er mir nach dem [Drei=] Kinderrechte²) vor; in der Prätur aber holte ich ihn wieder ein, da mir der Kaiser ein Jahr nach= gelassen hatte. Ich hielt mich oft auf seinen Landgütern auf; oft war auch er, zur Wiederherstellung seiner Gesundheit, in mei= nem Hause. Er ist jetzt eben im Begriffe, sich als Proconsul über Ticinum³) in die Provinz Bätica⁴) zu begeben. Ich hoffe, ja, ich bin gewiß versichert, ihn leicht dahin bringen zu können, daß er auf seiner Reise einen Abstecher zu dir macht. Wenn du den Sklaven, welche du kürzlich vor deinen Freunden für frei er= klärt hast, auch auf amtlichem Wege⁵) die Freiheit schenken willst, so hast du keinen Grund zu der Befürchtung, daß du ihm damit beschwerlich fallen möchtest, da er mir zu Liebe in der ganzen Welt herumreisen würde. Lege daher die allzugroße Schüchtern= heit ab und gehe mit dir zu Rathe, was du thun willst. Ihm

---

¹) Es waren dieß die sogenannten Quaestores Candidati (auch Candidati Augusti und Quaestores Principis genannt), welche zuerst von Kaiser Augustus eingeführt wurden und an der Spitze der kaiserlichen Kanzlei, oder, nach modernem Ausdrucke, des geheimen Cabinets standen. Durch sie ließen die Kaiser ihre Reden im Senate und ihre Rescripte vorlesen, ihre Constitutionen entwerfen und unter= zeichnen. Indem sie auf diese Weise der Person des Kaisers ganz nahe standen, hatten sie auch vor allen Andern Aussichten auf hohe Staatswürden, und die Redensart: petis tamquam Caesaris candidatus, wurde sprichwörtlich auf Jeden angewendet, der sich um Etwas bewarb, was ihm nicht fehlschlagen konnte.
²) S. die Anm. 5 zu Buch II. Br. 13.
³) Stadt im Mailändischen, das jetzige Pavia.
⁴) Die jetzige Provinz Andalusien im südlichen Spanien.
⁵) Im Original steht: Si voles vindicta liberare. Es gab nämlich bei den Römern dreierlei Arten, die Sklaven in Freiheit zu setzen: per censum, per testa= mentum und per vindictam (oder per festucam). Letzteres, wovon hier die Rede ist, geschah, indem der Prätor auf den Wunsch des bisherigen Besitzers den Skla= ven mit einer Ruthe oder einem Stabe (vindicta, festuca, rude, Horaz Epist. I, 1, 2) berührte und dabei die Worte sprach: aio te liberum more Quiritium. Hierauf drehte der frühere Herr, oder der Lictor, den Freigesprochenen herum, und Jener versetzte ihm einen Schlag in's Gesicht, gleichsam die letzte Handlung der nun zu Ende gegangenen Willkür. Ausführlich handelt über die Freisprechung (manumissio) Heindorf zu Horaz Sat. II, 7, 76.

ist jeder Auftrag von mir ebenso angenehm, als es jeder von dir
mir ist. Lebe wohl!

## XVII.
### C. Plinius an Celer.

Jeder hat seine eigenen Gründe zum Vorlesen; ich — wie
ich schon oft gesagt habe — thue es, damit man mich, wenn mir,
was immer der Fall ist, Etwas entgeht, aufmerksam mache. Um 2
so mehr muß ich mich wundern, daß es, wie du schreibst, Leute
gibt, welche mich darum tadeln, daß ich überhaupt Reden vorlese,
sie müßten denn der Meinung sein, diese allein bedürften keiner
Verbesserung. Diese Leute möchte ich gerne fragen, warum sie 3
— vorausgesetzt, daß sie es thun — zugeben, daß man eine
historische Arbeit vorlese, die man ja nicht verfaßt, um damit zu
prangen, sondern um Thatsachen treu und wahr darzustellen;
warum [daß man] eine Tragödie [vorlese], welche nicht für den
Hörsaal, sondern für die Bühne und die Schauspieler —; warum
lyrische Gedichte, welche nicht für's Lesen, sondern für Chorgesang
und Laute bestimmt sind. „Aber bei diesen ist das Vorlesen 4
schon längst eingeführt." Verdient also Der Tadel, welcher es
aufgebracht hat? Und doch haben auch schon manche unserer
Landsleute Reden vorgelesen; die Griechen thaten es ebenfalls.
„Es ist aber doch etwas ganz Ueberflüssiges, Reden vorzulesen, 5
welche man gehalten hat." Freilich, wenn man ganz dasselbe,
wenn man es den nämlichen Personen, wenn man es gleich nach=
her vorliest; wenn man dagegen viele Zusätze macht, Vieles ab=
ändert; wenn man einige neue, einige von den früheren Zuhörern,
aber erst geraume Zeit nachher, einlädt: warum sollte man nicht
einen ebenso triftigen Grund zum Vorlesen, als zur Herausgabe
haben? „Allein schwerlich wird eine Rede beim Vorlesen befrie= 6
digend ausfallen." Nun, dafür hat der Vorleser zu sorgen; ein
Grund gegen das Vorlesen ist es nicht. Ich aber verlange nicht 7
Lob einzuernten, während ich vorlese, sondern während man mich
liest. Darum lasse ich kein Mittel unbenützt, meine Arbeiten
zu verbessern. Zuerst sehe ich das, was ich geschrieben habe, selbst

durch; sodann lese ich es Zweien oder Dreien [meiner Freunde] vor; hierauf übergebe ich es Anderen, damit sie ihre Bemerkungen dazu machen, und wenn mir über diese Bemerkungen Zweifel aufstoßen, unterwerfe ich sie mit dem Einen oder Andern einer nochmaligen Prüfung; zuletzt lese ich [die Arbeit] Mehreren vor und — du darfst es mir wohl glauben — lege ich die Feile nochmals recht scharf an. Denn ich merke um so sorgfältiger auf,
8 je ängstlicher ich bin. Achtung aber, Schüchternheit und Furcht sind die besten Richter. Laß dir das deutlicher sagen. Bist du nicht, wenn du mit einem einzigen, auch noch so gelehrten Manne sprechen sollst, weniger verlegen, als wenn du es mit vielen,
9 wenn auch Nichtgelehrten, zu thun bekommst? Bist du nicht gerade dann, wann du dich zu einem Vortrage erhebst, am meisten mißtrauisch gegen dich selbst, und wünschest du dann nicht, ich sage nicht das Meiste, sondern Alles verändert? zumal, wenn der Schauplatz ein größerer und die Versammlung eine zahlreichere ist? Denn da haben wir auch vor jenen Schmutz- und Grau-
10 röcken¹) Respect. Wirst du nicht, wenn du gleich Anfangs zu mißfallen glaubst, entmuthigt und niedergeschlagen? Meines Erachtens [kommt dieß daher], weil die Menge selbst gewissermaßen einen großen und vereinten Verstand bekundet, wobei zwar Einzelnen ein nur sehr geringes, Allen zusammen aber ein höchst ge-
11 wichtiges Urtheil zukommt. Daher pflegte Pomponius Secundus (ich meine den Tragödiendichter), wann einer seiner vertrauten Freunde Etwas hinwegwünschte, was er beibehalten zu müssen glaubte, zu sagen: „ich appellire an das Volk," und demgemäß folgte er, je nach dem Stillschweigen oder der Zustimmung des
12 Volkes, entweder seiner eigenen, oder des Freundes Ansicht. So viel galt bei ihm das Volk: ob mit Recht, oder nicht, geht mich Nichts an. Denn ich pflege nicht das Volk, sondern nur zuverlässige und auserwählte Männer zu Zuhörern zu nehmen, die ich

---

¹) Die römischen Bürger aus den besseren Ständen hatten, wenn sie öffentlich erschienen, immer eine schöne, blendend weiße Toga an und ließen dieselbe, wenn sie schmutzig wurde, sogleich in der Walkmühle reinigen und frisch antreiben, wogegen die Leute der geringeren Classen die toga pulla von grober grauer Wolle trugen, daher sie denn pullati hießen. Vgl. Bremi zu Sueton Octav. 40.

berücksichtigen, denen ich Vertrauen schenken, die ich, einzeln betrachtet, verehren, und, wenn ich mir sie nicht mehr als vereinzelt denke, fürchten muß. Denn, was Cicero's ²) Ansicht vom Niederschreiben, das ist die meinige von der Furcht; Furcht ist die strengste Verbessererin. Schon der Gedanke, daß wir Etwas vorlesen werden, verbessert; schon der Eintritt in den Hörsaal verbessert; unser Erblassen, unser Beben, unser [scheues] Umherblicken verbessert. Darum reut mich meine, nach meiner Erfahrung so höchst nützliche, Gewohnheit nicht, und ich lasse mich so wenig durch das Geschwätz jener Leutchen zurückschrecken, daß ich dich noch überdieß bitte, mir zu zeigen, was ich weiter noch thun kann. Denn Nichts genügt meiner Sorglichkeit. Ich bedenke, wie viel das heißen will, Etwas in die Hände des Publikums zu geben, und ich kann mich nicht überzeugen, daß man Etwas nicht mit Vielen und wiederholt durcharbeiten müsse, von dem man wünscht, daß es dauernden und allgemeinen Beifall finde. Lebe wohl!

## XVIII.

### C. Plinius an Caninius.

Du verlangst meinen Rath, wie das Geld, welches du unseren Leuten zu einem jährlichen Gastgebote ausgesetzt hast, auch nach deinem Tode sicher zu stellen sei? Die Anfrage ist ehrenvoll, die Entscheidung nicht leicht zu geben. Zahlst du den Capitalbetrag an die Gemeinde, dann ist zu besorgen, daß er verschlendert werde. Gibst du Grundstücke her, so werden sie, als Gemeindegüter, verwahrlost werden. Ich meines Theils finde Nichts für geeigneter, als das, was ich selbst gethan habe. Ich habe nämlich für die fünfmalhunderttausend Sesterzien ¹), welche ich zum Unterhalt von freigeborenen Personen herzugeben versprochen hatte, eines meiner Grundstücke, welches bei Weitem mehr

---

²) Vgl. vom Redner, 1, 33.
¹) Beiläufig 26,526 Thlr. 20 Sgr. oder 46,421 fl. 40 kr. unseres Geldes.

werth war, an den Gemeindeverwalter²) scheinbar verkauft, und nahm es sodann gegen eine jährliche Abgabe von dreißigtausend Sesterzien³) wieder zurück. Denn auf diese Weise ist der Gemeinde das Capital gesichert, der Ertrag nicht ungewiß, und das Grundstück selbst wird eben deßhalb, weil es weit mehr, als die [darauf ruhende] Abgabe erträgt, immer einen Herrn finden, welcher es betreibt. Zwar weiß ich wohl, daß ich ziemlich mehr, als ich zu schenken versprochen hatte, ausgegeben habe, indem die Belastung mit dieser Abgabe den Werth dieses herrlichen Grundstückes herabgedrückt hat. Allein man muß den Gemeinnutzen über den Privatnutzen, den bleibenden über den vergänglichen setzen, und weit mehr Sorgfalt seinem Geschenke, als seinem Vermögen zuwenden. Lebe wohl!

## XIX.

### C. Plinius an Priscus.

Angst macht mir die Krankheit der Fannia¹). Sie hat sich dieselbe zugezogen, indem sie der Vestalin Junia abwartete, Anfangs freiwillig — denn sie ist eine Verwandte von ihr — und hernach auf Befehl der Pontifiker²). Denn die Vestalinnen werden, wenn ein Krankheitsfall sie nöthigt, die Vorhalle des Vestatempels zu verlassen, der Wartung und Pflege von Matronen anvertraut. Dadurch nun, daß Fannia dieses Geschäft emsig besorgte, verfiel sie in diese gefährliche Krankheit. Das Fieber ist hartnäckig, der Husten nimmt zu, Abzehrung und Schwäche haben einen hohen Grad erreicht; nur ihr Geist und ihr Muth sind

---

²) Die actores publici — was ich hier mit Gemeindeverwalter übersetze — waren für die Gesammtgemeinde das, was die actores privati für die einzelnen Haus- und Gutsbesitzer; ihr Hauptgeschäft war die Sorge für die Erhaltung der öffentlichen Gebäude, die Bestellung oder Verpachtung der Gemeindegüter, der Einzug der Erträgnisse oder der für dieselben erlösten Gelder u. dgl.

³) Circa 1591 Thlr. 15 Sgr. oder 2785 fl. heutiger Währung.

¹) Vgl. Buch III. Br. 16.

²) Die pontifices waren im alten Rom Beamte, welche die Religionsgebräuche zu besorgen hatten, soweit dieselben als Staatsangelegenheiten betrachtet wurden, ohne jedoch einen eigenen, dem bürgerlichen Leben entrückten Stand zu bilden.

noch kräftig, was sie zur würdigen Gattin des Helvidius, zur würdigen Tochter des Thrasea macht; alles Andere schwindet, und ich vergehe darob nicht nur vor Furcht, sondern auch vor Schmerz. Denn es schmerzt mich, daß eine der größten Frauen den Augen der Stadt, die wohl etwas Aehnliches nicht wieder sieht, entrissen werden soll. Wie war sie so keusch, so sittenrein, so voll edlen Ernstes, so standhaft! Zweimal folgte sie ihrem Gatten in die Verbannung, zum drittenmal wurde sie selbst, wegen ihres Gatten, verbannt. Als nämlich Senecio angeklagt ward, weil er eine Lebensbeschreibung von Helvidius verfaßt hatte, und zu seiner Vertheidigung angab, er sei von Fannia darum ersucht worden, gab sie auf die drohende Frage des Metius Carus, „ob sie dieses Ersuchen [wirklich] gestellt?" die Antwort: „Ja." „Ob sie ihm Papiere zu seiner Arbeit gegeben?" „Ja." „Ob mit Wissen ihrer Mutter?" „Ohne deren Wissen." Kurz, nicht ein einziges Gefahr scheuendes Wort entfiel ihr. Ja, eben diese Schrift, obgleich dieselbe wegen der Noth und den Schrecken der Zeitverhältnisse unterdrückt wurde[3]), hat sie dennoch, als ihr Vermögen durch einen Senatsbeschluß eingezogen ward, gerettet, bei sich behalten und sie — die Ursache ihrer Verbannung — mit sich in die Verbannung genommen. Und diese Frau, wie angenehm, wie freundlich war sie; wie war sie — was nur Wenigen gegeben ist — ebenso liebens=, als verehrungswürdig! Ja, sie wird es sein, die wir künftighin unseren Frauen als Muster vorstellen können; sie wird es sein, an der auch wir Männer ein Beispiel für den Muth nehmen dürfen; die wir jetzt, da wir sie noch vor Augen haben und reden hören, ebenso bewundern, als die, von welchen wir [in der Geschichte] lesen. Mir aber scheint ihr Haus selbst zu wanken und, wie aus seinen Grundvesten gerissen, zusammenstürzen zu wollen, obgleich sie Nachkommen hinterläßt. Denn wie groß müssen die Tugenden, wie groß die Thaten dieser

---

3) Alle Werke der hervorragendsten Genies mußten, laut einem Cabinetsbefehl des Kaisers Domitian, auf dem Marsfelde verbrannt werden (Tacitus Agr. 2). Dieß kann somit als die erste Censur, und Domitian als der erste Censor betrachtet werden.

sein, wenn es nicht heißen soll, Fannia sterbe als die Letzte [ihrer
9 Familie]? Für mich aber ist das besonders niederschlagend und
peinigend, daß ich ihre Mutter, die Mutter — ich kann keinen
ruhmvolleren Ausdruck gebrauchen — dieser so großen Frau,
abermals zu verlieren glaube, sie, deren Ebenbild uns von Fannia
wiedergegeben wurde und ebenso mit fortgenommen wird, was mir
eine neue Wunde schlägt und zugleich die alte wieder aufreißt.
10 Beide habe ich verehrt, Beide geliebt; welche von Beiden mehr,
das weiß ich nicht, sie wollten auch nicht unterschieden sein. Meine
Freundesdienste waren ihnen im Glücke, waren ihnen im Unglücke
gewidmet; ich war ihr Trost in der Verbannung, ich ihr Rächer
nach ihrer Rückkehr; dennoch habe ich meine Schuld noch nicht
voll bezahlt; um so mehr wünsche ich Fannia's Erhaltung, um
11 Zeit zur Abtragung zu gewinnen. In dieser Besorgniß schwebe
ich, indem ich dir dieses schreibe; wenn ein Gott mir solche in
Freude umwandelt, dann will ich mich über meine Angst nicht
mehr beklagen. Lebe wohl!

## XX.
### C. Plinius an Tacitus.

Dein Buch habe ich gelesen und mit möglichster Sorgfalt
angemerkt, was nach meinem Dafürhalten abzuändern oder zu
streichen sein möchte. Denn ich bin ebenso gewohnt, die Wahrheit
zu sagen, als du, sie willig anzuhören; auch nimmt Niemand mit
mehr Geduld den Tadel hin, als wer das meiste Lob verdient.
2 Nun aber erwarte ich von dir mein Buch mit deinen Anmerkun-
gen. Welch angenehmer, welch schöner Tausch! Welche Wonne
für mich, daß man — wenn je die Nachwelt sich um uns be-
kümmert — sich überall erzählen wird, in welcher Eintracht, Herz-
3 lichkeit und Treue wir zusammenlebten. Es wird für etwas Sel-
tenes und Merkwürdiges gelten, daß zwei Männer von beinahe
gleichem Alter[1], von einigem Rufe in der gelehrten Welt — ich
muß nämlich auch von dir mit einiger Zurückhaltung sprechen, da

---
[1] Tacitus war nur um wenige Jahre älter, als Plinius.

ich zugleich von mir selbst spreche — sich in ihren Studien gegenseitig so warm unterstützten. Als ein noch ganz junger Mensch, da dein Name und Ruhm bereits in schönster Blüthe stand, hegte ich den Wunsch, dir nachzufolgen und

„wenn auch in weiter Entfernung, der Nächste"

nach dir zu sein und dafür zu gelten. — Es gab damals viele ausgezeichnete Talente, aber du schienst mir — nach der Aehnlichkeit unserer Naturen — der Nachahmbarste, der der Nachahmung Würdigste zu sein. Um so mehr freue ich mich, daß, wenn von gelehrten Sachen die Rede ist, wir zusammen genannt werden, daß Denen, welche von dir sprechen, auch ich sogleich einfalle. Es fehlt freilich auch nicht an Solchen, welche uns Beiden vorgezogen werden; allein mir liegt Nichts daran, an welchem Platze wir zusammengestellt werden; denn mir gilt Der als der Erste, welcher der Nächste nach dir ist. Ja, selbst bei Testamenten²) mußt du die Wahrnehmung gemacht haben, daß, wenn nicht etwa Einer von uns Beiden ein besonders naher Freund [des Testators] war, wir immer die nämlichen Vermächtnisse, und zwar in demselben Betrage, erhalten. Dieses Alles weist darauf hin, daß unsere Liebe immer feuriger werden soll, da Wissenschaft, Charakter, Ruf, endlich die letzten Willensmeinungen der Menschen uns mit so vielen Banden umschlingen. Lebe wohl!

## XXI.

### C. Plinius an Cornutus.

Ich gehorche dir, geliebtester College, und trage, wie du mir anrathest, Sorge für meine schwachen Augen. Denn ich kam, ganz eingeschlossen in einen bedeckten Wagen, wie in ein Zimmer, hierher, und enthalte mich, so schwer es mich auch ankommt, nicht nur des Schreibens, sondern auch des Lesens, und studire blos

---

²) Es war fast allgemeiner Brauch, daß die Clienten ihre Patrone in ihren Testamenten mit einem Legate bedachten. Demnach war eine zahlreiche Clientschaft für den Patron ebenso vortheilhaft in materieller, als in moralischer und gesellschaftlicher Beziehung.

mit den Ohren¹). Meine Zimmer sind durch vorgezogene Vor=
hänge zwar dunkel, doch nicht ganz finster gemacht. Auch die be=
deckte Halle hat dadurch, daß die unteren Fenster zugemacht sind,
ebenso viel Schatten, als Licht. So lerne ich nach und nach das
Licht ertragen. Ich gebrauche das Bad, weil es mir gut thut;
Wein trinke ich, weil er mir nicht schadet, jedoch nur in sehr ge=
ringem Maße. So habe ich mich gewöhnt, und jetzt ist auch noch
ein Wächter²) bei mir. — Die Henne habe ich, als von dir
kommend, mit Vergnügen angenommen, und meine Augen waren,
so blöde sie auch sind, doch scharf genug, um zu sehen, daß sie
sehr fett war. Lebe wohl!

## XXII.
### C. Plinius an Falco.

Du wirst dich weniger verwundern, daß ich dich so dringend
gebeten habe, meinem Freunde das [Kriegs=] Tribunat zu ver=
leihen, wenn du erfährst, wer und was für ein Mann er ist.
Nunmehr, nachdem ich dein Versprechen habe, kann ich dir seinen
Namen angeben und ihn selbst schildern. Es ist Cornelius Mi=
nucianus, die Zierde meiner [heimatlichen] Gegend, nach Ansehen
und Charakter. Er ist von glänzender Herkunft, besitzt ein außer=
ordentliches Vermögen, liebt die Wissenschaften, wie das sonst nur
Arme thun. Er ist der gewissenhafteste Richter, der muthigste
Sachwalter, der treueste Freund. Du wirst glauben, eine Wohl=
that von mir empfangen zu haben, wenn du den Mann näher
kennen lernst, der für alle Ehrenstellen, für alle Titel — um
von diesem höchst bescheidenen Manne den Mund nicht zu voll
zu nehmen — wie gemacht ist. Lebe wohl!

---
¹) D. h. ich lasse mir vorlesen.
²) Ob hierunter ein Arzt, oder seine Gattin, oder sonst Jemand von seinen
Leuten gemeint sei, muß unentschieden bleiben.

## XXIII.

### C. Plinius an seinen Großschwiegervater Fabatus.

Ich freue mich zwar, dich so wohlauf zu wissen, daß du dem Tiro nach Mediolanum entgegenkommen kannst; allein, damit dein Wohlbefinden von Dauer bleibe, bitte ich dich, dir keine so große, mit deinem Alter in keinem Verhältniß stehende Anstrengung zuzumuthen. Ja, ich künde dir an, daß du ihn zu Hause, in deinem Hause und sogar innerhalb der Schwelle deines Zimmers erwarten sollst. Denn da er von mir wie ein Bruder geliebt 2 wird, so darf er von Dem, welchen ich als Vater verehre, keine Aufmerksamkeit erwarten, die er seinem Vater erlassen hätte. Lebe wohl!

## XXIV.

### C. Plinius an Geminius.

Numidia Quadratilla ist, nicht ganz achtzig Jahre alt, gestorben; sie war, bis zu ihrer letzten Krankheit, frisch und gesund uend ihr Körper fester und stärker, als dieß sonst bei Matronen der Fall ist. Sie hinterließ bei ihrem Tode ein Testament, das 2 ihr zu hoher Ehre gereicht. Sie vermachte als Erbschaft ihrem Enkel zwei Drittheile, ihrer Enkelin ein Drittheil. Die Enkelin kenne ich nur wenig, den Enkel aber liebe ich innigst: er ist ein ganz ausgezeichneter junger Mann und verdient auch von Denen, mit welchen er nicht blutsverwandt ist, wie ein Verwandter geliebt zu werden. Für's Erste ist er, obgleich von ausnehmender Schön= 3 heit, als Knabe und Jüngling frei von allen böswilligen Nachreden geblieben; in seinem vierundzwanzigsten Jahre hat er sich vermählt, und hätten es die Götter ihm beschert, so wäre er auch Vater. Er lebte in der Behausung seiner genußsüchtigen Großmutter, die ihn sehr streng hielt, der er sich aber in Allem fügte. Sie hielt Pantomimen [1]) und hegte für dieselben eine stärkere 4

---

[1]) Die Römer hatten zweierlei Schauspieler, Mimen und Pantomimen, welche sich wesentlich von einander unterschieden. Erstere beklamirten allerlei Schwänke,

Leidenschaft, als es sich für eine so vornehme Frau schickte. Diese sah Quadratus nie, weder im Theater, noch daheim, auch verlangte sie es nicht von ihm. Ich hörte sie selbst sagen, als sie mir die Studien ihres Enkels empfahl, sie pflege als Frau bei der ihrem Geschlechte eigenen Muße sich mit dem Schachspiel²) zu erholen, oder ihren Pantomimen zuzuschauen; so oft aber Eines oder das Andere geschehe, befehle sie ihrem Enkel, sich zu entfernen und den Studien zu widmen; dieß schien sie mir nicht sowohl aus Liebe zu ihm, als vielmehr aus Achtung vor ihm gethan zu haben. Du wirst dich wundern, und auch ich habe mich gewundert. Als bei den letzten Priesterspielen die Pantomimen zum Wettstreite aufgeführt wurden, und ich und Quadratus mit einander aus dem Theater gingen, sagte er zu mir: „Weißt du, daß ich heute den Freigelassenen meiner Großmutter zum ersten Male tanzen gesehen habe?" So der Enkel. Dagegen liefen wahrhaftig völlig fremde Leute der Quadratilla zu Ehren — ich schäme mich, hier von Ehre zu reden — aus schmeichlerischer Wohldienerei in das Theater, sprangen in die Höhe, klatschten, bewunderten, und machten der Gebieterin die einzelnen Geberden nebst den Gesängen wieder vor. Diese [armen Wichte] werden nun, als Ersatz für ihre theatralischen Leistungen, von dem Erben, welcher sie nicht sah, ganz unbedeutende Legate erhalten. Warum ich dir dieß schreibe? Weil du, wenn sich etwas Neues ereignet,

---

wie sie ihnen der Augenblick eben eingab, ahmten Personen aus der Wirklichkeit nach und stellten lächerliche, nicht selten auch unsittliche und schmutzige Handlungen dar. Die Pantomimen dagegen beklamirten nicht, sondern stellten den in dramatische Form gebrachten Stoff blos durch Geberden dar und ließen ihre Vorstellungen von Instrumentalmusik und einem Sängerchor begleiten.

²) Lusus calculorum, ein unserem Schach ganz ähnliches Spiel, welches die Manöver zweier Truppentheile im Kleinen auf dem Brette vorstellte. Nach der Sage soll es schon Palamedes während des trojanischen Krieges erfunden haben, um den kriegerischen Geist der Kämpfer auch beim Spiele zu unterhalten. Die Marken (latrunculi) waren, je nach den Verhältnissen der Spieler, von verschiedenen, kostbaren oder werthlosen, Stoffen, und der eine Theil weiß, der andere schwarz.

³) Wer das Priesteramt erhielt, mußte dem Volke, gleichsam zum Einstande, auf seine Kosten Spiele geben.

es gewöhnlich nicht ungern hörst; sodann, weil es mir selbst angenehm ist, wenn mir Etwas Freude gemacht hat, mich schriftlich noch einmal damit zu beschäftigen. Denn ich freue mich über die zärtliche Liebe der Verstorbenen, über die dem vortrefflichen jungen Manne gewordene Ehre; auch macht es mir Vergnügen, daß das ehemalige Haus des C. Cassius, des Stifters und Vaters der cassianischen Schule⁴), an einen nicht minder würdigen Herrn kommt. Denn mein Quadratus wird es ausfüllen und 9 seine Zierde sein, und ihm die frühere Würde, den frühern Glanz und Ruhm wieder verleihen, da nun ein ebenso großer Redner, als sonst ein Rechtsgelehrter, aus demselben heraustreten wird. Lebe wohl!

## XXV.
### C. Plinius an Rufus.

Wie viele Gelehrte gibt es doch, die ihre Bescheidenheit oder Liebe zur Ruhe verborgen sein läßt und dem Ruhme entzieht! Und doch fürchten wir, wenn wir eine Rede halten, oder Etwas vorlesen wollen, nur Diejenigen, welche sich mit ihrer Gelehrsamkeit hervorthun, während jene Stillen noch das voraus haben, daß sie eine so wichtige Beschäftigung durch ihr Stillschweigen ehren. Ich schreibe aus Erfahrung, was ich schreibe. Terentius Junior, 2 der alle Kriegsdienste, die ihm als [römischem] Ritter zukamen, versah, und auch die Procuratur der narbonensischen Provinz¹)

---

⁴) C. Cassius Longinus, unter Kaiser Claudius Statthalter in Syrien, von Nero nach Sardinien verwiesen und von Vespasian zurückberufen, war nach Tacitus Annal. 12, 12 der größte Rechtsgelehrte seiner Zeit. Er und seine Anhänger, Cassianer genannt, bekannten sich zu der sabinianischen Schule, welche an dem Buchstaben des Gesetzes, und somit an den Grundsätzen der Freiheit festhielt, im Gegensatze zu der Billigkeits- und Willkürpartei der sogenannten Proculejaner.

¹) Augustus hatte Gallien in vier Provinzen eingetheilt: provincia Aquitanica, von den Pyrenäen bis an die Loire; pr. Lugdunensis, zwischen der Loire und Seine; pr. Belgica, ein Theil von Artois, Normandie, Picardie, nebst einigen Strichen am linken Rheinufer, und pr. Narbonensis, der südlichste Theil Frankreichs, von den Pyrenäen bis an die Alpen, so genannt von der Hauptstadt Narbo (j. Narbonne).

mit größter Redlichkeit bekleidete, begab sich auf seine Güter und zog eine ganz ungestörte Muße allen ihm offen stehenden Ehren=
3 stellen vor. Von diesem war ich einmal zu Gaste geladen, und da ich ihn für einen guten Hausvater, für einen sorgfältigen Land= wirth ansah, wollte ich mit ihm über Gegenstände sprechen, mit denen ich ihn vertraut glaubte. Ich hatte bereits angefangen, als er mich durch eine von großer Gelehrsamkeit zeugende Unterredung
4 zu den Wissenschaften zurückführte. Wie zierlich war Alles! wie [ächt] Lateinisch, ja Griechisch! Denn er ist beider Sprachen in einem solchen Grade mächtig, daß er in der, in welcher er gerade redet, die meiste Stärke zu besitzen scheint. Wie viel liest, wie viel behält er! Man sollte glauben, der Mann lebe zu Athen,
5 nicht auf dem Lande. Kurz, er hat meine Aengstlichkeit noch er= höht und mich dahin gebracht, daß ich diese Klausner, fast möchte ich sagen Bauern, ebenso sehr scheue, als die, welche ich als die
6 größten Gelehrten kenne. Den gleichen Rath gebe ich dir. Denn es gibt, wie in den Lagern, so auch in unseren wissenschaftlichen Kreisen Mehrere, die zwar in bürgerlichem Anzuge erscheinen, die du aber bei genauerer Untersuchung wohl gerüstet und gewaffnet und mit dem feurigsten Genie begabt- finden wirst. Lebe wohl!

## XXVI.
### C. Plinius an Maximus.

Neulich hat mich die Unpäßlichkeit eines meiner Freunde die Wahrnehmung machen lassen, daß wir am besten sind, so lange wir uns leidend befinden. Denn welchen Leidenden plagt Hab=
2 sucht oder Wollust? Er fröhnt nicht der [sinnlichen] Liebe, trachtet nicht nach Ehrenstellen, ist gleichgiltig gegen Reichthum, und begnügt sich mit dem, was er hat, es mag so wenig sein, als es will, weil er es ja doch zurücklassen muß. Dann glaubt er an die Götter, dann erinnert er sich, daß er Mensch ist; er beneidet, bewundert, verachtet Niemand; nicht einmal böswilliges Geschwätze beachtet und liebt er; nur auf Bäder und Quellen
3 sind seine Gedanken gerichtet. Dieß ist die größte aller seiner Sorgen, der höchste aller seiner Wünsche, für den Fall, daß er

sich wieder herausreißt, ein gemächliches und behagliches, d. h. unschuldiges und glückliches Leben führen zu können. So kann ich 4 denn, was die Philosophen mit vielen Worten, ja in einer Menge von Bänden zu lehren bemüht sind, für dich und mich in die kurze Vorschrift zusammenfassen: Laß uns in gesunden Tagen uns immer so verhalten, wie wir in kranken zu sein uns vornehmen. Lebe wohl!

## XXVII.
### C. Plinius an Sura.

Die Muße gibt uns Gelegenheit, mir, von dir zu lernen, und dir, mein Lehrer zu sein. Ich wünschte nämlich gar sehr zu wissen, ob du überhaupt an Gespenster, an eine eigenthümliche Gestalt und einen höhern Einfluß derselben glaubst, oder ob du sie für leere und wesenlose Gebilde, Ausgeburten unserer Furcht hältst? Was mich veranlaßt, daran zu glauben, ist namentlich 2 der Fall, welcher dem Curtius Rufus begegnet sein soll. Als er noch in höchst bescheidenen Verhältnissen und gar nicht bekannt war, befand er sich in dem Gefolge des Statthalters von Africa [1]). Einst ging er, als der Tag sich neigte, in einer Säulenhalle spazieren; da trat ihm eine weibliche Gestalt von übermenschlicher Größe und Schönheit entgegen und redete den hierüber Erschreckten also an: „Ich bin Africa und weissage dir dein künftiges Schicksal. Du wirst nach Rom gehen, Ehrenämter bekleiden, sodann als oberster Befehlshaber in diese Provinz zurückkehren und hier sterben." Alles traf ein. Ueberdieß soll ihm, als er in 3 Carthago landete, beim Aussteigen aus dem Schiffe dieselbe Figur am Ufer wieder erschienen sein. So viel ist gewiß, daß er in eine Krankheit verfiel, und da er aus der Vergangenheit auf die Zukunft, aus dem Glücke auf das Unglück schloß, gab er alle Hoffnung zur Wiedergenesung auf, während Keines der Seinigen hoffnungslos war. Und folgendes Begebniß: ist es nicht noch 4

---

[1]) Nämlich Africa, so weit es im Besitze der Römer war, das vormalige Gebiet von Carthago. Ueber Curtius Rufus vgl. Tacitus Annal. 11, 21.

schauderhafter und ebenso wunderbar? Ich will es erzählen, wie
5 ich es gehört habe. In Athen war ein großes und geräumiges,
aber verrufenes, Unheil bringendes Haus. In der Stille der
Nacht hörte man Eisenklirren, und wenn man genauer aufhorchte,
Kettengerassel, Anfangs in der Ferne, dann aber ganz nahe; bald
darauf erschien das Gespenst, ein abgemagerter, abgehärmter Greis
mit langem Barte, struppigen Haaren, der Fesseln an den Füßen,
6 Ketten an den Händen trug und sie schüttelte. Die Hausbewoh=
ner durchwachten daher aus Furcht traurige und schreckliche Nächte;
das Wachen führte Krankheit und die stets wachsende Furcht den
Tod herbei. Denn auch bei Tage, obgleich das Gespenst da nicht
sichtbar war, schwebte ihnen die Erscheinung in der Einbildung
vor Augen, und die Furcht währte länger, als deren Ursache.
Nunmehr wurde das Haus verlassen und zur Einöde verdammt
und ganz jenem Ungethüm preisgegeben; dennoch wurde es öffent=
lich ausgeboten, ob es nicht doch vielleicht Jemand, dem dieser
7 große Uebelstand unbekannt wäre, kaufen oder miethen wollte. Der
Philosoph Athenodorus kam nach Athen, las den Anschlag und
vernahm den Preis. Die Wohlfeilheit war ihm verdächtig; er
forschte nach Allem, ließ sich über Alles Auskunft geben, und
dennoch, oder vielmehr nur um so eher, nahm er es in die Miethe.
Als es Abend zu werden begann, ließ er sich sein Lager im vor=
dersten Zimmer des Hauses herrichten, fordert Schreibtafel, Griffel,
Licht, entläßt alle seine Leute in's Innere; er selbst richtet Geist,
Augen, Hand auf das Schreiben, damit nicht der unbeschäftigte
Geist sich Erscheinungen, von denen er [blos] gehört, und leere
8 Schrecknisse schaffen möchte. Im Anfang herrschte, wie überall,
Stille der Nacht, bald aber klirrte Eisen, rasselten Ketten. Er
verwendet kein Auge, legt den Griffel nicht nieder, zeigt aber
einen starken Geist und verwahrt sich gegen das, was er gehört.
Jetzt nimmt das Getöse zu und kommt immer näher; bald ist es,
als höre man es auf der Schwelle, bald im Innern des Zim=
mers; er blickt auf, sieht und erkennt die ihm beschriebene Gestalt.
9 Sie blieb stehen und winkte mit dem Finger, als ob sie ihm
rufen wollte; auch er seinerseits gibt ein Zeichen mit der Hand,
ein wenig zu warten, und fährt wieder fort zu schreiben. Da

raſſelt die Geſtalt mit den Ketten über dem Haupte des Schrei=
benden; er ſchaut wieder zurück, und winkt, wie zuvor. Da zögert
er nicht länger, nimmt das Licht und folgt ihr. Langſam geht 10
jene voran, als fühlte ſie die Laſt ihrer Feſteln; wie ſie aber
in den Vorhof des Hauſes hinabkam, verſchwand ſie plötzlich und
ließ ihren Begleiter zurück. Der Alleingelaſſene raffte Gras und
Blätter zuſammen und legte ſie als Zeichen an die Stelle. Tags 11
darauf begibt er ſich zu der Obrigkeit und trägt darauf an, den
Ort aufgraben zu laſſen. Da fand man nun in Ketten geſchla=
gene und damit umwundene Gebeine, welche der durch die Länge
der Zeit in der Erde verweste Körper nackt und kahl zurückge=
laſſen hatte; dieſe wurden auf Veranſtalten der Behörden geſam=
melt und begraben, und nachdem dieſe Ueberreſte gehörig beſtattet
waren, blieb das Haus von nun an rein. Dieß iſt es, was ich 12
auf den Bericht Anderer hin glaube. Nachſtehendes kann ich ſelbſt
Anderen verbürgen. Ich habe einen Freigelaſſenen, Namens Mar=
cus, der nicht ohne wiſſenſchaftliche Kenntniſſe iſt. Bei dieſem
ſchlief ſein jüngerer Bruder in dem gleichen Bette. Dieſem kam
es vor, als ſehe er Jemanden ſich auf ſein Bett ſetzen, ſich mit
einer Scheere ſeinem Kopfe nähern und ohne Weiteres die Haare
vom Scheitel ſchneiden. Bei Tagesanbruch fand man ihn wirk=
lich am Scheitel geſchoren und die Haare herumliegen. Kurze 13
Zeit darauf beſtätigte ein ähnlicher Vorfall den frühern. Einer
meiner jungen Sklaven ſchlief mit mehreren Anderen in dem Pä=
dagogium[2]; da kamen zu den Fenſtern herein — ſo erzählt er —
Zwei in weißen Gewändern, ſchoren ihn, während er [ſchlafend]
dalag, und gingen auf demſelben Wege, wie ſie gekommen waren,
wieder zurück. Auch dieſen fand man bei Tagesanbruch geſchoren
und die Haare zerſtreut herumliegen. Es folgte nichts Bemer= 14
kenswerthes, außer etwa, daß ich nicht angeklagt wurde, was
[ſicher] geſchehen wäre, wenn Domitian, unter dem ſich dieſes zu=
trug, länger gelebt hätte. Denn in ſeinem Schreibtiſche fand ſich
eine wider mich eingereichte Klageſchrift. Weil nun die Ange=

---

[2] Das Gemach, welches den Knaben zum Aufenthalte diente. Vgl. Böt=
tiger, Sabina II. S. 27.

klagten ihre Haare wachsen zu lassen pflegen, so läßt sich daraus
schließen, daß die abgeschnittenen Haare meiner Leute ein Zeichen
15 waren, daß die mir drohende Gefahr abgewendet sei. Demnach
bitte ich dich, deine [ganze] Gelehrsamkeit aufzubieten. Die Sache
ist einer langen und reiflichen Ueberlegung werth, und auch ich
verdiene wohl, daß du mir deine Einsichten hierüber zukommen
16 lässest. Magst du auch, deiner Gewohnheit nach, für und wider
die Sache streiten, so neige dich doch mit mehr Entschiedenheit der
einen Seite zu, um mich nicht in Unruhe und Ungewißheit zu
lassen, da ich mir dein Gutachten eben deßhalb erbeten habe, um
endlich einmal meines Zweifels los zu werden. Lebe wohl!

## XXVIII.
### C. Plinius an Septicius.

Du sagst, gewisse Leute hätten mich bei dir getadelt, als ob
2 ich meine Freunde bei jeder Gelegenheit über Gebühr lobte. Ich
erkenne meinen Fehler; ja, er ist mir sogar lieb und werth [1]).
Denn was ist edler, als aus Gutherzigkeit einen Fehler begehen?
Wer sind aber Die, welche meine Freunde besser kennen, als ich?
Gesetzt aber auch, sie kennen sie: weßhalb beneiden sie mich um
diesen so beglückenden Irrthum? Denn wenn sie auch nicht das
sind, wofür ich sie ausgebe, so bin ich doch glücklich, daß sie mir
3 als das vorkommen. Mögen sie somit gegen Andere diesen ihren
übel angebrachten Eifer anwenden, welche — und deren sind nicht
Wenige — es verständig finden, seine Freunde herabzusetzen:
mich werden sie niemals überzeugen, daß ich die Meinigen zu
sehr liebe. Lebe wohl!

---

[1]) Wem fallen hier nicht unwillkürlich die schönen Worte bei Horaz Sat.
1, 3, 41, 42 ein?

„Möchten wir doch uns so in der Freundschaft irren! und diesem
„Irrthum gäbe die Tugend gewiß ehrwürdigen Namen."

(Nach Binder.)

## XXIX.
### C. Plinius an Montanus.

Du wirst lachen, sodann böse werden, und dann wieder lachen, wenn du [hier Etwas] liesest, was, wenn du es nicht liesest, du nicht glauben kannst. Auf der Straße nach Tibur¹) 2 steht noch vor dem ersten Meilenzeiger — ich habe es mir erst vor Kurzem aufgezeichnet — ein Denkmal des Pallas²) mit folgender Inschrift: „Diesem hat der Senat, wegen seiner Treue und Ergebenheit gegen seine Patronen, die Präturinsignien und fünfzehn Millionen Sesterzien³) zuerkannt, eine Ehre, mit welcher er zufrieden war." Ich habe mich zwar nie über Dinge 3 gewundert, an denen das Glück öfter Antheil hatte, als der Verstand; doch hat gerade diese Inschrift den Gedanken in mir erregt, was für possenhaftes und abgeschmacktes Zeug zuweilen in solchen Koth, in solchen Schmutz geworfen wird, und was am Ende jener Schuft theils anzunehmen, theils auszuschlagen, und sogar als Beispiel seiner Mäßigung der Nachwelt zu überliefern die Frechheit hatte. Doch, für was ärgere ich mich? Es ist besser, man 4 lacht, damit solche Leute nicht etwas Großes erlangt zu haben glauben, die es im Glücke so weit bringen, daß man sie auslacht. Lebe wohl!

## XXX.
### C. Plinius an Genitor.

Es schmerzt mich bitterlich, daß du einen Schüler, der, wie du schreibst, zu den schönsten Hoffnungen berechtigte, verloren hast, und daß durch seine Krankheit und seinen Tod deine Studien eine Störung erlitten, wie sollte ich das nicht wissen? Beobach-

---

¹) Jetzt Tivoli.
²) Ein Freigelassener des Kaisers Claudius, welch Letzterer auf seine Veranlassung nicht nur die Agrippina, deren besonderer Liebling Pallas war, zur Gemahlin nahm, sondern auch ihren Sohn erster Ehe, den Domitius Nero, adoptirte.
³) Ungefähr 818,300 Thlr. oder 1,432,455 fl. unserer Währung.

test du doch alle deine Pflichten auf's Genaueste, und bist Allen, welche deine Achtung genießen, mit unbegrenzter Liebe zugethan.
2 Mich verfolgen die Geschäfte der Stadt auch hierher; denn es gibt Deren genug, die mich bald zum Richter, bald zum Schieds-
3 mann machen. Dazu kommen dann noch die Klagen der Landleute, welche ein gewisses Recht zu haben glauben, nach so langer Zeit meine Ohren zu mißbrauchen. Auch drängt mich wieder die Nothwendigkeit, meine Güter zu verpachten, was eine große Last für mich ist, da sich äußerst selten Pächter finden, die Etwas
4 taugen. So kommt es denn, daß ich mir das Studiren [gleichsam] erbetteln muß; dennoch studire ich. Denn bald schreibe, bald lese ich Etwas; beim Lesen aber nehme ich aus der Vergleichung wahr, wie schlecht ich schreibe, so guten Muth du mir auch machst, daß du meine Schrift über die dem Helvidius gewordene Genugthuung¹) der Rede des Demosthenes gegen Mi-
5 dias²) gleichstellst. In der That hatte ich auch diese bei der Abfassung meiner Schrift in Händen; nicht, um etwas Gleichgutes zu liefern — denn das wäre verwegen, ja, es gränzte an Wahnsinn — aber doch, um sie zum Muster zu nehmen und ihr [so weit] zu folgen, als der Abstand der Talente, eines so großen und eines so geringen, oder die Verschiedenheit des Gegenstandes es gestattete. Lebe wohl!

## XXXI.
### C. Plinius an Cornutus.

Claudius Pollio wünscht deine Zuneigung zu erhalten; er ist ihrer schon deßhalb werth, weil es sein Wunsch ist; sodann, weil er auch dir sehr gewogen ist. Denn nicht leicht bewirbt man sich um Etwas, was man nicht auch selbst thut. Er ist übrigens ein gerader, biederer, stiller und fast über die Maßen

---

¹) Vgl. Buch IV. Br. 21 und unsere Anm. daselbst; dann Buch IX. Br. 13.
²) Demosthenes hielt diese Rede aus Veranlassung einer körperlichen Mißhandlung, die er von Midias zu befahren gehabt hatte. Dieser, ein ungezogener junger Mensch zu Athen, hatte ihm nämlich an den Bacchanalien im Theater mehrere Faustschläge in's Gesicht versetzt.

bescheidener Mann, wenn man anders allzu bescheiden sein kann. Ich habe ihn, als wir mit einander Kriegsdienste thaten, genau 2 kennen gelernt, und zwar nicht blos im Dienste. Er befehligte eine Reiterabtheilung von tausend Mann ¹); ich erhielt von dem Consularlegaten ²) den Befehl, die Rechnungen der Reiterabtheilungen und Cohorten zu prüfen; wie ich nun bei Einigen große und schmutzige Habsucht und ebenso große Nachlässigkeit vorfand, so bei ihm die größte Redlichkeit und [wahrhaft] ängstliche Sorgfalt. Nachher zu den ansehnlichsten Procuraturen ³) befördert, 3 ließ er sich durch keine Gelegenheit verführen, von seiner angeborenen Liebe zur Uneigennützigkeit abzuweichen; nie ward er im Glücke hochmüthig, nie ließ er in seinen verschiedenen Aemtern den Ruhm seines menschenfreundlichen Benehmens einen Abbruch erleiden, und mit derselben Geistesstärke kam er seinen Arbeiten nach, mit der er jetzt die Muße erträgt. Doch auch diese hat 4 er auf einige Zeit zu seiner großen Ehre unterbrochen und ist aus ihr herausgetreten, als er von unserem Corellius bei den von Nerva in großmüthiger Absicht angeordneten Aeckerankäufen und Vertheilungen zum Gehilfen erkoren wurde. Denn welch' ein Ruhm war es für ihn, das Wohlgefallen eines so großen Mannes, bei einer demselben zu Gebot stehenden so großen Auswahl, vor allen Andern sich zugewendet zu sehen? Welche Aufmerk- 5 samkeit und Treue er aber gegenüber seinen Freunden beweist, davon kannst du dich aus so vielen letztwilligen Verfügungen, namentlich aus der des Mussonius Bassus, eines unserer angesehensten Bürger, überzeugen, dessen Andenken er mit so viel Lob und Dankbarkeit auskündet und verbreitet, daß er eine Lebensbeschreibung von ihm — denn auch von den Wissenschaften und anderen edlen Künsten ist er ein Verehrer — herausgegeben hat. Ein 6

---

¹) Bei jeder Legion befand sich eine Abtheilung Reiterei, welche, je nach Umständen, aus 400, 500 oder tausend Mann bestand, und dann wieder in zehn turmas (Schwadronen) zerfiel.

²) Sie waren die Amtsgehilfen und Stellvertreter der Proconsuln (Statthalter) in den Provinzen für alle Civil- und Militärangelegenheiten.

³) In den Provinzen besorgte, neben dem Statthalter, noch ein Procurator Caesaris die Staatseinnahmen und fiskalischen Geschäfte.

schöner, und schon wegen seiner Seltenheit lobenswerther Zug, da die Meisten das Andenken an die Verstorbenen nur in so weit bewahren, um über sie zu klagen. Recke diesem Manne, dem es — du darfst es mir glauben — so sehr um deine Freundschaft zu thun ist, die Arme entgegen, ziehe ihn zu dir hin, lade ihn ein und wende ihm deine Neigung so zu, als wärest du ihm Dank schuldig. Denn nicht blos uns verbindlich machen, sondern belohnen müssen wir in der Freundschaft Den, welcher den Anfang gemacht hat. Lebe wohl!

## XXXII.
### C. Plinius an seinen Großschwiegervater Fabatus.

Ich bin erfreut darüber, daß dir die Ankunft meines Tiro angenehm war; aber ganz einzig entzückt es mich, daß du schreibst, es hätten bei Gelegenheit der Anwesenheit des Consuls eine Menge Sklaven die Freiheit erhalten. Denn ich wünsche, daß unsere Vaterstadt in jeder Hinsicht in Aufnahme komme, vornämlich in der Zahl von Bürgern, denn das ist die festeste Zierde der Städte. Auch das freut mich, ohne daß ich deßhalb eitel darauf wäre, daß du noch weiter bemerkst, ich und du seien durch dankende und rühmende Erwähnung geehrt worden. Denn „das Lob ist" — wie Xenophon sagt — „das Angenehmste, was man hören kann," namentlich, wenn man es zu verdienen glaubt. Lebe wohl!

## XXXIII.
### C. Plinius an Tacitus.

Ich ahne es, und meine Ahnung täuscht mich nicht, daß deine Geschichtsbücher unsterblich sein werden; um so mehr — ich gestehe es ohne Rückhalt — wünsche ich eine Stelle darin zu erhalten. Denn, wenn wir schon dafür besorgt zu sein pflegen, daß unsere äußere Gestalt von dem möglichst besten Künstler abgebildet werde: wie sollten wir nicht wünschen, daß unseren Thaten

---
[1]) In den „Denkwürdigkeiten des Socrates" 2, 1, 31.

ein Schriftsteller und Lobredner, wie du, zu Theil werde? Ich 3
lege dir daher Etwas vor, was zwar, da es in den Staatsur=
kunden steht, deiner Aufmerksamkeit nicht entgehen kann; dennoch
lege ich es dir vor, um dich desto mehr zu überzeugen, wie an=
genehm es mir sein wird, wenn du meine Handlung, deren Werth
durch die [damit verbundene] Gefahr noch erhöht wurde, durch
dein Talent, dein Zeugniß verherrlichst. Der Senat hatte mich 4
mit Herennius Senecio der Provinz Bätica zum Anwalt gegen
Bäbius Massa gegeben, und nach Massa's Verurtheilung be=
schlossen, sein Vermögen von Amtswegen in Verwahrung nehmen
zu lassen. Als Senecio in Erfahrung gebracht hatte, daß die
Consuln Audienz für Gesuche ertheilen würden, kam er zu mir
und sagte: „Mit derselben Einmüthigkeit, mit der wir die uns
aufgetragene Anklage vollzogen haben, wollen wir vor die Consuln
treten und sie bitten, das Vermögen nicht durch Die, welche es
verwahren sollen, verschleudern zu lassen." Ich erwiderte: „Da 5
wir von dem Senate zu Anwälten bestellt sind, so überlege, ob
du unsere Aufgabe für erledigt hältst, nachdem der Senat seinen
Ausspruch gethan hat." Hierauf Jener: „Du kannst dir nach
Belieben das Ziel setzen, da du mit der Provinz in keiner an=
dern Verbindung stehst, als in Beziehung des ihr erst vor Kur=
zem geleisteten Dienstes, ich aber bin dort geboren und war auch
Quästor daselbst." Ich entgegnete: „Wenn du fest entschlossen 6
bist, so will ich dir folgen, damit, wenn Haß daraus entstehen
sollte, er nicht gegen dich allein sich richte." Wir kamen zu den 7
Consuln; Senecio sagte, was die Umstände erheischten, ich fügte
noch Einiges bei. Kaum hatten wir geendet, als Massa sich be=
klagte: „Senecio habe nicht die heilige Pflicht des Anwalts, son=
dern die Bitterkeit eines Feindes gegen ihn bewiesen, und klagte
ihn des Majestätsverbrechens [1]) an. Allgemeines Entsetzen. Ich 8
aber sagte: „Ich fürchte, hochpreisliche Consuln, Massa beschuldige
mich durch sein Stillschweigen der Prävarication [2]), weil er nicht

---

[1]) Unter Domitian galt es schon als ein Majestätsverbrechen gegen die Per=
son des Kaisers, wenn man einen seiner Günstlinge (auch nur scheinbar) beleidigte.
[2]) Begünstigung der einen Partei durch den Anwalt der andern.

auch mich angeklagt hat." Diese Rede wurde sogleich aufgefaßt und nachher vielfältig gerühmt. Der unter die Götter versetzte Nerva wenigstens — denn schon als Privatmann war er auf rechtschaffene Handlungen in öffentlichen Angelegenheiten aufmerksam — wünschte in einem höchst ehrenvollen Schreiben nicht allein mir, sondern auch dem Jahrhunderte Glück, daß ihm ein des Geistes der Alten würdiges Glück zu Theil geworden sei. Dem sei nun, wie ihm wolle: du wirst es bekannter, glänzender, größer machen; indeß verlange ich nicht, daß du mehr sagen sollst, als wirklich geschehen ist. Denn die Geschichte darf nicht über die Wahrheit hinausschreiten, und für edle Handlungen ist die Wahrheit hinreichend. Lebe wohl!

# Des C. Plinius Cäcilius Secundus Briefe.

Uebersetzt

von

Ernst Klußmann und Dr. Wilhelm Binder.

Drittes Bändchen.
(8. bis 10. Buch.)
(Schluß.)

Stuttgart.
Hoffmann'sche Verlags-Buchhandlung.
(Carl Hoffmann.)

# Achtes Buch.

## I.
### C. Plinius an Septicius.

Meine Reise habe ich glücklich vollendet, ausgenommen, daß einige von meinen Leuten von der brennenden Hitze erkrankt sind. Mein Vorleser Encolpius, der mir zu Ernst, wie zu Erheiterung dient, bekam von dem [vielen] Staub eine Halsentzündung und mußte Blut auswerfen. Wie traurig für ihn selbst, wie schmerzlich für mich, wenn der, dessen ganzes Verdienst bei mir die Wissenschaft ausmacht, für die Wissenschaft unbrauchbar werden sollte! Wer wird künftig meine literarischen Arbeiten so vorlesen? Wer [es] mit solcher Liebe [thun]? Wem werde ich so gerne zuhören? Doch, die Götter gewähren mir eine frohere Aussicht. Das Blutspuken hat aufgehört, der Schmerz nachgelassen. Ueberdieß hält er sich streng, ich pflege ihn sorgfältig, die Aerzte sind sorgsam. Zudem geben das gesunde Klima, das Landleben, die Ruhe ihm eben so sehr Aussicht auf Gesundheit, wie auf Muße. Lebe wohl!

## II.
### C. Plinius an Calvisius.

Andere reisen auf ihre Güter, um reicher, ich, um ärmer zurückzukehren. Ich hatte den Ertrag meiner Weinpflanzungen

an Handelsleute verkauft, welche sich um die Wette hineinsteiger=
ten. Der Preis war anlockend, für damals schon, und [noch]
mehr] für das, was man noch hoffen durfte. Doch, die Hoff=
2 nung betrog. Das Einfachste wäre gewesen, Allen gleichviel
nachzulassen; indeß war dieß nicht ganz billig. Ich aber halte
es für etwas ganz besonders Schönes, wie im öffentlichen, so
auch im Privatleben, im Kleinen wie im Großen, bei Fremden
wie bei Eigenen, Gerechtigkeit zu üben. Denn, wie die bösen
Handlungen einander gleich sind, so sind einander auch die guten
3 gleich. Ich habe daher, um Keinen leer ausgehen zu lassen,
Jedem den achten Theil des Kaufschillings nachgelassen; sodann
habe ich diejenigen, deren Käufe am beträchtlichsten waren, noch
besonders bedacht. Denn diese hatten mir größere Einnahme ver=
4 schafft, für sich selbst aber größern Schaden erlitten. Ich habe
demnach Denen, welche für mehr als zehntausend Sesterzien[1]) ge=
kauft hatten, außer jenem gemeinschaftlichen, und so zu sagen
öffentlichen Achtel, noch den zehnten Theil von dem Mehrbetrag
5 über die zehntausend Sesterzien nachgelassen. Ich fürchte, mich
nicht deutlich genug ausgedrückt zu haben, ich will daher die Be=
rechnung noch deutlicher machen. Wenn Einer zum Beispiel für
fünfzehntausend Sesterzien[2]) gekauft hatte, so bekam er von diesen
fünfzehntausend ein Achtel, und [wieder] von fünftausend[3]) ein
6 Zehntel zum Besten. Da ich außerdem noch in Erwägung zog,
daß Einige einen bedeutenden, Andere nur einen geringen Theil,
[wieder] Andere noch gar Nichts [an dem Kaufpreise] erlegt
hatten, so hielt ich es keineswegs für recht, daß die, welche ein=
ander in der Zahlungsleistung nicht gleich waren, in der Wohl=
7 that des Nachlasses gleich gestellt werden sollten. Daher ließ ich
abermals Denen, welche gezahlt hatten, den zehnten Theil an der
geleisteten Zahlung nach. Denn dadurch glaubte ich auf die ge=
eignetste Weise mich für das Vergangene gegen jeden Einzelnen, nach
seinem Verdienste, erkenntlich zu zeigen, und für die Zukunft Alle

---

[1]) Beiläufig 470 Thlr. oder 822 fl. 30 kr. unseres Geldes.
[2]) 705 Thlr. oder 1233 fl. 45 kr. heutiger Währung.
[3]) 235 Thlr. oder 411 fl. 15 kr.

sowohl zum Kaufen, als auch zum Bezahlen anzulocken. Theuer
kommt mich freilich diese Rücksichtsnahme, oder [vielmehr] Gut=
herzigkeit zu stehen, allein sie hat auch ihre Früchte getragen.
Denn in der ganzen Gegend wird nicht nur die Neuheit meines
Nachlasses, sondern auch dessen Art und Weise gelobt. Auch
ging von Denen selbst, welchen ich nicht, wie man sagt, mit
gleicher Elle gemessen, sondern die ich mit Unterschied nach einem
bestimmten Verhältniß behandelt habe, ein Jeder, je besser und
rechtlicher er dachte, mit um so offenerer Kundgebung seiner Ver=
bindlichkeit von mir hinweg, nachdem er die Erfahrung gemacht
hatte, daß es bei mir nicht heiße ⁴):

"Gleicher Ehre genießet der feige, wie tapfere Krieger."

## III.

### C. Plinius an Sparsus.

Du zeigst mir an, daß dir unter allen meinen Schriften
die, welche ich dir ganz kürzlich erst gesendet habe, am besten ge=
falle. Es ist dieß auch die Ansicht eines andern sehr gelehrten
Kenners. Um so geneigter bin ich zu glauben, daß keiner von
Beiden sich irre, weil es [denn doch] nicht wahrscheinlich ist, daß
Beide im Irrthum sind, und weil ich selbst mir so viel schmeichle.
Denn ich will, daß immer meine letzte Arbeit auch als die voll=
kommenste erscheine, und deßhalb ziehe ich schon jetzt jener
Schrift die Rede vor, die ich neulich herausgegeben habe und
dir mittheilen werde, sobald ich einen zuverlässigen Boten finde.
Habe ich deine Erwartung gespannt? Jedoch fürchte ich, du fin=
dest dich getäuscht, wenn du die Rede zur Hand nimmst. In=
dessen erwarte sie als Etwas, das dir gefallen wird, und —
vielleicht wird sie dir gefallen. Lebe wohl!

---

⁴) Wie bei Homer, Il. 9, 319.

## IV.

### C. Plinius an Caninius.

Du thust sehr wohl, daß du dich daran machst, den dacischen Krieg¹) zu beschreiben. Denn welcher Stoff ist so neu, so reichhaltig, so umfassend, welcher endlich so dichterisch und, selbst bei der strengsten Wahrheit, so romantisch? Schildern wirst du uns neue in die Länder strömende Flüsse, neue über Ströme geschlagene Brücken, auf steilen Bergabhängen errichtete Lager, einen König, der Thron und Leben verlor und doch in Nichts den Muth verlor. Ueberdieß [wirst du uns noch beschreiben] zwei Triumphe, von denen der eine der erste über ein noch nie besiegtes Volk, der andere der letzte gewesen ist. — Eine einzige, aber sehr große Schwierigkeit ist dabei: solche Thaten mit der Rede zu erreichen ist schwierig, ist unermeßlich, selbst für dein Talent, so hoch es sich auch emporschwingen und mit der Größe der Thaten an eigener Kraft zunehmen mag. Einige Schwierigkeit wirst du auch darin finden, daß die barbarischen und wilden Namen, namentlich der des Königs selbst²), sich nicht gut in griechische Verse bringen lassen. Jedoch gibt es Nichts, was nicht durch Kunst und Fleiß, wenn auch nicht überwunden, so doch leichter gemacht werden könnte. Ueberdieß, wenn es einem Homer

---

¹) Die Dacier waren eine thracische Völkerschaft, die ihre ursprünglichen Wohnsitze in den Ebenen zwischen dem Hämus und der Donau, und später größtentheils am linken Donauufer hatte, bis sie endlich von den Feldherren des Augustus ganz über die Donau zurückgedrängt wurden und sich dann über das heutige Siebenbürgen und einen Theil der Moldau und Walachei ausbreiteten. Unter ihrem tapfern Könige Decebalus Diurpaneus bekriegten sie den Kaiser Domitian, der, um endlich Frieden zu erhalten, sich zu einem jährlichen Tribut und anderen demüthigenden Bedingungen verstehen mußte. Dieß veranlaßte den heldenmüthigen Trajan, die Dacier unter Decebalus zu bekriegen: das erstemal im Frühjahr 101, wo aber der Sieg kein entscheidender war, und das zweitemal 105—106 n. Chr., wo die siegreichen Römer bis in's Innere der Residenz des Decebalus drangen, dieser sich selbst durch Gift tödtete und Trajan einen Triumph feierte. Von da an wurde Dacien römische Provinz.

²) Eben der Name des in Anm. 1 genannten Königs: Decebalus Diurpaneus.

gestattet ist, weichlautende und [noch dazu] griechische Wörter, um die Verse besser fließen zu machen, zusammenzuziehen, auszudehnen, anders zu biegen: warum sollte dir eine ähnliche Freiheit, zumal sie keine gesuchte, sondern eine nothwendige ist, versagt sein? Somit, nach Dichterrecht, nur immerhin die Götter angerufen, und unter den Göttern Denjenigen, dessen Werke, Thaten, Plane du besingen willst! Die Taue gelöst, die Segel ausgespannt, und dann so rasch, als jemals, mit deinem ganzen Talente in die See gesteuert! Denn warum sollte ich nicht mit einem Dichter auch dichterisch sprechen? Das aber bedinge ich mir schon jetzt: daß du mir immer das Allererste, sowie du es vollendet hast, zusendest, ja, ehe du es noch vollendet hast, noch ganz frisch, roh, gleichsam noch in der Geburt. Du wirst mir freilich erwidern, abgerissene Stücke können nicht ebenso gefallen, wie Zusammenhängendes, Angefangenes nicht ebenso, wie Vollendetes. Ich weiß das. Daher soll es von mir auch als bloß Angefangenes gewürdigt, als einzelne Glieder betrachtet werden, es soll deine letzte Feile in meinem Schreibpulte erwarten. Laß mich zu den anderen auch noch dieses Pfand deiner Liebe besitzen, damit ich auch das kennen lerne, dessen Kenntniß du sonst Niemanden vergönnst. Kurz gesagt: ich werde vielleicht deinen Schriften mehr Beifall und Lob zollen können, je später und vollendeter du sie mir zusendest; aber dich selbst werde ich mehr lieben und mehr loben, je schneller und unvollendeter du sie mir sendest. Lebe wohl!

## V.

### C. Plinius an Geminius.

Eine schwere Wunde ist unserm Macrinus geschlagen worden. Er hat seine Gattin verloren, das Muster einer ganz ausgezeichneten Frau, selbst wenn sie zur Zeit unserer Voreltern gelebt hätte. Er lebte mit ihr neunundreißig Jahre, ohne einen Streit, ohne eine Beleidigung. Welche Achtung erwies sie ihrem Gatten, während sie selbst die höchste verdiente! Wie viele und wie große Tugenden, die sie aus den verschiedensten Altersstufen

sich aneignete, hat sie in sich vereinigt und mit einander ver=
2 schmolzen! Es besitzt zwar Macrinus einen großen Trost darin,
daß er ein so großes Gut so lange sein nennen durfte, aber um
so bitterer ist auch sein Schmerz über dessen Verlust. Denn mit
dem Reize des Genusses wächst auch der Schmerz über die Ent=
3 behrung. Ich werde daher für diesen mir so innig befreundeten
Mann so lange in ängstlicher Besorgniß sein, bis er wieder für
Zerstreuungen zugänglich sein und seine Wunde erträglich finden
wird, was durch Nichts besser bewirkt wird, als durch die Noth=
wendigkeit selbst, durch die Länge der Zeit und die Sättigung
des Schmerzes. Lebe wohl!

## VI.
### C. Plinius an Montanus.

Es muß dir bereits aus meinem letzten Briefe[1]) bekannt
sein, daß ich mir kürzlich das Grabmal des Pallas mit der Auf=
schrift angemerkt habe: „Diesem hat der Senat wegen seiner
Treue und Anhänglichkeit an seine Patronen die prätorischen
Ehrenauszeichnungen und fünfzehn Millionen Sesterzien[2]) zuer=
2 kannt, und er war mit der Ehre zufrieden." Nachher hielt ich
es für der Mühe werth, den Senatsbeschluß selbst nachzuschlagen.
Ich fand ihn so weitläufig und übertrieben, daß jene Aufschrift,
bei allem Stolze, den sie verräth, mir noch gemäßigt und sogar
bescheiden vorkam. Mögen sich, ich sage nicht jene Alten, ein
Africanus, ein Achaicus, ein Numantinus[3]), sondern die aus der
neuesten Zeit, ein Marius, ein Sylla, ein Pompejus — um
nicht weiter hinaufzugehen — mit ihm vergleichen, so werden sie
3 tief unter dem Lobe des Pallas stehen. Soll ich die, welche also

---

[1]) S. Buch VII. Br. 29.
[2]) Vgl. die Anm. zu Buch VII. Br. 29.
[3]) Den Beinamen Africanus führten zwei Scipionen, Großvater und
Enkel, von denen Ersterer den Hannibal besiegt, Letzterer Carthago zerstört hatte.
Achaicus war der Beiname des Mummius, des Zerstörers von Corinth, und
Numantinus der des jungen Scipio, weil er, außer Carthago, auch die Stadt
Numantia in Hispanien geschleift hatte.

stimmten, Spaßvögel oder elende Geschöpfe tituliren? Spaß=
vögel würde ich sie nennen, wenn Spaßmachen sich für den Senat
schickte. Elende Geschöpfe also? Allein Niemand ist so elend,
daß er sich zu so Etwas zwingen ließe. Ehrgeiz also, und Be=
gierde, sich empor zu schwingen? Allein wer ist so wahnsinnig,
daß er auf Kosten seiner eigenen und der öffentlichen Ehre sich
empor zu schwingen wünschte in einem Staate, in welchem das
der Vortheil der glänzendsten Würde⁴) wäre, daß man im Se=
nate einen Pallas zuerst loben dürfte? Ich gehe darüber hin= 4
weg, daß dem Sklaven Pallas die prätorischen Ehrenauszeich=
nungen angeboten werden: sie werden ja von Sklaven angeboten;
hinweg darüber, daß man beschließt: „man müsse ihn nicht nur
auffordern, sondern sogar nöthigen, goldene Ringe zu tragen";
denn es wäre gegen die Majestät des Senates gewesen, wenn
ein Mann von prätorischem Range sich eiserner bedient hätte⁵).
Das sind Kleinigkeiten, über die man hinweggehen kann, erwäh= 5
nenswerth aber ist das, „daß der Senat im Namen des Pallas
— und von diesem Flecken wurde die Curie nachher nicht gerei=
nigt? — ich sage, der Senat im Namen des Pallas bei dem
Kaiser sich dafür bedankt, daß er nicht nur selbst seiner auf das
ehrenvollste gedacht, sondern auch dem Senate gestattet habe, sich
wohlwollend gegen ihn zu erweisen". Denn was konnte für den 6
Senat rühmlicher sein, als dankbar genug gegen einen Pallas zu
erscheinen? Weiter heißt es: „daß Pallas", welchem sich Alle,
jeder für seinen Theil, verbunden erklären, „die Früchte seiner
ganz besondern Treue, seines ganz besondern Eifers nach bestem
Verdienst ernten möge." Man sollte glauben, die Gränzen des
Reiches wären [durch ihn] erweitert, die Heere des Staates ge=
rettet worden. Ferner heißt es: „da sich dem Senate und 7

---

⁴) Der Consulswürde.
⁵) In der frühern Zeit der römischen Republik waren eiserne Ringe Beloh=
nung für die Tapferkeit. Sie verloren aber ihren Werth, als goldene Ringe zu
den Ehrenauszeichnungen des Ritterstandes und der vornehmsten Staatsbeamten
gehörten, so daß jene den Sklaven überlassen wurden. Vgl. **Bothe zu Horaz
Sat. 2, 7. 9** in dessen Bearbeitung der Baxter=Geßner'schen Ausgabe, und
**Heindorf** zu ders. Stelle.

römischen Volke keine willkommnere Gelegenheit zur Freigebigkeit darbieten könne, als wenn sie das Vermögen des uneigennützigsten und treuesten Aufsehers über den kaiserlichen Schatz zu vermehren das Glück hätten". Dieß war damals der Wunsch des Senats, dieß die höchste Freude des Volkes; dieß die willkommenste Gelegenheit zur Freigebigkeit, wenn man das Glück hätte, das Vermögen eines Pallas durch Ausleerung des öffentlichen Schatzes 8 zu mehren. Und was nun weiter folgt: „der Senat habe beschließen wollen, aus dem Staatsschatze fünfzehn Millionen Sesterzien zu geben, und je entfernter sein Herz von derlei Begierden sei, desto bringender bitte er den Vater des Vaterlandes, 9 jenen zu nöthigen, daß er sich dem Senate füge". Das fehlte nun noch, daß mit einem Pallas nach einem Senatsbeschlusse unterhandelt wurde, daß ein Pallas gebeten wurde, sich dem Senate zu fügen, daß gegen jede so übermüthige Uneigennützigkeit der Kaiser selbst als Schutzherr aufgerufen wurde, damit er ja die fünfzehn Millionen Sesterzien nicht verschmähe. Er hat sie verschmäht, denn er konnte bei einer so großen, ihm von Staatswegen angebotenen Summe nur so handeln: er handelte anmaßen-
10 der, als wenn er sie angenommen hätte. Allein auch hierüber hat ihm der Senat im Tone der Klage das höchste Lob mit folgenden Worten gespendet: „Da aber der beste Kaiser und Vater des Vaterlandes, auf die Bitte des Pallas, denjenigen Theil des [Senats-] Beschlusses, der die Verabreichung der fünfzehn Millionen aus dem Staatsschatze betreffe, habe unberücksichtigt lassen wollen, so lege der Senat Zeugniß ab, daß er dem Pallas gerne und nach Verdienst diese Summe, neben den übrigen Ehrenerweisungen, wegen seiner Treue und seines Eifers habe zuerkennen wollen; daß er aber dem Willen seines Fürsten, dem er in keinem Stücke sich widersetzen zu dürfen glaube, auch hierin Gehor-
11 sam leiste." Stelle dir den Pallas vor, wie er gegen einen solchen Senatsbeschluß Einsprache thut, seine Ehrenerweisungen [selbst] mäßigt, fünfzehn Millionen Sesterzien als zuviel zurückweist, während er die prätorischen Auszeichnungen, als ob diese geringer wären, angenommen hatte. Stelle dir den Kaiser vor, wie er den Bitten oder vielmehr dem Befehle seines Freigelasse-

nen im Angesichte des Senates gehorcht. Denn der Freigelassene, der seinen Schutzherrn im Senate bittet, ertheilt demselben Befehle. Stelle dir den Senat vor, der überhaupt Zeugniß gibt, 12 er habe gerne und nach Verdienst diese Summe, neben den übrigen Ehrenerweisungen, dem Pallas zuerkennen wollen, und er würde darauf beharrt haben, wenn er nicht dem Willen seines Fürsten Gehorsam leistete, dem man sich in keinem Stücke widersetzen dürfe, damit also Pallas die fünfzehn Millionen Sesterzien aus dem Staatsschatze nicht empfänge, bedurfte es der Bescheidenheit von seiner, des Gehorsams von des Senates Seite, der besonders hierin ungehorsam gewesen sein würde, wenn er es für erlaubt gehalten hätte, in irgend einem Stücke ungehorsam zu sein? Glaubst du, [hiemit] am Ende zu sein? Nur gewartet, 13 du vernimmst noch Wichtigeres. „Da es höchst ersprießlich sei, wenn die so bereitwillige Gnade des Kaisers, verdiente Männer zu loben und zu belohnen, überall und vorzugsweise an den Orten verherrlicht werde, wo die Verwalter seines Schatzes zur Nachahmung könnten aufgemuntert werden, und die so erprobte Treue und Uneigennützigkeit des Pallas durch ihr Beispiel den Geist einer so edeln Nacheiferung wecken könne, so solle das, was der beste Kaiser am jüngstverwichenen 29. Januar in der Senatsversammlung vorgetragen, und die Beschlüsse des Senates über diesen Gegenstand in Erz eingegraben und diese Erztafel bei dem gepanzerten Standbilde des göttlichen Julius⁶) befestigt werden." Man hielt es noch für zu wenig, daß die Curie Zeuge 14 solch schmählichen Gebahrens war; man wählte den besuchtesten Platz aus, um es der Mitwelt, um es der Nachwelt zu lesen zu geben. Man beschloß, alle Ehrenauszeichnungen des verabscheutesten Sklaven in Erz eingraben zu lassen, sowohl die, welche er zurückgewiesen hatte, als auch die, welche er, wenn es auf die Zuerkenner angekommen wäre, empfangen hätte. Eingeschnitten und eingegraben wurden in öffentliche und dauernde Denkmäler die prätorischen Ehrenauszeichnungen des Pallas, wie [sonst] alte

---

⁶) Julius Cäsar ließ sich ein Standbild errichten, welches ihn gepanzert darstellte.

15 Bündnisse, wie geheiligte Gesetze. So groß war des Kaisers, so groß des Senats, so groß des Pallas selbst — wie soll ich es doch nennen? daß sie, Pallas seinen Uebermuth, der Kaiser seine Schwachheit, der Senat seine Kriecherei aller Welt vor Augen stellen wollten. Man schämte sich auch nicht, einen Grund für diese Schändlichkeit vorzuschieben, und zwar den schönen und herrlichen Grund: „durch das Beispiel der Belohnungen des 16 Pallas Andere zur Nacheiferung aufzumuntern." So weit waren die Ehrenauszeichnungen heruntergekommen, sogar diejenigen, welche Pallas nicht verschmähte. Und doch fanden sich Leute von anständiger Herkunft, welche das suchten und wünschten, was sie 17 einem Freigelassenen gegeben, Sklaven versprochen sahen. Wie freut es mich, daß ich nicht in eine Zeit gefallen bin, deren ich mich schäme, als ob ich in ihr gelebt hätte. Ich zweifele nicht, daß du das Gleiche fühlst. Ich kenne deine lebhafte und freisinnige Denkungsweise, und darum wirst du um so leichter glauben, daß ich, wenn gleich der Unmuth mich an einigen Stellen über die Gränzen eines Briefes hinausgeführt hat, eher zu wenig, als zu viel geklagt habe. Lebe wohl!

## VII.

### C. Plinius an Tacitus.

Nicht wie ein Lehrer dem andern, noch wie ein Schüler dem andern — so heißt es nämlich in deinem Schreiben — sondern wie dem Schüler der Lehrer — denn du bist der Lehrer, ich der Schüler, und darum rufst du mich wieder in die Schule zurück, während ich noch die Saturnalien[1]) verlängere — hast du mir

---

[1]) Die Saturnalien, eine am 17. December beginnende und bis zum 24. dauernde Reihe von Festtagen, waren zu Ehren des Saturnus und des goldenen Zeitalters, welchem dieser Gott vorstand, gestiftet und wurden auf ähnliche Art, wie unser christlicher Fasching, der ihnen wahrscheinlich seinen Ursprung verdankt, mit Essen, Trinken und Spielen aller Art gefeiert. Der Hauptcharakter dieses Festes war: vollkommene Gleichheit der Herren und Sklaven, ungebundene Freiheit und ausgelassene Fröhlichkeit. Während der Saturnalien waren zu Rom auch Schulferien, was hier als ein Hauptmoment hervorgehoben werden muß, da

deine Schrift zugesendet. Könnte ich wohl ein längeres Ein- 2
schiebsel machen, um eben damit zu beweisen, daß ich der bin,
der nicht nur nicht dein Lehrer, sondern nicht einmal dein Schüler
zu heißen verdient? Indeß will ich doch die Rolle des Lehrers
übernehmen, und an deiner Schrift das Recht ausüben, welches
du mir eingeräumt hast, und dieß mit um so größerer Freiheit,
als ich dir einstweilen Nichts von mir zusenden werde, woran
du dich rächen könntest. Lebe wohl!

## VIII.
### C. Plinius an Romanus.

Hast du je einmal die Quelle Clitumnus¹) gesehen? Wenn
noch nicht — und ich vermuthe, noch nicht, denn sonst hättest du
mir es erzählt — so siehe sie; ich habe sie erst ganz kürzlich,
und mich reuet, daß es so spät erst geschehen ist, gesehen. Es 2
erhebt sich ein Hügel von mäßiger Höhe, der mit einem alten
Cypressenhaine bewachsen und beschattet ist. Am Fuße desselben
entspringt die Quelle, und sprudelt in mehreren, aber ungleich
starken Adern hervor; sowie sie sich herausgearbeitet hat, bildet
sie ein Becken, dessen weiter Schooß so rein und kristallhell ist,
daß man die hineingeworfenen Münzstücke und heraufglänzenden
Kiesel zählen kann. Von da an strömt sie nicht wegen des Falles 3
des Bodens, sondern durch ihre eigene Fülle und, so zu sagen,
durch ihr Gewicht weiter. Erst noch war sie nur eine Quelle,
und jetzt ist es schon ein sehr bedeutender und sogar schiffbarer
Fluß, auf dem selbst Schiffe, die einander begegnen und entgegen-

---

Plinius sich hier mit einem Schüler vergleicht, der seine Ferien gerne verlängern
möchte.

¹) Ein Fluß in Umbrien, welcher ganz nahe bei dem heutigen Spoleto ent-
springt, sich bei Mevania (j. Bevagna) vereinigt und unterhalb Perugia in die
Tiber mündet. Man schrieb ihm die Eigenschaft bei, den Rindern, welche sein
Wasser tranken, weiße Farbe zu verleihen: ein Glaube, der sich bis auf unsere
Tage noch nicht völlig verloren hat. Dem Flußgotte Jupiter Clitumnus, dessen
Heiligthum an dem waldigen Ufer stand, wurden an Festtagen Opfer von Wein,
Oel, Kuchen und kleinen Münzen dargebracht, welche man in die Quelle des Flusses
schüttete. Vgl. Voß zu Virgil Georg. 2, 145.

gesetzte Richtungen einschlagen, neben einander laufen können; er ist so stark, daß man stromabwärts, obgleich der Boden eben ist, keine Ruder braucht, stromaufwärts dagegen nur sehr schwer mit 4 Rudern und Stangen fortkommen kann. Beides ist, wenn man zu Lust und Scherz eine Fahrt macht, sehr angenehm, so daß man, je nachdem man eine Richtung einschlägt, Arbeit mit Ruhe, Ruhe mit Arbeit abwechseln lassen kann. Die Ufer sind mit einer Menge von Eschen und Pappeln bekleidet, welche der durchsichtige Fluß, wie wenn sie in ihn versenkt wären, im grünen Abbilde Stück für Stück zurückwirft. Das Wasser ist so kalt 5 wie Schnee; auch an Weiße gibt es diesem Nichts nach. Nahe dabei liegt ein alter und heiliger Tempel, darin steht Clitumnus selbst, bekleidet und geschmückt mit der Prätexta. Orakel verkündigen die Gegenwart einer Gottheit, und sogar einer weissagenden. Rings umher stehen mehrere Kapellen, jede mit einer Gottheit; von diesen hat jede ihre eigene Verehrung, ihren eigenen Namen; einige haben auch ihre eigenen Quellen. Denn außer der Hauptquelle, gleichsam der Mutter der übrigen, sind noch kleinere vorhanden, die an verschiedenen Orten entspringen, aber sich in den Fluß ergießen, über den eine Brücke führt. Diese bildet die 6 Gränzscheide zwischen dem Heiligen und Unheiligen. Oberhalb derselben ist es nur gestattet zu schiffen, unterhalb auch zu schwimmen [2]). Die Hispellaten [3]), denen der göttliche Augustus ein Geschenk mit diesem Platze gemacht hat, geben [hier] Bad und Bewirthung auf öffentliche Kosten. Auch fehlt es nicht an Landhäusern, welche man, angezogen durch den anmuthigen Fluß, an 7 dessen Ufer angebracht hat. Kurz, du wirst Nichts finden, was dir nicht Vergnügen machen könnte. Denn auch studiren kannst du hier, und an allen Säulen, an allen Wänden viele Aufschriften von vielerlei Personen lesen, in denen die Quelle und deren Gottheit gepriesen wird. Mehreres wirst du loben, über Einiges

---

[2]) Jede Berührung mit bloßem Leibe galt nämlich für eine Entweihung heiliger Gewässer.

[3]) Hispellum, auch Colonia Julia genannt (j. Spello), im diesseitigen Umbrien, nahe bei Foligno, war eine ansehnliche römische Colonie und auch die Geburtsstadt des Dichters.

lachen, doch nein! bei deiner Menschenfreundlichkeit wirst du über
Nichts lachen. Lebe wohl!

## IX.
### C. Plinius an Ursus.

Schon lange habe ich kein Buch, keinen Griffel mehr in
die Hand genommen. Schon lange weiß ich nicht, was Muße,
was Ruhe, was endlich jenes träge, aber doch angenehme Nichts=
thun und Nichtssein ist: so wenig lassen mich die vielen Ge=
schäfte für meine Freunde an einen Ausflug auf das Land und
an das Studiren denken. Denn keine wissenschaftliche Beschäfti= 2
gung ist so wichtig, um [über ihr] sich der Pflicht der Freund=
schaft zu entschlagen, welche auf's Heiligste zu erfüllen die Wissen=
schaften selbst vorschreiben. Lebe wohl!

## X.
### C. Plinius an Fabatus.

Je sehnlicher du wünschest, von uns Urenkel zu sehen, mit
um so größerem Schmerz wirst du [die Nachricht] vernehmen, daß
deine Enkelin eine frühzeitige Entbindung gehabt hat, indem sie
in mädchenhafter Unschuld nicht wußte, daß sie in gesegneten
Umständen sei, und darum Manches unterließ, was Schwangere
beobachten, Manches that, was solche unterlassen sollen. Sie hat
diesen Irrthum durch harte Erfahrungen gebüßt, denn sie schwebte
in der größten Gefahr. Einen so empfindlichen Eindruck nun es 2
freilich auf dich machen muß, deinem Alter eine, ihm gleichsam
schon fest bestimmt gewesene, Nachkommenschaft entzogen zu sehen,
so mußt du doch den Göttern dafür danken, daß sie für jetzt dir
zwar Urenkel versagt, die Enkelin jedoch erhalten haben, durch die
sie dir wieder andere geben können, wozu uns diese, wenn gleich
nicht glücklich ausgefallene, Fruchtbarkeit desto sicherere Hoffnung
macht. Mit diesen Gründen, die ich mir selbst vorgehalten habe, 3
möchte ich auch dich mahnen, beruhigen, aufrichten. Denn un=
möglich kannst du dir mit heißerer Sehnsucht Urenkel, als ich mir

Kinder wünschen, denen ich von meiner, wie von deiner Seite einen gebahnten Weg zu Ehrenstellen, Namen von ausgebreitetem Rufe und keine Ahnen von gestern nur, zu hinterlassen glaube. Mögen sie nur geboren werden und diesen unsern Schmerz in Freude umwandeln. Lebe wohl!

## XI.
### C. Plinius an Hispulla.

Wenn ich mir deine Zuneigung zu der Tochter deines Bruders denke, die noch zärtlicher, als selbst Mutterliebe ist, so sehe ich wohl ein, daß ich dir zuerst melden muß, was [eigentlich] das Spätere ist, damit die vorempfundene Freude dem Kummer keinen Platz lasse. Und gleichwohl bin ich in Besorgniß, du möchtest nach der freudigen Theilnahme wieder in Furcht gerathen, dich zwar freuen, daß sie aus der Gefahr gerettet ist, zugleich 2 aber zittern, daß sie in Gefahr geschwebt hatte. Bereits wieder heiter, bereits sich selbst, bereits mir wieder gegeben, beginnt sie sich wieder zu erholen und kann nun die überstandene Gefahr nach [den Fortgang] ihrer Wiedergenesung bemessen. Sie war übrigens — jetzt darf ich es ohne Bangen sagen — in der größten Gefahr, sie war es ohne irgend eine eigene Schuld, außer etwa die ihrer Jugend. Daher ihre zu frühe Entbindung und die traurige Folge einer ihr unbekannten Schwanger-
3 schaft. Wenn dir also auch nicht das Glück beschert ist, den Schmerz um den Verlust deines Bruders durch einen Neffen oder eine Nichte zu lindern, so denke nur, daß dieß mehr nur aufgeschoben als aufgehoben ist, weil ja diejenige wohl und gesund sich befindet, die zu solcher Hoffnung berechtigt. Entschuldige zugleich bei deinem Vater diesen [unglücklichen] Zufall, welcher bei Frauenspersonen immer leichter Verzeihung findet. Lebe wohl!

## XII.
### C. Plinius an Minucianus.

Nur für diesen einzigen Tag bitte ich um Entschuldigung. Titinius Capito will Etwas vorlesen, und ich weiß nicht, ob ihn zu hören für mich mehr Pflicht, oder mein Wunsch ist. Er ist ein vortrefflicher Mann, und muß den vorzüglichsten Zierden unserer Zeit beigezählt werden. Er verehrt die Wissenschaften, liebt, begünstigt und befördert deren Verehrer; ist Vieler, die sich mit Schriftstellerei beschäftigen, Hafen, Zuflucht, Lohn, Allen ein Vorbild, endlich ist er der schon hinalternden Wissenschaft Wiederhersteller und Verbesserer. Sein Haus steht Jedem zu seinen 2 Vorlesungen offen; alle Orte, wo vorgelesen wird, auch die außer seinem Hause, besucht er mit einer kaum glaublichen Gefälligkeit; mir wenigstens hat er, so oft er in der Stadt war, niemals gefehlt. Dann aber ist es um so schändlicher, nicht dankbar zu sein, je schöner die Gelegenheit zur Dankbarkeit ist. Wenn 3 Rechtshändel mir Qual verursachten, sollte ich mich Demjenigen nicht für verbunden erachten, der die Bürgschaft für mich übernähme?[1]) Und jetzt, da mein ganzes Leben und Weben in der Wissenschaft besteht, sollte ich Dem weniger verbunden sein, der gerade darin so großen Eifer an den Tag legt, worin man mich — ich will nicht sagen einzig und allein — aber doch am meisten verbinden kann? Gesetzt auch, ich wäre ihm keine Erwide= 4 rung und, so zu sagen, keine Gegendienstleistung schuldig, so würde ich mich doch theils durch das so herrliche und umfassende Talent des Mannes, das bei dem höchsten Ernste so viele Anmuth bekundet, theils durch den edeln Stoff angezogen fühlen. Er beschreibt das Ende ausgezeichneter Männer, darunter einiger, die mir über Alles theuer sind. Ich glaube daher eine heilige Pflicht 5

---

[1]) Bei allen Processen mußte nach römischem Rechte der Beklagte einen Bürgen stellen (vadum dare), der, wenn Ersterer am bestimmten Termin vor Gericht nicht erschien, sich verbindlich machte, an seiner Stelle zu erscheinen, überhaupt in jeder Hinsicht für ihn zu haften.

zu erfüllen, wenn ich bei Männern, deren Leichenbegängniß ich nicht mitfeiern konnte, ihren zwar verspäteten, aber um so wahreren Trauerreden beiwohne. Lebe wohl!

## XIII.
### C. Plinius an Genialis.

Ich spreche dir meinen Beifall darüber aus, daß du meine Schriften mit deinem Vater gelesen hast. Es kann nur deine Ausbildung fördern, wenn du von einem in der Beredtsamkeit so bewanderten Manne lernst, was zu loben, was zu tadeln ist, und zugleich Anleitung erhältst, dich daran zu gewöhnen, [immer nur] die Wahrheit auszusprechen. Du siehest, wem du zu folgen, 2 in wessen Fußstapfen du zu treten hast. O welches Glück für dich, daß dir ein lebendiges und zugleich so treffliches, so enge mit dir verbundenes Vorbild zu Theil geworden ist; kurz, daß du vor Allen nur den nachzuahmen hast, dem du schon nach [den Gesetzen] der Natur ganz ähnlich sein mußt. Lebe wohl!

## XIV.
### C. Plinius an Aristo.

Da du so reiche Erfahrung in dem Privat- und öffentlichen Rechte, von welchem das Recht der Senatoren einen Theil ausmacht, besitzest, so wünsche ich vorzugsweise von dir zu hören, ob ich kürzlich im Senate einen Irrthum begangen habe, oder nicht: nicht, um für das schon Vergangene — denn dazu wäre es zu spät — sondern für die Zukunft, wenn ein ähnlicher Fall 2 vorkommt, mich zu belehren. Du wirst [freilich] sagen: „warum fragst du über Etwas, das du selbst hättest wissen sollen? Die Sklaverei der vorigen Zeiten[1]) hat, wie in anderen edlen Fertigkeiten, so auch in dem Rechte der Senatoren eine gewisse Ver3 gessenheit und Unbekanntheit eingeführt. Denn wie Viele gibt es, die so geduldig sind, Etwas lernen zu wollen, wovon sie keinen

---

[1]) Anspielung auf die Regierungszeit eines Nero und Domitian.

Gebrauch machen können? Nimm hiezu noch [den Umstand], daß es schwer ist, etwas Gelerntes zu behalten, wenn man keine Uebung darin hat. Darum hat uns die wiedergekehrte Freiheit in Unwissenheit und Unerfahrenheit angetroffen, sie, von deren Süßigkeit begeistert wir manchmal genöthigt sind, zu handeln, wo wir erst lernen sollten. Es bestand aber vor Alters die Ein= 4 richtung, daß wir von älteren Personen nicht nur mit den Ohren, sondern auch mit den Augen lernten, was wir bald selbst zu thun, und dann hinwiederum den Jüngern zu überliefern hätten. Da= 5 her wurden die jungen Leute allsogleich zum Lagerdienste aufgezogen, um durch Gehorchen an das Befehlen, durch Folgen an das Anführen sich zu gewöhnen; daher standen die Bewerber um Ehrenämter vor den Thüren der Curie, und waren vorher Zuschauer der Rathsverhandlungen, ehe sie selbst Theil daran nahmen. Jeder hatte seinen Vater zum Lehrer, und wer keinen 6 Vater mehr hatte, bei dem vertrat jeder angesehene und bejahrte Senator Vaterstelle. Welche Befugniß die Vortragenden, welches Recht die Abstimmenden, welche Gewalt die Magistrate, welche Freiheit die Uebrigen hatten; wo man nachgeben, wo sich wider= setzen mußte; wo man zu schweigen, welchen Spielraum zum Sprechen habe; wie widersprechende Ansichten auseinander zu setzen, wie die, welche zu den vorhergehenden einen Zusatz machten, zu behandeln seien: kurz, den ganzen senatorischen Geschäftsgang lernte man durch die allerzuversichtlichste Unterrichtsweise, durch Beispiele. Wir waren zwar in unserer Jugend auch im Lager, 7 aber zu einer Zeit, wo das Verdienst verdächtig, die Unthätigkeit geschätzt war, wo die Anführer kein Ansehen, die [gemeinen] Sol= daten keine Scheu besaßen, Niemand Befehle ertheilte, Niemand Gehorsam leistete, überall Auflösung, Verwirrung, ja sogar Ver= kehrtheit herrschte, überhaupt Alles eher hätte vergessen, als be= halten werden sollen. Auch in die Curie haben wir unsere 8 Blicke geworfen, aber es war nur eine zitternde und sprachlose Curie, wo zu sprechen, wie man wollte, gefährlich, wie man nicht wollte, jämmerlich war. Was konnte man damals lernen? Wozu half das Gelernte? wann der Senat entweder zur größten Un= thätigkeit, oder zu den größten Rechtswidrigkeiten zusammenberufen

2*

wurde, und, bald zum Spotte, bald zur Kränkung bei einander
behalten, niemals über Ernstes, oft aber über Trauriges abzu-
9 stimmen hatte. Dergleichen elende Zustände haben wir noch
als Senatoren, als Theilnehmer an denselben, viele Jahre hindurch mit ansehen und ertragen müssen, und dadurch ist unser
Geist auch für die Zukunft entkräftet, gebrochen, niedergedrückt
10 worden. Erst kurze Zeit ist es — denn je glücklicher, um so
kürzer ist die Zeit — daß man uns wissen läßt, was wir sein
sollen, daß wir zeigen dürfen, was wir sind. Um so gerechter
ist meine Bitte, für's Erste, daß du mir meinen Irrthum —
wenn es anders ein Irrthum ist — verzeihest, sodann, daß du
ihn vermittelst deiner Einsicht verbesserst, da es immer Gegenstand
deiner Sorge war, öffentlichem wie privatem, altem wie neuem,
seltenem, wie oft in Anwendung kommendem Rechte dich zu wid-
11 men. Auch glaube ich, daß die Art von Rechtsfall, welche ich
dir vorlege, selbst Denen, welchen die häufige Behandlung gar
vieler Geschäfte Nichts unbekannt bleiben ließ, entweder noch nicht
oft genug vorgekommen, oder gar unbekannt sein möchte. Um so
mehr werde ich, wenn ich etwa einen Fehler begangen haben
sollte, zu entschuldigen sein und du um so größeres Lob verdienen, wenn du mich auch über das belehren kannst, wovon noch
12 nicht ausgemacht ist, ob du es [selbst] gelernt hast. Es wurde
ein Vortrag gemacht über die Freigelassenen des Consuls Afranius Dexter, welcher — es ist ungewiß, ob durch eigene oder
seiner Leute Hand, durch ein Verbrechen, oder weil man seinem
Befehle Folge leistete — den Tod fand. Einer nun — Wer?
Ich; doch das ist gleichgiltig — war der Ansicht, man müsse sie
nach dem peinlichen Verhöre von der Strafe freisprechen; ein
Anderer, man solle sie auf eine Insel verbannen; wieder ein
Anderer, man solle sie mit dem Tode bestrafen. Diese Ansichten
waren so sehr von einander verschieden, daß jede nur für sich be-
13 stehen konnte. Denn was hat Hinrichtung und Verbannung mit
einander gemein? Eben so wenig, beim Hercules! als Verbannung und Freisprechung; obgleich dem Votum für Verbannung
das für Freisprechung ziemlich näher liegt, als das für Hinrichtung; denn von jenen [beiden ersteren] beläßt doch jedes das

Leben, dieses nimmt es. Indeß saßen die, welche auf Todes=
strafe, und die, welche auf Verbannung erkannten, neben ein=
ander²), und bewirkten durch diesen augenblicklichen Schein von
Einigkeit, daß ihre Meinungsverschiedenheit erst später bemerkt
wurde. Ich verlangte, daß die drei Voten auch der Zahl nach 14
drei bleiben, und nicht durch einen kurzen Waffenstillstand zwei
derselben sich vereinigen sollten. Ich stellte demnach die Forde=
rung, daß diejenigen, welche für die Hinrichtung stimmten, sich
von dem für Verbannung stimmenden Theile absondern und, weil
sie doch bald uneins werden würden, einstweilen nicht gegen die
für Freisprechung Votirenden zusammentreten sollten, indem sehr
wenig daran läge, ob die, welche selbst nicht einerlei Meinung
hätten, sich gegen eine dritte Meinung erklärten. Auch das kam 15
mir höchst sonderbar vor, daß der, welcher für Verbannung der
Freigelassenen, aber für Hinrichtung der Sklaven gestimmt hatte,
gezwungen sein sollte, sein Votum zu theilen, dagegen der, wel=
cher die Freigelassenen hingerichtet wissen wollte, mit dem für
Verbannung Stimmenden zusammengezählt werden sollte. Denn,
wenn das Votum eines Einzigen getheilt werden mußte, weil es
zwei Gegenstände zusammenfaßte, so wollte mir nicht einleuchten,
wie man die Voten von Zweien, die so verschiedenartig abstimm=
ten, [in einem] zusammenfassen könnte. Und so erlaube mir denn, 16
daß ich jetzt dir, als ob es im Senate geschähe, und nach be=
reits entschiedener Sache, als ob noch Nichts entschieden wäre,
Rechenschaft von meinem Urtheile ablege, und daß ich das, was
ich damals nur mit Unterbrechung und unter häufigem und lär=
mendem Widerspruche sagen konnte, dir im ruhigen Zusammen=
hange vortrage. Nehmen wir an, es seien in Allem drei Richter 17
in dieser Sache bestellt worden, der eine von diesen hätte für die
Hinrichtung der Freigelassenen, der andere für ihre Verbannung,

---

²) Auf einer und derselben Bank. Bei der Discession oder bem Stimmen=
gange traten Diejenigen, die dem Votum eines der Senatoren beipflichteten, zu
der Bank, auf welcher er saß, zum Zeichen, daß sie seiner Meinung seien. Diese
Bänke (subsellia) waren von ziemlicher Länge, so daß alle Senatoren, die einerlei
Rang hatten, auf einer solchen Bank beisammen sitzen konnten. Schäfer.

der dritte für ihre Freisprechung gestimmt: sollen die beiden ersten Stimmen, wenn sie ihre Kräfte vereinigen, die letzte zu nichte machen? oder soll jede einzelne für sich eben so viel gelten, als die andere? und wird nicht die erste sich mit der zweiten eben so wenig zusammenfassen lassen, als die zweite mit der dritten?
18 Somit müssen auch im Senate Voten, die als verschieden abgegeben werden, als sich widersprechende gezählt werden. Wenn Einer und Derselbe für Hinrichtung und Verbannung [zugleich] stimmte: könnte man, gemäß der Abstimmung dieses Einen, die Leute zugleich hinrichten und verbannen? und endlich, wie könnte man das für ein einziges Votum halten, das zwei so wider= 
19 sprechende Strafen verbände? Wie kann demnach, wenn der Eine auf Todesstrafe, der Andere auf Verbannung anträgt, diese Abstimmung von Zweien für eine einzige gelten, da sie nicht einmal für eine gelten würde, wenn ein Einziger sie abgäbe? Wie? Weist das Gesetz nicht offenbar darauf hin, daß die Voten für Todesstrafe und Verbannung getrennt werden müssen, wann der Stimmengang es folgendermaßen zu vollziehen befiehlt: „Ihr, die ihr dieser Ansicht seid, tretet auf diese Seite; ihr, die ihr irgend eine andere Ansicht habt, tretet auf jene Seite, mit welcher ihr es haltet." Prüfe und erwäge die einzelnen Worte: „Ihr, die ihr dieser Ansicht seid," das heißt, die ihr für Verbannung stimmet, „tretet auf diese Seite," das heißt, auf die= 
20 jenige, wo der sitzt, welcher für Verbannung stimmte. Hieraus ergibt sich ganz klar, daß Diejenigen, deren Ansicht auf Todesstrafe lautet, nicht auf eben dieser Seite bleiben können. „Die ihr irgend eine andere Ansicht habt": bemerke, daß sich das Gesetz nicht damit begnügt zu sagen: „eine andere", sondern beisetzt: „irgend". Besteht also noch ein Zweifel darüber, daß die für Hinrichtung Stimmenden völlig anderer Ansicht seien, als die für Verbannung Stimmenden? „Tretet auf die Seite, mit welcher ihr es haltet": scheint nicht das Gesetz selbst Diejenigen, welche anderer Ansicht sind, auf die entgegengesetzte Seite zu rufen, zu zwingen, hinüberzustoßen? Zeigt nicht auch der Consul, nicht blos mit feierlichen Worten, sondern selbst mit der

Hand und Körperbewegung, einem Jedem, wo er bleiben, wohin er treten soll? „Allein es könnte der Fall eintreten, daß, wenn die Voten für Todesstrafe und Verbannung sich theilen, das freisprechende die Oberhand bekäme." Was geht das die Abstimmenden an? Ihnen steht es ja doch gewiß nicht an, mit allen Künsten, auf jede nur erdenkliche Weise zu kämpfen, daß das Mildere nicht zu Stande komme. Doch müssen die auf Todesstrafe und die auf Verbannung Antragenden zuerst mit den Freisprechenden, und dann mit sich selbst zusammengestellt werden. Wie nämlich bei gewissen Schauspielen das Loos Einen bei Seite stellt und aufbewahrt, um mit dem Sieger zu kämpfen: ebenso gibt es auch in dem Senate einen ersten und einen zweiten Kampf, und wenn von zwei Abstimmungen eine die Oberhand behalten hat, so ist noch eine dritte da, welche auf sie wartet. Wie? wenn die eine Ansicht Billigung gefunden hat, werden da nicht die anderen zu nichte gemacht? Wie können also auf diese Weise Abstimmungen einen und denselben Platz behaupten, welche nachher gar keinen mehr haben? Ich will mich deutlicher erklären. Wenn nicht von dem, welcher für Verbannung stimmt, sich die für Hinrichtung Stimmenden gleich Anfangs trennen, so werden sie sich nachher vergebens von dem trennen, mit welchem sie vorher übereingestimmt haben. Doch, für was mache ich den Lehrer, ich, der doch lernen will, ob die Voten getheilt, oder einzeln in Anschlag gebracht werden müssen? Ich bin zwar mit meiner Forderung durchgedrungen, Nichts desto weniger frage ich dennoch, ob ich diese Forderung stellen durfte, oder mich derselben hätte enthalten sollen? Wie ich [damit] durchgedrungen bin? Derjenige, welcher für die Todesstrafe stimmte, gab — ich weiß nicht, ob mit Recht, gewiß aber von der Billigkeit meiner Forderung besiegt — seine Ansicht auf und trat dem für Verbannung Stimmenden bei; er befürchtete nämlich, es möchte, wenn die Stimmen, wie es auch zu erwarten war, getheilt würden, die für Freisprechung sich erklärenden durch Mehrheit die Oberhand bekommen. Denn diese einzige hatte mehr Anhänger, als jede der beiden anderen. Hierauf verließen auch Diejenigen, welche sich durch das Ansehen dieses Mannes hatten mit fortziehen lassen, weil sie sich nach seinem Uebertritte allein gelassen sahen, die von ihrem Urheber verlassene Ansicht, und folgten dem gleichsam als einem Ueberläufer, dem sie [zuvor] als Anführer gefolgt waren. So wurden denn aus drei Boten zwei; von den zweien behauptete sich eine, die dritte mußte das Feld räumen, indem sie, weil sie die beiden andern nicht überwinden konnte, nur die Wahl hatte, von welcher sie sich besiegen lassen sollte. Lebe wohl!

## XV.

### C. Plinius an Junior.

Hier sende ich dir mit einem Male eine ganze Ladung von Schriften. Allein ich thue es für's Erste, weil du es verlangt hattest; sodann, weil die schriebest, die Weinlese sei bei Euch nur spärlich ausgefallen, so daß ich fest darauf rechnen konnte, du werdest — wie das gemeine Sprichwort lautet — wohl Zeit haben, ein Buch zu lesen[1]). Das Gleiche berichtet man mir von meinem Gütchen; somit werde auch ich wohl in der Lage sein, Etwas für dich zum Lesen zu schreiben, wenn ich nur die Mittel habe, Papier zu kaufen, denn wenn dieses grob ist, oder fließt, so kann ich entweder gar nicht schreiben, oder ich muß das Geschriebene, mag es gut oder schlecht sein, wieder auslöschen[2]). Lebe wohl!

---

[1]) Das Sprichwort mag etwa so gelautet haben: „wenn man keine Trauben zu lesen hat, muß man Bücher lesen."

[2]) Nämlich: um wieder etwas Anderes darauf schreiben zu können. Die Römer hatten eine Sorte dicken Papiers oder Pergament, worauf sie das früher Geschriebene mit einem Schwamme oder mit Bimsstein auslöschten, um wieder frisch darauf schreiben zu können.

## XVI.
### C. Plinius an Paternus.

Ich bin ganz niedergeschlagen durch das Kranksein, ja sogar durch den Tod meiner Sklaven, und zwar einiger, die noch im jugendlichen Alter stehen. Zwei Trostgründe nur habe ich, die zwar für einen solchen Schmerz nicht hinreichen, doch sind es immerhin Trostgründe: der eine [ist] meine Bereitwilligkeit, ihnen die Freiheit zu schenken — den ich betrachte diejenigen nicht als zu früh verlohren, die als ich Freie verloren habe —; der andere, daß ich auch meinen Sklaven gestatte, eine Art von Testament zu machen¹), und daß ich dieß beobachte, als ob es von dem Gesetze gestattet wäre. Sie verordnen und bitten nach Belieben, 2 und ich leiste ihnen Folge, als wäre es ein Befehl. Sie vertheilen, verschenken, hinterlassen, freilich nur innerhalb des Hauses. Denn für die Sklaven ist das Haus gewissermaßen der Staat und ihre bürgerliche Heimat. Allein obgleich ich mich durch diese 3 Trostgründe beruhige, so werde ich doch durch dasselbe menschliche Gefühl, welches mich zu dieser Erlaubniß veranlaßte, muthlos und niedergebeugt. Und dennoch möchte ich darum nicht härter werden. Zwar weiß ich wohl, daß Andere derartige Unfälle nicht weiter als eine Einbuße nennen und sich deßhalb für große und weise Männer halten. Ob sie groß und weise sind, weiß ich nicht; Menschengefühl besitzen sie nicht. Denn der Mensch 4 muß Schmerz fühlen, muß ihn [wirklich] empfinden, doch ihm auch zu widerstehen wissen und Trost annehmen, nicht keines Trostes bedürfen. Doch, vielleicht habe ich hierüber schon mehr 5 gesprochen, als ich sollte, aber doch immer noch weniger, als ich wollte. Denn auch der Schmerz hat gewissermaßen seine Lust, namentlich, wenn man ihn an dem Busen eines Freundes ausweinen darf, bei dem unsere Thränen bereitwilliges Lob oder [wenigstens] Entschuldigung finden. Lebe wohl!

¹) Die Sklaven durften gesetzlich weder ein Testament machen, noch konnten sie eine Erbschaft antreten.

## XVII.
## C. Plinius an Macrinus.

Ist bei Euch dort das Wetter auch so unfreundlich und stürmisch? Hier gibt es unaufhörlich Stürme und häufige Ueberschwemmungen. Die Tiber ist ausgetreten und strömt nun hoch über ihre niedrigeren Ufer hinweg. So viel Wasser auch der Kanal, den die weise Vorsorge des Kaisers herstellen ließ, abgeleitet hat, so bedeckt sie doch die Thäler, überschwemmt die Felder, und so weit der Boden eben ist, sieht man statt des Bodens nur sie. Flüssen, die sie sonst aufnimmt und zugleich mit ihrem eigenen Wasser weiter führt, tritt sie jetzt gleichsam entgegen und drängt sie zurück, und so bedeckt sie mit fremdem Wasser Ländereien, welche sie selbst nicht berührt. Der Anio[1]), dieser so anmuthige Fluß, und den eben deßhalb die anliegenden Landhäuser gleichsam einluden und zurückhielten, hat großen Theils die ihn umschattenden Lusthaine niedergerissen und fortgeschwemmt. Er hat Berge unterwühlt, und indem er, durch den herabstürzenden Schutt an mehreren Orten gesperrt, seine verlorene Bahn sucht, Häuser umgestürzt und sich über ihre Trümmer erhoben und fortgewälzt. Die Bewohner höher gelegener Gegenden, welche diese Verheerung nicht traf, sahen hier die Kostbarkeiten und das prachtvolle Hausgeräthe der Reichen, dort Ackergeräthe, hier Ochsen, Pflüge, Ackersleute, dort freies, ledig gewordenes Zugvieh, und zwischen hinein Baumstämme oder Gebälkwerk von Landhäusern in buntem Gemische weithin treiben. Und nicht einmal solche Orte, welche der Fluß nicht erreichte, blieben von dem Unglücke frei. Denn statt des Flusses war hier unaufhörlicher Platzregen und aus den Wolken herabstürzender Wirbelwind; die Werke, womit die kostbarsten Ländereien eingefaßt

---

[1]) Jetzt Teverone, in der Campagna di Roma. Er bildet bei Tivoli (dem alten, von Horaz verherrlichten Tibur) den berühmten Wasserfall und mündet oberhalb Rom in die Tiber.

waren, wurden zerstört, [öffentliche] Denkmäler erschüttert und sogar zu Boden geworfen. Viele Menschen wurden bei diesen Unfällen verstümmelt, verschüttet, zerquetscht, und durch die Trauer der Schaden noch vermehrt. Etwas Aehnliches befürchte ich nach 6 dem Maßstabe unserer Gefahr auch bei Euch, und daher bitte ich dich, wenn so Etwas nicht eingetreten ist, so bald als möglich meiner Befürchtung zu Hilfe zu kommen, vorgekommenen Falles aber auch mir Nachricht davon zu geben. Denn der Unterschied ist nur gering, ob man ein Unglück erleidet oder erst erwartet, außer, daß der Schmerz doch sein Maß, die Furcht aber es nicht hat. Den Schmerz empfindet man nur in so weit, als man das Geschehene kennt, Furcht aber für Alles, was etwa noch geschehen könnte. Lebe wohl!

## XVIII.
### C. Plinius an Rufinus.

Es ist offenbar falsch, was man gewöhnlich glaubt, daß [nämlich] die Testamente der Menschen der Spiegel ihres Charakters seien. So zeigte sich Domitius Tullus weit besser im Tode, als im Leben. Denn nachdem er sich allen Erbschleiche= 2 reien hingegeben hatte, setzte er zur Erbin die Tochter seines Bruders ein, die ebenso seine eigene, wie die seines Bruders war, weil er sie an Kindesstatt angenommen hatte. Seine Enkel bedachte er mit einer Menge der beträchtlichsten Legate, auch seinen Urenkel bedachte er. Kurz, Alles bekundete die zärtlichste Verwandtenliebe, und das um so mehr, weil es Jedermann unerwartet kam. Daher geht auch in der ganzen Stadt das ver= 3 schiedenartigste Gerede: die Einen heißen ihn falsch, undankbar, vergeßlich; und indem sie ihm solche Vorwürfe machen, verrathen sie sich selbst durch die schändlichsten Geständnisse, da sie sich über einen Vater, Großvater, Urgroßvater beklagen, als ob er kinderlos wäre; Andere [dagegen] loben ihn eben deßhalb, weil er die nichtswürdigen Hoffnungen von Leuten getäuscht hat, welche auf solche Weise zu hintergehen nach dem Zeitgeiste Klugheit ist. Weiter sagen sie noch, es habe ihm nicht einmal freigestanden,

ein anderes Testament zu machen, denn er habe das Vermögen seiner Tochter nicht hinterlassen¹), sondern blos zurückgegeben, da
4 er es ja durch die Tochter erhalten habe. Denn Curtilius Mancia hatte aus Haß gegen seinen Schwiegersohn Domitius Lucanus (den Bruder des Tullus) dessen Tochter, seine Enkelin, unter der Bedingung zur Erbin eingesetzt, wenn sie aus der väterlichen Gewalt entlassen würde. Der Vater hatte sie entlassen, der Oheim sie an Kindesstatt angenommen, und so wurde das Testament umgangen: der Bruder brachte vermöge der bestehenden Gütergemeinschaft durch den Adoptionsbetrug die der väterlichen Gewalt entlassene Tochter wieder in diese zurück, und zwar mit
5 einem höchst beträchtlichen Vermögen. Ueberhaupt scheint es diesen Brüdern durch eine Art von Verhängniß bestimmt gewesen zu sein, daß sie ganz gegen den Willen Derer reich wurden, durch die sie es wurden. Ja, sogar Domitius Afer, der sie an Kindesstatt angenommen hat, hinterließ ein vor achtzehn Jahren errichtetes Testament, welches er in der Folge so sehr mißbilligte,
6 daß er die Güter ihres [leiblichen] Vaters einziehen ließ. Auffallend war die Härte jenes Mannes, auffallend das Glück dieser [Brüder]: Härte, von Seite des Erstern, weil er den aus der Zahl der Bürger ausstieß, mit welchem er gemeinschaftliche Kinder hatte; Glück für diese, daß der an die Stelle des Vaters
7 trat, der ihnen den Vater genommen hatte. Aber auch diese Erbschaft des Afer mußte sammt dem übrigen, mit seinem Bruder erworbenen Vermögen wieder auf die Tochter des Bruders kommen, von welchem Tullus zum Universalerben eingesetzt und der Tochter vorgezogen worden war, um ihr seine Geneigtheit zu erwerben. Desto lobenswerther ist ein Testament, das Zärtlichkeit, Treue, Ehrgefühl niedergeschrieben haben, worin allen Verwandten, jedem nach seinem Verdienste, Beweise seiner Erkenntlichkeit gegeben wurden; auch seiner Gattin wurden solche gegeben.
8 Die anmuthigsten Landsitze und eine große Summe Geldes erhielt diese so vortreffliche und geduldige Frau, die sich um ihren Mann um so mehr verdient gemacht hatte, je mehr sie wegen

---

¹) Nämlich als Erbgut, worüber er nach Belieben frei verfügen konnte.

ihrer Heirath mit ihm getadelt worden war. Denn daß eine Frau von so glänzender Geburt, so unbescholtenem Charakter, im schon vorgerückten Alter, schon längere Zeit Wittwe und vorhin auch Mutter, sich mit einem reichen alten Manne verehelicht hatte, der durch Krankheit so elend geworden war, daß eine Gattin, auch wenn er sie in seiner Jugend und bei guter Gesundheit geheirathet hätte, seiner überdrüssig werden konnte: das fand man nicht ganz anständig. Denn an allen Gliedern krumm und lahm, genoß er sein so großes Vermögen lediglich mit den Augen, und selbst in seinem Bette konnte er sich nur mit fremder Hilfe bewegen. Ja sogar seine Zähne — man kann es nur mit Ekel und Mitleid aussprechen — mußte er sich von Anderen waschen und reinigen lassen. Man hörte ihn oft selbst sagen, wenn er sich über die Schmach seiner Gebrechlichkeit beklagte: „er müsse die Finger seiner Sklaven jeden Tag lecken." Dennoch lebte er, und lebte gerne, hauptsächlich wegen der Pflege seiner Gattin, welche den Tadel wegen ihrer eingegangenen Heirath durch ihre Beharrlichkeit in Ruhm verwandelt hatte. — Hier hast du nun alle Stadtgespräche. Bereits sind alle Gemälde des Tullus zum Verkaufe ausgeboten [2]). Man erwartet die Versteigerung. Denn er war so reich, daß er die ansehnlichsten Gärten an demselben Tage, an welchem er sie gekauft hatte, mit einer Menge der ältesten Statuen versehen konnte. So viele der schönsten [Kunst-] Werke hatte er in den Scheunen liegen, wo sie nicht beachtet wurden. Nun laß auch du deinerseits es dich nicht verdrießen, wenn bei Euch Etwas, das eines Briefes werth ist, vorfällt, es mir zu schreiben. Denn wenn schon das Ohr des Menschen an einer Neuigkeit Vergnügen findet, so sind auch Beispiele lehrreich für das Leben. Lebe wohl!

---

[2]) Ich habe nach der gewöhnlichen, auch von Schäfer beibehaltenen Lesart: jam sunt venales tabulae Tulli, übersetzt. Nach der Lesart der mediceischen Handschrift: nam sunt omnes fabulae Tullus, wäre zu übersetzen: denn das ganze Stadtgespräch dehnt sich um Tullus.

## XIX.

### C. Plinius an Maximus.

Freude und Trost, beides finde ich in den Wissenschaften; es gibt nichts so Angenehmes, was angenehmer wäre, als [eben] sie; nichts so Trauriges, das durch sie nicht minder traurig würde. Daher nehme ich bei der Angst, worein mich die leidende Gesundheit meiner Gattin, das gefährliche Darniederliegen meiner Leute und auch der Tod einiger derselben versetzt hat, meine Zuflucht zu dem einzigen Linderungsmittel des Schmerzes, dem Studiren, das mich zwar meine unglückliche Lage mehr fühlen, aber auch geduldiger ertragen läßt. Ich habe indeß die Gewohnheit, Alles, was ich in die Hände des Publikums gelangen zu lassen beabsichtige, vorher dem Urtheile meiner Freunde, besonders dem deinigen, zu unterbreiten. Richte also, wenn du es je sonst gethan hast, auch jetzt deine Aufmerksamkeit auf das Buch, welches du mit diesem Briefe erhältst, da ich besorge, dieses bei meiner traurigen Stimmung selbst nicht gehörig gethan zu haben. Meinem Schmerze nämlich konnte ich [in so weit] gebieten, daß ich schrieb, aber mit freiem, heiterem Gemüthe schreiben, das konnte ich nicht. Und wie denn durch die Beschäftigung mit den Wissenschaften eine heitere Stimmung hervorgerufen wird, so durch dieselbe Stimmung die Beschäftigung mit den Wissenschaften. Lebe wohl!

## XX.

### C. Plinius an Gallus.

Wir pflegen Reisen zu unternehmen, das Meer zu durchschiffen, um Dinge kennen zu lernen, denen wir, wenn sie uns vor Augen liegen, keine Beachtung schenken, sei es, weil es unserer Natur eigen ist, daß wir, gleichgiltig gegen das Nächstgelegene, nur auf das Entfernte unsern Sinn richten; sei es, weil die Begierde nach Allem, wozu die Gelegenheit leicht ist, erkaltet, oder weil wir das immer hinausschieben, was wir sehen können, so oft wir wollen, als ob wir es noch oft genug sehen könnten¹). Mag der Grund hievon liegen, worin er wolle: [genug,] es gibt sehr Vieles in unserer Stadt und in deren Nähe, das uns nicht nur nicht vom Sehen, sondern nicht einmal vom Hörensagen bekannt ist. Hätte Achaia, Aegypten, Asien oder irgend ein anderes, an Wundererscheinungen reiches und dieselben anpreisendes Land es hervorgebracht, längst hätten wir davon gehört, darüber gelesen, es durchgemustert. Ich selbst habe wenigstens erst kürzlich Etwas gehört und auch gesehen, was ich vorher weder gehört, noch gesehen hatte. Mein Großschwiegervater²) hatte mich angegangen, seine Güter bei Ameria³) in Augenschein zu nehmen. Als ich in diesen herumwandelte, zeigte man mir den tief unten liegenden See — sein Name ist Vadimo⁴) — und erzählte mir zugleich einiges in's Unglaubliche Fallende. Ich kam selbst hin. Der See gleicht in seinem Umrisse einem liegenden Rade und ist überall rund: keine Bucht, keine Krümmung, Alles abgemessen, gleich, und wie von eines Künstlers Hand gehöhlt und ausgeschnitten. Die Farbe ist heller, als [dunkles] Blau; dunkler, als [wirkliches] Grün; Geruch und Geschmack schwefelartig⁵); [das Wasser] besitzt die Kraft, Zerbrochenes wieder ganz zu machen⁶). Sein Umfang ist nur mäßig, doch ist

---

¹) Gerade so ging es mir selbst zweimal. Ich habe nahezu zehn Jahre in Wien gelebt, und bin nie dazu gekommen, das Innere des nur eine kleine Stunde von der Stadt entlegenen kaiserlichen Lustschlosses Schönbrunn zu sehen. Eben so wenig sah ich die weltberühmten Wasser in St. Cloud und Versailles springen, obgleich ich in den Jahren 1833—1845 nicht weniger als achtmal in Paris war. Dagegen habe ich von Wien aus mehr als einmal Ausflüge bis tief hinein nach Ungarn, und von Paris aus dergleichen nach Havre und Lyon gemacht.
²) Fabatus, an den mehrere, in dieser Sammlung befindliche Briefe gerichtet sind.
³) Jetzt Amelia im — nun auch nicht mehr bestehenden — Kirchenstaate.
⁴) Jetzt Lago di Bassanello.
⁵) Nach der einzig verständlichen Lesart und Interpunction: viridiore pressior; sulphuris odor saporquo medicatus etc.
⁶) Wahrscheinlich durch Incrustation, eine nicht ungewöhnliche Erscheinung. Schäfer.

5 er der Einwirkung der Winde ausgesetzt und wirft Wellen. Ein Schiff befindet sich nicht darauf — denn er ist heilig — allein es schwimmen darin grastragende Inseln, sämmtlich mit Rohr und Binsen bedeckt, und was sonst noch der fruchtbare, sumpfige Boden und selbst die Einfassung des See's erzeugt. Jede hat ihre eigenthümliche Gestalt und Größe, bei allen ist der Rand kahl, weil sie häufig entweder an das Ufer, oder gegen einander
6 selbst anstoßen und sich gegenseitig abreiben. Die Höhe ist bei allen gleich, ebenso ihre Leichtigkeit, weil sie, wie ein Schiffskiel, nur mit seichtem Grunde in's Wasser hinabgehen. Man sieht diesen von allen Seiten sehr deutlich, da er eben so weit über, als unter dem Wasser steht. Zuweilen, wenn sie sich dicht an einander anschließen, sehen sie wie festes Land aus; manchmal werden sie von gegen einander kämpfenden Winden aus einander getrieben; manchmal schwimmen sie bei Windstille einzeln ruhig
7 umher. Oft hängen die kleineren an die größeren sich an, wie die Nachen an die Lastschiffe; oft beginnen die größeren und kleineren eine Art Wettlauf und Kampf unter einander; werden sie alle wieder auf einen Fleck getrieben, so vergrößern sie da, wo sie stehen geblieben sind, das feste Land und machen bald hier, bald dort den See mehr oder weniger sichtbar, und nur dann, wann sie sich in der Mitte halten, lassen sie ihn nicht kleiner
8 erscheinen. Man weiß, daß das Vieh, wann es dem Grase nachgeht, diese Inseln, als bildeten sie noch den Rand des Ufers, zu betreten pflegt, und nicht eher wahrnimmt, daß der Boden beweglich ist, bis es, vom Ufer weggerissen und von allen Seiten vom See umflossen, in Schrecken geräth, gerade, als hätte man es [in die Inseln] hineingetragen und versetzt. Wenn es dann bald darauf da, wohin es der Wind getrieben, an's Land tritt, so merkt es eben so wenig, daß es herab, als zuvor, daß es hin=
9 aufgestiegen ist. Derselbe See hat seinen Ablauf in einen Fluß, welcher, nachdem er kurze Zeit sichtbar gewesen ist, sich in eine Höhle versenkt und tief unter der Erde fortströmt. Wirft man Etwas hinein, bevor er unsichtbar wird, so nimmt er es auf,
10 bewahrt es und bringt es wieder zum Vorschein. Dieses schreibe ich dir, weil ich glaubte, daß es dir ebenso unbekannt und

ebenso angenehm sein werde, wie mir. Denn auch für dich, wie für mich, hat Nichts so großen Reiz, als die Werke der Natur. Lebe wohl!

## XXI.
### C. Plinius an Arrianus.

Wie im Leben, so halte ich es auch in den Wissenschaften für das Schönste und dem menschlichen Gefühle am meisten Entsprechende, Ernst und Heiterkeit so zu mischen, daß jener nicht in Trübsinn, diese nicht in Muthwillen ausartet. Aus diesem 2 Grunde gebe ich mich zwischen meine wichtigeren Geschäfte hinein [immer auch] Spielereien und Scherzen hin. Zu dem Zwecke habe ich mir die gelegenste Zeit und den passendsten Ort gewählt; und damit sie gleich von vorne herein gewöhnt werden, von geschäftsfreien Leuten und bei der Tafel sich vernehmen zu lassen, habe ich im Monat Julius, wo die Rechtsgeschäfte zumeist ruhen[1]), meine Freunde [bei mir] versammelt und Pulte vor ihre Polster gestellt. Zufällig wurde ich an demselben Tage als 3 Rechtsbeistand in einer unvermuthet ausgekommenen Streitsache abgerufen, was mir Gelegenheit zu einer Voranrede gab. Ich bat nämlich, es möchte Niemand es mir als einen Mangel an Achtung für meine Aufgabe[2]) vorwerfen, daß ich, nachdem ich vor Freunden, und zwar wenigen [auserlesenen], eine Vorlesung zu halten Willens gewesen, mich nicht hätte abhalten lassen, für andere Freunde Geschäfte auf dem Forum zu besorgen. Ich fügte noch hinzu, daß ich auch beim Schreiben die Ordnung beobachte, das Nothwendige dem Vergnügen, das Ernsthafte dem

---

[1]) Im Monat Julius und zum Theil auch noch im August waren die sogenannten Ernteferien, während welcher, dringende Fälle ausgenommen, keine Gerichtssitzungen stattfanden.

[2]) Nämlich: für die versprochene Vorlesung seiner Arbeit.

Beluftigenden vorzuziehen, und zuerst für meine Freunde, und
4 dann erst für mich zu schreiben. Die [Gesammt=] Arbeit bot
sowohl durch die verschiedenen Aufsätze, als durch die Versmaße,
viel Abwechselndes dar. So pflege ich, weil ich meinem Talente
nicht viel zutraue, der Gefahr, langweilig zu werden, zu ent=
gehen. Ich habe zwei Tage lang vorgelesen; dieß erheischte der
Beifall meiner Zuhörer; und während Andere Manches über=
gehen, und dieses Uebergehen [ihren Zuhörern] hoch anrechnen,
lasse doch ich Nichts hinweg, und sage auch ausdrücklich, daß ich
Nichts hinweglasse. Denn ich lese Alles, um Alles verbessern
zu können, was bei denen nicht der Fall sein kann, die nur
5 ausgewählte Stücke vorlesen. „Aber jenes zeugt von mehr Be=
scheidenheit und Achtung [vor den Zuhörern]." Aber dieses von
mehr Aufrichtigkeit und freundlicher Gesinnung. Denn der ist
selbst Freund, der Anderen so viel Freundschaft für sich zutraut,
daß er nicht fürchtet, ihnen Langeweile zu machen. Und was
gewähren uns denn Freunde sonst noch, wenn sie nur um ihres
eigenen Vergnügens willen zusammenkommen? Ein Weichling
und um Nichts besser als ein völlig Fremder ist der, welcher
von einem Freunde lieber eine schöne Arbeit hören, als sie [ihm]
6 dazu machen [helfen] will. Ich zweifle nicht, daß du bei deiner
sonstigen Freundschaft für mich diese dem jungen Moste glei=
chende Schrift je eher je lieber zu lesen wünschest. Lesen sollst
du sie, aber verbessert; dieß war der Grund, warum ich sie vor=
las; doch kennst du ja schon Einiges daraus. Dieses wirst du
alsdann verbessert, oder — wie dieß zuweilen bei längerem sich
Besinnen der Fall ist — verschlechtert, so zu sagen als etwas
ganz Neues und Umgeschaffenes zu sehen bekommen. Denn wo
das Meiste abgeändert ist, hält man auch das, was seine frühere
Gestalt noch hat, für abgeändert. Lebe wohl!

## XXII.

### C. Plinius an Geminius.

Kennst du wohl solche Menschen, welche, selbst Sklaven
aller [bösen] Lüste, über die Fehler Anderer so in Zorn gerathen,

als ob sie ihnen neidig darum wären, und diejenigen am härtesten strafen, denen sie am meisten nachahmen? Und doch steht selbst Denen, die keiner Nachsicht von Seiten Anderer bedürfen, Nichts besser an, als Milde. Ich für meine Person halte den 2 für den Besten und Vollkommensten, der Anderen [gerade] so verzeiht, als ob er selbst täglich fehlte, und sich so vor Fehlern in Acht nimmt, als ob er Niemanden verziehe. Halten wir so= 3 mit zu Hause, halten wir in der Außenwelt, halten wir in allen Lebensverhältnissen daran fest, daß wir gegen uns selbst unerbittlich sind, uns aber [leicht] erbitten lassen gegen Diejenigen, die Niemanden zu verzeihen wissen, außer sich selber, und prägen wir es uns in's Gedächtniß ein, was der äußerst mildgesinnte und ebendarum auch so große Mann, Thrasea[1]), so oft zu sagen pflegte: „wer die Laster haßt, haßt [auch] die Menschen". Du fragst vielleicht, was mich dazu bewogen habe, dir dieses zu schreiben? Neulich hat ein Gewisser — doch, da= 4 von besser mündlich; aber nein, auch das nicht, denn ich fürchte, es möchte das, was ich mißbillige, das Verfolgen, Durchhecheln, Nachreden, mit dem, was ich so eben als Lehre aufstellte, im

---

[1]) Thrasea Pätus, ein Mann voll Patriotismus und Freimuth, wagte unter der Regierung Nero's Reden und Handlungen, welche damals höchst verderblich waren. Als der niederträchtige Senat den Geburtstag der von Nero gemordeten Agrippina unter die verworfenen Tage (dies nefastos) zählte, erhob sich Thrasea und verließ die Versammlung. Der Prätor Antistius, der ein von ihm auf Nero verfaßtes Spottgedicht bei einem Gastmahl öffentlich vorlas, wurde vom Senate zum Tode verurtheilt; Thrasea sprach ohne Rückhalt zu Gunsten des Verurtheilten, und setzte zu Nero's großem Mißfallen seine gelindere Ansicht durch. Endlich aber brach das Ungewitter doch über ihm los. Ein Ankläger, Capito Cossutianus, trat öffentlich gegen Thrasea auf und beschuldigte ihn solcher Handlungen, welche sonst nur Beweise von edlem Freimuthe, unter Nero aber schwere Verbrechen waren. Des Kaisers Urtheil war: daß Thrasea sich seinen Tod selbst wählen dürfe. Ruhig hörte er dasselbe an, ging mit seinem Schwiegersohn Helvidius Priscus aus dem Garten, wo er sich bei der Urtheilsverkündigung eben mit mehreren Freunden befand, in sein Zimmer, ließ sich die Adern öffnen und hauchte mit den Worten an den Quästor, der ihm das Todesurtheil überbracht hatte: „Siehe, junger Mann, du bist zu einer Zeit geboren, wo es gut ist, sein Herz durch Beispiele edlen Muthes zu waffnen," seinen großen Geist aus.

Widerspruche stehen. Wer er und was er auch sein mag, bleibe verschwiegen. Wenn ich ihn bezeichne, ist [zwar] des Beispiels wegen etwas Weniges, wenn ich ihn nicht bezeichne, für die Menschenliebe sehr viel gewonnen. Lebe wohl!

## XXIII.
## C. Plinius an Marcellinus.

Alle meine Studien, alle meine Sorgen, alle meine Erholungen hat mir der tiefe Schmerz über den Tod des Junius 2 Avitus genommen, geraubt, entrissen. In meinem Hause hatte er das Gewand der Senatoren[1]) angelegt; meine Stimme war es, die ihn bei [allen] Bewerbungen um Ehrenämter unterstützte, zudem liebte und achtete er mich so, daß er mich als den Bildner seines Charakters, gleichsam als seinen Lehrer be- 3 trachtete. Es ist das eine seltene Erscheinung bei unseren jungen Leuten. Denn wie viele gibt es wohl unter ihnen, die sich dem [gereiften] Alter, oder dem Ansehen eines Andern unterordnen? Sie sind sogleich weise, wissen sogleich Alles, haben vor Niemanden Achtung, nehmen sich Niemanden zum Vorbilde, und sind sich selbst Muster. Nicht so Avitus: seine größte Klugheit war die, daß er Andere für klüger hielt, seine 4 größte Gelehrsamkeit, daß er lernen wollte. Immer erbat er sich entweder über seine Studien, oder über die Pflichten des Lebens meinen Rath; immer ging er mit der Ueberzeugung hinweg, er sei besser geworden, und er war es auch, nicht nur durch das, was er gehört, sondern überhaupt schon durch das, 5 was er gefragt hatte. Wie ehrerbietig erwies er sich gegen Servianus, diesen so pünktlichen Mann, den er als Legaten als dessen Tribunus so verstand und für sich einzunehmen wußte,

---

¹) Latus clavus, wörtlich: der Purpurstreifen, das Ehrenabzeichen der Senatoren. Unter den Kaisern zogen auch die Söhne der Senatoren zugleich mit der männlichen Toga die mit der breiten Purpurverbrämung versehene Tunica an.

daß er ihn auf seinem Marsche aus Germanien nach Pannonien²) nicht als Kriegsgefährte, sondern als Gesellschafter und Freund begleitete. Wie hat er durch seinen Geschäftseifer und seine Bescheidenheit als Quästor sich bei seinen Consuln — und er hatte deren mehrere — ebenso angenehm und beliebt, als nützlich gemacht! Mit welcher Rührigkeit, welcher Wachsamkeit hat er sich um eben diese Aedilswürde, welcher er vor der Zeit entrissen wurde, beworben! Das ist es hauptsächlich, was meinem Schmerze solche Wunden schlägt. Vor Augen schweben mir seine vergeblichen Anstrengungen, seine fruchtlosen Bitten, das Ehrenamt, das er in so hohem Grade verdiente. Im Geiste sehe ich wieder jenes senatorische Gewand, das er in meiner Behausung anlegte; vernehme ich wieder jene meine erste und letzte Wahlstimme [für ihn], jene Unterredungen, jene von mir erbetenen Rathschläge. Mich rührt seine Jugend, rührt das Schicksal seiner Familie. Er hatte eine hochbetagte Mutter, hatte eine Gattin, die er vor einem Jahre erst als ein ganz junges Mädchen geheirathet hatte, hatte eine Tochter, die ihm kürzlich erst geboren worden war. So viele Hoffnungen, so viele Freuden hat ein einziger Tag in das Gegentheil umgewandelt. So eben erst zum Aedilis ernannt, seit Kurzem erst Gatte, seit Kurzem erst Vater, verließ er ein noch nicht angetretenes Ehrenamt, eine verwaiste Mutter, eine verwittwete Gattin, eine unmündige Tochter, die ihren Vater gar nicht kannte. Was meine Thränen noch vermehrt, ist das, daß ich abwesend war, und Nichts von dem über mir schwebenden Unglücke wußte, daß ich seine Krankheit und sein Hinscheiden zugleich erfuhr, um mich nicht durch die Furcht an den so herben Schmerz gewöhnen zu können. Unter solchen peinlichen Gefühlen schreibe ich dir dieses, und schreibe dir sonst Nichts, als dieses. Denn ich kann jetzt nichts Anderes denken oder reden. Lebe wohl!

---

²) Das Pannonien der Römer begriff von der jetzigen österreichisch-ungarischen Monarchie: das Viertel Unter-Wienerwald des Erzherzogthums, ganz Niederungarn, Slavonien, einen Theil von Kroatien und Krain, sowie auch von dem türkischen Bosnien.

## XXIV.
### C. Plinius an Maximus.

Meine Liebe zu dir treibt mich, nicht, dir Lehren zu geben, — denn du bedarfst keines Lehrers — sondern dich nur [freundlich] zu erinnern, daß du das, was du schon weißt, behaltest und ausübest, oder mit mehr Nutzen wissest. Bedenke, daß du in die Provinz Achaia geschickt wurdest, in jenes wahre und ächte Griechenland, in welchem zuerst sittliche und wissenschaftliche Bildung, ja sogar der Ackerbau zuerst entstanden sein sollen; daß du hingeschickt wurdest, die Verfassung freier Gemeinwesen zu ordnen, das heißt zu Menschen, die im schönsten Sinne des Wortes Menschen, zu Freien, die im schönsten Sinne frei sind, welche dieses ihnen von der Natur verliehene Recht durch Tugend, Verdienst, Freundschaft, endlich durch Bündnisse[1]) und Religion behauptet haben. Verehre die Götter, ihre Stifter, und die Namen der Götter. Verehre den alten Ruhm und eben dieses Alter, welches bei den Menschen ehrwürdig, bei Städten heilig ist. Erweise Ehre dem Alterthum, den herrlichen Thaten, selbst den Sagen. Entziehe Keinem Etwas von seiner Würde, noch von seiner Freiheit, nicht einmal von seiner Großsprecherei. Habe [stets] vor Augen, daß dieses das Land ist, welches uns seine Rechte zugesandt, welches nicht als ein besiegtes Gesetze empfangen, sondern uns auf unsere Bitten solche gegeben hat[2]); daß Athen es ist, welches du betrittst; daß Lacedämon es ist, welches

---

[1]) Hier ist wohl an den achaischen und ätolischen Bund zu denken, die, wenn sie nicht durch unnatürliche Eifersucht untergraben worden wären, zu Grundvesten der griechischen Freiheit hätten werden können.

[2]) Im J. 299 n. E. R. schickten die Römer eine Gesandtschaft nach Griechenland, um von den solonischen Gesetzen eine Abschrift zu nehmen und auch die sonstigen Einrichtungen und Gewohnheiten der griechischen Staaten kennen zu lernen. Dieß diente sodann dem kurz darauf zu Stande gekommenen und vom römischen Volke angenommenen Zwölftafelngesetze als Grundlage. Vgl. Livius 3, 31. 34.

du verwalten sollst ³), und daß, diesen auch noch den letzten Schatten und den noch übrigen Namen der Freiheit rauben, hart, unmenschlich, barbarisch ist. Du siehest, daß von den Aerzten, 5 obgleich bei Krankheiten kein Unterschied zwischen Sklaven und Freien ist, die Freien doch gelinder und nachsichtiger behandelt werden. Denke zurück, was jeder Staat war, um ihn nicht [deßhalb] zu verachten, daß er es nicht mehr ist. Ferne sei von dir Stolz und Strenge. Fürchte dich nicht, [hiedurch] verächtlich zu werden. Kann Einer verachtet werden, der die oberste Ge- 6 walt, der die Machtgebunde hat, wenn er nicht niedrig gesinnt und schmutzig ist, und sich selbst zuerst verachtet? Schlimm ist es, wenn die Macht sich an der Mißhandlung Anderer versucht; schlimm, wenn Achtung durch Schrecken erworben werden will; und weit wirksamer ist die Liebe, um zu erreichen, was man beabsichtigt, als die Furcht. Denn die Furcht geht zugleich mit unserer Entfernung hinweg, die Liebe bleibt: und wie jene sich in Haß verwandelt, so diese in Verehrung. Du mußt dich — 7 ich kann es nicht oft genug wiederholen — fortwährend an den Zweck deines Amtes erinnern, und dir selbst klar machen, was und wie viel es auf sich habe, die Verfassung freier Gemeinwesen zu ordnen. Denn was erwirbt die Zuneigung einer Bürgerschaft 8 sicherer, als die Ordnung? Was ist köstlicher, als die Freiheit? Wie schändlich aber ist es, wenn die Ordnung sich in Umsturz, die Freiheit in Sklaverei verkehrt? Hiezu kommt noch, daß du mit dir selbst wetteifern mußt: es lastet auf dir der Ruf deiner Quästur, den du im schönsten Lichte aus Bithynien mitbrachtest; das Zeugniß des Kaisers, dein Tribunat, deine Prätur, und diese Sendung selbst, welche dir als eine Art von Belohnung übertragen wurde. Um so mehr muß es dein Bestreben sein, dir 9 nicht den Schein zu geben, als habest du in einer weit entlegenen

---

3) Nachdem im peloponnesischen Kriege Athen von den Lacedämoniern auf's Tiefste gedemüthigt war, und Viele die Ansicht äußerten, man solle Ersteres in einen Aschenhaufen verwandeln, da waren es die Lacedämonier selbst, welche sich dagegen erklärten mit den Worten: „sie wollten Griechenland keines von seinen zwei Augen ausstechen". Justin, 5, 8.

Provinz mehr, als in einer benachbarten, unter dienstbaren Völ=
kern mehr, als unter freien, auf einer durch's Loos erhaltenen
Sendung mehr, als auf einer durch [kaiserliche] Entschließung dir
übertragenen, als Unbekannter und Unerfahrener mehr, denn als
Erprobter und Bewährter, Menschlichkeit, Güte, Erfahrung be=
wiesen. Es ist ja überhaupt, wie du oft gehört, oft gelesen
hast, viel häßlicher, den Ruhm wieder zu verlieren, als ihn nie
zu erlangen. Das bitte ich dich zu glauben, daß ich — wie ich
gleich im Anfange gesagt habe — dieses nur schreibe, um dich
freundschaftlich zu erinnern, nicht, um dir Lehren zu geben, und
— doch auch, um dir solche zu geben. Denn ich besorge nicht,
in meiner Liebe zu weit gegangen zu sein; auch hat es keine
Gefahr, daß das zuviel werde, was so groß als möglich sein
soll. Lebe wohl!

# Neuntes Buch.

## I.
### C. Plinius an Maximus.

Schon oft habe ich dich erinnert, die Schrift, welche du für dich, oder gegen den Planta, oder vielmehr [zugleich] für dich und gegen ihn — denn so brachte es der Stoff nothwendig mit sich — verfaßt hast, baldmöglichst herauszugeben. Namentlich jetzt, da ich höre, daß er todt ist, muß ich dich hiezu auffordern und [nochmals] daran erinnern. Denn obgleich du sie Vielen vorge= 2 lesen und zum Lesen gegeben hast, so mochte ich doch nicht haben, daß Jemand glaubte, sie sei erst nach seinem Hinscheiden angefangen worden, da du sie ja doch bei seinen Lebzeiten bereits vollendet hast. Halte dir den Ruf der Standhaftigkeit aufrecht; dieß wird 3 aber geschehen, wenn es Freunden wie Feinden bekannt wird, daß du nicht erst nach dem Tode deines Feindes Muth zum Schreiben bekommen hast, sondern daß sein Tod nur der schon zur Herausgabe fertigen Arbeit zuvorgekommen ist. So vermeidest du zugleich auch jenen Spruch:

Sünde ja ist es, zu jauchzen[1] . . . .

Denn, was über einen [noch] Lebenden geschrieben, über einen 4 [noch] Lebenden vorgelesen wurde, das wird, auch wenn er todt

---

[1] Aus Homer Odyssee 22, 412. Der vollständige Vers daselbst lautet:
Ueber erschlagene Menschen zu jauchzen ist Frevel und Sünde.

ist, als noch bei seinen Lebzeiten herausgegeben betrachtet, wenn
es sogleich [nach] seinem Tode] herausgegeben wird. Wenn du
daher etwas Anderes unter den Händen hast, so lege es inzwischen
zurück und vollende indessen diese Arbeit, die zwar ich, der ich sie
schon früher gelesen habe, für bereits vollendet halte. Allein nun
mußt auch du sie dafür halten, da die Sache selbst keine weitere
Verzögerung erheischt und die Zeitumstände solche verbieten.
Lebe wohl!

## II.

### C. Plinius an Sabinus.

Es ist mir höchst angenehm, daß du nicht nur recht viele,
sondern auch recht lange Briefe von mir verlangst. Ich war [bis
daher] ziemlich sparsam damit, theils weil deine Geschäfte mich
[etwas] schüchtern machten, theils weil ich selbst durch eine Menge
meist abgeschmackter Geschäfte abgehalten wurde, welche den Geist
zugleich zerstreuen und niederdrücken. Ueberdieß bot sich mir auch
kein Stoff zu häufigerem Schreiben dar. Denn ich befinde mich
nicht in derselben Lage, wie M. Tullius, auf dessen Beispiel du
mich verweisest. Diesem stand nämlich das fruchtbarste Talent,
und seinem Talente eine Mannigfaltigkeit und Großartigkeit der
Gegenstände im reichlichsten Maße zu Gebot. Wie enge aber die
Grenzen sind, in welche ich eingeschlossen bin, das weißt du,
auch wenn ich dir's nicht sage; ich müßte dir nur etwa schulgerechte und, so zu sagen, in der Stubenluft geschriebene Briefe
senden. Allein Nichts würde ich für ungereimter halten, wenn
ich an eure Waffen, euer Lager, wenn ich an eure Kriegshörner,
eure Trompeten, euern Schweiß, euern Staub und eure Sonnen=
hitze denke. Da hast du, wie mir dünkt, eine vollgiltige Entschuldigung, und dennoch weiß ich nicht, ob ich wünschen soll, daß
du damit befriedigt bist. Denn es ist ein Beweis der innigsten
Freundschaft, seinen Freunden wegen der Kürze ihrer Briefe keine
Verzeihung angedeihen zu lassen, auch wenn man von der Triftigkeit ihrer Gründe überzeugt ist. Lebe wohl!

## III.
### C. Plinius an Paullinus.

Der Eine hält Diesen, der Andere einen Andern, ich Den für den glücklichsten Menschen, welcher sich schon des Vorgenusses eines guten und bleibenden Rufes erfreut, und, der Nachwelt sicher, mit seinem künftigen Ruhme [schon jetzt] lebt. Schwebte mir nicht der Preis der Unsterblichkeit vor Augen, so würde ich mich am liebsten jener behaglichen und tiefen Ruhe hingeben. Denn nach meinem Dafürhalten müssen alle Menschen entweder an ihre Unsterblichkeit, oder an ihre Sterblichkeit denken: jene müssen voll Eifers, voll ernsten Strebens sein; diese ausruhen, sich erholen, das kurze Leben nicht mit vergänglichen Arbeiten belasten, wie so Viele, die ich bei [all] ihrer erbärmlichen und dabei undankbaren Scheinthätigkeit doch zu Nichts weiter, als zu selbsteigener Verächtlichkeit gelangen sehe. Ich schreibe dir dieses, womit ich mich täglich beschäftige, um es alsbald aufzugeben, wenn du abweichender Ansicht bist. Doch wird dieß nicht der Fall sein, da deine Gedanken immer auf etwas Großes und Unsterbliches gerichtet sind. Lebe wohl!

## IV.
### C. Plinius an Macrinus.

Ich würde befürchten, du möchtest die Rede, welche du mit diesem Briefe erhältst, über die Maßen lang finden, wenn sie nicht von der Art wäre, daß sie öfter zu beginnen, öfter aufzuhören scheint, denn jeder einzelne Anklagepunkt enthält, so zu sagen, eine eigene Rechtssache. Du kannst daher, du magst anfangen oder aufhören wo du willst, das Folgende [immer] als Anfang und auch gewissermaßen als Fortsetzung lesen, und wirst mich zwar im Ganzen sehr weitläufig, in den einzelnen Theilen aber sehr kurz finden. Lebe wohl!

## V.
### C. Plinius an Tiro.

Höchst lobenswürdig verfährst du — denn ich halte strenge Nachfrage nach dir — indem du den Bewohnern deiner Provinz¹) deine Gerechtigkeitsliebe durch so große Humanität zu empfehlen weißt, wozu hauptsächlich das gehört, daß man sich den Personen von besserem Stande anschließt, und sich bei den Geringeren so beliebt macht, daß man sich daneben auch die Zuneigung der Vornehmsten sichert. Allein die Meisten kommen darüber, daß sie sich den Schein zu geben scheuen, als ob sie auf die Gunst der Mächtigen allzu großes Gewicht legten, in den Ruf mangelnder Lebensart und sogar einer böswilligen Gesinnung. Von diesem Fehler hast du dich völlig ferngehalten, ich weiß es; gleichwohl kann ich nicht umhin, meinem Lobe den Ton der Erinnerung zu geben, daß du bei der Unterscheidung des Standes und Ranges das richtige Maß beobachtest; denn wenn man hier Alles unter einander wirft, vermischt und vermengt, so wird die Gleichheit selbst zur größten Ungleichheit. Lebe wohl!

## VI.
### C. Plinius an Calvisius.

Ich habe diese ganze Zeit zwischen Schreibtafeln und Büchern in der allerangenehmsten Ruhe zugebracht. „Wie" — sagst du — „konntest du das in der Stadt?" Es waren die Spiele im Circus¹), eine Art von Schauspiel, die mich nicht im Ge-

---

¹) Tiro bekleidete damals die Statthalterschaft in der Provinz Bätica. Vgl. B. VII. Br. 16.

¹) Diese bei den Römern sprichwörtlich gewordenen Spiele — man denke nur an die bekannte Nebensart Panem et Circenses — wurden in dem, schon von dem Könige Tarquinius Priscus angelegten, sogenannten Circus maximus abgehalten, der aber erst durch Julius Cäsar seine vollkommene Gestalt erhalten hatte. Sie bestanden in Pferde- und Wagenrennen, verschiedenen Arten von körperlichen Wettkämpfen, Thiergefechten u. dgl.

ringsten anzieht. Es gibt dabei nichts Neues, keine Abwechselung,
Nichts, woran man nicht genug hätte, wenn man es einmal ge=
sehen hat. Um so mehr wundere ich mich, daß so viele tausend 2
Männer das so kindische Verlangen haben, immer wieder ren=
nende Pferde und auf Wagen stehende Menschen zu sehen. Wenn
es nur auch wenigstens die Schnelligkeit der Pferde oder die
Kunstfertigkeit der Menschen wäre, was sie anzöge, so gäbe das
noch einen [vernünftigen] Grund ab; so aber ist es ein Stück
Tuch²), dem sie ihren Beifall schenken, ein Stück Tuch, dem sie
ihre Neigung zuwenden; und wenn mitten im Laufe, mitten im
Wettkampfe diese Farbe dorthin, jene hierher versetzt würde, so
würde ihre Neigung und Gunst ebenfalls zur Ueberläuferin wer=
den, und sie würden auf der Stelle jene Lenker und Pferde, die
sie schon von Weitem kennen, und deren Namen sie ausrufen,
aufgeben. Solcher Reiz, solche Wichtigkeit liegt in einer einzigen
lumpigen Jacke; ich will nicht sagen, bei dem Pöbel, der noch 3
weniger gilt, als eine [solche] Jacke, sondern bei gewissen Män=
nern von Ansehen. Wenn ich daher bedenke, daß diese bei einer
so leeren, geistlosen, bis in's Unendliche fortdauernden Sache so
unersättlich und müßig dasitzen, so macht es mir einiges Vergnü=
gen, daß ein solches Vergnügen mich nicht anzieht. Und so ver= 4
wende ich denn diese Tage, welche Andere mit müßiggängerischen
Beschäftigungen verschwenden, meine Muße am liebsten auf das
Studiren. Lebe wohl!

## VII.

### C. Plinius an Romanus.

Du bauest, wie du mir schreibst. Gut, so habe ich denn
einen Vertheidiger gefunden. Denn ich baue nunmehr mit Grund,
weil ich mit dir baue. Denn auch darin weichen wir nicht von

---

²) Die Wettrenner waren in vier Classen abgetheilt, welche sich durch die
Farbe ihrer Kleidung von einander unterschieden: weiß, roth, blau, grün. Domitian fügte noch zwei weitere hinzu: goldgelb und purpurfarbig. Jede dieser
Classen hatte ihren Anhang unter den Zuschauern, die ihr Interesse für ihre Lieb-
linge nicht selten auf die tollste Weise kundgaben.

einander ab, daß du an das Meer bauſt, ich an den Lariſchen
2 See. An dem Ufer deſſelben habe ich mehrere Landhäuſer, aber
zwei davon, die mir das meiſte Vergnügen machen, machen mir
auch das meiſte Geſchäft. Das eine iſt, wie zu Bajä, auf einen
Felſen gebaut und hat die Ausſicht auf den See; das andere,
3 ebenfalls wie zu Bajä, berührt denſelben. Daher pflege ich jenes
meine Tragödie, dieſes meine Comödie zu nennen; jenes [ſo], weil
es gleichſam auf dem Cothurn, dieſes, weil es gleichſam auf dem
Soccus¹) ſteht. Jedes hat ſeine [eigenthümliche] Schönheit, und
ſie bieten Dem, welcher beide beſitzt, eben durch ihre Verſchieden=
4 heit um ſo mehr Reiz. Dieſes liegt dem See näher, jenes dehnt
ſich weiter an demſelben aus; dieſes zieht ſich in einer ſanften
Krümmung nur um eine einzige Bucht herum, jenes ſcheidet mit
einem hoch aufſtrebenden Felsrücken zwei Buchten von einander;
dort erſtreckt ſich ein gerader Spazierweg in langem Rande über
dem Ufer, hier bildet er durch eine geräumige Terraſſe eine ſanfte
Biegung; jenes wird von den Wellen nicht berührt, an dieſem
brechen ſie ſich; von jenem aus kann man den Fiſchenden zuſehen,
von dieſem aus ſelbſt fiſchen und die Angel aus dem Schlafge=
mache und faſt von dem Bette aus, wie aus einem Kahne, aus=
werfen. Dieß ſind für mich die Gründe, an beide das Fehlende
noch anbauen zu laſſen, weil [bei beiden] noch Platz dazu iſt²).
5 Doch, warum dir Gründe angeben? Iſt es ja doch für dich
Grundes genug, daß du daſſelbe thuſt. Lebe wohl!

## VIII.
### C. Plinius an Augurinus.

Wenn ich erſt, nachdem ich von dir gelobt worden bin, an=
fange auch dich zu loben, ſo fürchte ich, mir den Schein zu geben,

---

¹) Der Cothurn war eine Art Schuh mit hohem Abſatze, deſſen ſich die Schau=
ſpieler in der Tragödie bedienten, um ihre Figur beſto anſehnlicher erſcheinen zu
laſſen, wogegen der Soccus ein niedriger Schuh ohne Abſatz war, worin die Schau=
ſpieler im Luſtſpiele auftraten.

²) Ich folge hier der Erklärung Schäfer's, welche mir die natürlichſte zu
ſein ſcheint

nicht sowohl mein Urtheil auszusprechen, als vielmehr meinen
Dank abzustatten. Allein selbst auf diese Gefahr hin erkläre ich
Alles, was du geschrieben, für vortrefflich, namentlich aber das,
was du über mich geschrieben hast. Der Grund hievon ist [bei
uns Beiden] einer und derselbe: denn du schreibst immer am
besten, wenn du über deine Freunde schreibst, und ich lese immer
am besten, wenn ich über mich lese. Lebe wohl!

## IX.
### C. Plinius an Colo.

Was mir einzig und allein gefällt, ist, daß dich der Tod
des Pompejus Quinctianus so schmerzlich berührt, daß du durch
deine Sehnsucht die Liebe zu ihm auch noch nach seinem Dahin=
scheiden fortsetzest; nicht, wie die Meisten, welche nur die Leben=
den lieben, oder vielmehr nur sich stellen, als ob sie sie liebten,
ja nicht einmal sich so stellen, wenn sie dieselben nicht in glück=
lichen Umständen sehen. Denn der Unglücklichen vergessen sie,
wie der Gestorbenen. Aber deine Treue ist so unwandelbar,
deine Beständigkeit in der Liebe so groß, daß sie nur mit deinem
Tode aufhören kann. Und, wahrlich! Quinctianus war auch der 2
Mann, welcher eine Liebe verdiente, wovon er selbst ein Muster
war. Er liebte die Glücklichen, beschützte die Unglücklichen und
hing mit Sehnsucht an den verstorbenen Freunden. Welche Red=
lichkeit in seinem Antlitz! welche Bedachtsamkeit in seiner Rede!
welches Gleichgewicht in seinem Ernst und seiner Freundlichkeit!
welcher Eifer für die Wissenschaften! welch richtiges Urtheil!
welch kindliche Liebe, welche er seinem ihm so ganz unähnlichen
Vater bewies! wie hinderte es ihn so gar nicht, während er der
beste Sohn war, auch für den besten Mann zu gelten [1]! Allein, 3
warum schlage ich deinem Schmerze neue Wunden? Deine Liebe
zu dem jungen Manne [2] war von der Art, daß es dir lieber

---

[1] D. h. er liebte als Sohn seinen Vater als solchen, ohne dessen Laster
anzunehmen.
[2] Nach der Lesart des Codex Medic. juvenem, statt des gewöhnl. viventem.

ist, dieses zu hören, als gar Nichts über ihn zu hören, namentlich von mir, durch dessen Lob nach deiner Ansicht sein Leben verherrlicht, sein Andenken verlängert, und selbst das [jugendliche] Alter, in welchem er hinweggerafft wurde, wieder ergänzt werden kann. Lebe wohl!

## X.

### C. Plinius an Tacitus.

Gerne würde ich deinen Lehren gehorchen, allein an wilden Schweinen ist hier ein so großer Mangel, daß Minerva und Diana, welche man, wie du sagst, mit einander verehren muß, 2 nicht wohl vereinigt werden können. Somit muß ich mich auf den Dienst der Minerva beschränken, doch auch hierin Maß halten, wie es sich auf dem Lande und im Sommer gebührt. Unterwegs habe ich einige Kleinigkeiten, die es verdient hätten, alsbald wieder ausgelöscht zu werden, mit der Geschwätzigkeit niedergeschrieben, wie man sich diese im Wagen erlaubt. Diesen habe ich noch Einiges in meinem Landhause beigefügt, da ich zu etwas Anderem keine Lust hatte. Mit den Gedichten also hat es gute Ruhe, von denen du glaubst, daß sie in Wäldern und Hainen 3 am besten gedeihen. Eine und die andere meiner kurzen Reden habe ich verbessert, obwohl diese Art von Arbeit etwas Reizloses, Unangenehmes hat und mehr den Arbeiten, als den Vergnügungen des Landes ähnlich ist. Lebe wohl!

## XI.

### C. Plinius an Geminus.

Ich habe deinen höchst angenehmen Brief erhalten; er war mir dieß um so mehr, weil du darin von mir verlangtest, Etwas zu schreiben, was in deine Schriften eingerückt werden könnte. Ein Stoff wird sich schon finden lassen, entweder der von dir vorgeschlagene, oder ein anderer, noch besserer. Es enthält nämlich jener einige Bedenklichkeiten; siehe dich nur um und sie werden dir aufstoßen. Ich glaubte nicht, daß es zu Lugdunum ¹) 2 Buchhändler gebe; mit um so größerem Vergnügen habe ich aus deinem Schreiben ersehen, daß meine kleinen Schriften [dort] Käufer finden, daß sie auch auswärts den Beifall behaupten, den sie sich hier in der Stadt erworben haben. Denn ich fange an, Etwas für vollendet genug zu halten, worüber die durch so weit von einander entlegene Landstriche getrennten Urtheile der Menschen sich vereinigen. Lebe wohl!

## XII.
### C. Plinius an Junior.

Ein Gewisser gab seinem Sohne einen Verweis, daß er für den Ankauf von Pferden und Hunden gar zu viel ausgebe. Diesem sagte ich, nachdem der junge Mensch sich entfernt hatte: „Höre, hast du nie Etwas gethan, worüber dein Vater dir hätte Vorwürfe machen können? Gethan, sage ich? Thust du nicht noch zuweilen jetzt Etwas, was dein Sohn, wenn er plötzlich Vater würde und du Sohn, zu tadeln hätte? Lassen sich nicht alle Menschen von irgend einer Schwachheit verleiten? Hat nicht der Eine diese, der Andere jene Lieblingsneigung?" Durch die= 2 ses Beispiel übertriebener Strenge und durch unsere gegenseitige Freundschaft veranlaßt, schreibe ich Dir Gegenwärtiges, damit nicht auch du einst mit deinem Sohne allzu streng und hart verfahren mögest. Bedenke, daß er noch ein Knabe ist, und daß auch du einst einer warest; und gebrauche deine Stellung als Vater so, daß du nie vergissest, du seiest ein Mensch und eines Menschen Vater. Lebe wohl!

## XIII.
### C. Plinius an Quadratus.

Mit je mehr Eifer und Aufmerksamkeit du die von mir verfaßte Vertheidigungsrede für Helvidius ¹) gelesen hast, um so

---

¹) Das heutige Lyon.
¹) Er war der Sohn des Helvidius Priscus. Domitian ließ ihn wegen eines

bringender verlangst du von mir, dir ausführlich Alles zu berichten, was in der Schrift selbst nicht enthalten ist, oder Bezug auf dieselbe hat, kurz, den ganzen Hergang der Sache, bei deren Verhandlung du wegen deines Alters nicht zugegen sein konntest.

2 Alsbald nach Domitian's Ermordung reifte in mir der Entschluß, die große und schöne Gelegenheit zur Verfolgung der Schuldigen, zur Rächung der Unglücklichen, zur [eigenen] Geltendmachung zu benützen. Sobann kam mir auch unter den so vielen Verbrechen so Vieler keines gräulicher vor, als daß im Senate ein Senator an den andern, ein gewesener Prätor an einen gewesenen Consul, der Richter an den Angeklagten Hand
3 angelegt hatte. Ueberdieß stand ich auch zu Helvidius in einem so freundschaftlichen Verhältnisse, wie dieß nur mit einem Manne möglich war, der aus Furcht vor den [damaligen] Zeitumständen seinen großen Namen und seine ebenso großen Tugenden in ländlicher Zurückgezogenheit verbarg. In dem gleichen Verhältniß stand ich zu Arria und Fannia, von denen letztere Helvidius' Stiefmutter, erstere die Mutter dieser war. Allein es waren nicht so sehr Privatrücksichten, welche mich antrieben, als meine Pflicht als Staatsbürger, das Unwürdige der That, und die Sache des
4 Beispiels. In den ersten Tagen der wiedergekehrten Freiheit²) nämlich hatte Jeder seine [persönlichen] Feinde — freilich nur die unbedeutenden — mit unordentlichem, stürmischem Geschrei angeklagt und niedergedrückt. Ich dagegen glaubte mit mehr Bescheidenheit und größerem Muthe zu handeln, wenn ich dem verabscheuungswürdigsten Angeklagten nicht mit dem allgemeinen Hasse der Zeit, sondern mit seinem eigenen Verbrechen zusetzte. Nachdem also der erste Sturm sich gelegt hatte, und die von Tag zu Tag abnehmende Erbitterung wieder auf die Bahn der Gerechtigkeit zurückgekehrt war, schickte ich, obgleich ich erst kurz zuvor meine Gattin verloren hatte, zu Anteja, der Wittwe des Helvi-

---

Nachspiels, das er unter dem Titel „Paris und Oenone" verfaßt hatte, und worin der Kaiser eine Satire auf seine Trennung von seiner Gemahlin Domitia Longina erblickte, hinrichten.

²) Nachdem Nerva den Thron bestiegen hatte.

dius, und ließ sie bitten, zu mir zu kommen, weil die noch ganz frische Trauer mich zu Hause zurückhalte.[5]). Als sie kam, sagte ich zu ihr: „Ich bin entschlossen, deinen Gatten nicht ungerächt zu lassen. Melde dieß der Arria und Fannia" — diese waren von ihrer Verweisung wieder zurück —; „gehe mit dir selbst und ihnen zu Rathe, ob ihr die Klage unterschreiben wollt, zu der ich zwar keinen Theilnehmer nöthig habe; allein ich bin nicht so eifersüchtig auf meinen Ruhm, daß ich euch den Antheil daran mißgönnen sollte." Anteja überbringt meinen Auftrag, und Jene zögern nicht. Ganz gelegen fand eine Senatssitzung am dritten Tage darauf statt. Seither habe ich mich in Allem immer an Cornelius gewendet, den ich als den klügsten und einsichtsvollsten Mann unserer Zeit kannte. In dieser Angelegenheit aber war ich mir selbst mit meinem Rathe genügend, aus Furcht, er möchte mich [von meinem Vorhaben] abbringen, denn er war gar zu bedenklich und vorsichtig. Doch brachte ich es nicht über's Herz, ihn an dem zur Ausführung bestimmten Tage von meinem Vorhaben nicht in Kenntniß zu setzen, worüber ich bereits bei mir im Reinen war, weil ich aus Erfahrung wußte, daß man bei einem einmal gefaßten Entschlusse nicht erst Diejenigen um Rath fragen soll, denen man, wenn man sie einmal darum gefragt hat, folgen muß. Ich komme in den Senat, bitte um das Wort und spreche eine kurze Zeit mit dem größten Beifall. Als ich aber anfing das Verbrechen zu berühren, den Schuldigen anzudeuten — jedoch ohne ihn zu nennen — da wurde mir von allen Seiten entgegengeschrieen. Der Eine [sagte]: „Laß uns doch wissen, wer der ist, dessen du so außer aller Ordnung Erwähnung thust;" ein Anderer: „Wer ist angeklagt, bevor noch ein Vortrag [bei dem Senate] gemacht ist?" Wieder ein Anderer: „Gönne man doch uns Ueberlebenden unsere Sicherheit!" Ich höre das mit aller Ruhe und Unerschrockenheit an: so viel ver-

---

[5]) Die Trauerzeit der Männer dauerte bei den Römern nur wenige Tage, während welcher sie mit ungeschorenem Bart und Haar zu Hause blieben. Bei den Frauen dagegen dauerte die Trauer ein volles Jahr, vor dessen Ablauf sie ohne besondere Dispensation sich nicht wieder verehelichen durften.

mag das Bewußtsein eines edeln Vorhabens, und einen so großen
Unterschied macht es für unser Selbstvertrauen oder unsere Furcht,
ob die Menschen das, was wir thun, blos nicht haben wollen,
oder ob sie es mißbilligen. Es wäre zu weitläufig, alle auf bei=
9 den Seiten gefallene Reden noch einmal anzuführen. Zuletzt sagte
der Consul: „Secundus, du kannst, was du zu sagen hast, bei
der Abgabe deiner Stimme vorbringen." „Du gestattest mir da"
— erwiderte ich — „Etwas, was du bis daher Jedermann ge=
stattet hast." Ich setzte mich nieder; man nahm nun andere
10 Dinge vor. Indessen nimmt mich einer meiner consularischen
Freunde auf die Seite und tadelt meinen Schritt, als zu kühn
und unvorsichtig, mit allem Ernste, hält mich zurück und ermahnt
mich, abzustehen. „Du hast dich da" — setzte er noch hinzu —
11 „künftigen Kaisern bemerkbar gemacht." „Mag sein" — ver=
setzte ich — „wenn es nur die schlechten sind." Kaum war Je=
ner hinweggegangen, so kam wieder ein Anderer: „Was wagst du?
Wo willst du hinaus? Welchen Gefahren stürzest du dich ent=
gegen? Warum vertraust du auf die Gegenwart, während du
über die Zukunft im Ungewissen bist? Willst du einen Menschen
reizen, der schon jetzt Präfect des Staatsschatzes ist und in Kur=
zem Consul sein wird? Der außerdem noch [namhafte] Gönner
und Freunde zur Stütze hat?" Er nannte Einen, der damals
im Oriente ein sehr bedeutendes Heer befehligte, über den allerlei
12 wichtige und zweideutige Gerüchte umliefen. Hierauf entgegnete ich:

„Jegliches stell' ich mir vor und im innersten Herzen erwog ich's[1]).

„Auch weigere ich mich nicht, wenn es das Geschick so fügen
sollte, Strafe zu leiden für eine so edle Handlung, während ich
13 die allerschändlichste räche." Nun kam es zum Abstimmen. Es
stimmte Domitius Apollinaris, der ernannte Consul; es stimmten
Fabricius Vejento, Fabius Postumius, Vectius Proculus, der
Amtsgenosse des Publicius Certus, dem es [eigentlich] galt, und
Stiefvater meiner verstorbenen Gattin; nach diesen Ammius Flac=
cus. Alle vertheidigten den Certus, den ich noch nicht genannt
hatte, als ob ich ihn schon genannt hätte, und gaben durch ihre

---

[1]) Aus Virgil, Aeneis 6, 105.

Vertheidigung ein Verbrechen zu, worüber ich mich noch gar nicht bestimmt ausgesprochen hatte. Was sie außerdem noch gesagt 14 haben, brauche ich dir nicht zu erzählen: du findest es in meiner Rede; dort habe ich Alles mit ihren eigenen Worten aufgeführt. Gegen diese sprachen Avidius Quietus, Cornutus Tertullus. 15 Quietus: „Es sei höchst unbillig, die Klagen der Gekränkten zurückzuweisen, und deßwegen dürfe man der Arria und Fannia das Recht zu klagen nicht entziehen: auch komme es gar nicht darauf an, weß Standes Jemand sei, sondern was für eine Sache er habe." Cornutus: „Er sei von den Consuln zum Vormund 16 der Tochter des Helvidius auf Verlangen ihrer Mutter und ihres Stiefvaters bestellt worden; nunmehr könne er es auch nicht über sich gewinnen, sich der Pflicht seines Amtes zu entschlagen; gleichwohl wolle er seinem eigenen Schmerze Gränzen setzen und sich die so bescheidene Mäßigung dieser vortrefflichen Frauen gefallen lassen, die sich damit begnügten, den Senat an die blutgierige Schmeichelei des Certus zu erinnern und zu bitten, daß, wenn ihm auch die Strafe für eine so offenbare Schandthat erlassen werde, Certus wenigstens durch eine Art censorischer Rüge [5]) gebrandmarkt werden möchte." Hierauf äußerte sich Satirius Rufus 17 in vermittelnder und zweideutiger Rede: „Nach meinem Dafürhalten geschieht dem Publicius Certus Unrecht, wenn er nicht freigesprochen wird; er wurde genannt von den Freunden der Arria und Fannia, genannt von seinen eigenen Freunden. Auch haben wir hiebei Nichts zu besorgen. Denn wir, die wir gut von dem Manne denken, werden [immer] das gleiche Urtheil über ihn sprechen: wenn er unschuldig ist, wie ich hoffe und wünsche, könnt ihr ihn — glaube ich — freisprechen, bis ein Beweis gegen ihn beigebracht ist." So sprachen diese, in der Ordnung, 18 in welcher Jeder aufgerufen wurde. Die Reihe kam auch an mich. Ich stand auf, fing so an, wie es in meiner Rede steht,

---

[5]) Den Censoren stand die Befugniß zu, einen Senator aus dem Senate auszustoßen, was nota censoria hieß. Eine ähnliche Strafe sollte nun, nach dem Verlangen der Arria und Fannia, auch über den Certus verhängt werden, welcher dem Domitian geschmeichelt hatte, um auf diese Weise die Hinrichtung des Helvidius desto gewisser zu bewirken.

und antwortete [auf Alles] Punkt für Punkt. Es war zum Verwundern, mit welcher Aufmerksamkeit, mit welchem Beifallsgeschrei dieselben Leute Alles hinnahmen, die so eben erst noch widersprochen hatten. Eine solche Veränderung brachte die Würde des Gegenstandes, oder der Eindruck meiner Rede, oder die Beharr-
19 lichkeit des Anklägers hervor. Ich hörte auf [zu sprechen]. Vejento begann zu antworten; Niemand ließ ihn zum Worte kommen; man unterbricht ihn, man lärmt; [dieß ging] so weit, daß er sagte: „Ich bitte euch, versammelte Väter, zwinget mich nicht, die Hilfe der Tribunen anzurufen." Und sogleich sagte der Tribun Murena: „Ich erlaube dir, hochangesehener Vejento, zu sprechen."
20 Auch jetzt noch schrie man ihm entgegen. Während dieser Zwischenscene entließ der Consul, nachdem er die Namen aufgerufen und die Abstimmung vorgenommen hatte, den Senat und läßt den Vejento, der beinahe noch dastand und fortreden wollte, allein. Höchlich beklagte dieser sich über sothane Schmach (wie er es nannte), mit Anführung des Homerischen Verses [6]):

„Wahrlich, o Greis, sehr hart umdrängen dich jüngere Männer!"

21 Es war beinahe Niemand im Senate, der mich nicht umarmte, küßte und um die Wette mit Lob überhäufte, weil ich die schon so lange in Abgang gekommene Sitte, ohne alle Rücksicht darauf, daß ich mir Feinde zuziehen könnte, für das gemeine Beste zu sprechen, wieder eingeführt, daß ich namentlich den Senat von dem gehässigen Vorwurfe befreit hätte, den die anderen Stände gegen ihn schleuderten, daß er, nur gegen Andere streng, mit gegenseitig verhehlter Meinung die Senatoren allein schone. Dieß
22 geschah in Abwesenheit des Certus. Denn er blieb aus, entweder, weil er so Etwas ahnte, oder weil er, wie seine Entschuldigung lautete, unpäßlich war. Nun verwies zwar der Kaiser seine Sache nicht noch einmal an den Senat zur Untersuchung,
23 gleichwohl erreichte ich meinen Zweck. Denn der Amtsgenosse des Certus erhielt das Consulat und Certus einen Nachfolger;

---

[6]) Ilias 8, 102. Dieser Anrede bedient sich dort Diomedes, um den greisen Nestor zu bewegen, das Schlachtfeld zu verlassen. Vejento wandte den homerischen Vers nicht unpassend auf sich an, da er einer der ältesten Senatoren war.

und so erfolgte denn ganz genau, was ich am Schlusse gesagt hatte: „Möge er die Belohnung unter dem besten Fürsten zurückgeben, die er von dem schlimmsten empfangen hat⁷).“ In der Folge habe ich meine Rede, so gut ich konnte, aufgesetzt und noch Vieles beigefügt. Zufällig — aber man hielt es nicht für bloßen Zufall — verfiel Certus nur wenige Tage nach Veröffentlichung der Schrift in eine Krankheit und starb. Ich hörte erzählen, es habe seinem Geiste, habe seinen Augen das Bild vorgeschwebt, als sähe er mich mit einem Schwerte auf sich losgehen. Ob dieß wahr ist, wage ich nicht zu verbürgen, indessen wäre es des Beispiels wegen gut, wenn man es für wahr hielte. Du hast nun hier einen Brief, welcher, als Brief betrachtet, nicht kleiner ist, als die Rede, die du gelesen hast. Allein schreibe dir dieß selbst zu, weil du dich mit der Rede [allein] nicht zufrieden gegeben hast. Lebe wohl!

## XIV.
### C. Plinius an Tacitus.

Du selbst machst deinen Lobredner nicht, und ich bin niemals unparteiischer, als wann ich von dir schreibe¹). Ob die Nachwelt sich irgendwie um uns kümmern wird, weiß ich nicht; gewiß aber verdienen wir es, einigermaßen, ich will nicht sagen durch unser Talent — denn das verriethe Stolz — sondern durch unsern Eifer, durch unsere Arbeit und durch unsere Achtung vor der Nachwelt. Fahren wir denn auf dem eingeschlagenen Wege fort, der zwar nur Wenige zu glänzendem Ruhme emporgehoben, aber doch Viele aus der Dunkelheit und Vergessenheit herausgeführt hat. Lebe wohl!

---

⁷) Domitian hatte den Certus zum Präfecten des Staatsschatzes ernannt, und in diesem Amte, dessen er entsetzt wurde, erhielt er einen Nachfolger.

¹) Wahrscheinlich hatte Plinius den Tacitus in einem andern Briefe, oder in irgend einer Schrift gelobt, wogegen dieser Einsprache that.

## XV.
### C. Plinius an Falco.

Ich hatte mich auf mein tuscisches Landgut zurückgezogen, um ganz nach meinem Gutdünken zu leben; allein auch nicht einmal hier kann ich es, so sehr werde ich von allen Seiten mit Bitt= und Klagschriften der Landleute geplagt, die ich noch mit ziemlich größerem Widerwillen, als meine eigenen, lese. Denn
2 auch die meinigen lese ich nur mit Widerwillen. Ich sehe nämlich einige kleine Prozeßreden nochmals durch, was nach einiger Zwischenzeit ein frostiges, freudeloses Geschäft ist. Meine Rechnungen kommen nicht in's Reine [1]), als ob ich gar nicht da wäre.
3 Doch besteige ich zuweilen ein Pferd und mache den Hausvater in so weit, daß ich einen Theil meiner Güter, aber nur zur Bewegung [2]), durchreite. Bleibe du bei deiner Gewohnheit und schreibe mir, dem Landmanne, der ich bin, was sich in der Stadt ereignet. Lebe wohl!

## XVI.
### C. Plinius an Mamilianus.

Daß eine so ergiebige Jagd dir das größte Vergnügen gewährt hat, wundert mich nicht, da du mir nach Art der Geschichtschreiber berichtest, es habe die Zahl [des erlegten Wildes] sich gar nicht bestimmen lassen. Ich habe zum Jagen weder Zeit, noch Lust: nicht Zeit, weil ich mit der Weinlese beschäftigt bin;
2 nicht Lust, weil sie nur ärmlich ausfällt. Indeß will ich dir, anstatt mit neuem Moste, mit neuen Verschen aufwarten, die ich dir, da du sie auf eine mir so angenehme Weise von mir ver=

---

[1]) Der Gutsverwalter (villicus) mußte dem Herrn des Gutes die Rechnungen über Einnahmen und Ausgaben, sowie den Rechenschaftsbericht über seine Verwaltung überhaupt von Zeit zu Zeit zur Begutachtung vorlegen.

[2]) Im lat. Text steht: pro gestione, wörtlich: „anstatt mich (in der Sänfte) tragen zu lassen," was zum Zwecke der Körperbewegung nicht hinreichend wäre.

langst, senden werde, sobald ich glaube, daß sie etwas vergohren sein werden. Lebe wohl!

### XVII.
### C. Plinius an Genitor.

Ich habe deinen Brief erhalten, worin du dich beklagst, wie sehr dich ein Gastmahl, so prächtig es auch war, angeekelt habe, weil Lustigmacher, unzüchtige Pantomimen und Mißgestalten um die Tische herumschwärmten[1]). Willst du deine Runzeln etwas abglätten? Ich für meine Person habe Nichts der Art, indessen dulde ich es bei Anderen, die es haben. Warum ich es nicht habe? Weil mich nicht als überraschend oder witzig ergötzt, was ein unzüchtiger Pantomime Üppiges, ein Lustigmacher Muthwilliges, eine Mißgestalt Albernes vorbringt. Ich führe dir keine Gründe, sondern nur meinen Geschmack an. Und wie gar Viele, glaubst du, daß es gebe, denen das, wovon ich und du uns einnehmen und anziehen lassen, theils als abgeschmackt, theils als belästigend widergeht? Wie Viele gibt es, die, wenn ein Vorleser, oder Lautenspieler, oder Schauspieler eintritt, nach ihren Schuhen verlangen, oder mit nicht geringerem Mißbehagen liegen

---

[1]) Derlei Subjecte zur Belustigung zu halten, war bei den vornehmen Griechen und Römern längst Sitte. In Rom bestand daher ein eigener Narrenmarkt (Forum morionum), wo man Alles, was die Natur in ihrer seltsamen Laune Bizarres hervorbrachte, beisammen sehen konnte, und wo manche derartige Carrikatur um 20,000 Sesterzien gekauft wurde. Vgl. Martial 8, 13. — Julius Genitor, an den dieser Brief gerichtet ist, wird an einer andern Stelle, III, 3, 5 „als ein ganzer und gesetzter Mann, für die zügellose Zeit, in welcher er lebte, vielleicht etwas zu fest und entschieden" geschildert, woraus sich zur Genüge erklären läßt, wie wenig Geschmack er an solchen Tafelunterhaltungen finden konnte, die auch Lucian im „Gastmahl" beißend genug schildert. Plinius selbst dagegen beurtheilte, bei aller eigenen Sittenstrenge, die Vergnügungen, welche zu seiner Zeit in Rom, und besonders in den Häusern der Großen herrschten, mit vieler Schonung, wie wir aus unserem Briefe sehen, und er motivirt diese seine Weise zu urtheilen VIII, 22, 2 mit folgenden Worten: „Der beste, vollkommenste Mann ist in meinen Augen der, welcher Andern ebenso willig verzeiht, als ob er selbst täglich Fehler beginge, und vor Fehlern sich ebenso sehr hütet, als ob er Keinem verziehe."

bleiben, als du unter jenen Unthieren — denn so nennest du sie —
3 ausgestanden hast? Laß uns also den Vergnügungen Anderer
Nachsicht schenken, um sie auch für die unserigen zu erhalten.
Lebe wohl!

## XVIII.
### C. Plinius an Sabinus.

Mit welcher Aufmerksamkeit, mit welchem Eifer und auch
mit welchem Gedächtniß du meine kleinen Aufsätze gelesen hast,
ersehe ich aus deinem Briefe. Du bereitest dir somit selbst eine
Plage, indem du mich anlockest und einladst, dir recht Vieles mit=
2 zutheilen. Ich will es thun, jedoch nur theilweise und gewisser=
maßen nach Fächern geordnet, damit ich nicht eben jenes Gedächt=
niß, dem ich so sehr zu Dank verbunden bin, durch anhaltende
Beschäftigung [mit meinen Zusendungen] verwirre, überlade, gleich=
sam zu Boden drücke und dadurch nöthige, über dem Vielen das
Einzelne, über dem Letzten das Erste zu vergessen. Lebe wohl!

## XIX.
### C. Plinius an Rufo.

Du zeigst mir an, du habest in einem meiner Briefe[1]) ge=
lesen, Verginius Rufus habe befohlen, auf sein Grabmal die In=
schrift zu setzen:

„Hier liegt Rufus, der einst, nachdem er den Vindex geschlagen,
Nicht sich selber die Macht, sondern dem Vaterland gab."

Du tadelst es, daß er diesen Befehl gab, ja, du setzest noch hin=
zu, besser und richtiger habe Frontinus gehandelt, der sich gar
kein Denkmal setzen ließ, und fragst mich zuletzt noch, was ich
2 von Beiden halte. Beide waren mir lieb und werth, größere
Bewunderung zollte ich Dem, welchen du tadelst, und zwar in
einem solchen Grade, daß er nach meinem Dafürhalten nie genug
gelobt werden kann, er, dessen Vertheidigung ich jetzt übernehmen

---
¹) Buch VI, Br. 10.

muß. Alle Männer, die etwas Großes und Denkwürdiges ge= 3
leistet haben, erachte ich nicht blos der Verzeihung, sondern auch
des Lobes im höchsten Grade für würdig, wenn sie nach der Un=
sterblichkeit, welche sie sich verdient haben, streben und, um [bei
der Nachwelt] fortzuleben, den Ruhm ihres Namens auch noch
durch Grabschriften zu verewigen trachten. Auch getraute ich mir, 4
außer dem Verginius, nicht leicht Einen zu finden, der von einer
That, die ihm so großen Ruhm einbrachte, mit so vieler Beschei=
denheit sprach. Ich selbst bin Zeuge, ich), sein innig geliebter 5
und bewährter Freund, daß er in meinem Beisein sich überhaupt
nur ein einziges Mal dahin bringen ließ, von seinen eigenen An=
gelegenheiten [und zwar] nur das Eine zu erzählen, Cluvius ²)
habe zu ihm gesagt: „Du weißt, Verginius, welche Unparteilich=
keit man der Geschichte schuldig ist; wenn du daher in mei=
ner Geschichte etwas Anderes liesest, als du wünschest, so verzeihe
mir gütigst." Hierauf habe er erwidert: „Weißt du denn nicht,
Cluvius, daß ich das, was ich gethan, deßhalb gethan habe, da=
mit es euch frei stände, zu schreiben, was ihr wollet?" Wohlan 6
denn, laß uns in eben diesem Punkte den Frontinus mit ihm
vergleichen, der nach deiner Ansicht bescheidener und zurückhalten=
der sein soll. Er verbot, ihm ein Denkmal zu setzen, allein mit
welchen Worten? „Der Aufwand für ein Denkmal ist unnöthig;
mein Andenken wird fortleben, wenn ich es durch mein Leben ver=
dient habe." Hältst du es für bescheidener, wenn man der gan=
zen Welt zu lesen gibt, daß sein Andenken fortleben werde, als
wenn man an einer einzigen Stelle mit zwei Verschen verzeichnet,
was man gethan hat? Indessen ist es meine Absicht nicht, Je= 7
nen zu tadeln, sondern diesen in Schutz zu nehmen, und wie kann
meine Vertheidigung in deinen Augen gerechter sein, als wenn
ich ihn mit Dem vergleiche, den du ihm vorgezogen hast? Nach 8
meinem Urtheil wenigstens ist keiner von Beiden zu tadeln, da

---

²) M. Cluvius Rufus, nach Tacitus Geschichtsb. 1, 8 ein guter Redner
und Staatsmann, aber schlechter Krieger, hielt es als Statthalter in Hispania
Tarraconensis mit Vitellius. Er schrieb auch eine Geschichte der Regierungszeit
Nero's. Helvidius Priscus ertheilte ihm im Senate das ehrenvolle Zeugniß, daß
er unter Nero niemals Jemand gefährdet habe.

Beide den Ruhm mit gleicher Begierde, nur auf verschiedenem Wege, erstrebten: der Eine, indem er die verdiente Grabschrift begehrte, der Andere, indem er sich lieber den Schein geben wollte, sie verachtet zu haben. Lebe wohl!

## XX.
### C. Plinius an Venator.

Gewiß, dein Brief war mir um so angenehmer, je länger er war, namentlich, da er ausschließlich nur von meinen unbedeutenden Schriften spricht; und daß diese dir Vergnügen machen, wundert mich nicht, da du Alles, was von mir kommt, ebenso 2 liebst, wie mich selbst. Ich bin jetzt gerade mit der Weinlese beschäftigt, die zwar sparsam, doch immer noch ergiebiger ausfällt, als ich erwartet hatte, wenn anders das „lesen" heißt, wenn ich hin und wieder eine Traube abschneide, mich nach der Kelter umsehe, Most aus der Bütte koste, mein Stadtgesinde beschleiche, das jetzt die Landarbeiten beaufsichtigt, und mich meinen Schreibern und Vorlesern überlassen habe. Lebe wohl!

## XXI.
### C. Plinius an Sabinianus.

Dein Freigelassener, über den du, wie du mir sagtest, so aufgebracht bist, kam zu mir, fiel mir zu Füßen und blieb vor mir liegen, als läge er vor dir. Er weinte sehr und bat mich flehentlich, schwieg dann wieder lange: kurz, er überzeugte mich von seiner Reue. Ich glaube, daß er sich wirklich gebessert hat, 2 weil er sein Vergehen fühlt. Du zürnst ihm, ich weiß es, und zürnst mit Recht, auch das weiß ich, allein die Sanftmuth verdient eben dann das größte Lob, wann die Ursache zum Zorn die 3 gerechteste ist. Du hast den Menschen lieb gehabt, und wirst ihn, ich hoffe es, wieder liebgewinnen; inzwischen ist es schon genug, wenn du dich erbitten lässest. Du darfst wieder böse auf ihn sein, wenn er es verdient, und bist dann um so mehr entschuldigt, wenn du dich [dießmal] hast erbitten lassen. Halte seiner

Jugend, halte seinen Thränen, halte deiner Nachsicht etwas zu Gute, auf daß du ihn, und damit auch dich selbst, nicht quälest. Denn du quälst dich [selbst], wenn du, der du ein so gutes Herz hast, dich dem Zorn hingibst. Ich fürchte, es möchte das An= 4 sehen haben, als ob ich dich nicht bitte, sondern nöthige, wenn ich mit seinen Bitten die meinigen vereinige. Aber ich will es doch thun, und zwar um so nachdrücklicher und dringender, je schärfer und strenger der Verweis war, den ich ihm ertheilt habe, und zwar mit der gemessenen Drohung, daß ich in Zukunft nie wie= der für ihn bitten würde. Das sagte ich ihm, weil es nöthig war, ihn zu schrecken; dir sage ich es nicht. Denn vielleicht werde ich nochmals bitten und [bei dir] durchdringen, wenn es nur Etwas von der Art ist, daß ich mit Anstand bitten und du es mit Anstand gewähren kannst. Lebe wohl!

## XXII.
### C. Plinius an Severus.

Große Besorgniß hat mir die Krankheit des Passienus Paul= lus verursacht, und zwar aus sehr vielen und höchst gerechten Gründen. Er ist der trefflichste, der rechtschaffenste Mann, mein innigster Freund; außerdem ist er in den Wissenschaften ein Nach= eiferer der Alten; bildet sie nach, gibt sie wieder: namentlich den Propertius, von dem er abstammt, sein ächter Sprosse, und ihm gerade darin am ähnlichsten, worin derselbe seine Meisterschaft bekundet. Wenn du seine Elegien zur Hand nimmst, so liesest 2 du ein Werk von der größten Reinheit, Weichheit und Anmuth, ganz so, als ob es in dem Hause des Propertius verfaßt worden wäre. Vor Kurzem ist er zur Lyrik übergegangen, worin er den Horatius ebenso, wie dort jenen Andern, nachgebildet hat. Wäre die Verwandtschaft in den Wissenschaften von Einfluß, so könnte man ihn für einen Verwandten auch von diesem halten. Große Mannigfaltigkeit, große Lebendigkeit [findet sich in seinen Dichtun= gen]. Hier ist die natürlichste Liebe, die ungeduldigste Trauer, das gütigste Lob, der feinste Scherz; kurz, er ist in Allem so vollkommen, als ob er sich nur auf ein einziges Fach beschränkte.

3 Dieses Freundes, dieses Talentes wegen nicht weniger krank im
Herzen, als Er am Körper, habe ich nun doch endlich ihn, habe
ich endlich mich selbst wieder gefunden. Wünsche mir Glück,
wünsche auch der Wissenschaft selbst Glück, welcher aus seiner
Krankheit ebenso viel Gefahr erwuchs, als sie von seiner Wieder=
genesung Ruhm wird einzuernten haben.  Lebe wohl!

## XXIII.
### C. Plinius an Maximus.

Häufig ist es mir bei meinen Vorträgen vor Gericht begeg=
net, daß die Centumvirn, wenn sie lange ihr richterliches Ansehen
und ihren Ernst behauptet hatten, auf einmal Alle, gleichsam über=
2 wältigt und hingerissen, aufstanden und mich lobten. Gar oft
habe ich aus dem Senate den höchsten Ruhm, den ich mir nur
wünschen konnte, hinweggetragen; doch nie empfand ich ein größe=
res Vergnügen, als neulich bei dem, was mir Cornelius Tacitus
sagte. Er erzählte mir, es sei bei den letzthin stattgehabten cir=
censischen Spielen ein römischer Ritter neben ihm gesessen[1]); dieser
habe, nachdem er verschiedene gelehrte Reden geführt, ihn gefragt:
„Bist du aus Italien, oder aus einer Provinz?" Er habe ge=
antwortet: „Du kennst mich, und zwar aus meinen Schriften."
Hierauf habe Jener entgegnet: „Bist du Tacitus, oder Plinius?"
3 Ich finde keine Worte, um dir meine Freude darüber auszu=
drücken, daß unsere Namen, als gehörten sie der Wissenschaft,
nicht der Person an, zur Bezeichnung der Wissenschaft genannt
werden, und daß wir Beide durch die Wissenschaft auch Denen

---

[1]) Bis auf die Regierungszeit des Augustus saßen bei den Spielen im Cir=
cus — nicht so im Theater — alle Stände gemischt unter einander. Genannter
Kaiser aber traf die Einrichtung, daß die Senatoren und Ritter nicht mehr bei=
sammen sitzen durften, sonst aber durften beide ihre Plätze nehmen, wo es ihnen
beliebte. Hieraus entstanden nun allerlei Inconvenienzen, bis Claudius den Se=
natoren und Nero den Rittern einen eigenen bestimmten Platz anwies. Erschienen
sie jedoch in Privatkleidern, so waren weder die Senatoren, noch die Ritter auf
einen gewissen Platz beschränkt, und so erklärt sich denn, daß Tacitus als Senator
wohl neben einem Ritter sitzen konnte.

bekannt werden, welchen wir außerdem unbekannt sind. Etwas
Aehnliches ist mir erst vor wenigen Tagen begegnet. Mein Tisch=
nachbar²) war Fabius Rufinus, ein trefflicher Mann; über ihm
hatte ein Landsmann von ihm sich gelagert, welcher an diesem
Tage zum erstenmal in die Stadt gekommen war. Diesem zeigte
mich Rufinus: „Siehst du den da?" Hierauf sprach er viel von
meinen Studien. „Das ist also Plinius?" sagte Jener. Die
Wahrheit zu bekennen, ich ziehe großen Genuß aus meinen Arbeiten. Oder, wenn Demosthenes sich mit Recht darüber freute,
daß ein altes Weib in Athen ihn kannte [und sagte]: „Das ist
Demosthenes!" soll ich mich nicht auch über die Berühmtheit
meines Namens freuen dürfen? Ja, ich freue mich, und gestehe,
daß ich mich freue. Denn ich fürchte nicht, ruhmredig zu erscheinen, wenn ich das Urtheil Anderer über mich, nicht mein
eigenes, kundgebe, zumal bei dir, der du Niemanden um sein Lob
beneidest, das meinige aber noch begünstigst. Lebe wohl!

## XXIV.
### C. Plinius an Sabinianus.

Du hast wohl gethan, daß du deinen Freigelassenen, der dir
einst so theuer war, unter dem Geleite meines Briefes wieder in
dein Haus und in dein Herz aufgenommen hast. Das wird dir
gewiß Freude machen, wenigstens freuet es mich: für's Erste, weil
ich in dir den Mann erblicke, der sich auch im Zorne lenken
läßt; sodann, weil du mich so viel gelten lässest, daß du entweder
meinem Rath befolgst, oder meinen Bitten nachgibst. Nimm also
mein Lob und meinen Dank [hiefür] hin. Zugleich ermahne ich
dich für die Zukunft, für die Verfehlungen deiner Leute, auch
wenn sie keinen Fürbitter haben, dich versöhnlich zu erweisen.
Lebe wohl!

---

²) Man supplire: bei einem Gastmahle, wozu ich eingeladen war.

## XXV.
### C. Plinius an Mamilianus.

Du klagst über die Unmasse deiner Geschäfte im Lager und doch, als ob du der größten Muße genößest, liesest, liebst und verlangst du meine Spielereien und Tändeleien und munterst mich 2 zu ähnlichen Producten nicht wenig auf. Ich fange nämlich an, in dieser Gattung von Studien nicht blos Vergnügen, sondern auch Ruhm zu suchen, seit ein so gewichtiger, hochgelehrter und dazu noch so wahrhafter Mann, wie du, mich seines Urtheils 3 würdigt. Dermalen bin ich durch meine Geschäfte bei den Gerichten zwar nur in geringem Grade, aber doch immerhin zerstreut; sobald aber diese beendigt sind, will ich [wieder] Etwas von diesen Musen in deinen so gütigen Schooß niederlegen. Du wirst dann meine Sperlinge und Täubchen unter deinen Adlern herumfliegen lassen, wenn sie nicht nur sich, sondern auch dir gefallen. Gefallen sie nur sich, dann wirst du schon sorgen, daß sie in einem Käfig oder Neste verwahrt werden. Lebe wohl!

## XXVI.
### C. Plinius an Lupercus.

Ich habe von einem gewissen Redner unserer Zeit, der zwar ganz regelmäßig und natürlich schön, aber nicht erhaben und schmuckreich genug sich auszudrücken weiß, nach meinem Dafürhalten richtig gesagt: „Er macht keinen Fehler, als den, daß er keinen 2 macht." Denn der Redner muß sich erheben, emporschwingen, zuweilen auch in's Feuer gerathen, sich hinreißen lassen, oft sogar an den Abgrund hintreten. Denn meistens liegt das Hohe und Erhabene ganz nahe dem Abgrunde; sicherer freilich, aber niedriger und gemeiner ist der Weg auf ebenem Boden; häufiger kommen Die, welche rennen, als Die, welche blos schleichen, zu Falle; aber diesen, auch wenn sie nicht fallen, ertheilt man kein 3 Lob, jenen, auch wenn sie fallen, doch etwelches. Denn gleichwie einige andere Künste, so empfiehlt auch die Beredtsamkeit Nichts mehr, als das Gewagte. Du siehst, welches Jubelgeschrei Diejenigen, welche an einem Seile hinaufklettern, zu erregen pflegen, wenn man alle Augenblicke glaubt, sie würden herabfallen. Denn 4 die meiste Bewunderung erregt gerade das Ueberraschendste, das Gefährlichste, und, wie die Griechen es noch stärker ausdrücken, das Halsbrechende¹). Daher ist auch die Geschicklichkeit des Steuermanns nicht die gleiche, wenn er bei ruhiger oder bei stürmischer See seine Fahrt macht: im erstern Falle läuft er, von Niemanden bewundert, ohne Lob, ohne Ruhm in den Hafen ein; wenn aber die Taue rauschen, der Mast sich biegt, die Ruder krachen, dann zeigt er sich in seinem Glanze und als der Nächste an den Meeresgöttern. Warum [sage ich] das? Weil du mir 5 in meinen Schriften Einiges als schwülstig anzumerken schienest, was ich für erhaben; als übertrieben, was ich für kühn; als überladen, was ich nur für voll hielt. Sehr viel aber kommt darauf an, ob du die Stellen als tadelnswerth, oder nur als [vor den übrigen] sich bemerkbar machend anzeichnest. Denn Jedem 6 fällt das in die Augen, was hervorsticht und sich bemerkbar macht; allein nur bei scharfer Aufmerksamkeit läßt sich beurtheilen, ob Etwas übertrieben oder großartig, erhaben oder maßlos ist. Und, um vorzugsweise den Homer anzuführen, wer sollte nicht beide Fälle aus der Stelle kennen:

— — — — weit krachte der Erdkreis
Und hochrollende Donner brommeteten²) — — —

und die:

— — — — in Nacht die Lanze gehüllet³),

und jene ganze Stelle:

Wie zween Ström', im Herbste geschwellt, dem Gebirge entrollend
Zum gemeinsamen Thal ihr strudelndes Wasser ergießen⁴).

Allein man bedarf einer feinen Wage, um zu ermitteln, ob solche 7 Stellen unglaublich und ungeheuer, oder großartig und himmlisch

---

¹) παράβολα.
²) Homer, Ilias, 21, 387. 388.
³) Ilias, 5, 356.
⁴) Ilias, 4, 452. 453. Alle drei Stellen nach der Voß'schen Uebersetzung.

seien. Nun glaube ich zwar nicht, daß ich dem Aehnliches gesagt habe, oder auch nur sagen kann. So sehr habe ich den Verstand nicht verloren. Aber das möchte ich begreiflich machen, daß man der Beredtsamkeit den Zügel schießen lassen und das Feuer des Talentes in keinen zu engen Kreis bannen sollte. „Aber anders verhält es sich mit den Rednern, anders mit den Dichtern." Als ob M. Tullius weniger kühn wäre. Doch, ich lasse diesen bei Seite; denn hier waltet, wie ich glaube, kein Zweifel ob. Aber Demosthenes selbst, jenes Richtmaß und jene Regel für den Red= ner, hält er sich zurück und drückt er an sich, wenn er an jener allbekannten Stelle sagt: „Ihr Unflate, Speichellecker und Misse= thäter;" und wieder: „denn nicht mit Steinen habe ich die Stadt ummauert, auch nicht mit Ziegeln;" und gleich darauf: „habe ich nicht vom Meere her Euböa zur Vormauer Attika's gemacht? (soweit dieß bei menschlicher Einsicht möglich war)." Und an einer andern Stelle: „ich, ihr Männer von Athen, glaube bei den Göttern, daß er von der Größe seiner Thaten berauscht ist."

9 Was ist ferner kühner, als jene so schöne und so lange Abschwei= fung: „denn eine Krankheit?" Und folgende Stelle, die zwar kürzer als die vorhergehende, aber ebenso kühn ist: „damals wider= stand ich dem verwegenen Python [5]), der wie ein gewaltiger Strom sich gegen euch ergoß." Von gleichem Gepräge ist [folgendes]: „Wenn Einer durch Habsucht und Schlechtigkeit emporkommt, wie dieser da, so wirft ein geringer Vorwand und ein kleiner Anstoß Alles um und löst es auf." Aehnlich ist die Stelle: „abge= schnitten von allen Bürgerrechten durch die Aussprüche von drei Gerichten." Und ebendaselbst: „du hast das Mitleid für diese verrathen, Aristogeiton, oder es vielmehr gänzlich zu nichte ge= macht; fliehe also nicht in Häfen, welche du selbst versperrt und

---

[5]) Aus der Rede für den Kranz, Cap. 43. König Philipp von Macedonien hatte den Python aus Byzantium und mit ihm Gesandte von allen seinen Bun= desgenossen nach Athen geschickt, um die Stadt zu beschimpfen und sie öffentlich gewisser Ungerechtigkeiten zu überführen. Demosthenes will daher in der ange= zogenen Stelle sagen: „Damals habe ich mich dem verwegenen Python, der wie ein gewaltiger Strom sich gegen euch ergoß, widersetzt." Das Kühne der Metapher liegt in der Vergleichung des drohenden Python mit einem reißenden Strome.

verschüttet haft." Er hatte vorhergesagt: „ich fürchte, es möchten Manche von euch glauben, als ob ihr Einen, der stets ein Böse=wicht zu sein Willens ist, noch in die Schule nehmen wolltet⁶), denn für sich selbst ist jeder Bösewicht schwach." Und hernach: „für diesen sehe ich keinen von diesen Plätzen zugänglich, sondern überall nur Abhänge, Schlünde und Abgründe." Noch nicht ge=nug! „Denn nach meinem Dafürhalten haben nicht unsere Vor=eltern diese Gerichtshöfe eingerichtet, damit ihr solche Menschen wie durch Ableger darin fortpflanzet, sondern im Gegentheile, da=mit ihr sie ausrottet und strafet, auf daß Niemand ihre Laster nachahme, noch Lust dazu bekomme." Ferner noch: „wenn er aber ein Verkäufer und Wiederverkäufer und ein Kuppler der Schlechtigkeit ist." Und tausend ähnliche Stellen, um von solchen zu schweigen, welche Aeschines nicht „Worte", sondern Sprach=ungeheuer" nennt. Doch, ich spreche hier gegen mich selber. Du wirst sagen, Demosthenes werde ja auch von Aeschines getadelt. Allein bedenke [doch nur], um wie viel größer der Getadelte ist, als der Tadler, und größer gerade wegen dieser Ausdrücke. Denn in anderen leuchtet seine Kraft, in diesen seine Erhabenheit her=vor. Hat aber Aeschines selbst sich dessen enthalten, was er an Demosthenes tadelt? „Der Redner, ihr Männer von Athen, und das Gesetz müssen die gleiche Sprache führen; wenn aber das Gesetz eine andere Stimme laut werden läßt, eine andere der Redner, so muß man dem gerechten Ausspruche des Gesetzes, nicht der Unverschämtheit des Redners beistimmen." An einer andern Stelle: „hernach erhellt aus Allem in dem Decrete, daß er einen Betrug begangen hat, indem er die Gesandten von Oreos⁷) an=ging, die fünf Talente⁸) nicht uns, sondern dem Kallias zu geben. Zum Beweise, daß ich die Wahrheit sage, nimm das Hochtönende,

---

⁶) Aus der ersten Rede gegen Aristogeiton S. 771 (Reiske). Demosthenes vergleicht an dieser Stelle die Richter Aristogeitons mit Lehrern, welche die Knaben in den gymnastischen Künsten unterweisen, und seine Besorgniß geht dahin, es möchten die Richter durch unzeitige Nachsicht gegen den A. sich den Anschein geben, als ob sie selbst die Bürger zu allen Arten von Verbrechen anleiten wollten.

⁷) Stadt in Euböa.

⁸) Nach unserem Gelde 7500 Thlr. oder 13,125 fl.

die breiruderigen Schiffe und die Großsprecherei von dem Decrete hinweg, und ließ es." Wiederum an einem andern Orte: „und lasset ihn nicht in seinen gesetzwidrigen Reden herumschweifen." Dieß hat ihm so gefallen, daß er es wiederholt: „sondern leget euch in den Hinterhalt und lauert in der Versammlung auf, treibet ihn in die Sprache von der Gesetzwidrigkeit hinein und spüret seinen 12 Abschweifungen in der Rede nach." Oder ist das behutsamer und nüchterner [gesprochen]? „Du aber reißest Wunden auf, und mehr ist dir an deinen Eintagsreden gelegen, als an dem Wohle der Stadt." Erhabener ist Folgendes: „Werdet ihr den Menschen, als das allgemeine Verderben der Hellenen, nicht fortjagen, oder ihn als einen, mit leeren Worten im Staate umhersteuernden Geschäftsräuber ergreifen und bestrafen?" und Anderes mehr. 13 Ich erwarte, daß du gewisse Stellen aus diesem Briefe, wie [z. B.] die: „die Steuerruder erkrachen," „der Nächste an den Meeresgöttern," mit denselben Bemerkungen durchbohrest, wie die, von welchen ich schreibe. Denn ich nehme wahr, daß, während ich um Entschuldigung für das Frühere bitte, ich in dieselben Ausdrücke gefallen bin, welche du angemerkt hattest. Du magst sie immerhin durchbohren, nur bestimme jetzt schon einen Tag, an welchem wir über diese und jene persönlich verhandeln können. Denn entweder machst du mich furchtsam, oder ich dich verwegen. Lebe wohl!

## XXVII.
### C. Plinius an Lateranus.

Welch' große Macht, welch' große Würde, welche Majestät, welche göttliche Eigenschaften endlich die Geschichte besitze, das habe ich sonst schon oft, namentlich aber neulich [erst wieder] empfunden. Es hatte Jemand eine vollkommen wahre Geschichte vorgelesen und einen Theil davon auf einen andern Tag aufbehalten: siehe da, es erschienen die Freunde dieses „Jemand", ba= 2 ten und beschworen ihn, das Uebrige nicht mehr vorzulesen. So groß war ihre Scham, zu hören, was sie gethan haben, sie, die sich nicht schämen, zu thun, was zu hören ihnen Schamröthe erregt. Jener willfahrte nun zwar ihrer Bitte; er konnte es mit gutem Gewissen thun. Doch das Buch, wie die That selbst, bleibt: diese wird immer bleiben, jenes immer gelesen werden, um so begieriger, weil es nicht sogleich geschieht. Denn die Menschen haben einen ganz besondern Reiz, das kennen zu lernen, was ihnen vorenthalten wird. Lebe wohl!

XXVIII.

## C. Plinius an Romanus.

Nach langer Zeit erst habe ich Briefe von dir, aber drei auf einmal, erhalten, alle so zierlich, so freundschaftlich, wie sie, zumal da ich sie so sehnlich erwartet hatte, von dir kommen mußten: in dem einen trägst du mir das höchst angenehme Geschäft auf, deine Briefe an Plotina¹), dieses Muster von einer tugendhaften Frau, zu übersenden: es wird besorgt werden. In demselben [Briefe] empfiehlst du mir den Popilius Artemisius. Ich habe seiner Bitte auf der Stelle willfahrt. Auch zeigst du mir an, daß die Weinlese bei dir nur mittelmäßig ausgefallen sei. Diese Klage habe ich, ungeachtet unsere Ländereien in der Lage so ganz verschieden von einander sind, mit dir gemein. In deinem zweiten Briefe meldest du mir, daß du Vieles bald dictirest, bald schreibest, um mich dir dabei zu vergegenwärtigen. Ich danke dir, würde dir aber noch mehr danken, wenn du mich das, was du schreibst oder dictirst, hättest lesen lassen wollen. Und es wäre [doch wohl] billig, daß, wie du von meinen Schriften, so auch ich von den deinigen Kenntniß bekäme, auch wenn sie einen Andern, als mich, betreffen. Am Schlusse versprichst du, sobald du von der Einrichtung meiner Lebensweise etwas Näheres erfahrest, dein Hauswesen eiligst zu verlassen und unverweilt zu mir zu fliegen, der ich schon jetzt Bande für dich flechte, die du gewiß nicht zerreißen sollst. Der Inhalt deines dritten Briefes ist, du habest meine Rede für den Clarius erhalten, und sie sei dir aus-

---

¹) Sie war die Gemahlin des Kaisers Trajanus, welche Plinius in seinem Panegyricus als ein wahres Muster weiblicher Tugend schildert.

führlicher vorgekommen, als wie ich sie vorgetragen und du sie gehört habest. Sie ist [in der That] ausführlicher, denn Vieles habe ich nachher noch eingeschaltet. Weiter sprichst du noch von einem andern, ausgearbeiteteren Briefe, den du an mich gesandt habest, und fragst, ob ich ihn erhalten? Ich habe ihn nicht erhalten, freue mich aber sehr, ihn zu erhalten. Sende ihn daher mit der ersten besten Gelegenheit und schlage gleich die Zinsen darauf, die ich — weniger kann ich doch wohl nicht — zu zwölf vom Hundert²) berechne. Lebe wohl!

## XXIX.
### C. Plinius an Rusticus.

Gleichwie es besser ist, nur in einem einzigen Fache sich auszuzeichnen, als in mehreren blos Mittelmäßiges zu leisten, ebenso ist es auch besser, in mehreren blos Mittelmäßiges zu leisten, wenn man sich in einem einzigen nicht auszeichnen kann. In dieser Erwägung versuche ich mich denn in verschiedenen Zweigen der Wissenschaften, da ich mich keinem ausschließlich vertraue. 2 Wenn du daher Dieses und Jenes [von mir] liesest, so habe Nachsicht mit dem Einzelnen, da es ja nicht das Einzige ist. Während bei allen anderen Künsten die Menge zur Entschuldigung gereicht: sollten [nur allein] die Wissenschaften, bei denen der Erfolg weit schwieriger ist, ein strengeres Gesetz haben? Doch, was spreche ich, wie ein Undankbarer, von Nachsicht? Denn, wenn du diese meine neuesten Arbeiten mit derselben Gefälligkeit aufnimmst, wie meine früheren, so habe ich vielmehr Lob zu erwarten, als um Nachsicht zu bitten; doch bin ich schon mit der Nachsicht zufrieden. Lebe wohl!

---

2) Nämlich: Eins vom Hundert monatlich. Die Zinsen wurden bei den alten Römern nicht, wie bei uns, pro anno, sondern pro mense berechnet.

## XXX.
### C. Plinius an Geminus.

Du lobst mir deinen Nonnius gar oft mündlich und jetzt auch noch schriftlich, daß er gegen gewisse Personen so freigebig sei; auch ich selbst lobe ihn, doch nur, wenn er es nicht gegen diese allein ist. Denn ich verlange, daß der wahrhaft Freigebige sich als solchen gegen das Vaterland, gegen nähere und entferntere Verwandte, gegen Freunde erweise, darunter verstehe ich aber bedürftige Freunde, nicht, wie es gewisse Leute machen, welche vorzugsweise Denen schenken, die selbst am besten schenken können. Diese geben, nach meiner Ansicht, [eigentlich] Nichts von dem 2 Ihrigen her, sondern wie mit der Angel und Leimruthe reißen sie fremdes Eigenthum an sich. Sie sind von der gleichen Art, wie Diejenigen, die, was sie dem Einen schenken, dem Andern nehmen und durch Habsucht nach dem Ruhme der Freigebigkeit trachten. Das Erste aber ist, mit dem Seinigen zufrieden sein, 3 hernach, bei Denen, von welchen man weiß, daß sie es besonders bedürfen, unterstützend und hilfreich, wie in einem gemeinschaftlichen Kreise, herumzugehen. Wenn dein Freund alles Das beobachtet, so ist er in jeder Beziehung zu loben; wenn nur Eines oder das Andere, so verdient er zwar nur geringes, aber immerhin Lob. So selten ist das Beispiel einer selbst unvollkommenen 4 Freigebigkeit. Es ist in die Menschen eine solche Habsucht hineingefahren, daß es scheint, ihr Reichthum besitze mehr sie, als sie ihn. Lebe wohl!

## XXXI.
### C. Plinius an Sardus.

Seitdem ich von dir abgereist bin, war ich noch ebenso bei dir, als da ich noch [wirklich] bei dir war. Denn ich habe dein Buch gelesen und zwar — offen gestanden — immer die Stellen wieder gelesen, worin du von mir schreibst und worin du dich in hohem Grade beredt gezeigt hast. Wie Vieles, wie so Mannigfaltiges, wie so gar nicht dasselbe von einer und derselben Person, und doch auch wieder nicht Verschiedenes, hast du gesagt! Soll ich Lob und Dank [dafür] zugleich aussprechen? Ich kann weder das Eine, noch das Andere genügend thun, und könnte ich es auch, so würde ich befürchten, anmaßend zu erscheinen, wenn ich dich wegen Etwas lobte, wofür ich dir danken sollte. Nur das Eine noch will ich beifügen, daß mir Alles um so lobenswerther schien, je angenehmer es mir war, und um so angenehmer, je lobenswerther es war. Lebe wohl!

## XXXII.
### C. Plinius an Titianus.

Was thust du? Was wirst du thun? Ich führe das angenehmste, das heißt das müßigste Leben. Daher kommt es auch, daß ich keine längeren Briefe schreiben mag, wohl aber solche gerne lese: jenes, weil ich zu bequem, dieses, weil ich müßig bin. Denn es gibt nichts Trägeres, als bequeme Menschen, und nichts Neugierigeres, als müßige. Lebe wohl!

## XXXIII.
### C. Plinius an Paninius [1]).

Ich bin zufällig auf einen Gegenstand gerathen, der [vollkommen] wahr ist, aber ganz einer Dichtung gleicht und des so lebendigen, erhabenen und dichterischen Geistes meines Freundes würdig ist. Ich bin aber darauf gerathen, als bei einer Tischgesellschaft allerlei Wundergeschichten erzählt wurden. Der Erzähler ist ein Mann von hoher Glaubwürdigkeit [2]) — doch, was fragt ein Dichter nach Glaubwürdigkeit? — denn du, selbst wenn du Geschichte schriebest, Glauben schenken würdest. In Africa be-

---

[1]) Die in diesem Briefe erzählte Begebenheit ist von dem Historienmaler Wächter aus Stuttgart in einem trefflichen Gemälde dargestellt worden. Schott.

[2]) Es war dieß der ältere Plinius, der Oheim des unserigen. Vgl. dessen Naturgesch. 9, 8.

findet sich eine ganz nahe am Meere gelegene Pflanzstadt, Hippo³), bei welcher ein schiffbarer Teich liegt, aus dem, gleich einem Strome, ein Kanal hervorbricht, der abwechselnd, je nachdem Fluth oder Ebbe eintritt, bald in's Meer sich ergießt, bald in den Teich zurückläuft. Hier belustigt sich jegliches Alter mit 3 Fischfang, Schifffahren und Schwimmen, hauptsächlich die Knaben, welche Muße und Spiellust dazu treibt. Diesen gilt es als Ruhm und Kraftäußerung, so weit als möglich hineinzukommen, und Sieger ist Derjenige, der das Ufer und auch seine Mitschwimmer am weitesten hinter sich läßt. Bei einem solchen 4 Wettkampfe wagte sich ein Knabe, der kühner war, als die übrigen, weiter hinaus [als diese]. Da kommt ihm ein Delphin⁴) entgegen, schwimmt bald vor, bald hinter dem Knaben, bald um ihn herum, setzt ihn endlich auf sich, dann wieder ab, hebt ihn abermals empor, trägt den Zitternden Anfangs in die hohe See hinaus, beugt sodann wieder gegen das Ufer um und bringt ihn an das Land zu seinen Gespielen zurück. Das Gerücht hievon 5 verbreitete sich in der [ganzen] Colonie; Alles lief zusammen; man betrachtete den Knaben selbst als eine Wundererscheinung,

---

³) Diese Stadt lag eigentlich im Gebiete von Carthago, der ersten Provinz, welche die Römer in Africa besaßen. Von den häufigen Ueberschwemmungen, denen sie ausgesetzt war, hatte sie den Beinamen Diarrhytus erhalten.

⁴) Nach dem Ergebnisse neuerer Forscher auf dem Gebiete der Naturgeschichte ist dieser Delphin der Alten unser Delphinus Delphis, der sogenannte Tummler, der wegen der Geschwindigkeit, womit er seine Beute verfolgt, auch den Namen Meerpfeil führt. Oft schießt er beim Verfolgen über das Wasser hinaus auf das Ufer; auch soll er sich, wenn er von gewissen kleinen Fischen geplagt wird, an das Ufer legen. Diese Seethiere wurden bei den Alten sehr in Ehren gehalten, und man sprach immer mit Begeisterung von ihnen; nur, wenn sie sehr hoch über die Oberfläche des Wassers emporsprangen, sah man es nicht gerne, weil dieß als Vorzeichen eines sich nahenden Sturmes galt. Namentlich galten bei den Alten die Delphinen für große Freunde der Musik — man denke nur an die liebliche Mythe von Arion — sowie ihnen auch ein hoher Grad von Empfindsamkeit beigelegt wurde (vgl. Gellius A. N. 7, 8); ebenso werden sie auch vom Alterthum als große Menschenfreunde geschildert, was man unter Anderem auch daraus schloß, daß sie den Schiffen so gerne nachzogen. Von Letzterem wissen wir nun freilich jetzt den Grund besser: sie thun es des Fraßes wegen, der ihnen von den Menschen zufällt, nicht aus Anhänglichkeit an diese; sind doch die Haye, diese unersättlichen Meerungeheuer, ebenfalls die Begleiter der Seefahrer.

fragt, hört und erzählt [weiter]. Tags darauf ist das ganze Ufer besetzt; man blickt auf das Meer hinaus und auf Alles, was wie Meer aussah. Die Knaben schwimmen, unter ihnen auch Jener, aber mit mehr Vorsicht [als vorher]. Der Delphin erscheint zur Stunde wieder und nähert sich dem Knaben abermals. Dieser flieht mit den anderen. Der Delphin, als ob er ihn einladen und zurückrufen wollte, springt in die Höhe, taucht unter, beschreibt bald verschiedene Kreise, bald schwimmt er gerade
6 aus. Dieß [thut er] am zweiten, dieß am dritten, dieß mehrere Tage nach einander, bis die am Meere aufgewachsenen Knaben sich allmälig ihrer Furcht schämen. Sie nähern sich ihm, necken ihn, rufen ihm zu, betasten ihn sogar und streicheln ihn, was er gutwillig leidet. Dieser Versuch macht sie immer verwegener. Namentlich war dieß bei dem Knaben, der den ersten Versuch gemacht hatte, der Fall: er schwimmt zu dem Schwimmer hin und springt ihm auf den Rücken. Er läßt sich von ihm hin und her tragen, glaubt von ihm erkannt, geliebt zu sein, und gewinnt ihn selbst lieb; Keiner fürchtet den Andern, Keiner wird von dem Andern gefürchtet, das Zutrauen des Knaben, die Zahmheit des Del-
7 phins nimmt immer zu. Auch andere Knaben schwimmen zur Rechten und Linken mit, [Jenem] zurufend und ihn ermunternd. Mit diesem Delphin — auch das ist wunderbar — schwamm noch ein anderer, gleichsam nur als Zuschauer und Begleiter; denn er that und litt Nichts dergleichen, sondern er führte seinen Kameraden nur hin und her, wie den Knaben die anderen Kna-
8 ben. Unglaublich [5]), und doch so wahr, als das Vorige, ist, daß der Delphin, der Träger und Spielgenosse der Knaben, sich sogar öfter an das Land ziehen, und nachdem er im Sande trocken und
9 warm geworden war, wieder in's Meer zurückwälzen ließ. Es ist bekannt, daß Octavius Avitus, des Proconsuls Legat [6]), ihn

---

[5]) Es herrschte nämlich der allgemeine Glaube, die Delphine würden, sobald sie an das Land kämen, ihren Tod finden.

[6]) Jeder Proconsul hatte wenigstens drei Legaten, oft auch mehrere bei sich, die entweder von dem Senat ernannt, oder mit dessen Bewilligung von ihm selbst gewählt wurden; bisweilen wurden dieselben auch außer der Ordnung, durch ein besonderes Gesetz bestellt. Diese Legaten waren gleichsam die Vicestatthalter der

während er am Ufer lag, aus religiösem Vorurtheil mit Salben begoß⁷), vor deren ungewohntem Geruche er in's Meer zurückfloh; und erst viele Tage nachher kam er ganz matt und traurig wieder zum Vorschein; doch bald, nachdem er wieder zu Kräften gekommen war, begann er sein neckisches Spiel und seine vorige Dienstfertigkeit wieder von Neuem. Alle Beamten strömten zu 10 diesem Schauspiele zusammen; indeß wurde durch ihr Kommen und ihren Aufenthalt das [ohnehin] nur mäßige Vermögen der Stadt durch die neu erwachsenen Kosten noch mehr geschwächt; zuletzt verlor der Ort selbst seine [bisherige] Ruhe und Abgeschiedenheit. Man beschloß daher, das Thier, welches den Zusammenfluß veranlaßte, heimlich zu tödten. Mit welcher Rührung, mit 11 welcher Fülle der Rede wirst du diesen Vorfall beklagen, ausschmücken, erheben! Doch bedarf es hier keines Zusatzes der Einbildungskraft, keiner Verschönerung; es genügt, wenn nur von der Wahrheit Nichts zu deren Abschwächung hinweggenommen wird. Lebe wohl!

## XXXIV.

### C. Plinius an Tranquillus.

Hilf mir aus meiner Unruhe heraus! Ich muß hören, daß ich schlecht lese, doch nur Verse; die Reden etwas besser, aber desto weniger gut die Verse. Ich gedenke daher, wenn ich meinen Freunden wieder vorlese, einen Versuch mit einem meiner Freigelassenen¹) zu machen. Auch das ist ein Beweis meiner Freundschaft, daß ich Einen wähle, der, wenn auch nicht gut, doch

---

Provinz. — Was hier Plinius von dem Octavius Avitus sagt, läßt der ältere Plinius (an der oben von uns angeführten Stelle) den Proconsul selbst, der dort Flavianus heißt, thun.

⁷) Das Salben war ein allgemeiner religiöser Gebrauch; so salbte man die Bildnisse der Götter und andere Gegenstände, denen man eine besondere Heiligkeit beimaß. Es mag somit auch hier die Voraussetzung stattgefunden haben, daß etwas Göttliches in dem Delphin verborgen sei.

¹) Plinius hatte, wie wir aus B. V. Br. 19, und B. VIII, Br. 1 wissen, zwei Freigelassene, welche gute Vorleser waren, den Zosimus und den Encolpius.

besser liest [als ich], wenn er anders die Fassung nicht verliert; denn er ist ein ebenso neuer Vorleser, als ich ein [neuer] Dichter. 2 Nur weiß ich selbst nicht, was ich, während er vorliest, thun soll: ob bewegungslos, stumm und wie ein Müßiger dasitzen, oder, wie gewisse Leute thun, seinen Vortrag mit Gemurmel, Augen und Händen begleiten. Allein ich glaube, daß ich ebenso ungeschickt zum Gesticuliren, als zum Lesen bin. Ich sage es daher noch einmal: hilf mir aus meiner Unruhe heraus und schreibe mir ganz aufrichtig, ob es besser sei, wenn auch noch so schlecht zu lesen, oder Jenes zu thun oder nicht zu thun. Lebe wohl!

## XXXV.
### C. Plinius an Appius.

Den Aufsatz, welchen du mir geschickt hast, habe ich erhalten und danke dir dafür; ich bin aber gegenwärtig sehr mit Geschäften überhäuft, darum habe ich ihn noch nicht gelesen, so sehr dieß auch sonst mein Wunsch wäre. Indessen bin ich den Wissenschaften selbst, und namentlich deinen Schriften so viele Achtung schuldig, daß ich es für eine Entweihung halte, dieselben anders, 2 als mit völlig freiem Geiste in die Hand zu nehmen. Den Fleiß, welchen du auf die Ueberarbeitung deiner Werke verwendest, billige ich vollkommen. Jedoch gibt es [auch hierin] Maß und Ziel: für's Erste, weil allzu vieles Feilen mehr verwischt, als bessert, sodann, weil es [uns] von neueren Arbeiten abhält und, so lange das Frühere nicht vollendet ist, nicht dazu kommen läßt, Neues zu beginnen. Lebe wohl!

## XXXVI.
### C. Plinius an Fuscus.

Du fragst mich, wie ich auf meinem Tuscum im Sommer den Tag eintheile? Ich wache auf, wann es mir beliebt, meistens mit Tagesanbruch, oft früher, selten später: die Fenster bleiben 2 geschlossen. Denn es ist [wirklich] zum Verwundern, wie durch die Stille und das Dunkel der Geist genährt wird. Von Allem, was zerstreut, abgezogen und frei, und mir selbst überlassen, folge ich nicht den Augen mit dem Geiste, sondern dem Geiste mit den Augen, die da sehen, was der Geist sieht, so oft sie nicht etwas Anderes sehen. Ich denke nach über das, was ich eben unter den Händen habe, denke darüber nach, als ob ich es Wort für Wort niederschriebe und daran verbesserte: bald weniger, bald mehr, je nachdem es sich schwer oder leicht verfassen oder behalten läßt. Ich rufe meinem Schreiber, lasse das Tageslicht herein, dictire ihm, was ich entworfen; er geht, wird zurückgerufen und wieder entlassen. Um zehn oder elf Uhr — denn ich binde mich 3 an keine bestimmt abgemessene Zeit — begebe ich mich, je nachdem das Wetter es gestattet, auf die Terrasse oder in die bedeckte Säulenhalle, überdenke das Uebrige [noch einmal] und dictire es. Nun steige ich in den Wagen. Auch hier beschäftige ich mich ebenso, wie im Gehen oder Liegen. Die geistige Anstrengung dauert fort, durch die Veränderung selbst wieder aufgefrischt; ich schlafe wieder ein wenig, dann gehe ich spazieren; hierauf lese ich eine griechische oder lateinische Rede laut und mit Anstrengung, nicht sowohl der Stimme, als des Magens wegen [1]), wiewohl auch jene zugleich dadurch an Festigkeit gewinnt. Nun gehe ich wie- 4 der spazieren, salbe mich, nehme eine Körperübung vor und bade. Während der Mahlzeit, die ich mit meiner Gattin oder in kleiner Gesellschaft einnehme, lasse ich mir vorlesen; nach Tische stellen sich die Schauspieler oder ein Lautenschläger ein. Hierauf mache ich einen Spaziergang mit meinen Leuten, unter denen es auch [mehrere] wissenschaftlich Gebildete gibt. Auf diese Art wird der Abend unter mancherlei Gesprächen zugebracht, und selbst der längste Tag vergeht mir schnell. Zuweilen wird Etwas an die- 5 ser Tagesordnung abgeändert. Denn, wenn ich lange gelegen [2]) oder spazieren gegangen bin, so fahre ich, nachdem ich geschlafen und gelesen habe, nicht im Wagen, sondern reite, was weniger

---

[1]) Schon der alte Arzt Celsus empfahl allen an Verdauung Leidenden das laute Lesen als ein die Thätigkeit des Magens förderndes Mittel.
[2]) Ich lese mit Corte u. A. jacui, statt tacui, was Geßner und Schäfer haben.

Zeit kostet und schneller geht. Dazwischen hinein kommen Freunde aus den nächstgelegenen Städten und beanspruchen einen Theil des Tages für sich; indeß kommen sie mir, wenn ich [vom Arbeiten] erschöpft bin, manchmal mit dieser Unterbrechung sehr ge-
6 legen. Auch gehe ich zuweilen auf die Jagd; doch nicht ohne Schreibtafel, um, wenn ich auch Nichts fange, doch Etwas heimzubringen. Auch meinen Gutsleuten widme ich einige Zeit, nach ihrer Meinung freilich nicht genug, und ihre bäuerischen Klagen machen mir auf's Neue Lust zu meinen Studien und städtischen Geschäften. Lebe wohl!

## XXXVII.
### C. Plinius an Paullinus.

Es liegt nicht in deiner Natur, solche herkömmliche und, so zu sagen, Staatsbesuche von deinen Freunden gegen ihre eigene Bequemlichkeit zu verlangen; auch ruht meine Liebe zu dir auf zu festem Grunde, als daß ich befürchten sollte, du könntest es anders, als mir lieb wäre, aufnehmen, wenn ich dir nicht sogleich am ersten Tage [1]) als Consul meinen Besuch abstatte, zumal, da mich die Nothwendigkeit, meine Güter auf mehrere Jahre zu verpachten, hier festhält, indem ich ganz neue Einrichtungen zu tref-
2 fen habe. Denn im letzten Lustrum [2]) haben sich, ungeachtet der bedeutenden Nachlässe, die Rückstände gehäuft; daher denken die meisten [meiner Pachtleute] gar nicht mehr daran, ihre Schuld zu vermindern, an deren vollständiger Abtragung sie [ohnehin] verzweifeln; ja, sie raffen zusammen und verzehren die Früchte, weil
3 sie glauben, sie sparen nicht für sich selbst. Ich muß daher dem überhand nehmenden Uebelstande begegnen und abzuhelfen suchen, und das einzige Heilmittel hiefür ist, wenn ich nicht um baares Geld, sondern um einen [Früchte-] Antheil verpachte und sodann

---

¹) Nämlich: am ersten Januar, wo die neuernannten Consuln ihr Amt antraten und, nach hergebrachter Sitte, die officiellen [Anstands-] Besuche bei denselben gemacht wurden.

²) Eine Periode von fünf Jahren; es scheint dieß die gewöhnliche Pachtzeit bei den Römern gewesen zu sein.

einige von meinen Leuten als Aufseher über die Arbeiten und Hüter der Früchte aufstelle; außerdem gibt es ja auch keine gerechtere Art von Einkünsten, als die, welche das Erdreich, die Luft und die Jahreszeit einbringt. Freilich ³) erfordert dieß große Treue, scharfe Augen und zahlreiche Hände; indeß muß man doch einen Versuch machen und, wie bei einer alten Krankheit, jedes Mittel zur Veränderung anzuwenden suchen. Du siehest, welcher gar nicht behagliche Umstand mich hindert, den ersten Tag deines Consulats [in Rom] zu begehen; doch will ich ihn auch hier, als ob ich anwesend wäre, mit Wünschen, Freude und Fröhlichkeit feiern. Lebe wohl!

## XXXVIII.
### C. Plinius an Saturninus.

Ich lobe in der That unsern Rufus, nicht, weil du mich darum gebeten hast, sondern weil er es im höchsten Grade würdig ist. Denn ich habe eine in allen Theilen vollendete Schrift von ihm gelesen, welcher meine Liebe zu ihm noch mehr Reiz verliehen hat. Indeß habe ich mein Urtheil darüber ausgesprochen; denn nicht allein Die urtheilen, welche aus [bloßer] Tadelsucht lesen. Lebe wohl!

## XXXIX.
### C. Plinius an Mustius.

In Folge einer Mahnung der Wahrsager muß ich den Tempel der Ceres auf einem meiner Landgüter ausbessern und erweitern lassen. Er ist freilich alt und von beschränktem Raume, wird aber an einem bestimmten Tage sehr zahlreich besucht. Denn am dreizehnten September kommt daselbst eine große Volksmenge aus der ganzen Gegend zusammen: es werden viele Geschäfte gemacht,

---

³) Ich ziehe mit Gierig und einigen Anderen die Lesart at hoc der gewöhnlichen ad hoc vor.

viele Gelübde gethan, viele entrichtet, und doch gibt es in der Nähe keinen Zufluchtsort gegen Regen oder Sonne. Ich glaube daher zugleich als freigebiger und frommer Mann zu handeln, wenn ich den Tempel so schön wie möglich herstelle und Säulenhallen dazu aufführe: jenen für den Dienst der Göttin, diese für den [Gebrauch] der Menschen. Ich wünschte daher, daß du vier Marmorsäulen, von welcher Gattung du willst, und auch Marmor zur Auslegung des Bodens und der Wände kaufest. Auch wird man ein Bild von der Göttin selbst anzufertigen oder zu kaufen haben, weil jenes alte aus Holz durch die Länge der Zeit an einigen Stellen verstümmelt ist. Was die Säulenhallen betrifft, so fällt mir für jetzt Nichts ein, was ich etwa von dorther beziehen könnte, außer, wenn du mir nach der Beschaffenheit des Platzes einen Riß anfertigen wolltest; denn man kann sie nicht um den Tempel herumführen, da der Platz des Tempels auf der einen Seite an den Fluß und dessen sehr steile Ufer, auf der andern an die Landstraße stößt. Es befindet sich jenseits der Straße eine Wiese von großer Ausdehnung, auf welcher die Säulenhallen ganz passend dem Tempel gegenüber angebracht werden können, wenn nicht etwa du, der du durch deine Kunst die örtlichen Schwierigkeiten zu überwinden gewohnt bist, etwas Besseres ausfindest. Lebe wohl!

## XL.

### C. Plinius an Fuscus.

Du schreibst mir, mein Brief, aus welchem du ersehen habest, wie ich meine Muße auf meinem tuscischen Landgute zugebracht, habe dir große Freude gemacht, und fragst mich, was ich hieran im Winter auf meinem Laurentinum abändere. Nichts, als daß der Mittagsschlaf wegfällt, und daß ein großer Theil der Nacht, vor Tagesanbruch oder nach Sonnenuntergang, zu Geschäften verwendet wird. Drängt sich mir die Nothwendigkeit auf, Etwas vor Gericht zu verhandeln, was Winters häufig vorkommt, so wird nach Tische weder Schauspieler noch Lautenist zugelassen, sondern das, was ich dictirt habe, wird noch einmal durchgegangen, und dieses öftere Verbessern ist zugleich auch meinem Gedächtniß förderlich. Hier hast du meine Lebensweise im Sommer und Winter; nimm dazu noch, wenn du willst, die im Herbst und die, welche zwischen Winter und Sommer in der Mitte steht, wo ich Nichts vom Tage verliere und von der Nacht nur ganz Weniges gewinne. Lebe wohl!

# Zehntes Buch.

## I.

### C. Plinius an Trajan.

Du hattest zwar, hochverehrter Kaiser, aus kindlicher Liebe gewünscht, deinem Vater¹) so spät als möglich nachzufolgen; allein die unsterblichen Götter eilten, deine Tugenden an das Staatsruder zu bringen, welches du bereits ergriffen hattest. 2 Ich bete daher, daß dir, und durch dich dem Menschengeschlechte, alle Glückseligkeit, das heißt, Alles was deines Jahrhunderts würdig ist, zu Theil werden möge. Kraft und Heiterkeit, bester Kaiser, wünsche ich dir in meinem und in des Staates Namen. Lebe wohl!

---

¹) Zu alt und schwach, einem Soldatenaufstande sich mit Erfolg zu widersetzen, hatte Kaiser Nerva sich im J. R. 850 (97 n. Chr.) genöthigt gesehen, den Trajan an Kindesstatt anzunehmen und ihn zum Mitregenten und Regierungsnachfolger zu ernennen. Trajan stand damals mit einem ansehnlichen Heer am Rheine, und schon vier Monate, nachdem er die Würde eines Mitregenten geführt, starb Nerva. Die Nachricht von dem Tode des Kaisers und somit auch gegenwärtiges Glückwunschschreiben traf ihn noch beim Heere.

## II.
### C. Plinius an Trajan.

Mit Worten, o Herr, vermag ich die große Freude nicht auszudrücken, welche du mir dadurch bereitet hast, daß du mich des Dreikinderrechtes¹) für würdig erklärtest. Denn obgleich du es der Fürbitte des Julius Servianus²), dieses so trefflichen und dir innigst befreundeten Mannes zu Liebe gethan hast, so ersehe ich doch auch aus dem Rescripte, daß du es ihm um so gerner bewilligt hast, weil er für mich bat. Ich glaube also 2 das Ziel meiner Wünsche erreicht zu haben, da du sogleich beim Beginne deiner höchst beglückten Regierung erklärt hast, daß ich ein Gegenstand deiner ganz besondern Huld sei, und um so mehr wünsche ich mir [jetzt] Kinder, als ich mir solche selbst in jener höchst traurigen Zeit wünschte, wie du dich dessen aus meiner zweimaligen Verehelichung versichern kannst. Aber Dank den 3 Göttern, welche Alles ganz deiner Güte vorbehalten haben! Ich wünsche doch lieber in gegenwärtiger Zeit Vater zu werden, wo ich es in Sicherheit und Glück sein könnte. Lebe wohl!

## III.
### C. Plinius an Trajan.

Deine Huld, bester Kaiser, welche ich im vollsten Maße erfahre, gibt mir den Muth, mich dir auch für meine Freunde verbindlich zu machen, unter denen Voconius Romanus, von frühester Jugend an mein Mitschüler und beständiger Gesellschafter, den ersten Platz behauptet. Aus diesem Grunde hatte ich 2 schon deinen verewigten Vater gebeten, ihn in den Senatorenstand zu erheben; allein die Erfüllung dieses meines Wunsches

---
¹) Vgl. Buch II. Br. 13 und unsere Anm. 5 daselbst.
²) J. Servianus war während Trajans Regierung zweimal Consul, und besaß das Vertrauen des Kaisers in so hohem Grade, daß dieser ihn sogar für würdig hielt, sein Nachfolger zu werden.

blieb deiner Güte vorbehalten, weil die Mutter das Geschenk von viermalhunderttausend¹) Sesterzien, welches sie ihrem Sohne in einer schriftlichen Eingabe an deinen Vater beizuschießen versprochen, noch nicht rechtskräftig vollführt hatte. Sie hat es jedoch nachher auf meine Erinnerung hin gethan. Denn sie hat Grundstücke an ihn zu Eigenthum abgetreten, und alles zum Vollzug der Abtretung Erforderliche vollzogen. Nachdem somit Alles, was meiner Hoffnung im Wege stand, bereinigt ist, so leiste ich ganz getrost für den Charakter meines Romanus bei dir schriftliche Gewähr. Einen weitern Schmuck verleiht demselben noch seine Liebe zu den Wissenschaften, sowie seine ausgezeichnete kindliche Zärtlichkeit, welcher er eben diese Freigebigkeit seiner Mutter, sogleich darauf die Erbschaft von seinem Vater²) und die Adoption von Seiten seines Stiefvaters zu verdanken hatte. Alles dieses erhöhet noch der Glanz seiner Geburt und seines väterlichen Vermögens; und daß jeder dieser Vorzüge durch meine Fürsprache nicht wenig an Empfehlung gewinnen werde, dafür vertraue ich deiner Huld. Ich bitte dich also, Herr, du wollest mich in die Lage setzen, einen heißersehnten Glückwunsch darbringen zu können, und meinen, wie ich hoffe ehrenwerthen, Gesinnungen willfahren, so daß ich mich deines Urtheils, nicht nur über mich, sondern auch über meinen Freund, rühmen kann. Lebe wohl!

---

¹) Ich halte mich, nach dem Vorgange anderer Erklärer und Uebersetzer, an die Lesart Geßners: quadringentorum millium (400,000) statt der gewöhnlichen Sestortii quadringenties (4,000,000). Das Vermögen, welches erforderlich war, um die Senatorenwürde zu erlangen, war im Ganzen auf nur 1,200,000 Sest. festgesetzt; somit mochte die Summe von 400,000 (= 18,304 Thlr.) wohl hinreichen, das dem Romanus hiezu Fehlende zu completiren.

²) Ohne Zweifel so zu verstehen, daß er die ihm von seinem Vater angefallene Erbschaft sogleich mit Selbstverwaltung antreten durfte, anstatt daß ihm — wegen muthmaßlicher Minderjährigkeit — ein Vormund bestellt worden wäre.

## IV.
### C. Plinius an Trajan.

Als ich, o Herr, im verflossenen Jahre von einer sehr schweren und beinahe tödtlichen Krankheit befallen wurde, nahm ich einen Arzt an, dem ich für seine Sorgfalt und seinen Eifer nur durch die gütige Mitwirkung deiner Huld meinen Dank abstatten kann. Daher bitte ich dich, ihm das römische Bürgerrecht zu 2 verleihen. Er ist nämlich, als Freigelassener einer Fremden, ein Fremder. Er nennt sich Harpocras; seine Gebieterin war Thermutis, des Theon Tochter, welche längst schon todt ist. Ebenso bitte ich dich, das Recht der Quiriten[1]) der Helia und Antonia Harmeris, den Freigelassenen der Antonia Maximilla, einer Frau von den höchsten Vorzügen, ertheilen zu wollen, und dieß thue ich auf die Bitte ihrer [vormaligen] Gebieterin. Lebe wohl!

## V.
### C. Plinius an Trajan.

Mit Worten, o Herr, vermag ich es nicht auszudrücken, welche Freude ich über deinem Schreiben empfand, woraus ich ersehen habe, daß du meinem Arzte Harpocras auch das Bürgerrecht von Alexandria[1]) ertheilt hast, obgleich du, zufolge der Anordnung der [vorangegangenen] Regenten, es dir zum Grundsatze gemacht hattest, es nicht so leichthin zu ertheilen. Ich zeige dir aber an, daß Harpocras dem Bezirke von Memphis angehört. Daher bitte ich dich, gnädigster Kaiser, mir, deinem Versprechen gemäß, das Schreiben an deinen Freund Pompejus Planta, den Statthalter von Aegypten, zu senden. Da ich dir entgegenzugehen beabsichtige, um desto früher, o Herr, die Freude

---

[1]) Unter dem „Recht der Quiriten" (jus Quiritium) ist das vollkommene römische Bürgerrecht zu verstehen, womit auch das Stimmrecht in den Wahlversammlungen (comitiis) verbunden war.

[1]) Die Aegyptier mußten, um römische Bürger werden zu können, zuvor im Besitze des Bürgerrechtes von Alexandria sein.

deiner höchst ersehnten Ankunft genießen zu können, so bitte ich dich, mir zu gestatten, dir so weit als möglich entgegen zu eilen. Lebe wohl!

## VI.
### C. Plinius an Trajan.

Meine letzte Krankheit, o Herr, hat mich gegen meinen Arzt Postumius Maximus verpflichtet. Durch deine gütige Mitwirkung kann ich ihm den entsprechenden Dank erweisen, wenn du, nach deiner gewohnten Güte, meinen Bitten willfahren woll= 2 test. Ich ersuche dich demnach, seinen Verwandten, dem Chrysippus, des Mithridates Sohne, und der Gattin des Chrysippus, der Stratonice, des Epigonus Tochter, sowie den Kindern desselben Chrysippus, Epigonus und Mithridates, das Bürgerrecht zu verleihen, doch so, daß sie unter väterlicher Gewalt sind, und Jenen das Patronatrecht über ihre Freigelassenen verbleibe. Gleichfalls ersuche ich dich, dem L. Satrius Abascantius, dem P. Cäsius Phosphorus und der Pancharia Soteris das Recht der Quiriten zu ertheilen. Ich thue diese Bitte mit dem Willen ihrer Patrone. Lebe wohl!

## VII.
### C. Plinius an Trajan.

Ich weiß, o Herr, daß meine Bitten noch fest in deinem, für das Wohlthun so treuen Gedächtnisse haften; weil ich jedoch auch hierin schon oft deine gütige Nachsicht erfahren habe, erinnere und bitte ich dich zugleich inständig, du möchtest dem Accius das Ehrenamt der Prätur zu übertragen geruhen, welche Stelle [dermalen] erledigt ist. Zu dieser Hoffnung munterte den sonst so äußerst zurückhaltenden Mann der Glanz seiner Geburt, die höchste Rechtschaffenheit bei seiner Armuth, und vor Allem die glücklichen Zeitverhältnisse auf, welche das gute Bewußtsein deiner Bürger auffordern und ermuthigen, von deiner Huld Gebrauch zu machen. Lebe wohl!

## VIII.
### C. Plinius an Trajan.

Da ich weiß, o Herr, daß mein Charakter kein ehrenvolleres Zeugniß erhalten kann, als wenn ich durch das [beifällige] Urtheil eines so guten Fürsten ausgezeichnet werde, so bitte ich dich, du wollest zu der Würde, wozu mich deine Huld erhoben, entweder das Augurat, oder das Septemvirat[1], welche [beide Stellen] erledigt sind, beizufügen geruhen, damit ich als amtlich bestellter Priester die Götter öffentlich für dich anflehen kann, was ich jetzt aus persönlicher ehrfurchtsvoller Gesinnung thue. Lebe wohl!

## IX.
### C. Plinius an Trajan.

Zu deinem so großen, herrlichen, der alten Zeiten würdigen Siege[1] wünsche ich, bester Kaiser, dir und dem Staate Glück, und bitte die unsterblichen Götter, daß alle deine Unternehmungen ein ebenso erfreulicher Erfolg krönen möge, und durch so große Heldentugenden der Glanz des Reiches erneuert und erhöhet werde. Lebe wohl!

## X.
### C. Plinius an Trajan.

Der Legat Servilius Prudens, o Herr, ist am vierundzwanzigsten November in Nicomedia[1] angekommen und hat mich von der Unruhe wegen seines langen Ausbleibens befreit. Lebe wohl!

---

[1] Vgl. unsere Anm. 7 zu Buch II. Br. 11.
[1] Wahrscheinlich ist hier der im J. 855 n. E. R. (102 n. Ch.) über die Dacier errungene Sieg gemeint.
[1] Die alte Hauptstadt Bithyniens, jetzt Ismid, am Meer von Marmora.

## XI.
### C. Plinius an Trajan.

Die Beweise von Huld, welche du mir gegeben, o Herr, haben den Rosianus Geminus auf's Innigste mit mir verbunden. Ich habe ihn nämlich während meines Consulats zum Quästor gehabt und als einen mir treuergebenen Mann kennen gelernt. Auch seit meinem Consulate bezeugt er mir eine solche Verehrung, daß er die Beweise, die er mir in unseren amtlichen Verhältnissen [hievon] gab, durch Privatgefälligkeiten noch vermehrt.
2 Ich bitte dich daher, du wollest in Anbetracht seiner Würdigkeit meinen Bitten geneigtes Gehör schenken und ihm, wenn du einiges Vertrauen in mich setzest, deine Huld angedeihen lassen. Er selbst wird sich Mühe geben, bei jedem Auftrage, den du ihm ertheilst, sich eines noch höhern würdig zu machen. Ich bin sparsamer in seinem Lobe, weil ich hoffe, daß dir seine Uneigennützigkeit, Rechtschaffenheit und Thätigkeit nicht nur aus den Ehrenämtern, die er in der Hauptstadt unter deinen Augen bekleidet hat, sondern auch aus seinem Kriegsdienste zur Genüge bekannt
3 sind. Das Einzige, was ich bei meiner Liebe zu ihm noch nicht hinlänglich gethan zu haben glaube, wiederhole ich auf das Dringendste und bitte dich, Herr, du wollest mich mit der erhöheten Würde meines Quästors, d. h., durch ihn mit meiner eigenen je eher je lieber erfreuen. Lebe wohl!

## XII.
### C. Plinius an Trajan.

Es ist schwer, o Herr, mit Worten die Freude auszudrücken, welche du mir und meiner Schwiegermutter [dadurch] bereitet hast, daß du den Cölius Clemens nach Ablauf seines Consulates
2 in diese Provinz¹) versetztest. Hieraus nämlich erkenne ich ganz

---

¹) Nämlich nach Bithynien, wahrscheinlich, um den Plinius daselbst zu ersetzen, der nicht, wie die früheren Statthalter, mit dem Charakter eines Procon-

und gar das [reiche] Maß deines Wohlwollens, da ich deine so große Huld mit meinem ganzen Hause erfahre, wofür ich nicht einmal meinen entsprechenden Dank abzustatten wage, so sehr dieß auch meine Schuldigkeit ist. Ich nehme daher meine Zuflucht zu Wünschen und flehe zu den Göttern, daß ich der Gnade, welche du mir für und für erweisest, nicht für unwürdig gehalten werden möge. Lebe wohl!

## XIII.
### C. Plinius an Trajan.

Dein Freigelassener Lycormas, o Herr, hat mir geschrieben, daß ich, wenn etwa eine Gesandtschaft vom Bosporus¹) herkäme, um sich nach Rom zu begeben, ich dieselbe bis zu seiner Ankunft aufhalten möchte. Eine Gesandtschaft ist zwar bis daher, wenigstens in die Stadt, wo ich bin²), nicht gekommen, wohl aber ein Bote aus Sarmatien³), welchen ich, die mir durch den Zufall sich darbietende Gelegenheit benützend, mit dem Boten, welchen Lycormas auf seiner Reise vorausgeschickt hatte, abgehen lassen zu müssen glaubte, damit du aus den Schreiben des Lycormas und des Königs zugleich ersehen könnest, was du vielleicht zugleich wissen mußt. Lebe wohl!

## XIV.
### C. Plinius an Trajan.

Der König von Sarmatien hat mir geschrieben, es gebe gewisse Dinge, welche du so schleunig als möglich erfahren müssest; aus diesem Grunde habe ich das schnelle Weiterkommen des

---

suls, sondern als unmittelbarer kaiserlicher Gouverneur (Alter Ego) diese Provinz unter dem Titel Legatus Augusti Propraetor verwaltet hatte.

¹) Vom Bosporus Cimmerius, jetzt Meerenge von Kaffa oder Jenikale, zwischen dem schwarzen und asow'schen Meere.

²) Nämlich Nicäa, in Bithynien, heutzutage Ischnik.

³) Das europäische Sarmatien der Alten umfaßte Polen und den größten Theil des jetzigen russischen Reiches in Europa.

Boten, den er mit einem Schreiben an dich abgesandt hat, mittelst eines Reisepasses¹) [noch mehr] gefördert. Lebe wohl!

## XV.
## C. Plinius an Trajan.

Den Gesandten des Königs von Sarmatien, o Herr, der zu Nicäa, wo er mich angetroffen, zwei Tage freiwillig verweilt hatte, glaubte ich nicht länger aufhalten zu dürfen, für's Erste, weil es noch ungewiß war, wann dein Freigelassener Lycormas ankommen würde; sodann, weil ich selbst in dringenden Amts-
2 geschäften in einen andern Theil der Provinz reisen mußte. Dieß glaubte ich zu deiner Kenntniß bringen zu müssen, weil ich kürzlich geschrieben hatte, Lycormas habe mich gebeten, die etwa vom Bosporus herkommende Gesandtschaft bis zu seiner Ankunft aufzuhalten. Allein dieses länger zu thun, zeigt sich mir kein hinreichend giltiger Grund, namentlich, da ich vermuthete, daß das Schreiben des Lycormas, welches ich, wie ich schon gesagt, nicht zurückhalten wollte, einige Tage vor dem Gesandten ankommen würde. Lebe wohl!

## XVI.
## C. Plinius an Trajan.

Herr! Apulejus, ein Kriegsmann, der zu Nicomedien in Besatzung liegt, hat mir geschrieben, daß ein Gewisser, Namens Callidromus, als er von den [beiden] Bäckern Maximus und Dionysius, bei denen er sich in Dienst verdungen hatte, zurückgehalten wurde, zu deiner Statue geflohen sei¹) und, als man

---

¹) Schon Kaiser Augustus hatte durch das ganze römische Reich gewisse Poststationen oder mansiones (eine unseren heutigen Extraposten ähnliche Anstalt) eingeführt. Um diese benützen zu können, bedurfte der Reisende ein von dem Statthalter der Provinz ausgestelltes sogenanntes Diploma (eine Art Reisepaß), auf dessen Vorweisung hin ihm auf jeder Station die erforderlichen Pferde verabfolgt werden mußten.

¹) Derselbe war Statthalter in Judäa unter Kaiser Vespasian.

ihn vor die Obrigkeit geführt, angegeben habe, er sei ehedem Sklave des Laberius Maximus²) gewesen, von Susagus³) in Mösien⁴) gefangen genommen und von Decebalus dem Partherkönige Pacorus zum Geschenke gemacht worden; er sei mehrere Jahre in dessen Diensten gestanden, hierauf entflohen und so nach Nicomedien gekommen. Er wurde vor mich gebracht, und da er das Nämliche aussagte, so glaubte ich, ihn zu dir schicken zu müssen. Dieß habe ich darum etwas spät gethan, weil ich eine Gemme aufsuchen ließ, worauf sich das Bild des Pacorus im königlichen Schmucke befinden, und die ihm, nach seiner Aussage, entwendet worden sein soll. Denn ich wollte dir auch diese, wenn sie aufzufinden gewesen wäre, zugleich mitsenden, gleichwie ich dir auch eine Erzstufe sende, welche er aus einem parthischen Bergwerke mitgebracht zu haben versicherte. Sie ist mit meinem Ringe versiegelt, worauf ein Wagen mit vier Rossen abgebildet ist. Lebe wohl!

## XVII.
### C. Plinius an Trajan.

Den Maximus, deinen Freigelassenen und Procurator¹), o Herr, habe ich während der ganzen Zeit, die wir beisammen waren, als redlich, fleißig, sorgsam, und als einen Mann kennen gelernt, welcher eben so sehr auf dein Interesse bedacht war, als er streng auf Ordnung hielt. Gerne stelle ich ihm daher dieses Zeugniß bei dir mit der Treue aus, welche ich dir schuldig bin. Lebe wohl!

---

²) Feldherr des von Trajan besiegten dacischen Königs Decebalus.
³) Eine dacische Provinz; sie begriff das heutige Servien und Bulgarien.
⁴) Früher waren nur die Tempel und Altäre der Götter Freistätten für Verbrecher, entflohene Sklaven oder sonst Verfolgte; zur Zeit der römischen Kaiser aber mußten die Götter diese Ehre auch mit den Statuen der Letzteren theilen. Der dem vergötterten Cäsar erbaute Tempel war der erste, welcher, als solcher, in Rom zu einem Asyl diente.
¹) Die Procuratoren waren die Rendanten oder Geschäftsführer der Kaiser in den Provinzen, welche die öffentlichen Einkünfte einnahmen und auch die Auszahlungen, zu denen sie autorisirt waren, zu besorgen hatten.

## XVIII.
### C. Plinius an Trajan.

Den Gabius Bassus, o Herr, den Präfecten der Pontischen Küste, habe ich als uneigennützig, rechtschaffen, thätig und als einen Mann erfunden, der mir die höchste Achtung erweist; darum begleiten ihn meine Wünsche und Empfehlungen mit all' der Treue, welche ich dir schuldig bin. Auch bin ich zur Genüge überzeugt, daß er sich unter deiner Führung im Kriegsdienste gebildet hat: eine Schule, welcher er es verdankt, daß er deiner 2 Huld würdig ist. Bei mir haben sowohl Soldaten als Civilisten[1]), die seine Gerechtigkeitsliebe und menschenfreundliche Gesinnung genau kennen gelernt hatten, ihm um die Wette, nicht nur Jeder Einzelne für sich, sondern auch in Gesammtheit dieses Zeugniß gegeben. Dieses bringe ich zu deiner Kenntniß mit der Treue, welche ich dir schuldig bin. Lebe wohl!

## XIX.
### C. Plinius an Trajan.

Der Primipilar[1]) Nymphidius Lupus, o Herr, war mein Kriegsgefährte, als ich [Kriegs=] Tribun, er Präfect war. Von da an begann unsere innige Freundschaft. Diese Zuneigung wurde in der Folge durch die Länge der Zeit immer zärtlicher. 2 Ich habe mir daher einen Angriff auf seine Ruhe erlaubt und bin in ihn gedrungen, mich in Bithynien mit seinem Rathe zu unterstützen. Dieses hat er auf das Freundschaftlichste und ohne alle Rücksicht auf seine Muße und sein vorgerücktes Alter gethan

---

¹) Pagani, hier den milites entgegengesetzt, konnte hier nicht wohl anders als mit dem, freilich nicht deutschen, aber in unserer Sprache allgemein recipirten Worte „Civilisten" gegeben werden. „Bürgerliche" hätte nicht wohl gepaßt, denn der römische Soldat war eben so gut Bürger, als der paganus.

¹) Primipilar war der Titel eines gewesenen primipilus, d. h. eines centurio primi pili oder primi ordinus. Derselbe war der erste centurio der Legion, und als solchem war ihm der Adler anvertraut.

und wird es auch ferner thun. Aus diesen Gründen zähle ich 3
seine Verwandten unter die meinigen und namentlich seinen Sohn
Nymphidius Lupus, einen braven, thätigen, seines trefflichen Vaters
höchst würdigen Jüngling, der sich deine Huld zu verdienen wissen
wird: wie du schon aus seinen ersten Proben abnehmen kannst,
da er als Präfect einer Cohorte sich des vollgiltigen Zeugnisses
zweier so berühmten Männer, wie Julius Ferox und Fuscus
Salinator, würdig gemacht hat. Möchte, meiner eigenen Freude
und meinem eigenen Glück, o Herr, die Beförderung des Sohnes
[meines Freundes] einen Zuwachs verleihen. Lebe wohl!

## Gegenseitige Briefe des Plinius und Trajan.

### XX.

### C. Plinius an Trajan.

Mit dem Tage, da mich Euere[1]) Huld, o Herr, zu der
Präfectur des Schatzes des Saturnus[2]) befördert hat, habe ich
mich aller Anwaltsgeschäfte, womit ich mich ohnehin nie, ohne Aus=
nahmen zu machen, befaßt hatte, begeben, um mich mit ganzer
Seele dem mir übertragenen Amte widmen zu können. Als mich 2
daher die Bewohner[3]) zu ihrem Sachwalter gegen Marius Pris=
cus begehrt hatten, bat ich um Entbindung von diesem Geschäfte,
und sie ward mir auch gewährt. Da aber nachher der ernannte
Consul den Antrag stellte, man solle mit uns, deren Entschuldi=

---

[1]) Plinius hatte das genannte Amt von Nerva und dem Mitregenten Tra=
jan erhalten. Vestra ist somit in der eigentlichen Bedeutung, nicht, wie einige
Erklärer wollen, als Pluralis majestaticus aufzufassen, was der Redeweise jener
Zeit durchaus widerspräche.
[2]) Der Staatsschatz wurde im Tempel des Saturnus aufbewahrt, wo sich
auch das Staatsarchiv und die Kriegsfahnen befanden.
[3]) Afrika. Vgl. B. II. Br. 11. 12.

gung bereits angenommen worden war, in Unterhandlung darüber
treten, daß wir uns dem Senate zur Verfügung stellen und
unsere Namen in die Urne werfen lassen möchten⁴), so däuchte
es mir einem so ruhigen Zeitalter, wie das deinige, am ange=
messensten, dem zumal so rücksichtsvollen Begehren eines so hoch
angesehenen Standes mich nicht zu widersetzen. Ich wünsche nur,
daß du diese Willfährigkeit für begründet erkennen mögest, da
mein ganzes Trachten dahin geht, bei allen meinen Handlungen
und Reden den Beifall deines so tugendhaften Charakters zu
erhalten.

## XXI.
### Trajan an Plinius.

Du hast die Pflichten eines guten Bürgers, wie die eines
Senators erfüllt, indem du dich gegen das vollkommen gerechte
Verlangen des so hoch angesehenen Standes willfährig bewiesen
hast. Ich habe das feste Vertrauen, daß du dieses Geschäft, der
übernommenen Verpflichtung gemäß, vollziehen werdest.

## XXII.
### C. Plinius an Trajan.

Ich danke dir, Herr, daß du das Recht der Quiriten¹) so=
wohl den Freigelassenen einer mir verwandten Frau, als auch
das römische Bürgerrecht meinem Arzte Harpocras ohne Verzug
ertheilt hast. Als ich aber, gemäß deinem Befehle, sein Alter
und Vermögen²) angab, wurde ich von sachfundigen Personen er=

---

⁴) Wie bei dem Richter= und Geschwornenamte, geschah auch die Wahl der
Sachwalter für die Afrikaner gegen ihren gewesenen Statthalter Marius Priscus
vermittelst des Looses. Daß gerade die Namen des Plinius und Tacitus, die es
sich Anfangs verbeten hatten, aus der Wahlurne gezogen wurden, war ein be=
sonderer Zufall.

¹) Vgl. unsere Anm. zu B. X. Br. 4.

²) Ersteres mußte geschehen wegen des Kriegsdienstes, und Letzteres, weil die
Eintheilung der römischen Bürger nach dem Vermögen geschah.

innert, daß ich für ihn vorher das alexandrinische, und dann erst das römische Bürgerrecht hätte auswirken sollen, weil er ein Aegyptier sei. Da ich indeß glaubte, es finde zwischen den 2 Aegyptiern und anderen Fremden kein Unterschied statt, so hielt ich es für hinreichend, dir zu berichten, daß er von einer Fremden freigelassen worden, und daß seine Patronin schon längst mit Tod abgegangen sei. Diese meine Unwissenheit bedauere ich [übrigens] nicht, da sie der Grund ist, daß ich dir um eben dieses Mannes willen öfter verbindlich werde. Ich bitte dich daher, um deine Huld auf gesetzliche Weise genießen zu können, ihm das alexandrinische und das römische Bürgerrecht zu ertheilen. Sein Alter und Vermögen habe ich — um deine Huld nicht abermals zu verzögern — deinen Freigelassenen, an die du mich gewiesen, angezeigt.

### XXIII.
### Trajan an Plinius.

Ich habe es mir [zwar] zum Grundsatze gemacht, nach dem Vorgange der [früheren] Kaiser das alexandrinische Bürgerrecht nicht so ohne Weiteres zu ertheilen: da du nun aber für deinen Arzt Harpocras das römische Bürgerrecht einmal ausgewirkt hast, so kann ich dir auch diese deine Bitte nicht wohl abschlagen. Nur wirst du mich in Kenntniß zu setzen haben, aus welchem Bezirke der Mann ist, um dir ein Schreiben an den Statthalter von Aegypten, den Pompejus Planta, meinen Freund, zusenden zu können.

### XXIV.
### C. Plinius an Trajan.

Als dein verewigter Vater, o Herr, durch eine sehr schöne Rede und sein ruhmwürdiges Beispiel alle Bürger zur Freigebigkeit aufgefordert hatte, bat ich ihn um die Erlaubniß, die Standbilder der Kaiser, die ich auf entlegenen Gütern, welche nach öfterem Besitzwechsel auf mich gekommen waren, ebenso, wie ich

sie überkommen, aufbewahrt hatte, in meine Vaterstadt bringen
2 zu lassen und sein eigenes Standbild beizufügen. Er bewilligte
mir dieß unter der Aeußerung seiner vollkommensten Zufrieden=
heit, und nun schrieb ich sogleich an die Decurionen, mir einen
Platz anzuweisen, um daselbst auf meine Kosten einen Tempel
aufzuführen; sie stellten mir, zur Ehre des Werkes selbst, die
3 Wahl des Platzes frei. Allein zuerst durch meine eigene, sodann
durch deines Vaters Krankheit, hernach durch die Geschäfte des
mir von Euch übertragenen Amtes¹) abgehalten, halte ich den
jetzigen Zeitpunkt für den geeignetesten, die Sache an Ort und
Stelle in Ausführung zu bringen. Denn mein Amtsmonat geht
mit dem ersten September zu Ende, und in den folgenden Monat
4 fallen viele Feiertage. Ich bitte dich daher, mir vor Allem zu
erlauben, das in der Ausführung begriffene Werk auch mit dei=
nem Standbilde zu schmücken; sodann, um dieses so bald als
5 möglich thun zu können, mir einen Urlaub zu verwilligen. Doch
kann ich bei meinem aufrichtigen Charakter es deiner Güte nicht
verhehlen, daß du hiedurch nebenbei auch den Vortheil meines
Hauswesens in hohem Grade förderst. Denn die Verpachtung
der Güter, welche ich in eben dieser Gegend besitze und welche
zudem über 400,000²) Sesterzien beträgt, gestattet so wenig
einen Aufschub, daß der neue Pächter schon das nächste Beschnei=
den der Reben besorgen muß. Ueberdieß nöthigen mich die an=
haltenden Mißjahre, an [Pacht=] Nachlässe zu denken, die ich nicht
6 berechnen kann, wenn ich nicht an Ort und Stelle bin. Ich
werde also, Herr, deiner Huld die rasche Ausführung eines from=
men Werkes und die Ordnung meiner häuslichen Verhältnisse zu
verdanken haben, wenn du mir wegen dieser beiden Angelegen=
heiten einen Urlaub³) von dreißig Tagen bewilligst. Eine knapper

---

¹) Die Präfectur des Staatsschatzes, worin Plinius den Cornutus Tertullus
zum Amtsgenossen hatte.
²) Circa 19,000 Thlr. oder nahezu 33,000 fl. unserer Währung.
³) Weder die Beamten in der Hauptstadt, noch die Magistrate in den Pro=
vinzen durften sich ohne besondere kaiserliche Erlaubniß von ihrem Posten entfer=
nen. Von dieser Beschränkung waren blos die Beamten in Sicilien und im
narbonensischen Gallien befreit. Letzterer Provinz wurde dieses Vorrecht von Kaiser

zugemessene Zeit kann ich nicht bestimmen, da sowohl die Municipalstadt, als die Güter, von denen ich spreche, über den hundertundfünfzigsten Meilenstein hinaus liegen.

## XXV.
### Trajan an Plinius.

Du hast viele Privat- und alle öffentlichen Gründe für dein Urlaubsgesuch angegeben; für mich aber wäre dein Wunsch allein schon hinreichend gewesen. Denn ich zweifle nicht, daß du so bald als möglich wieder zu deinem geschäftvollen Amte zurückkehren wirst. Daß du mir ein Standbild an dem von dir gewünschten Orte errichtest, will ich mir, obwohl ich es sonst mit dergleichen Ehrenbezeugungen sehr genau nehme, gefallen lassen, weil ich mir nicht den Anschein geben will, als hindere ich deine Ergebenheit gegen mich in ihrem Laufe.

## XXVI.
### C. Plinius an Trajan.

Im festen Vertrauen, o Herr, daß es für dich von Interesse sein werde, benachrichtige ich dich, daß ich mit allen meinen Leuten an Malea[1] vorbeigeschifft und in Ephesus angekommen bin. Obgleich durch widrige Winde aufgehalten, gedenke ich jetzt theils auf leichten Fahrzeugen, theils zu Wagen die Reise nach der Provinz zu machen, denn wie der Landreise die drückende Hitze, so legen der anhaltenden Reise zu Wasser die Etesien[2] Hindernisse in den Weg.

---

Claudius eingeräumt, weil, wie Tacitus Annal. 12, 13 berichtet, dieselbe eine ganz besondere Ergebenheit gegen den römischen Senat an den Tag legte.

[1]) Ein Vorgebirge an der östlichen Landspitze des Peloponnes, durch Stürme und Seeräuber so berüchtigt, daß die Redensart „wer über Malea segelt, vergesse seine Familie" sprichwörtlich geworden ist.

[2]) Winde, welche zur Zeit der Hundstage von Norden oder Westen herwehen.

## XXVII.
### Trajan an Plinius.

Du haſt wohl daran gethan, mir Nachricht von dir zu geben, mein theuerſter Secundus; denn es liegt mir ſehr am Herzen, wie du in die Provinz kommſt. Klug aber iſt dein Entſchluß, je nachdem die örtlichen Verhältniſſe es erheiſchen, die Reiſe bald zu Schiffe, bald im Wagen zu machen.

## XXVIII.
### C. Plinius an Trajan.

So zuträglich für meine Geſundheit, o Herr, die Reiſe zu Schiffe bis Epheſus war, wurde ich doch von da an, als ich meine Reiſe im Wagen zu machen begann, von der höchſt drückenden Hitze und auch von einem leichten Fieber geplagt, und 2 verweilte [deßhalb] zu Pergamus. Als ich mich nun abermals kleinen Küſtenſchiffen anvertraute, ward ich durch widrige Winde aufgehalten, und langte erſt ziemlich ſpäter, als ich gehofft hatte, nämlich am 17. September, in Bithynien an. Indeß kann ich mich über den Verzug nicht beklagen, da mir, was für mich von beſter Vorbedeutung war, das Glück zu Theil ward, deinen Ge= 3 burtstag in der Provinz zu feiern. Gegenwärtig unterſuche ich den Aufwand, die Einkünfte und das Schuldenweſen derer von Pruſa¹), wovon ich die Nothwendigkeit im Verlaufe der Sache ſelbſt je mehr und mehr einſehe. Denn viele Gelder werden aus verſchiedenen Urſachen von Privatperſonen zurückgehalten; außerdem wird gar Manches auf ganz unſtatthafte Weiſe verwendet. Dieſes habe ich dir, Herr, ſogleich bei meinem Eintreffen berich= 4 ten wollen. Am 17. September kam ich, o Herr, in die Provinz, welche ich in dem Gehorſam, in der Treue gegen dich, 5 welche du von der ganzen Welt verdienſt, angetroffen habe. Ermiß

---

¹) Stadt in Bithynien, am Olympus, jetzt Bruſſa, mit bedeutendem Seidenbau und Handel, Hauptſtadt eines Paſchalik.

selbst, o Herr, ob du es für nothwendig hältst, einen Baumeister hierher zu schicken. Denn nach meiner Ansicht könnten von den Bauunternehmern, wenn gewissenhaft [nach=] gemessen würde, keine unbedeutende Summen zurückgefordert werden. Dieß sehe ich wenigstens jetzt schon aus der Rechnung der Prusier, welche ich mit Maximus durchgehe.

## XXIX.
### Trajan an Plinius.

Ich hätte gewünscht, daß du ohne Beschwerniß für deinen zarten Körper und für deine Leute hättest nach Bithynien kommen können, und daß du von Ephesus an die gleiche Reise gehabt hättest, wie du sie bis dahin zur See hattest. Indeß habe ich 2 den Tag, an welchem du in Bithynien angekommen bist, mein theuerster Secundus, aus deinem Schreiben ersehen. Die Bewohner der Provinz, glaube ich, werden sich überzeugen, daß ich für sie gesorgt habe. Denn du wirst dich bemühen, ihnen klar zu machen, daß ich dich erwählt habe, um meine Stelle bei ihnen zu vertreten. Vor Allem aber hast du die öffentlichen Rechnun= 3 gen zu untersuchen; denn es ist sattsam bekannt, wie unordentlich bei diesen verfahren wurde. Baumeister habe ich kaum für die Arbeiten, welche zu Rom oder in der Nähe auszuführen sind, in hinreichender Zahl; allein man findet deren in jeder Provinz, denen man trauen kann, und deßhalb wird es auch dir nicht daran fehlen, wenn du dich nur genau erkundigst.

## XXX.
### C. Plinius an Trajan.

Ich bitte dich, Herr, mir in einer Sache, die mir Bedenklichkeiten verursacht, deinen Rath zu gut kommen zu lassen: ob ich die Gefängnisse durch die öffentlichen Diener der Städte — wie dieß bisher geschehen ist — oder durch Soldaten bewachen lassen soll. Ich fürchte nämlich, sie möchten durch die öffentlichen Diener nicht sicher genug bewacht werden, und dann wieder, es

möchte dieses Geschäft keine geringe Anzahl Soldaten in Anspruch
nehmen. Indessen habe ich den öffentlichen Dienern einige wenige
Soldaten beigegeben. Es ist jedoch, wie ich sehe, zu befürchten,
daß gerade dieses für beide Theile Veranlassung zur Nachlässigkeit geben dürfte, indem sie sich darauf verlassen, einander gegenseitig die gemeinschaftliche Schuld zuschieben zu können.

## XXXI.
### Trajan an Plinius.

Es ist durchaus nicht nöthig, mein theuerster Secundus,
zur Bewachung der Gefängnisse eine größere Anzahl von Soldaten zu verwenden. Wir wollen bei der Gewohnheit bleiben,
die [nun einmal] in jener Provinz besteht, dieselben durch die
öffentlichen Diener bewachen zu lassen; denn daß sie dieß pflichtgemäß thun, hängt von deiner Strenge und Aufmerksamkeit ab.
Vor Allem nämlich ist, wie du schreibst, zu befürchten, daß, wenn
man öffentliche Diener und Soldaten neben einander aufstellt,
sie sich gegenseitig auf einander verlassen und nachlässiger werden; allein auch darauf müssen wir unser Augenmerk richten, daß
so wenige Soldaten, als möglich, von ihren Fahnen abberufen
werden.

## XXXII.
### C. Plinius an Trajan.

Gabius Bassus, der Befehlshaber der pontischen Küste, ist,
o Herr, voll Ehrerbietung und ganz, wie es seine Pflicht erheischt,
zu mir gekommen und mehrere Tage bei mir gewesen. So viel
ich abnehmen konnte, ein vortrefflicher und deiner Huld würdiger
Mann. Ich machte ihn mit deinem Befehl bekannt, daß er sich
von den Cohorten, welche nach deinem Willen unter meinem Befehle stehen, mit zehn Gefreiten[1], zwei Reitern und einem Cen-

---

[1] Beneficiarii hießen solche Soldaten, welche durch besondere Vergünstigung
der ihnen vorgesetzten Offiziere von härterer Arbeit befreit waren; vgl. hierüber

turio begnügen müsse. Er erwiderte, diese Anzahl sei für ihn nicht hinreichend, und er werde dir dieß melden. Dieß war der Grund, warum ich die, welche er über diese Anzahl hat, nicht sogleich abrufen zu sollen glaubte.

## XXXIII.
### Trajan an Plinius.

Auch mir hat Gabius geschrieben, die Anzahl Soldaten, welche ich in meinem Befehle für ihn bestimmt hatte, sei nicht hinreichend. Gemäß deinem Wunsche, dich von meiner ihm gegebenen Antwort in Kenntniß zu setzen, habe ich dieselbe diesem Schreiben beizusetzen Befehl gegeben. Es ist ein großer Unterschied, ob die Umstände es erfordern, oder ob nur die Leute mehr zu befehlen haben wollen. Wir aber müssen nur das allgemeine Wohl im Auge haben, und so viel als möglich dafür sorgen, daß die Soldaten nicht von ihren Fahnen entfernt werden.

## XXXIV.
### C. Plinius an Trajan.

Die Prusier, Herr, haben ein schmutziges und altes Bad. Sie wünschen es daher mit deiner Bewilligung wieder herzustellen. Da ich indeß dafür halte, daß es ganz neu gebaut werden sollte, so bin ich der Meinung, du könntest ihrem Wunsche willfahren. Denn das Geld dazu wird vorhanden sein: für's Erste das, welches ich von Privatpersonen zurückzufordern und beizutreiben bereits begonnen habe; sodann sind sie bereit, das, was sie sonst für Oel[1]) zu verwenden pflegen, zur Erbauung des Bades herzugeben: ein Werk, welches ja auch die Würde der Stadt und der Glanz deines Jahrhunderts erheischt.

---

auch Tacitus Hist. 1, 46. Vegetius nennt beneficiarii solche Soldaten, welche ihr Avancement durch einen Kriegstribun erhalten hatten.

[1]) Es ist das Oel gemeint, womit die Badenden sich zu salben pflegten und welches auf Kosten der Gemeinde angeschafft wurde.

## XXXV.
### Trajan an Plinius.

Wenn die Herstellung eines neuen Bades den Kräften der Prusier keine [weitere] Last auflädt, so können wir ihrem Wunsche willfahren, nur daß sie deßhalb keinerlei Umlage machen, oder sich für die Zukunft ein Abmangel bei nothwendigen Ausgaben herausstelle.

## XXXVI.
### C. Plinius an Trajan.

Maximus, dein Freigelassener und Procurator, Herr, versichert mich, daß außer den zehn Gefreiten, welche du mir dem Gemellinus, dem würdigen Manne, anzuweisen befohlen hast, auch er Soldaten nöthig habe. Ich glaubte daher, ihm inzwischen die, welche ich in seinem Dienste fand, belassen zu müssen, zumal, da er zur Auftreibung von Getreide nach Paphlagonien ging. Auch habe ich ihm zur Bedeckung, seinem Wunsche gemäß, noch zwei Reiter beigegeben. Ich bitte dich, mir zu schreiben, wie du es für die Zukunft gehalten wissen willst.

## XXXVII.
### Trajan an Plinius.

Für jetzt hast du wohl daran gethan, daß du meinen Freigelassenen Maximus auf seine Reise zur Beischaffung von Getreide mit Soldaten versehen hast; denn er vollzog ein außerordentliches Geschäft. Ist er aber wieder zu seinem vorigen Posten zurückgekehrt, so werden ihm zwei Soldaten von dir und eben so viele von meinem Procurator Virbius Gemellinus, den er unterstützt, genügend sein.

## XXXVIII.
### C. Plinius an Trajan.

Sempronius Cäcilianus, ein vortrefflicher junger Mann, hat zwei Sklaven zu mir gesandt, welche sich unter den Rekruten vorfanden. Ich habe ihre Bestrafung noch aufgeschoben, um dich, den Begründer und Befestiger der Kriegszucht, wegen der Art und Weise der Strafe um deinen Rath zu befragen. Denn ich selbst bin hierüber im Zweifel, hauptsächlich deßhalb, weil sie zwar schon [zur Fahne] geschworen hatten, aber noch nicht eingetheilt waren. Ich bitte dich daher, Herr, mir zu schreiben, wie ich mich zu verhalten habe, namentlich, da die Sache als Beispiel gelten wird.

## XXXIX.
### Trajan an Plinius.

Sempronius Cäcilianus hat meinem Befehle gemäß gehandelt, indem er dir die Leute zugesandt hat, über die [gerichtlich] erkannt werden sollte, ob sie wohl die Todesstrafe verdient hätten. Es kommt jedoch darauf an, ob sie sich aus freien Stücken gestellt haben, oder ausgehoben, oder als Ersatzmänner gestellt worden sind. Sind sie ausgehoben worden, so hat die Person, welcher die Untersuchung zukam, gefehlt; sind sie als Ersatzmänner gestellt worden, so lastet die Schuld auf den Einstellern; sind sie selbst gekommen und waren sie sich ihres Standes bewußt, so werden sie zur Strafe zu ziehen sein. Denn darauf, daß sie noch nicht eingetheilt sind, kommt nicht viel an. An dem Tage nämlich, an welchem sie für tauglich erklärt wurden[1]), waren sie ihre wahre Herkunft anzugeben verpflichtet.

---

[1]) Schon bei den alten Römern wurde, wie noch jetzt bei uns, die zum Kriegsdienste verpflichtete Mannschaft hinsichtlich ihrer körperlichen Tüchtigkeit einer genauen Untersuchung unterworfen.

## XL.
### C. Plinius an Trajan.

Du mußt dich, o Herr, unbeschadet deiner Hoheit, zu meinen Sorgen herablassen, nachdem du mir das Recht eingeräumt hast, mich in Fällen, worüber ich Bedenklichkeiten habe, an dich 2 zu wenden. In den meisten Städten, namentlich in Nicomedia und Nicäa, verrichten Leute, welche zu Frohnarbeiten, oder zu Kampfspielen[1]), oder zu ähnlichen Strafarten verurtheilt sind, die Dienste und Geschäfte der Gemeindediener, und beziehen auch, wie die Gemeindediener, einen jährlichen Gehalt. Als ich dieß vernommen hatte, war ich lange und vielfach im Zweifel, was 3 ich thun sollte. Denn nach so langer Zeit sie wieder zur Bestrafung abzugeben, da die meisten schon hochbetagt sind und, soviel man mich versichert, mäßig und eingezogen leben, erschien mir gar zu streng; Verurtheilte aber im öffentlichen Dienste zu behalten, hielt ich für nicht ganz anständig; sie ohne Beschäftigung vom Staate füttern zu lassen, für nutzlos; ihnen keinen 4 Unterhalt zu reichen, sogar für gefährlich[2]). Nothgedrungen habe ich also die ganze Sache, bis zur Einholung deines Gutachtens, im Anstande gelassen. Du wirst vielleicht fragen, wie es gekommen sei, daß sie von der Strafe, zu welcher sie verurtheilt waren, befreit wurden? Auch ich habe gefragt, aber Nichts erfahren, was ich dir mit Sicherheit melden könnte. Ihre Strafurtheile wurden mir zwar vorgelegt, nicht aber die urkundlichen 5 Belege, aus denen ihre Befreiung nachzuweisen wäre. Doch sagten Einige, sie seien auf ihre Bitten durch Befehl der Proconsuln oder Legaten von der Strafe befreit worden. Dieß wird um so glaubwürdiger, weil wohl zu glauben ist, daß Nie-

---

[1]) Nämlich zu Gladiatorenspielen, oder zu Kämpfen mit reißenden Thieren: Volksbelustigungen, welche erst durch Constantin d. Gr. zu Anfang des 4. Jahrhunderts christlicher Zeitrechnung abgeschafft wurden.

[2]) „Weil sie sich" — bemerkt Schäfer — „natürlich nicht zum Hungertode berufen gefühlt, sondern auf irgend eine Art ihr Leben zu fristen gesucht haben würden."

mand sich so Etwas ohne höhere Ermächtigung unterstanden haben würde.

## XLI.
### Trajan an Plinius.

Du wirst dich erinnern, daß du eben deßhalb in jene Provinz gesandt wurdest, weil sich daselbst Vieles zeigte, was einer Verbesserung bedürftig war. Es wird aber namentlich auch das abzustellen sein, daß die zu einer Strafe Verurtheilten nicht nur, wie du schreibst, ohne höhere Ermächtigung von derselben befreit, sondern auch in die Stellung rechtschaffener Diener zurückversetzt wurden. Wer also von Solchen innerhalb der letzten zehn Jahre 2 verurtheilt und von keiner hiezu ermächtigten Behörde freigesprochen worden ist, muß wieder zur Bestrafung abgegeben werden; finden sich aber ältere und hochbejahrte Leute vor, die schon vor zehn Jahren verurtheilt worden sind, so wollen wir diese zu solchen Diensten eintheilen, welche ihrer Strafe nahe kommen. Denn derlei Leute pflegt man bei den Bädern, zur Reinigung der Cloake, deßgleichen zum Straßenbau in Stadt und Land zu verwenden.

## XLII.
### C. Plinius an Trajan.

Während ich einen entlegenen Theil der Provinz bereiste, raffte zu Nicomedia eine gräßliche Feuersbrunst viele Privathäuser und zwei öffentliche Gebäude, die Gerusia[1]) und den Isistempel[2]) — obgleich zwischen jenen und diesen eine Straße lang — hinweg. Der Brand griff aber so weit um sich, theils wegen des 2

---

[1]) Das (ursprünglich griechische) Wort Gerusia bezeichnet ein Gebäude, in welchem bejahrte, um den Staat verdiente Männer auf öffentliche Kosten ihren Unterhalt fanden.
[2]) Im Texte steht Isson, woraus sich nichts Bestimmtes machen läßt; ich habe daher mit Schäfer, nach der auch von Gesner gebilligten Ritterhus'schen Conjectur, Iseon ('Ισειον) übersetzt.

heftigen Windes, theils wegen der Lässigkeit der Leute, die, wie zur Genüge bekannt ist, unthätig und unbeweglich, als bloße Zuschauer bei diesem so großen Unglücke dastanden; überdieß befand sich auch in der ganzen Stadt keine Feuerspritze, kein Löscheimer, überhaupt kein Werkzeug, um dem Brande Einhalt zu thun. Dieß [Alles] wird nun, wie ich bereits befohlen, ange-
3 schafft werden. Ziehe nun du, Herr, in Erwägung, ob du nicht die Errichtung einer Feuerwehr, welche aus nur 150 Mann bestünde, für zweckmäßig erachtest; ich würde [dann] meine Aufmerksamkeit dahin richten, daß Keiner, der nicht Zimmermann ist, darein aufgenommen würde, noch von dem ihm ertheilten Rechte³) anderweitigen Gebrauch machte. Auch wird es nicht schwer halten, eine so geringe Anzahl zu überwachen.

## XLIII.
### Trajan an Plinius.

Du bist, nach dem Vorgange mehrerer Städte, auf den Gedanken gekommen, es lasse sich in Nicomedia eine Feuerwehr errichten. Allein wir wollen doch auch daran denken, daß jene Provinz, und namentlich diese Gemeinden, von dergleichen Genossenschaften schon sehr beunruhigt worden sind. Welchen Namen auch immer, und aus welcher Veranlassung wir ihn Leuten geben, welche zu einer Körperschaft verbunden sind, so werden
2 sich, wenn auch nur auf kurze Zeit, Vereine¹) bilden. Es ist daher besser, man schafft das an, was zur Bezwingung des Feuers dienen kann, und erinnert die Hausbesitzer, daß sie selbst Hand anlegen, auch erforderlichen Falles das herbeilaufende Volk dazu gebrauchen.

---

³) Nämlich: als ein geschlossenes Corps sich zu anderen, als dem hier angegebenen, Zwecken zu versammeln.

¹) Hetärias (ἑταιρίαι), hier: geschlossene Gesellschaften zu Privatzwecken.

## XLIV.
### C. Plinius an Trajan.

Wir haben die feierlichen Gelübde für dein Wohl, auf welchem die Wohlfahrt des gesammten Staates, o Herr, beruht, gethan und erfüllt, und zugleich zu den Göttern gebetet, auf daß sie uns dieselben stets erfüllen und stets erneuern lassen mögen.

## XLV.
### Trajan an Plinius.

Daß Ihr, sammt den Einwohnern der Provinz, den unsterblichen Göttern Gelübde für mein Glück und Wohlergehen gethan und abermal gethan habt, habe ich, mein theuerster Secundus, aus deinem Schreiben mit Vergnügen ersehen.

## XLVI.
### C. Plinius an Trajan.

Herr, die Nicomedier haben 3,329,000[1]) Sesterzien auf eine Wasserleitung verwendet, welche bis jetzt noch unvollendet geblieben und sogar bereits wieder eingefallen ist; wiederum sind für eine andere Leitung zwei Millionen[2]) aufgewendet worden. Da auch diese wieder liegen geblieben ist, so bedarf es nenen Aufwandes, um Wasser zu erhalten, nachdem sie eine so große Summe zwecklos verschleudert haben. Ich selbst kam zu einer sehr klaren Quelle, aus welcher sich nach meiner Ansicht das Wasser, wie man es Anfangs versucht hatte, herleiten läßt, aber über Schwibbögen, damit es nicht blos in die ebenen und niedrig gelegenen Stadttheile komme. Es sind noch einige wenige Bogen vorhanden; einige kann man auch aus den Quadern aufführen, welche von dem vorigen Werke dazu genommen werden; ein Theil wird,

---

[1]) Gegen 153,000 Thlr. ober 267,750 fl. rheinisch.
[2]) Circa 92,000 Thlr. ober 161,000 fl.

meines Erachtens, aus Backsteinen zu erbauen sein: denn das ist
3 leichter und wohlfeiler. Vor Allem aber ist es nöthig, daß du
einen Wasserbaukundigen oder Bauverständigen absendest, auf daß
nicht wieder geschehe, was schon geschehen ist. Nur das versichere
ich dich, daß der Nutzen und die Schönheit des Werkes deiner
Zeit vollkommen würdig ist.

## XLVII.
### Trajan an Plinius.

Man muß sorgen, daß Wasser in die Stadt Nicomedia ge=
leitet werde. Ich bin fest überzeugt, daß du dieses Werk mit
aller erforderlichen Sorgfalt in die Hand nehmen werdest. Allein
es gehört, bei den Göttern, zu dieser deiner Sorgfalt auch das,
daß du untersuchst, durch welcher Leute Schuld die Nicomedier bei
diesem Werke so viel Geld verschwendet haben, damit sie nicht,
um Einer dem Andern gefällig zu sein, Wasserleitungen [zu bauen]
anfangen und dann wieder liegen lassen. Was du daher hierüber
in Erfahrung bringst, laß zu meiner Kenntniß gelangen.

## XLVIII.
### C. Plinius an Trajan.

Das Theater zu Nicäa, Herr, welches größtentheils bereits
fertig war, gleichwohl noch unausgebaut dasteht, hat, wie ich höre
— denn noch ist die Rechnung nicht untersucht — schon mehr
als zehn Millionen Sesterzien[1]) verschlungen, und ich fürchte —
2 zwecklos. Denn es senkt sich mit ungeheueren Rissen und klafft:
liege nun die Schuld an dem feuchten und weichen Boden, oder
an dem lockeren und morschen Steinwerk; jedenfalls ist es der
Ueberlegung werth, ob man es ausbauen, oder so, wie es ist, be=
lassen, oder gar wieder abbrechen soll. Denn die Pfeiler und
Unterlagen, wodurch man es nach und nach unterfängt, scheinen
mir nicht sowohl dauerhaft, als vielmehr kostspielig zu sein.

---

1) Beiläufig 458,000 Thlr. oder 801,500 fl.

Privatpersonen sind für dieses Theater, kraft ihrer Zusagen, noch 3 Vieles schuldig, z. B. die Säulengänge rings herum, die Galerien über dem Schauplatze, was jetzt Alles aufgeschoben wird, weil das noch Aufzuführende in's Stocken gerathen ist. Die 4 Nicäer haben gleichfalls das vor meiner Ankunft vom Feuer verzehrte Gymnasium weit größer und geräumiger wieder herzustellen begonnen, als es zuvor gewesen war. Sie haben auch bereits ziemliche Kosten aufgewendet; nur ist zu fürchten, mit wenig Nutzen; denn es ist unregelmäßig und hängt nicht zusammen. Ueberdieß behauptet der Baumeister — freilich ist er ein Nebenbuhler dessen, von welchem das Werk begonnen wurde — die Wände, obwohl zweiundzwanzig Fuß breit, könnten die auf ihnen ruhenden Lasten nicht tragen, weil sie inwendig nicht mit Cement ausgefüllt und von außen nicht mit Backsteinen bekleidet seien. Auch die Einwohner von Claudiopolis²) bauen oder graben vielmehr auf einem tiefgelegenen Platze, dicht an einem Berge, ein großes Bad aus, und zwar von demjenigen Gelde, welches die Buleuten³) durch deine Huld für ihren Einstand bereits bezahlt haben, oder auf mein Verlangen noch erlegen werden. Da ich 6 also fürchte, es möchte dort das öffentliche Geld, und hier — was köstlicher ist, als alles Geld — deine Vergünstigung übel angewendet werden, so sehe ich mich genöthigt, dich zu bitten, nicht allein wegen des Theaters, sondern auch wegen dieser Bäder, einen Bauverständigen zu senden, um zu entscheiden, ob es nützlicher sei, nach dem bereits gemachten Aufwande diese Werke, so gut es sich thun läßt, nach dem ursprünglichen Plane zu vollenden, oder das zu Verbessernde zu verbessern, das, was einer Versetzung bedürftig, zu versetzen, damit wir nicht, indem wir das bereits Aufgewendete erhalten wollen, das schlecht verwenden, was noch darauf zu legen ist. 5

---

²) Eine Stadt in Bithynien. Ihr eigentlicher Name war Bithynium, allein zu Ehren des Kaisers Claudius legte sie sich erstern Namen bei. Sie war die Geburtsstadt des schönen Antinous, des berühmten Lieblings des Kaisers Hadrian.

³) So hießen die Rathsmitglieder (Senatoren) in den griechischen Provinzialstädten; sie waren dasselbe, was die Decurionen in den römischen Municipien.

## XLIX.
### Trajan an Plinius.

Was hinsichtlich des von den Nicäern angefangenen Theaters zu thun sei, wirst du, da du an Ort und Stelle bist, am besten beurtheilen und eine Entscheidung darüber treffen können. Mir genügt es, wenn du mir anzeigst, welcher Ansicht du beigetreten bist. Dann aber, wann das Theater, wegen dessen jene Zusagen gegeben wurden, fertig ist, laß es dir angelegen sein, die Privat-
2 personen zur Aufführung der Gebäude anzuhalten. Die Griechlein hängen [nun einmal] an den Gymnasien; vielleicht haben deßhalb die Nicäer die Erbauung eines solchen mit so großer Hastigkeit unternommen; allein sie müssen sich mit dem begnü-
3 gen, was für sie ausreichen kann. Was denen zu Claudiopolis bezüglich des Bades, welches sie — wie du schreibst — an einem so wenig tauglichen Platze angefangen haben, zu rathen sei, das entscheide du selbst. An Bauverständigen kann es dir nicht fehlen. Es gibt keine Provinz, die nicht erfahrene und talentvolle Männer hätte; nur glaube nicht, daß es kürzer sei, solche von Rom aus zu senden, da sie ja in der Regel aus Griechenland zu uns kommen.

## L.
### C. Plinius an Trajan.

Wenn ich die Hoheit deiner Glücksstellung und deines Geistes betrachte, so scheint es mir vollkommen angemessen, dich auf Werke hinzuweisen, welche deiner Unsterblichkeit gleich sehr, wie deines Ruhmes würdig sind, und ebenso sehr ihre Schönheit
2 bekunden, als sie Nutzen gewähren. An den Gränzen der Nicomedier liegt ein See von sehr großem Umfange; auf diesem werden Marmor, Früchte, Holz und sonstige Materialien ohne große Kosten und Mühe auf Schiffen bis an die Landstraße, von da an aber mit großer Mühe und noch größerem Aufwande auf der

Axe bis an das Meer geschafft. Dieses Unternehmen aber erfordert viele Hände; allein diese sind auch hiezu vorhanden. Denn auf dem [flachen] Lande ist die Bevölkerung zahlreich, noch mehr aber ist sie es in der Stadt, und es steht sicher zu hoffen, daß Alle bei einem für Jedermann so nützlichen Werke recht gerne Hand anlegen werden. Es fehlt weiter Nichts, als daß du, 3 wenn es dir dienlich scheint, einen Wasser= oder Hochbauverständigen sendest, der genau untersuche, ob der See höher liege, als das Meer, da die Sachkundigen dieser Gegend behaupten, er liege um vierzig Schuhe höher. Ich finde in eben dieser Gegend 4 einen Graben, welchen ein König führen ließ; doch ist es ungewiß, ob [zu dem Zwecke,] das Wasser der umliegenden Felder darin zu sammeln, oder den See mit dem Flusse in Verbindung zu setzen; denn er ist noch unvollendet; auch darüber ist man noch im Ungewissen, ob die Sache durch den Tod des Königs unterbrochen wurde, oder ob man an dem Erfolge des Werkes verzweifelte. Aber gerade das — du wirst mir meinen Eifer 5 für deine Ehre zu Gute halten — reizt und feuert mich an, daß ich ein Werk von dir vollendet zu sehen wünsche, welches Könige nur begonnen hatten.

## LI.

### Trajan an Plinius.

Die Verbindung jenes See's mit dem Meere ist wohl geeignet, meine Aufmerksamkeit in Anspruch zu nehmen; indeß hat man zuvor auf das Genaueste zu untersuchen, daß Ersterer, wenn er in das Meer geleitet wird, nicht ganz auslaufe: wenigstens, wie viel Wasser er enthalte, und woher er dasselbe bekomme. Du kannst dir von Calpurnius Macer einen Wasserbauverständigen geben lassen, und ich will dir auch von hier einen in dergleichen Bauten erfahrenen Mann schicken.

## LII.
### C. Plinius an Trajan.

Als ich die Ausgaben des byzantinischen Gemeinwesens, welche ich sehr groß fand, untersuchte, wurde mir angezeigt, Herr, daß man alle Jahre, laut öffentlichen Beschlusses, einen Gesandten an dich abschicke, um dich begrüßen zu lassen, und daß derselbe hiefür zwölftausend Sesterzien¹) erhalte. Eingedenk deines Grundsatzes, glaubte ich daher den Gesandten zurückhalten, den Beschluß aber absenden zu sollen, um die Kosten zu ersparen, zugleich aber der öffentlichen Pflicht Genüge zu leisten. Eben diesem Gemeinwesen wurden dreitausend Sesterzien²) angerechnet, welche unter dem Titel eines Reisegeldes alljährlich der Gesandte empfängt, der sich zu dem Statthalter von Mösien verfügt, um ihn im Namen der Stadt zu begrüßen. Diesen Betrag glaubte ich für die Zukunft [ebenfalls] streichen zu sollen. Ich bitte dich, Herr, du wollest durch einen Erlaß entweder meinen Entschluß zu bestätigen, oder mich wegen meines Irrthums zurecht zu weisen geruhen.

## LIII.
### Trajan an Plinius.

Du hast sehr wohl daran gethan, mein liebster Secundus, daß du den Byzantinern jene zwölftausend Sesterzien, welche auf einen Gesandten zu meiner Begrüßung verwendet werden sollten, erlassen hast. Dieser Zweck wird eben so gut erreicht werden, wenn mir ihr Beschluß durch dich überschickt wird. Auch der Statthalter von Mösien wird es ihnen nachsehen, wenn sie ihn ihre Hochachtung auf eine minder kostspielige Weise bezeugen.

---

¹) Circa 550 Thlr. oder 962 fl.
²) Ungefähr 137 Thlr. oder 240 fl.

## LIV.
### C. Plinius an Trajan.

Ich bitte dich, Herr, mir zu schreiben, und mich des Zweifels darüber zu entheben, ob und auf wie lange du die Diplome¹), deren Zeit abgelaufen ist, giltig gehalten wissen willst. Ich befürchte nämlich, auf die eine oder andere Weise aus Unwissenheit zu fehlen, und entweder etwas Ungesetzliches zu bestätigen, oder etwas Nothwendiges zu verhindern.

## LV.
### Trajan an Plinius.

Die Diplome, deren Zeit abgelaufen ist, dürfen keine Geltung mehr haben. Deßhalb mache ich es mir vor Allem zur Pflicht, in alle Provinzen vorher neue Diplome zu schicken, noch ehe man solche verlangen könnte.

## LVI.
### C. Plinius an Trajan.

Als ich, Herr, die Ausstände, Einkünfte und Ausgaben von Apamea untersuchen wollte, erhielt ich die Antwort: es sei zwar allgemeiner Wunsch, daß die Rechnungen von mir durchgesehen werden sollten, doch sei dieß noch nie von einem der Proconsuln geschehen; sie hätten ein Vorrecht und uraltes Herkommen gehabt, ihre Gemeindeangelegenheiten nach eigenem Gutdünken zu verwalten. Ich verlangte, daß sie das, was sie mir sagten und ²

---

¹) Diplomata hießen zur Zeit der Kaiser offene Briefe, durch welche gewisse Befreiungen oder Vergünstigungen für Orte oder Personen ertheilt wurden, ungefähr dasselbe, was wir jetzt mit dem Ausdrucke Patent bezeichnen. Oben, Br. 14, kommt das Wort in der Bedeutung Reisepaß vor.

²) Eine römische Pflanzstabt in der Statthalterschaft Bithynien, an der Propontis, am Zusammenfluß mehrerer Ströme, weßhalb sie auch den Beinamen κιβωτός führte, da sie von denselben gleichsam in einen Kasten eingeschlossen war.

vorlasen, in eine Schrift zusammenfassen sollten, welche ich dir so, wie ich sie empfangen, übersende, obgleich ich wohl sehe, daß das Meiste darin den fraglichen Punkt nicht berührt. Ich bitte dich, du wollest mir zu befehlen geruhen, wie du willst, daß ich mich zu verhalten habe; denn ich befürchte, den Schein auf mich zu laden, daß ich meine Amtspflicht entweder überschritten, oder nicht gehörig erfüllt hätte.

## LVII.
### Trajan an Plinius.

Die Schrift der Apameer, welche du deinem Berichte beigefügt hast, hat mich der Nothwendigkeit überhoben, die Beschaffenheit der Umstände zu erwägen, um deren willen nach ihrer Meinung die Proconsuln dieser Provinz sich der Prüfung ihrer Rechnungen enthalten haben, da sie sich nicht geweigert haben, dieselben von dir prüfen zu lassen. Ihre Rechtlichkeit verdient daher Belohnung; möge ihnen also nunmehr zu wissen gethan werden, daß du diese Prüfung, meinem Willen gemäß, [übrigens] mit Vorbehalt ihrer Vorrechte, vornehmen werdest.

## LVIII.
### C. Plinius an Trajan.

Noch vor meiner Ankunft, Herr, haben die Nicomedier an ihren alten Markt einen neuen anzubauen begonnen, an dessen Ecke sich ein uralter Tempel der Großen Mutter[1] befindet, den man entweder ausbessern, oder versetzen muß: besonders deßwegen, weil er um Vieles niederer steht, als die neue Anlage, welche so eben im Erstehen ist. Als ich Nachfrage hielt, ob für diesen Tempel irgend eine Urkunde mit Gesetzeskraft vorhanden sei, erfuhr ich, daß hier eine andere Art der Einweihung eingeführt sei, als bei uns. Entscheide nun du, Herr, ob nach deinem Er-

---

[1] Der Cybele, welche vorzugsweise die „Groß-Mutter" heißt, weil sie für die Mutter aller Götter gehalten wurde.

messen der Tempel, für welchen keine Gesetzes=Urkunde besteht, ohne Verletzung der den Göttern schuldigen Ehrfurcht versetzt werden könne; denn es wäre im höchsten Grade zweckmäßig, wenn religiöse Rücksichten kein Hinderniß böten.

## LIX.
### Trajan an Plinius.

Du kannst, mein vielgeliebter Secundus, ohne dir ein Gewissen daraus zu machen, wenn die Lage des Ortes es zu erfordern scheint, den Tempel der Großen Mutter an die zweckmäßigere Stelle versetzen lassen; und es darf dich nicht anfechten, daß sich keine gesetzliche Urkunde hinsichtlich der Einweihung vorfindet, da sich auf den Boden einer fremden Stadt die Einweihung nach unseren Gesetzen nicht anwenden läßt.

## LX.
### C. Plinius an Trajan.

Den Tag, Herr, an welchem du das Reich, indem du es übernahmest, gerettet hast, haben wir mit all' der Freude, welche du verdienst, gefeiert und zu den Göttern gebetet, daß sie dich dem Menschengeschlechte, dessen Schutz und Sicherheit auf deinem Wohle beruht, in stets blühender Gesundheit erhalten mögen. Nach meinem Vorgange haben sowohl die Soldaten den ihnen von mir vorgesprochenen Eid mit der herkömmlichen Feierlichkeit, als auch die Provinzialen mit gleichem Wetteifer der Ehrfurcht geleistet.

## LXI.
### Trajan an Plinius.

Von dem großen Pflichteifer und der Freude, womit die Soldaten und Einwohner der Provinz nach deinem Vorgange den Tag meines Regierungsantrittes gefeiert haben, habe ich, mein theuerster Secundus, aus deinem Schreiben mit Wohlgefallen Kenntniß genommen.

## LXII.
### C. Plinius an Trajan.

Die öffentlichen Gelder, Herr, sind durch deine Vorsorge und unter meiner Mitwirkung theils bereits eingetrieben, theils werden sie noch eingetrieben, ich befürchte jedoch, sie möchten müßig liegen bleiben. Denn zum Ankaufe von Grundstücken gibt es entweder gar nie, oder nur höchst selten Gelegenheit; auch findet sich Niemand, der zu zwölf vom Hundert[1]) vom Staate Geld aufnehmen möchte, wie man solches von Privatpersonen aufnimmt. Triff daher du, Herr, die Entscheidung, ob du nicht eine Herabsetzung des Zinsfußes für gerathen hältst, um dadurch sichere Schuldner anzulocken, oder ob man, wenn sich auch auf diesem Wege keine finden, das Geld unter die Decurionen, nämlich so, daß sie dem Staate die gehörige Sicherheit leisten, austheilen solle. Thun sie es auch ungern, oder weigern sie sich, so wird es doch weniger hart sein, wenn ein geringerer Zinsfuß festgesetzt ist.

## LXIII.
### Trajan an Plinius.

Auch ich sehe kein anderes Mittel, mein liebster Secundus, als die Herabsetzung des Zinsfußes, um die öffentlichen Gelder desto leichter unterzubringen. Die Bemessung desselben wirst du nach der Menge Derer, welche Geld aufnehmen wollen, vornehmen. Die Leute wider Willen zur Annahme von Etwas zu nöthigen, was ihnen vielleicht müßig daläge, verträgt sich nicht mit dem Rechtsgefühle unserer Zeit.

---

[1]) Es war dieß in den letzten Zeiten der Republik und unter den ersten Kaisern der gewöhnliche Zinsfuß.

## LXIV.

### C. Plinius an Trajan.

Ich statte dir, Herr, den innigsten Dank dafür ab, daß du unter deinen so wichtigen Geschäften auch mich bei dem, worüber ich deinen Rath eingeholt, deiner Leitung gewürdigt hast, und ich bitte dich, dieses auch jetzt zu thun. Es kam nämlich Jemand 2 zu mir, und zeigte mir an, daß seine, von dem hochverehrlichen Servilius Calvus auf drei Jahre verwiesenen Gegner sich noch in der Provinz aufhalten. Jene dagegen behaupteten, daß ihnen Ebenderselbe die Rückkehr gewährt habe, und lasen mir das Edict vor. Aus diesem Grunde hielt ich es für nöthig, die noch unerledigte Sache an dich zu berichten. Denn so wie es in deinen 3 Verordnungen vorgesehen ist, daß die von einem Andern, oder von mir Verwiesenen nicht wieder sollen aufgenommen werden, ebenso ist auch über Diejenigen, welche ein Anderer verwiesen und wieder aufgenommen hat, Nichts darin enthalten. Daher muß ich, Herr, deine Weisung einholen, wie du wollest, daß ich es sowohl mit diesen, als mit jenen zu halten habe, welche auf immer verwiesen, nicht begnadigt sind und die man in der Provinz aufgegriffen hat. Denn auch dieser Fall ist zu meiner Untersuchung gekommen. Es ist nämlich Einer zu mir gebracht 4 worden, welcher von dem Proconsul Julius Bassus auf immer verwiesen worden war. Da ich wußte, daß die Verfügungen des Bassus aufgehoben worden sind, und von dem Senate Allen, wider die Jener Etwas verfügt hatte, das Recht eingeräumt wurde, binnen zwei Jahren eine neue Verhandlung einzuleiten, so fragte ich Den, welchen er verwiesen hatte, ob er sich an den Proconsul gewendet und ihn [von seinen Verhältnissen] unterrichtet hätte. Er verneinte es. Dieß veranlaßte mich, mich bei dir 5 Raths zu erholen, ob ich ihn seiner vorigen Strafe wieder überantworten solle, oder ob du eine härtere Strafe, und welche, über ihn verfügt haben wollest, und ebenso über Diejenigen, welche sich im gleichen Falle mit ihm befinden dürften. Das

Decret und Edict des Calvus, ebenso das Decret des Bassus, habe ich gegenwärtigem Schreiben beigeschlossen.

## LXV.
### Trajan an Plinius.

Was über die Person Derer zu verfügen sei, welche von dem Proconsul Publius Servilius Calvus auf drei Jahre verwiesen und sodann durch ein Edict Ebendesselben wieder begnadigt worden, hierauf in der Provinz geblieben sind, werde ich dir mit Nächstem schreiben, wenn ich die Gründe dieses Verfah- 2 rens von Calvus werde erfahren haben. Der von Julius Bassus auf immer Verwiesene muß, da er zwei Jahre Gelegenheit gehabt, seine Sache gerichtlich anzubringen, wenn er glaubte, daß ihm Unrecht geschehen sei, und es nicht gethan hat, sondern ununterbrochen in der Provinz sich aufgehalten hat, gebunden an meine Präfectur des Prätoriums abgeliefert werden. Denn es ist nicht genug, ihn seiner vorigen Strafe wieder zu überantworten, der er sich aus Trotz entzogen hat.

## LXVI.
### C. Plinius an Trajan.

Als ich die Richter zu mir beschied, Herr, um eine Bezirksversammlung zu halten[1]), so richtete Flavius Archippus die Bitte an mich, ihn, weil er ein Philosoph sei, hievon zu dispensiren. 2 Da äußerten sich denn Einige, man müsse ihn nicht nur von der Pflicht, Richter zu sein, entbinden, sondern aus der Zahl der Richter ganz streichen und wieder der Strafe überantworten, der 3 er durch Zerreißung seiner Ketten entlaufen sei. Es wurde das

---

[1]) Die römischen Statthalter hatten auch die Gerichtsbarkeit in den Provinzen, zu welchem Zwecke letztere in Bezirke oder Kreise (conventus) eingetheilt waren, in deren Hauptstädten sodann die Gerichtstage abgehalten wurden, wohin dann Diejenigen, welche Etwas vorzubringen hatten, durch ein vorher ergangenes Ausschreiben des Statthalters beschieden wurden.

Urtheil des Proconsuls Velius Paullus vorgelesen, woraus sich ergab, daß Archippus wegen Verbrechens der Fälschung zur Strafe des Bergwerks verurtheilt worden war. Er führte jedoch als Beweis seiner Begnadigung eine von ihm bei Domitian eingereichte Bittschrift an, sowie einige ihm zur Ehre gereichende Schreiben desselben und ein Decret der Prusier. Diesen [Urkunden] fügte er noch dein Schreiben an ihn bei; ebenso ein Edict deines Vaters und ein [weiteres] Schreiben, worin dieser ihm die von Domitian ihm erwiesene Gnade bestätigt hatte. Ich glaubte 4 daher, obgleich ihm solche Verbrechen zur Last gelegt wurden, keine Entscheidung treffen zu dürfen, bevor ich dein Gutachten über einen Gegenstand eingeholt hätte, der mir deiner [unmittelbaren] Verfügung wohl werth schien. Die von beiden Seiten beigebrachten Belege habe ich gegenwärtigem Berichte angeschlossen.

Schreiben des Domitian an den Terentius Maximus.

Der Philosoph Flavius Archippus hat es bei mir ausge- 5 wirkt, daß ich ihm in der Nähe seiner Vaterstadt Prusias[1]) ein Gut von 600,000 Sesterzien[2]) kaufen lasse, um von dessen Ertrage die Seinigen ernähren zu können. Daß dieses für ihn geschehe, ist mein Wille, und du wirst die Ausgabesumme hiefür unter meinen Gnadengeschenken verrechnen.

Schreiben Desselben an Appius Maximus.

Den Philosophen Archippus, einen rechtschaffenen Mann, 6 der seinem Berufe, und auch seinen Vorfahren Ehre macht, will ich dir empfohlen haben, mein Maximus; erzeige ihm dein volles gefälliges Entgegenkommen in Allem, worin er sich mit [dem gehörigen] Anstand an dich wendet.

---

[1]) Stadt in Bithynien, am Marmora-Meere; ihr früherer Name war Chios, von einem an ihr vorbeifließenden Flusse gleichen Namens.

[2]) Etwa 320,000 Thlr. oder 560,000 fl. unseres Geldes.

### Edict des verewigten Nerva.

7 Gewisse Edicte, Quiriten, erläßt eine glückliche Zeit von selbst, und es ist nicht nöthig, einen guten Fürsten da zu erblicken, wo es schon genug ist, daß man ihn als einen solchen kennt. Dessen aber kann sich Jeder meiner Bürger versichern, daß ich die allgemeine Sicherheit meiner Ruhe vorgezogen habe, um gerne neue Wohlthaten zu erzeigen, und die vor mir erwiesenen zu bestätigen.
8 Damit jedoch die öffentliche Freude weder durch das Mißtrauen Derer, welche dieselben empfangen haben, noch durch das Andenken an Den, welcher sie erzeigt hat, gestört werde, so hielt ich es für ebenso nothwendig, als erfreulich,
9 den Zweifelnden mit meiner Gnade entgegen zu kommen. Ich will nicht, daß Jemand sich der Meinung hingebe, als ob das, was er von einem andern Fürsten, sei es für seine Person oder gemeinschaftlich mit Andern, empfangen hat, deßhalb von mir aufgehoben werde, damit er es vorzugsweise mir zu verdanken habe, wenn es von mir genehmigt und bestätigt wird, und keiner, gegen den sich irgend ein Fürst gnädig gezeigt hat, bedarf einer erneuerten Bitte, um sich Glück dazu wünschen zu lassen. Wer Nichts empfangen hat, lasse mich ihm neue Gnadenerweisungen zukommen, und überhaupt möge man wissen, daß man nur um das bitten dürfe, was man noch nicht empfangen hat.

### Ebendesselben Schreiben an Tullius Instus.

10 Da alle Anordnungen, die in früherer Zeit begonnen und ausgeführt worden sind, beobachtet werden müssen, so muß es auch bei den Erlassen des Domitian sein Verbleiben haben.

### LXVII.

### C. Plinius an Trajan.

Flavius Archippus hat mich bei deiner Wohlfahrt und unvergänglichem Ruhme gebeten, dir die Schrift, welche er mir übergeben, zuzusenden. Eine so vorgebrachte Bitte glaubte ich gewähren zu müssen, so jedoch, daß ich seine Anklägerin[1]) von der Absendung zuvor in Kenntniß setzte. Von dieser erhielt ich nun ebenfalls eine Schrift, welche ich diesem Berichte beilege, damit du, so zu sagen, beide Theile hören, und um so leichter eine Entscheidung treffen könnest.

### LXVIII.
### Trajan an Plinius.

Es ist zwar möglich, daß Domitian von den Verhältnissen des Archippus keine Kenntniß hatte, als er so viele für ihn ehrenvolle Schreiben erließ; doch ist es meiner Denkungsweise angemessener, zu glauben, daß seine Verhältnisse durch die Dazwischenkunft des Fürsten eine günstigere Wendung bekommen haben, zumal, da ihm auch die Ehre der Standbilder so oft von Solchen zuerkannt wurde, welche von dem über ihn ausgesprochenen Urtheile des Proconsuls Paullus keine Kenntniß hatten. Dieses 2 jedoch, mein theuerster Secundus, ist nicht so aufzufassen, als hättest du gar nicht darauf zu achten, wenn ihm etwa ein neues Verbrechen vorgeworfen würde. Die Schrift der Anklägerin Furia Prima, sowie die des Archippus selbst, welche du dem einen deiner Berichte beigeschlossen hast, habe ich gelesen.

### LXIX.
### C. Plinius an Trajan.

Du gibst zwar, Herr, einen Beweis von deiner großen Vorsicht, indem du befürchtest, daß der See, wenn er mit dem Flusse, und somit auch mit dem Meere in Verbindung gebracht wird, ausfließen möchte; allein ich glaube an Ort und Stelle die Entdeckung gemacht zu haben, wie ich dieser Gefahr begegnen

---

[1]) Nur bei Testaments- und überhaupt bei solchen Fälschungen, welche durch die Lex Cornelia de falsis verboten waren, konnte eine Frauensperson als Anklägerin auftreten; in allen anderen Fällen nicht.

2 kann. Es kann nämlich der See mittelst eines Canals bis zu dem Flusse geleitet und doch nicht in den Fluß gelassen, sondern, indem man so zu sagen eine Wand dazwischen läßt, zurückgelassen und davon getrennt werden. Auf diese Weise werden wir so viel erreichen, daß er sich nicht mit dem nahen Flusse vermischt, und es doch eben so gut ist, als ob er sich mit demselben vermischte. Denn es wird leicht sein, über jene dazwischen liegende, sehr kurze Strecke Landes die auf dem Canal herbeigeführten
3 Lasten in den Fluß zu bringen. Dieß wird jedoch nur in dem Fall geschehen, wenn die Nothwendigkeit eintritt; indeß hoffe ich, sie werde nicht eintreten. Denn der See selbst hat eine hinreichende Tiefe, und es strömt gegenwärtig aus ihm auf die entgegengesetzte Seite ein Fluß, welcher, [von dem See] abgedämmt und, wohin wir es wollen, geleitet, ohne irgend welchen Nachtheil dem See so viel Wasser, als er jetzt enthält, zuführen wird. Ueberdieß treffen in der Strecke, durch welche der Canal zu führen ist, einige Bäche zusammen; wenn man diese sorgfältig sammelt, werden sie das Wasser, welches der See liefert, noch ver-
4 mehren. Wollte man nun aber den Canal weiter fortführen, ihn jedoch schmäler halten und mit dem Meere verbinden, und [sein Wasser] nicht in den Fluß, sondern in das Meer selbst ableiten, so wird der Gegendruck des Meeres das aus dem See kommende stauen und zurückdrängen. Wenn uns aber auch die Beschaffenheit des Ortes keinen derartigen Vortheil verschaffte, so läßt sich doch ohne viele Mühe der Lauf des Wassers durch
5 Schleusen hemmen. Allein Dieses und Anderes wird der Wasserbau-Verständige weit gründlicher untersuchen und ermitteln, den du, Herr, uns, deinem Versprechen gemäß, senden wirst. Denn die Sache ist deiner Größe und Sorgfalt werth. Ich habe indessen dem Calpurnius Macer, diesem hochangesehenen Manne, auf deine Veranlassung geschrieben, daß er mir einen recht tüchtigen Wasserbau-Verständigen schicken möge.

## LXX.
### Trajan an Plinius.

Es liegt am Tage, mein theuerster Secundus, daß du es weder an Klugheit noch an Sorgfalt bezüglich jenes See's hast fehlen lassen, da du so viele Vorkehrungen getroffen hast, damit er, ohne die Gefahr auszulaufen, nutzbarer für uns werde. Wähle also das, was die Sache selbst vorzugsweise anrathet. Calpurnius Macer, glaube ich, wird dich mit einem Wasserbau-Verständigen versehen, denn in jenen Provinzen ist kein Mangel an solchen Meistern.

## LXXI.
### C. Plinius an Trajan.

Eine hochwichtige und die ganze Provinz angehende Frage, Herr, ist die über den Stand und den Unterhalt der sogenannten Findelkinder[1]). Da ich in den Verordnungen der Kaiser, in 2 denen ich mich Raths erholte, weder etwas Besonderes, noch Allgemeines fand, was sich auf die Bithynier anwenden ließe, so glaubte ich bei dir anfragen zu müssen, wie du es damit gehalten wissen wollest. Denn ich glaubte, bei einem Gegenstande, welcher deine Entscheidung erfordert, mich nicht mit Vorgängen begnügen zu dürfen. Es wurde aber bei mir ein Edict vorge- 3 lesen, welches angeblich der verewigte Augustus an eine gewisse Annia erlassen hatte; deßgleichen auch noch [verschiedene] Schreiben des verewigten Vespasian an die Lacedämonier und des verewigten Titus an ebendieselben, sowie auch an die Achäer; auch des Domitian an die Proconsuln Avidius Nigrinus und Armenius Brocchus, deßgleichen an die Lacedämonier, welche ich dir

---

¹) Hier steht im Texte das griechische Wort θρεπτούς. — Θρεπτοί (von τρέφω) hießen bei den Griechen „ausgesetzte Kinder". Das Kinder-Aussetzen war bei Griechen und Römern lange etwas sehr Gewöhnliches und selbst gesetzlich Erlaubtes; es hing lediglich von dem Vater ab, ob er sein neugebornes Kind anerkennen und erziehen, oder aussetzen lassen wollte.

deßhalb nicht sende, weil sie mir theils fehlerhaft geschrieben, theils nicht hinreichenden Glauben zu verdienen schienen, und weil ich glaubte, die ächten und fehlerfreien Urkunden befänden sich in deinen Archiven.

## LXXII.
### Trajan an Plinius.

Jene Frage bezüglich solcher [Kinder], welche frei geboren, sodann ausgesetzt und von gewissen Personen aufgenommen und im Sklavenstande erzogen worden sind, ist schon oft zur Verhandlung gekommen: es findet sich aber in den Verzeichnissen meiner Vorgänger Nichts, was für alle Provinzen verordnet worden wäre. 2 Es sind zwar Erlasse von Domitian an Avidius Nigrinus und Armenius Brocchus vorhanden, nach denen vielleicht verfahren werden sollte; allein unter denjenigen Provinzen, für welche er sie ausschrieb, befindet sich Bithynien nicht, und daher ist meine Ansicht, daß man weder Denen, welche aus einem solchen Grunde die Freiheit beanspruchen, dieselbe verweigern solle, noch daß diese Freiheit durch den Ersatz der Verpflegungskosten erkauft werden müsse.

## LXXIII.
### C. Plinius an Trajan.

Es haben mich einige Personen gebeten, ihnen nach dem Vorgange der Proconsuln zu gestatten, die Gebeine der Ihrigen, wenn dieselben durch das Alter des Grabmals gefährdet wären, oder wegen Ueberschwemmung durch einen Fluß, oder aus irgend welchem ähnlichen Grunde, anderswohin zu versetzen. Weil ich nun wußte, daß man sich in unserer Hauptstadt in solchen Fällen an das Collegium der Priester[1]) zu wenden pflege, so glaubte

---

[1]) Nach dem bei den Römern damals allgemein herrschenden Glauben wurde durch die Beschädigung oder Gefährdung des Grabes die Ruhe des abgeschiedenen Geistes gestört. Es mußten daher, wenn dergleichen Fälle eintraten, dieselben in

ich, Herr, bei dir, als dem obersten Priester, anfragen zu sollen, wie du es von mir gehalten haben wollest.

## LXXIV.
## Trajan an Plinius.

Es wäre hart, wenn man den Bewohnern der Provinzen die Nothwendigkeit auferlegte, sich an die Priester zu wenden, wenn sie die Gebeine der Ihrigen aus irgend welchen triftigen Gründen von einem Ort an einen andern versetzen. Du wirst dich also besser nach dem Beispiele deiner Vorgänger in jener Provinz richten, und je nach den Umständen einem Jeden die Erlaubniß entweder ertheilen, oder versagen.

## LXXV.
## C. Plinius an Trajan.

Als ich, Herr, zu Prusa einen Platz aussuchte, wo das von dir bewilligte Bad¹) angelegt werden könnte, so gefiel mir hiezu einer, auf welchem sich ein, wie ich höre, schönes, jetzt aber ganz verfallenes Haus befindet. Hiedurch erreichen wir nämlich das, daß eine sehr häßliche Partie der Stadt verschönert und diese selbst auch noch erweitert wird, ohne daß man irgend welche Gebäude entfernen muß, sondern nur die durch ihr Alter baufällig gewordenen auszubessern hat. Mit diesem Haus aber hat 2 es folgende Bewandtniß. Claudius Polyänus hatte es dem Kaiser Claudius vermacht und verordnet, demselben in dem Peristylium²) einen Tempel zu erbauen, den übrigen Theil des Hauses aber zu vermiethen, woraus denn auch die Stadt eine Zeit lang den Miethzins bezog. Nachher wurde das Haus theils aus-

---

Rom vor das Collegium der Priester, und in den Provinzen vor den Statthalter gebracht werden.

¹) Vgl. Buch X. Br. 35.
²) So nannte man einen von einer Colonnade umgebenen Vorplatz des Hauses.

geplündert, theils verwahrlost, und fiel sammt dem Peristylium ein, so daß jetzt, außer dem Grund und Boden, beinahe Nichts mehr übrig ist. Wenn nun du, Herr, diesen entweder der Stadt schenken, oder Befehl zu dessen Verkauf geben wolltest, so würde sie dieß, wegen der günstigen Lage, als das größte Geschenk anerkennen. Gibst du hiezu deine Genehmigung, so gedenke ich, auf dem leeren Raume das Bad aufzuführen, den Platz aber, auf welchem sich die Gebäude befanden, mit Sitzen und Säulengängen einzufassen und dir zu weihen, durch dessen Huld ein stattliches und deines Namens würdiges Werk entstehen wird. Ich übersende dir eine, wenn gleich fehlerhafte, Abschrift von dem Testamente, aus welcher du ersehen wirst, daß Polyänus Vieles zur Ausschmückung dieses Hauses hinterlassen hat, was, wie das Haus selbst, zu Grunde gegangen ist, von mir aber, so weit dieß möglich, wieder aufgesucht werden wird.

## LXXVI.
### Trajan an Plinius.

Jenen Platz zu Prusa mit dem verfallenen Hause, der, wie du schreibst, herrenlos ist, können wir zur Aufführung des Bades benützen. Darüber aber hast du dich nicht deutlich genug ausgedrückt, ob dem Claudius in dem Peristylium [wirklich] ein Tempel errichtet worden ist. Denn wäre ein solcher erbaut worden, so haftet, auch wenn er verfallen ist, auf dem Boden, wo er stand, doch eine religiöse Weihe.

## LXXVII.
### C. Plinius an Trajan.

Da mich einige Personen ersucht haben, daß ich über die Anerkennung von freien Leuten und deren Wiedereinsetzung in ihre Geburtsrechte gemäß dem von Domitian an Minucius Rufus erlassenen Schreiben und den Vorgängen der Proconsuln selbst entscheiden möge, so habe ich einen auf gleiche Fälle bezüglichen Senatsbeschluß nachgesehen. In diesem ist aber nur von Provinzen, welchen Proconsuln¹) vorstehen, die Rede; ich habe deßhalb die Sache noch unentschieden gelassen, bis du, Herr, mir deinen Befehl zukommen lässest, wie ich mich zu verhalten habe.

## LXXVIII.
## Trajan an Plinius.

Wenn du mir den Senatsbeschluß zusendest, welcher dir Bedenklichkeiten erregt hat, so werde ich ermessen, ob du über die Anerkennung freier Leute und deren Wiedereinsetzung in ihre Geburtsrechte eine Entscheidung treffen darfst.

## LXXIX.
## C. Plinius an Trajan.

Julius Largus aus der Provinz Pontus, den ich noch nie gesehen, und von dem ich auch noch nie Etwas gehört habe, hat mir, Herr, [lediglich] im Vertrauen auf deine Wahl, in gewisser Weise die Vollziehung seiner ehrfurchtsvollen Gesinnung gegen dich übertragen. Er hat mich nämlich in seinem Testamente er= 2 sucht, ich möchte unter Beobachtung der gewöhnlichen Bedenkzeit seine Erbschaft antreten, und dann nach Abzug von fünfzigtausend Sesterzien¹) [für mich] den ganzen Ueberrest den Städten Heraclea und Tios²) zustellen, so daß es von meiner Wahl abhänge, ob ich dir zu Ehren öffentliche Bauten aufführen, oder fünfjährige Kampfspiele stiften wolle, welche den Namen „Trajanische" führen sollten. Dieß glaubte ich hauptsächlich deßhalb zu deiner Kenntniß bringen zu müssen, damit du entscheiden mögest, was ich zu wählen habe.

---

¹) Bithynien war zur Zeit Trajans eine kaiserliche Provinz, deren Verwaltung keinem Proconsul, sondern einem Legatus caesaris Propraetor, jedoch mit consularischer Gewalt, übertragen war.
¹) Nach unserem Gelde circa 2290 Thlr. oder 4007 fl. 30 kr.
²) Heraclea, zum Unterschiede anderer Städte gleichen Namens gewöhnlich H. Pontica genannt, und Tios oder Tium waren zwei Städte in Bithynien am Pontus Euxinus, dem jetzigen schwarzen Meere.

## LXXX.
### Trajan an Plinius.

Julius Largus hat sich deine Rechtschaffenheit erwählt, als ob er dich recht gut gekannt hätte. Erwäge du also selber, was vorzugsweise zur Vereinigung seines Andenkens dienen mag, je nach den Verhältnissen jedes Ortes, und wähle das, was du für das Beste hältst.

## LXXXI.
### C. Plinius an Trajan.

Du hast, o Herr, höchst weise gehandelt, daß du dem Calpurnius Macer, diesem so hochangesehenen Manne, Befehl gegeben hast, einen Centurio von der Legion nach Byzanz abzusenden. Ermiß selbst, ob nicht auch für die Juliopolitaner auf ähnliche Weise zu sorgen sein dürfte, deren Stadt[1]), obwohl sie sehr klein ist, die größten Lasten trägt, und um so drückendere Mißhandlungen erleidet, je machtloser sie ist. Was immer du aber auch für die Juliopolitaner thun magst, das wird auch der ganzen Provinz zum Nutzen gereichen. Denn sie liegen am Eingange von Bithynien, und es kommt fast Alles, was in dieser Provinz ab= und zugeht, durch ihre Stadt.

---

[1]) Juliopolis war eine Stadt in Bithynien am Sangarius, dem größten Flusse dieser Provinz, und sehr wichtig durch ihren Handel; ihr früherer Name war Gorbiukome. „Wenn Plinius" — bemerkt Schäfer — „diese Stadt an den Eingang (in capite) von Bithynien setzt, so ist dieß von den Römern zu verstehen, wenn sie in diese Provinz reiseten, denn diese kamen von Ephesus aus zuerst nach Juliopolis."

## LXXXII.
### Trajan an Plinius.

Die Lage der Stadt Byzantium ist wegen des Zusammenflusses von Fremden, welche von allher dorthin kommen, eine solche, daß wir nach dem Vorgange früherer Zeiten für ihre Ehre durch einen dorthin in Besatzung zu legenden Centurio von der Legion sorgen mußten; wollten wir aber den Juliopolitanern auf gleiche Weise Hilfe gewähren, so würden wir uns durch dieß Beispiel eine große Last auflegen. Denn mehrere Städte würden dann dasselbe Verlangen um so mehr an uns stellen, je machtloser sie sind. Ich hege aber das Vertrauen zu deiner Wachsamkeit, daß ich glaube, du werdest sie auf alle Weise vor Mißhandlungen zu schützen wissen. Wofern aber Einige meiner Verordnung zuwider handeln sollten, müssen sie auf der Stelle gestraft werden; oder, wenn ihr Vergehen größer ist, als daß sie sogleich genügend abgestraft werden könnten, so wirst du, falls es Soldaten sind, ihre Legaten von deinen Erhebungen in Kenntniß setzen; oder, wenn es Personen sind, welche in die Stadt zurückkehren, mir hierüber berichten.

## LXXXIII.
### C. Plinius an Trajan.

In dem Pompejischen Gesetze[1]), Herr, welches den Bithyniern gegeben wurde, ist verordnet, daß Niemand unter dreißig Jahren ein obrigkeitliches Amt bekleidet, noch einen Sitz im Senate erhalten solle; in demselben Gesetze aber ist auch enthalten, daß, wer ein obrigkeitliches Amt bekleidet, Senatsmitglied sein solle. Hierauf erfolgte ein Edict des verewigten Augustus, worin derselbe gestattete, minder wichtige Aemter schon vom zweiund-

---

[1]) Nachdem Cn. Pompejus, mit dem Beinamen „der Große", den König Mithridates von Pontus besiegt und dessen Reich mit Bithynien vereinigt hatte, gab er den Bithyniern unter anderen Gesetzen auch das hier angeführte.

3 zwanzigsten Jahre an zu bekleiden. Nun entsteht die Frage: ob Einer, der vor erreichtem dreißigsten Jahre ein obrigkeitliches Amt bekleidet hat, von den Censoren in den Senat gewählt werden könne, und, im bejahenden Falle, ob auch Solche, welche keine Aemter bekleidet haben, nach derselben Auslegung von dem Alter an, in welchem ihnen ein obrigkeitliches Amt zu bekleiden gestattet ist, zu Senatoren gewählt werden können. Dieß ist [übrigens] sonst schon oftmals geschehen, und wird noch für nothwendig gehalten, weil es ja doch besser sei, Abkömmlinge angesehener Leute, 4 als solche aus dem Pöbel in die Curie zuzulassen. Als ich von den ernannten Consuln um meine Ansicht befragt wurde, glaubte ich, daß die, welche unter dreißig Jahren ein obrigkeitliches Amt bekleidet hätten, sowohl nach dem Edicte des Augustus, als nach dem Pompejischen Gesetze in den Senat gewählt werden könnten, weil Augustus dem unter dreißig Jahren Stehenden obrigkeitliche Aemter zu bekleiden gestattet, das Gesetz aber dem die Senator=
5 würde zugesteht, welcher ein Amt bekleidet hat. Hinsichtlich derer aber, welche noch kein Amt bekleidet hatten, obgleich sie in dem gleichen Alter standen, wie die, denen ein solches zu bekleiden gestattet war, kamen mir Bedenklichkeiten. Deßhalb wollte ich dein Gutachten, Herr, einholen, wie du es gehalten wissen wolltest. Die Gesetzesstellen, nebst dem Edicte des Augustus, habe ich diesem Schreiben beigeschlossen.

## LXXXIV.
### Trajan an Plinius.

Mit deiner Auslegung, mein theuerster Secundus, bin ich ganz einverstanden, daß [nämlich] durch das Edict des verewigten Augustus das Pompejische Gesetz in soweit abgeändert worden sei, daß die, welche nicht unter zweiundzwanzig Jahren alt sind, ein obrigkeitliches Amt bekleiden können, und daß die, welche ein solches angenommen haben, in den Senat jeder Stadt kommen können. Im Uebrigen halte ich dafür, daß die, welche unter dreißig Jahren alt sind und kein obrigkeitliches Amt bekleidet haben, eben deßhalb, weil sie ein solches bekleiden könnten, nicht in die Curie jeder Stadt aufgenommen werden können.

## LXXXV.
### C. Plinius an Trajan.

Als ich mich, Herr, zu Prusa am Olympus in Amtsgeschäften in meiner Wohnung befand und noch an demselben Tage abreisen wollte, machte mir Asclepiades, eine obrigkeitliche Person, die Anzeige, es habe sich Claudius Eumolpus auf mich berufen, als Coccejanus Dion[1]) im Rathe verlangt habe, daß das unter seiner Leitung aufgeführte Gebäude der Stadt angewiesen werde. Hierauf sagte Eumolpus, als Anwalt des Archippus, man müsse dem Dion Rechenschaft über dieses Werk abfordern, bevor es der Gemeinde übergeben werde, weil er es anders ausgeführt, als er pflichtgemäß hätte thun sollen. Er fügte auch hinzu, daß in demselben Gebäude dein Standbild sich befinde und die Leichname der Gattin und des Sohnes des Dion beigesetzt seien, und verlangte, ich solle die Sache in einer Gerichtssitzung untersuchen. Als ich erklärte, dieses unverweilt thun und meine Abreise verschieben zu wollen, bat er mich, ihm eine längere Frist zu gehöriger Einleitung der Sache zu bewilligen und die Untersuchung in einer andern Stadt vorzunehmen. Ich wolle es zu Nicäa thun, erwiderte ich. Als ich hier, zur Untersuchung bereit, schon auf dem Richterstuhle saß, begann dieser selbe Eumolpus, unter dem Vorwande, noch nicht gehörig gerüstet zu sein, [abermal] um Aufschub, Dion hingegen [verlangte] angehört zu werden. Gesprochen wurde von beiden Seiten Vieles, auch über die Sache selbst. Ich glaubte, in einer als Beispiel für anderweitige wichtigen Angelegenheit Aufschub bewilligen und bei dir anfragen zu müssen, erklärte daher beiden Theilen, ihr Gesuch schriftlich einzureichen; denn ich wollte, daß du ihr Anbringen vorzugsweise

---

[1]) Ein stoischer Philosoph aus Prusa, wegen seiner ausgezeichneten Beredtsamkeit auch Chrysostomus genannt; es sind noch einige Reden von ihm vorhanden. Aus Furcht vor Domitian, ging er freiwillig in die Verbannung, wurde aber von Nerva wieder zurückberufen und war auch bei Trajan gut angeschrieben.

aus ihren eigenen Worten kennen lernen mögest. Dion erklärte sich alsbald hiezu bereit; auch Eumolpus erwiderte: er wolle 6 schriftlich aufsetzen, was er für die Stadt verlange. Uebrigens, was die Beigesetzten betreffe, sei er nicht Ankläger, sondern der Anwalt des Flavius Archippus, dessen Aufträge er vollzogen habe. Archippus, welchem Eumolpus hier, wie zu Prusa, beistand, sagte, er wolle seine Schrift einreichen. Indessen hat weder Eumolpus, noch Archippus, obgleich ich mehrere Tage darauf wartete, mir bis jetzt seine schriftliche Eingabe überreicht; Dion überreichte mir die seinige, welche ich diesem Schreiben beifüge. 7 Ich selbst bin an Ort und Stelle gewesen und habe auch dein Standbild in der Bibliothek aufgestellt gesehen; die Stelle aber, wo der Sohn und die Gattin des Dion beigesetzt sein sollen, befindet sich auf dem, von Säulengängen eingeschlossenen Vor= 8 platze. Ich bitte dich, Herr, daß du mich namentlich in dieser Art von Untersuchung zu leiten geruhen wollest, da überdieß viel von derselben erwartet wird, und in dieser Angelegenheit, wobei Alles eingestanden ist und die [mehrere] Vorgänge für sich hat, reife Ueberlegung noth thut.

## LXXXVI.
### Trajan an Plinius.

Ueber den Fall, mein theuerster Secundus, wegen dessen du mein Gutachten einholen zu müssen glaubtest, konntest du nicht im Zweifel sein, da du ja meinen Grundsatz gar wohl kennst, weder durch Furcht und Schrecknisse, noch durch Majestätsver= brechen meinem Namen Achtung bei den Menschen zu verschaffen. 2 Ohne dich also auf die Untersuchung einzulassen, welche ich selbst dann nicht gestatten würde, wenn sie auch Vorgänge für sich hätte, soll Dion über das ganze unter deiner Aufsicht aufgeführte Ge= bäude Rechnung ablegen, da das Beste der Stadt dieses erfordert und Dion sich dessen weder weigert, noch weigern darf.

## LXXXVII.
### C. Plinius an Trajan.

Von den Nicäern öffentlich bei dem, was mir, Herr, am heiligsten ist und sein muß, nämlich bei deinem unvergänglichen Ruhme und zeitlichen Wohlergehen gebeten, ich möchte ihre Bitten an dich gelangen lassen, hielt ich es für unrecht, ihnen dieß zu verweigern und habe daher die von ihnen empfangene Eingabe dem gegenwärtigen Schreiben beigeschlossen.

## LXXXVIII.
### Trajan an Plinius.

Die Nicäer, die da behaupten, von dem verewigten Augustus die Erlaubniß zur Einziehung des Vermögens ihrer ohne Testament verstorbenen Mitbürger erhalten zu haben, hast du hierüber zu vernehmen, alle zu diesem Geschäfte gehörigen Personen zusammenkommen zu lassen, die Procuratoren Virdius Gemellinus und meinen Freigelassenen Epimachus beizuziehen, damit ihr, auch unter Erwägung dessen, was dagegen vorgebracht wird, beschließet, was ihr für das Beste haltet.

## LXXXIX.
### C. Plinius an Trajan.

Ich wünsche, Herr, daß du diesen Geburtstag, sowie noch recht viele andere im Genusse des höchsten Glückes begehen, und den in unvergänglichem Lobe blühenden Ruhm deiner Tugend in voller Gesundheit und Kraft durch immer neue Thaten vermehren mögest.

## XC.
### Trajan an Plinius.

Ich nehme deine Wünsche, mein theuerster Secundus, mit Vergnügen entgegen, daß ich noch recht viele und glückliche Geburtstage im blühenden Zustande unseres Staates begehen möge.

## XCI.
### C. Plinius an Trajan.

Die Einwohner von Sinope¹), Herr, leiden Mangel an Wasser; man könnte aber solches von guter Beschaffenheit und in Menge sechszehn Meilen weit herführen; nur ist gleich bei der Quelle etwas mehr als tausend Schritte lang ein wegen seiner Weiche verdächtiger Platz. Diesen habe ich indessen mit mäßigen Kosten untersuchen lassen, ob er eine Wasserleitung leiden und tragen kann. An Beischaffung des Geldes, wofür ich besorgt sein will, wird es nicht fehlen, wenn du, Herr, zu einem derartigen Werke, welches nicht nur zur Gesundheit, sondern auch zur Annehmlichkeit der sehr nach Wasser schmachtenden Colonie beitragen wird, deine Genehmigung ertheilen willst.

## XCII.
### Trajan an Plinius.

Untersuche, mein theuerster Secundus, wie du begonnen hast, sorgfältig, ob jener Platz, welchen du für verdächtig hältst, den Bau einer Wasserleitung aushalten kann. Denn darüber besteht nach meinem Dafürhalten kein Zweifel, daß Wasser in die Colonie Sinope geleitet werden muß, wenn sie es nur auch mit eigenen Kräften bewerkstelligen kann, da ein solches Unternehmen sehr viel zu ihrer Gesundheit und Annehmlichkeit beitragen wird.

## XCIII.
### C. Plinius an Trajan.

Die freie und mit uns verbündete Stadt Amisus¹) genießt durch deine huldvolle Vergünstigung ihre eigenen Gesetze. Hier

---

¹) Eine berühmte Seestadt in Paphlagonien (j. Sinob), Vaterstadt des Cynikers Diogenes, und seit Pharnaces, dem Großvater des Mithridates, Residenz der Könige von Pontus. Nachdem sie Lucullus dem Mithridates weggenommen hatte, ward eine römische Colonie daselbst angesiedelt

¹) Eine ansehnliche Stadt in Paphlagonien, j. Simiso.

wurde mir von Gemeinde wegen eine die Collekten²) betreffende,
schriftliche Eingabe überreicht, welche ich diesem Berichte beischließe,
damit du, Herr, entscheiden mögest, was und wie weit du es
genehmigen willst, oder nicht.

## XCIV.
### Trajan an Plinius.

Daß die Amisener, deren Eingabe du deinem Berichte bei=
geschlossen hast, Collekten veranstalten, dieß können wir, wenn es
ihnen nach den Gesetzen ihres Bundesvertrages gestattet ist, nicht
verhindern, um so weniger, wenn sie derlei Collekten nicht zu
Unruhen und unerlaubten Zusammenkünften, sondern zur Unter=
stützung ihrer bedürftigen Angehörigen verwenden. In den übri=
gen Städten, welche an unsere Gesetze gebunden sind, ist der=
gleichen nicht zu gestatten.

## XCV.
### C. Plinius an Trajan.

Den Suetonius Tranquillus, einen höchst rechtschaffenen, tu=
gendhaften und gelehrten Mann, dessen Charakter und wissen=
schaftliches Streben ich mir zum Muster nehme, habe ich, Herr,
schon längst in mein Haus aufgenommen, und meine Liebe zu
ihm nahm je mehr und mehr zu, je näher ich ihn kennen lernte.
Für ihn ist das Dreikinderrecht¹) ein nothwendiges Bedürfniß 2
aus zwei Gründen. Er verdient es nämlich, von seinen Freun=
den bedacht zu werden und lebte in einer nicht [durch Kinder]
gesegneten Ehe; er muß somit von deiner Güte durch mich zu

---

²) Monatliche Beiträge, welche gewisse Vereine oder Brüderschaften (Ἔρα-
νοι) in den griechischen Städten in eine gemeinschaftliche Casse einlegten, um
damit ihre hilfsbedürftigen Brüder zu unterstützen. Kamen solche Unterstützte
nachher wieder in eine bessere Lage, so waren sie verflichtet, das Empfangene zu=
rückzuerstatten.

¹) Durch dieses Recht wurde nach der Lex Papia Poppaea die Erwerbung von
Erbschaften und Legaten namhaft begünstigt. Vgl. B. II. Br. 13 und die Anm.

erhalten suchen, was ihm ein mißgünstiges Geschick versagt hat.
3 Ich weiß, Herr, um welche große Gnade ich bitte. Allein ich
erbitte sie von dir, dessen vollester Huld ich bei allen meinen
Wünschen erfahre. Wie sehr mir aber mein Wunsch am Herzen
liegt, das kannst du daraus abnehmen, daß ich dich nicht aus der
Ferne bitten würde, wenn ich es nicht so angelegentlich wünschte.

## XCVI.
### Trajan an Plinius.

Wie sparsam ich mit Gnadenerweisungen der Art bin, muß
dir, mein theuerster Secundus, wohl im Gedächtniß sein, da ich
auch im Senate zum öftern versichere, daß ich die Anzahl nicht
überschritten habe, auf welche mich beschränken zu wollen ich vor
dieser hochansehnlichen Versammlung erklärte. Gleichwohl habe
ich deinen Wunsch gewährt, und auf daß du wissest, daß ich das
Dreikinderrecht dem Suetonius Tranquillus unter der gewöhn=
lichen Bedingung ertheilt habe, habe ich dieß in mein Tagebuch
eintragen lassen.

## XCVII.
### C. Plinius an Trajan.

Ich habe es mir, Herr, zum strengen Gesetze gemacht, Alles,
worüber ich Anstände habe, an dich zu berichten. Denn wer
kann mich in meiner Bedenklichkeit besser leiten, oder in meiner
mangelhaften Einsicht besser belehren? Ich habe den Unter=
suchungen gegen die Christen noch nie beigewohnt, weiß daher
nicht, was und wie weit man hier zu strafen oder zu untersuchen
2 pflege. Auch befand ich mich in nicht geringer Ungewißheit, ob
das Alter einen Unterschied mache, oder ob ganz junge Personen
nicht anders, als Gereiftere, zu behandeln seien, ob der Reuige
begnadigt werden dürfe, oder ob es dem, welcher einmal Christ war,
nicht zu Gute komme, wenn er davon absteht; ob der Name an sich [1]),

---

[1]) Wenn wir dem Kirchenvater Tertullian völligen Glauben schenken
dürfen, wurden die Christen gar oft bloß beßwegen, weil sie diesen Namen trugen,

auch ohne Verbrechen, oder nur die Verbrechen, wenn sie mit dem Namen in Verbindung stehen, zu bestrafen seien. Einstweilen habe ich es mit denen, welche mir als Christen angegeben wurden, folgendermaßen gehalten. Ich habe sie gefragt, ob sie Christen 3 wären? Gestanden sie es, so habe ich sie zum zweiten und dritten Male gefragt und ihnen mit der Todesstrafe gedroht; beharrten sie darauf, so ließ ich sie hinrichten. Denn ich war nicht im Zweifel darüber, daß — der Gegenstand ihres Geständnisses möge auch sein, welcher er wolle — jedenfalls ihre Hartnäckigkeit und ihr unbeugsamer Starrsinn gestraft werden müsse. Andere, 4 welche mit dem gleichen Wahnsinn behaftet waren, habe ich, weil sie römische Bürger waren[2]), vormerken lassen, um sie nach Rom zu senden. Da sich nun während der Untersuchung selbst das Verbrechen, wie dieß zu geschehen pflegt, immer weiter verbreitete, so kamen mehrere Auftritte [der Art] vor. Es kam eine Schrift 5 ohne Angabe des Verfassers zum Vorschein, welche die Namen vieler Personen enthielt, die da läugneten, Christen zu sein, oder gewesen zu sein, und nach der vorgesprochenen Formel die Götter anriefen, auch deinem Bilde, das ich deßwegen zugleich mit den Götterbildern hatte herbeibringen lassen, mit Wein und Weihrauch opferten, überdieß noch den Christus lästerten: lauter Dinge, wozu sich, wie man sagt, wirkliche Christen nicht zwingen lassen können; diese glaubte ich nun loslassen zu müssen. Andere, von einem 6 Angeber namhaft gemacht, sagten, „sie seien Christen", bald aber läugneten sie es wieder: „sie seien es zwar gewesen, aber wieder davon abgestanden". Einige: „vor drei", Andere „vor mehreren", Einer sogar: „vor zwanzig Jahren". Alle haben deinem Bildniß und den Götterbildern ihre Verehrung erwiesen, ebenso auch den Christus gelästert. Sie versicherten aber, ihre ganze Verschuldung 7 oder Irrthum habe darin bestanden, daß sie an einem bestimmten Tage vor Tagesanbruch sich zu versammeln pflegten, zu dem

---

ohne sich irgend welches Vergehens schuldig gemacht zu haben, von den heidnischen Obrigkeiten mit dem härtesten Strafen belegt.
  [2]) Nach der Lex Porcia de civibus durfte kein römischer Bürger körperlich gezüchtigt (vergl. Apostelgesch. 16, 37. 22, 25) und nach der Lex Sempronia de capite civium Rom. durfte kein römischer Bürger ohne Plebiscit hingerichtet werden.

Christus, als zu einem Gotte, gemeinschaftlich ein Gebet sprachen und sich durch einen Eid nicht zu einem Verbrechen, sondern dazu verflichteten, keinen Diebstahl, keinen Raub, keine Ehebruch zu begehen, kein gegebenes Wort zu brechen, kein anvertrautes Gut auf Verlangen abzuläugnen. Hierauf seien sie denn wieder auseinander gegangen und abermal zusammengekommen, um in Gesellschaft ein, jedoch unschuldiges, Mahl zu halten, was sie jedoch seit meinem Edicte nicht mehr gethan hätten, worin ich, deinen Befehlen gemäß, geschlossene Vereine verboten habe. Um so mehr hielt ich es für nothwendig, von zwei Mägden, welche [bei ihnen] Diaconissinnen heißen, mittelst der Folter die Wahrheit zu erforschen. Allein ich fand Nichts, als einen verkehrten, schwärmerischen Aberglauben und schob daher die Untersuchung auf, um dein Gutachten einzuholen. Denn die Sache schien mir deiner Erwägung wohl werth, hauptsächlich wegen der Anzahl der dabei Gefährdeten. Denn viele Personen jedes Alters, jedes Standes, beiderlei Geschlechts gerathen in Gefahr und werden auch künftig darein gerathen. Denn nicht nur über die Städte, sondern auch über die Flecken und das flache Land hat sich die Seuche dieses Aberglaubens verbreitet, der jedoch, wie mir scheint, noch gesteuert und abgeholfen werden kann. So viel wenigstens steht fest, daß man die fast ganz verlassenen Tempel wieder zu besuchen begonnen hat und die lange ausgesetzten Opfer wieder darbringt, auch hie und da wieder Opferthiere zum Verkaufe kommen, wozu sich bis daher nur höchst selten ein Käufer fand. Hieraus läßt sich leicht der Schluß ziehen, welche Menge von Menschen auf bessere Wege gebracht werden kann, wenn man ihnen Gelegenheit zur Reue gibt.

## XCVIII.
### Trajan an Plinius.

Das Verfahren, mein Secundus, welches du bei der Untersuchung der dir als Christen angegebenen Personen beobachtet hast, ist ganz pflichtgemäß. Denn es läßt sich hier nichts Allgemeines, das zu einer bestimmten Norm dienen könnte, festsetzen. Aufsuchen muß man sie nicht; werden sie aber angegeben und überwiesen, so sind sie zu bestrafen, jedoch so, daß, wer da läugnet, ein Christ zu sein, und dieß durch die That selbst beweist, d. h. dadurch, daß er unsere Götter anruft, obgleich er früher verdächtig gewesen, wegen seiner Reue Verzeihung erhalten soll. Namenlose Anklagen aber dürfen bei keiner Anschuldigung berücksichtigt werden; denn das wäre das schlimmste Beispiel und unserem Zeitalter ganz zuwider.

## XCIX.
### C. Plinius an Trajan.

Die anmuthige und zierliche Stadt Amastris[1]), Herr, besitzt unter andern ausgezeichneten Bauten eine sehr schöne und lange Straße, welcher zur Seite, der ganzen Länge nach, ein Canal hinläuft, der zwar Fluß heißt, aber die garstigste Cloake ist, deren Anblick ebenso häßlich und unfläthig, als durch ihren Geruch Alles verpestend ist. Aus diesen Gründen ist es für die Gesundheit, wie für das Auge gleich wichtig, daß er zugedeckt werde. Dieß soll mit deiner Erlaubniß geschehen, wobei ich sorgen werde, daß es zu diesem eben so großen als nothwendigen Werke nicht an Geld fehle.

## C.
### Trajan an Plinius.

Es ist ganz vernünftig, mein theuerster Secundus, daß jenes durch die Stadt Amastris fließende Wasser zugedeckt werde, wenn es unbedeckt der Gesundheit nachtheilig ist. Daß es zu diesem Werke nicht an Geld fehle, dafür wirst du — davon bin ich überzeugt — nach deiner bekannten Fürsicht, Sorge tragen.

## CI.
### C. Plinius an Trajan.

Die Gelübde, Herr, welche wir in den vorigen Jahren gethan, haben wir mit lebhaftester Freude bezahlt, und unter dem

---

[1]) Stadt in Paphlagonien am Pontus Euxinus (schwarzen Meere), j. Samastro.

frommen Wetteifer der Soldaten und Provinzbewohner erneuert, indem wir zu den Göttern fleheten, dich und den Staat in blühendem Wohlergehen mit der Gnade zu erhalten, welche du, außer durch deine großen und zahlreichen Tugenden, besonders durch deine Frömmigkeit und Verehrung der Götter verdient hast.

## CII.
### Trajan an Plinius.

Daß nach deinem Vorgange die Soldaten nebst den Provinzbewohnern den unsterblichen Göttern für mein Wohlergehen in freudiger Uebereinstimmung Gelübde bezahlt und für die Zukunft erneuert haben, dieß habe ich, mein theuerster Secundus, mit Wohlgefallen aus deinem Schreiben ersehen.

## CIII.
### C. Plinius an Trajan.

Den Tag, an welchem die Beschützung des menschlichen Geschlechtes durch die glückliche Thronfolge auf dich übergegangen ist, haben wir mit schuldiger Ehrfurcht gefeiert, indem wir den Göttern, welche dir die Herrschaft verliehen haben, unsere öffentlichen Wünsche und Freuden empfahlen.

## CIV.
### Trajan an Plinius.

Daß der Tag meines Regierungsantritts unter deinem Vorgange mit gebührender Freude und Ehrfurcht von den Soldaten und Provinzbewohnern gefeiert wurde, habe ich mit Wohlgefallen aus deinem Schreiben, mein theuerster Secundus, ersehen.

## CV.
### C. Plinius an Trajan.

Valerius Paullinus, Herr, hat mir, mit Ausnahme eines Einzigen, das Patronatrecht über seine Freigelassenen, welche das

Recht der Latiner¹) hatten, hinterlassen. Für drei von diesen bitte ich dich einstweilen um das Recht der Quiriten²). Denn ich fürchte, es möchte das Maß überschreiten, für Alle zumal deine Gnade zu beanspruchen, von der ich einen um so bescheidnern Gebrauch machen muß, in je reicherem Maß ich sie erfahre. Es sind aber die, für welche ich bitte, C. Valerius Aestiäus, C. Valerius Dionysius, C. Valerius Aper.

## CVI.
### Trajan an Plinius.

Da du auf so höchst edelmüthige Weise für diejenigen, welche Valerius Paullinus zu treuen Handen empfohlen hat, gesorgt wissen willst, so habe ich vor der Hand denen, für die du bis jetzt gebeten hast, das Recht der Quiriten verliehen und es zu dem Endzwecke in meine Tagebücher eintragen lassen. Ebenso werde ich bei den Uebrigen verfahren, für welche du noch bitten wirst.

## CVII.
### C. Plinius an Trajan.

P. Accius Aquila, der Centurio der sechsten Reitercohorte, hat mich, Herr, ersucht, dir eine Bittschrift zu übersenden, in welcher er deine Huld anfleht, seiner Tochter das römische Bürgerrecht zu verleihen. Ich hielt es für hart, es ihm abzuschlagen, da ich weiß, welche Nachsicht und Menschenfreundlichkeit du den Bitten der Soldaten zu erzeigen pflegst.

---

¹) Es war dieß dasjenige Recht, welches die Römer den Bewohnern des alten und neuen Latium, das sich von der Tiber bis zum Liris (j. Garigliano) erstreckte, zugestanden haben, und welches noch neben dem römischen Bürgerrechte, welches letztere sich die Latiner im Bundesgenossenkriege erkämpft hatten, fortbestand. Das jus Latii war geringer, als das römische Bürgerrecht (jus civitatis), und Sklaven, welche von ihren Herren nicht feierlich manumittirt worden waren, erhielten nur das jus Latii. Von Freigelassenen dieser Art ist wohl hier die Rede.

²) Jus Quiritium, das römische Bürgerrecht.

## CVIII.
### Trajan an Plinius.

Die Bittschrift des P. Accius Aquila, des Centurio der sechsten Reitercohorte, welche du mir übersandt hast, habe ich gelesen, und auf sein Ansuchen dessen Tochter das römische Bürgerrecht ertheilt. Ich übersende dir das ausgefertigte Patent, um es ihm zuzustellen.

## CIX.
### C. Plinius an Trajan.

Was für ein Recht du den Bithynischen und Pontischen Städten bei Eintreibung der Gelder zugestehen willst, welche sie für Verpachtungen, oder Verkäufe, oder aus anderen Veranlassungen zu fordern haben, das, Herr, bitte ich dich, mir zu schreiben. Ich habe gefunden, daß ihnen von den meisten Proconsuln das Vorzugsrecht zugestanden worden ist, und daß dieß [bis daher] 2 Gesetzeskraft gehabt habe. Indeß bin ich der Ansicht, daß durch deine Vorsorge Etwas Bestimmtes festgesetzt werden sollte, um ihren Vortheil für immer zu sichern. Denn was Andere eingeführt haben, es mag so weise sein, als es will, ist doch nur von kurzer Dauer und hat keinen Bestand, wenn ihm nicht deine Bestätigung zu Gute kommt.

## CX.
### Trajan an Plinius.

Was für ein Recht den Bithynischen und Pontischen Städten bei den Geldern, welche sie aus was immer für einer Veranlassung zu fordern haben, zukommen solle, ist nach dem Gesetze einer jeden zu bestimmen. Denn, haben sie ein Vorrecht, den übrigen Gläubigern vorgezogen zu werden, so muß man ihnen dieses wahren; haben sie aber keines, so sehe ich keine Nothwendigkeit ein, ihnen ein solches zum Nachtheile von Privatpersonen zu verleihen.

## CXI.
### C. Plinius an Trajan.

Der Sachwalter der Stadt Amisus, Herr, verlangte bei mir von Julius Piso die Summe von ungefähr vierzigtausend Denarien¹), welche ihm von der Stadt vor zwanzig Jahren mit Zustimmung des Raths und der Gemeinde geschenkt worden waren; er stützte sich hiebei auf die von dir erlassenen Ausschreiben, durch welche derartige Geschenke verboten sind. Piso hingegen behaup= 2 tete, sehr viel für die Stadt verwendet, und beinahe sein ganzes Vermögen hingegeben zu haben. Dazu noch berief er sich auf die Länge der Zeit und verlangte, daß man das, was er für so viele geleistete Dienste und schon so lange her bekommen habe, zum Ruin seines noch übrigen Wohlstandes zurückzugeben, ihn nicht zwingen solle. Aus diesen Gründen glaubte ich die ganze Untersuchung aufschieben und dich, Herr, über mein Verhalten be= fragen zu müssen.

## CXII.
### Trajan an Plinius.

Meine Edicte verbieten zwar, Geschenke von öffentlichen Gel= dern zu geben; indeß muß man doch Geschenke, welche bereits vor geraumer Zeit gemacht worden sind, nicht widerrufen und für un= giltig erklären, damit nicht die Sicherheit vieler Personen untergraben werde. Was also in dieser Sache vor zwanzig Jahren geschehen ist, wollen wir auf sich beruhen lassen. Denn ich will ebenso für die Einwohner jedes Ortes, wie für die öffentlichen Gelder gesorgt wissen.

## CXIII.
### C. Plinius an Trajan.

Das Pompejische Gesetz, Herr, welches in Bithynien und Pontus eingeführt ist, befiehlt nicht, daß die, welche von den Cen=

---

¹) Den Denar zu beiläufig 5 Sgr. angenommen, würde dieß 6666 Thlr. 20 Sgr. oder 11,666 fl. 40 kr. rhein. betragen.

foren in den Rath gewählt werden, Geld dafür entrichten sollen; indeß haben Solche, welche deine Huld in einigen Städten über die gesetzliche Zahl hinzuzuwählen gestattete, theils ein=[1]), theils zweitausend Denarien entrichtet. Hierauf befahl der Proconsul Anicius Maximus, daß auch die von den Censoren Gewählten, jedoch nur in sehr wenigen Städten, mehr oder weniger [in die öffentliche Casse] entrichten sollten. Es bleibt also dir selbst in Erwägung zu ziehen übrig, ob in allen Städten diejenigen, welche künftighin in den Rath gewählt werden, etwas Gewisses für ihren Eintritt erlegen sollen. Denn Etwas, was für immer Giltigkeit haben soll, muß von dir, dessen Thaten und Worten die Unsterblichkeit gebührt, bestimmt werden.

## CXIV.
### Trajan an Plinius.

Ob alle Diejenigen, welche Decurionen werden, in allen Städten Bithyniens ein Eintrittsgeld für ihr Ehrenamt entrichten sollen, oder nicht, darüber kann ich keine allgemeine Bestimmung geben. Ich halte daher, was immer das Sicherste ist, dafür, daß man sich nach dem Gesetze jeder einzelnen Stadt richten solle, nämlich gegen die, welche wider ihren Willen Decurionen werden. Ich denke, die Censoren werden Sorge tragen, daß die, welche Anderen vorgezogen werden, freiwillig Zahlung leisten[1]).

## CXV.
### C. Plinius an Trajan.

Durch das Pompejische Gesetz, Herr, ist den Bithynischen Städten gestattet, wen sie wollen, als Bürger anzunehmen, wenn Solche nur nicht aus einer fremden, sondern aus einer in Bithynien gelegenen Stadt sind. In eben diesem Gesetze sind die Gründe enthalten, wegen deren Einer von den Censoren aus dem Senate gestoßen werden kann; unter diesen aber ist hinsichtlich

---

[1]) Tausend Denarien = 166 Thlr. 20 Sgr. oder 291 fl. 40 kr.

[1]) Diese, im Urtexte offenbar völlig corrupte, Stelle konnte blos nach dem, aus dem Zusammenhange sich als wahrscheinlich ergebenden Sinne übersetzt werden.

eines auswärtigen Bürgers Nichts vorgesehen. Daher glaubten 2 einige von den Censoren, bei mir anfragen zu müssen, ob sie die einer auswärtigen Bürgergemeinde Angehörigen ausstoßen sollen. Da nun das Gesetz einen auswärtigen Bürger anzunehmen ver- 3 bietet, die Ausstoßung aus dem Senate aus diesem Grunde nicht befiehlt; da mir überdieß von Einigen versichert wurde, daß sich in jeder Stadt sehr viele Rathsherren aus auswärtigen Städten befänden, und daß durch dieses Gesetz, welches in diesem Punkte durch eine gewisse Uebereinkunft längst außer Anwendung gekommen sei, viele Personen und viele Städte einen Stoß erleiden könnten, so hielt ich es für nothwendig, bei dir anzufragen, was in dieser Beziehung zu beobachten sein dürfte. Die Hauptstellen des Gesetzes habe ich gegenwärtigem Schreiben beigeschlossen.

## CXVI.
### Trajan an Plinius.

Mit Recht hast du Anstand genommen, mein theuerster Secundus, was du den Censoren auf ihre Anfrage, ob sie Bürger aus anderen Städten, aber aus derselben Provinz, in den Rath wählen dürfen, antworten sollst. Denn das Ansehen des Gesetzes und die wider das Gesetz lange eingerissene Gewohnheit konnte dich schwankend machen. Ich glaube, hier den Mittelweg wählen 2 zu sollen, daß wir nämlich an dem einmal Geschehenen Nichts ändern, sondern daß die auch gegen das Gesetz in den Rath Gewählten, in welcher Stadt sie auch Bürger sein mögen, darin verbleiben, daß aber für die Zukunft das Pompejische Gesetz beobachtet werde; denn, wollten wir dessen Kraft auch rückwärts geltend machen, so würden nothwendig hieraus vielfache Verwirrungen entstehen.

## CXVII.
### C. Plinius an Trajan.

Diejenigen, welche die männliche Toga anlegen[1]), oder Hochzeit machen, oder ein obrigkeitliches Amt antreten, oder ein öffent-

---
[1]) Vgl. unsere Anm. 1 zu Buch I. Br. 9.

Gebäude einweihen, laden gewöhnlich den ganzen Rath und auch eine nicht geringe Zahl aus dem gemeinen Volke hiezu ein, und geben jedem zwei Denarien, oder auch nur einen. Ob und in wie weit du derlei Feierlichkeiten für zulässig hältst, dieß bitte ich dich mir zu schreiben. Denn ich habe — wie ich glaube, nicht ohne Vorsicht — namentlich bei feierlichen Veranlassungen dergleichen Einladungen zu gestatten befohlen; gleichwohl befürchte ich, daß die, welche tausend Menschen, manchmal auch noch mehrere einladen, das Maß zu überschreiten und in den Verdacht einer gesetzwidrigen Geldaustheilung zu gerathen scheinen.

## CXVIII.
### Trajan an Plinius.

Mit Recht befürchtest du, daß eine Einladung in den Verdacht einer gesetzwidrigen Geldaustheilung gerathe, wenn sie in der Zahl [der Geladenen] das Maß überschreitet, und gleichsam nach Körperschaften, nicht blos Einzelne, je nach der Bekanntschaft, die Leute zu feierlichen Spenden versammelt. Allein ich habe dich deßhalb als einen Mann von Einsicht erwählt, damit du den Gebräuchen jener Provinz selbst die gehörige Richtung gebest, und dasjenige anordnest, was auf die Dauer für die Ruhe dieser Provinz heilsam sein möchte.

## CXIX.
### C. Plinius an Trajan.

Die Athleten[1], Herr, glauben, daß ihnen die Preise, welche du für die iselastischen Kampfspiele[2] ausgesetzt hast, sogleich von dem Tage an gebühren, an welchem sie gekrönt worden sind. Denn es komme nicht darauf an, an welchem Tage sie in ihre Vaterstadt eingezogen seien, sondern wann sie durch ihren Sieg

---

[1] Die Kämpfer bei den Festspielen der Griechen.
[2] So hießen diese Spiele von dem griechischen Worte εἰσελαύνειν, weil die Sieger in denselben, mit einem Kranze geschmückt, und mit einem Gepränge, ähnlich dem eines Triumphators, in ihre Vaterstädte einziehen durften.

die Ehre des feierlichen Einzuges erworben hätten. Ich dagegen bin wegen des Namens „iselastisch" sehr im Zweifel, ob nicht vielmehr die Zeit, wo sie ihren Einzug gehalten, in Betracht zu ziehen sei. Gleichermaßen verlangen sie auch Spenden für den 2 Kampf, der von dir zu einem iselastischen erklärt worden ist, obgleich sie gesiegt haben, ehe er ein solcher wurde. Denn sie sagen, da sie Nichts für die Kämpfe erhalten, welche nach ihrem Siege aufgehört haben iselastische zu sein, so sei es in der Ordnung, daß man ihnen Etwas für diejenigen gebe, die es nachher geworden sind. Auch hier bin ich nicht wenig in Verlegenheit, ob 3 man auf Jemand rückwärts Rücksicht nehmen, und ihm das geben müsse, was ihm damals, als er siegte, nicht gebührte. Ich bitte dich daher, du wollest mich bei dieser meiner Bedenklichkeit zu leiten, d. h. selbst der Ausleger deiner Wohlthaten zu sein geruhen.

## CXX.
### Trajan an Plinius.

Das Iselasticum scheint mir erst dann [dem Sieger] zu gebühren, wann Einer in seine Vaterstadt eingezogen ist. Spenden ist man für solche Kampfspiele, welche ich für iselastische zu erklären beliebt habe, wenn sie es vorher nicht waren, keine rückwärts schuldig. Auch kann es für das Verlangen der Athleten 2 von keinem Nutzen sein, daß ich einige Kampfspiele nachher durch ein Gesetz für iselastische erklärt habe, noch daß Andere, nachdem sie gesiegt, aufgehört haben es zu sein. Denn auch nachdem die Eigenschaft dieser Kampfspiele abgeändert worden, wird von ihnen das früher Empfangene nicht zurückverlangt.

## CXXI.
### C. Plinius an Trajan.

Bis auf den gegenwärtigen Zeitpunkt, Herr, habe ich Niemanden Reisepässe ausgestellt, noch solche zu etwas Anderem, als in deinen Angelegenheiten, an Jemand übermacht. Von dieser, stets von mir festgehaltenen, Regel eine Ausnahme zu machen,

2 hat mich eine Art von Nothfall veranlaßt. Denn meiner Gattin, welche auf die Nachricht von dem Tode ihres Großvaters zu ihrer Muhme reisen wollte, den Gebrauch eines Reisepasses zu versagen, hielt ich für hart, da der Werth eines solchen Liebesdienstes in der Schnelligkeit besteht, und da ich wußte, daß du eine Reise gutheißen werdest, deren Veranlassung kindliches Gefühl war. 3 Dieses schreibe ich dir, weil ich es mit der Pflicht der Dankbarkeit nicht vereinbaren zu können glaubte, wenn ich unter deinen anderen Wohlthaten diese eine unerwähnt ließe, welche ich deiner Huld zu verdanken zu haben mir bewußt war, daß ich nämlich im Vertrauen auf diese ohne Bedenken, als hätte ich bei dir angefragt, Etwas that, was ich, wenn ich zuvor angefragt hätte, zu spät gethan haben würde.

## CXXII.
### Trajan an Plinius.

Mit Recht hast du, mein theuerster Secundus, Vertrauen in meine Gesinnung gesetzt. Auch würde ohne Zweifel, wenn du hättest warten wollen, bis du bei mir angefragt hättest, ob du die Reise deiner Gattin durch Pässe unterstützen sollst, welche ich dir für deinen Dienst übermacht habe, der Gebrauch derselben für den eigentlichen Zweck [der Reise] nutzlos gewesen sein, da deine Gattin möglichst schnell bei ihrer Muhme anlangen sollte, um den Werth ihres Besuches zu erhöhen.

www.ingramcontent.com/pod-product-compliance
Lightning Source LLC
Chambersburg PA
CBHW051722300426
44115CB00007B/425